삶이 있는 이야기 충남

국립중앙도서관 출판시도서목록(CIP)

(삶이 있는) 이야기 충남 / 충남역사문화연구원 엮음. -- 서울 : 옹기장이, 2013
  p. ;   cm

ISBN 978-89-90832-12-2 03910 : ₩18000

충청 남도[忠淸南道]
한국사[韓國史]

911.75-KDC5
951.9-DDC21   CIP2013000327

삶이 있는 이야기 충남

초판 1쇄 인쇄 | 2013년 1월 20일
초판 1쇄 발행 | 2013년 1월 25일

엮은이 | 충남역사문화연구원
펴낸이 | 장면수

펴낸곳 | 도서출판 옹기장이
등록 | 2002년 3월 4일 (제13 - 753호)
주소 | 서울시 마포구 서교동 351-10 동보빌딩 202호
전화 | 02-722-2571
팩스 | 02-722-2579

이 책은 충남역사문화연구원에서 기획하였습니다.
충청남도 공주시 연수원길 103 (041-856-8662)

ISBN 978-89-90832-12-2 03910

* 책값은 표지 뒤쪽에 있습니다.
* 파본은 본사와 구입한 서점에서 교환해 드립니다.
* 이 책은 저작권법에 의하여 보호를 받는 저작물이므로 무단 전재와 복제를 금합니다.

삶이 있는 이야기 충남

충남역사문화연구원 엮음

옹기장이

머리말

충남 사람들은 어떻게 살아왔나

　　우리는 세계화 시대에 살고 있습니다. 세계화란 어떤 의미인가요? 전 세계를 초등학교의 교실로 축소시켜 보면 이해가 빠를 것입니다. 가정 안에서만 자라던 아이가 처음 입학한 학교의 교실 말입니다. 한국이라는 아이인 나는 일본, 중국, 미국, 프랑스, 가나, 멕시코 같은 여러 아이와 교류하며, 때론 경쟁하며 살아야 하므로 알아야 할 것이 참 많습니다. 이때 잊지 말아야 할 것이 있습니다. 세계화의 조류를 좇는답시고 나를 버리고 친구들에게 무조건 동화될 것이 아니라 나의 정체성을 확고하게 지키며 그 바탕 위에서 세계화의 조류에 발맞춰 나갈 때 경쟁력 있는 내가 된다는 사실입니다. 이것이 세계화이지요. 전 세계에 통하는 보편성을 견지하되 나만의 독창성을 살려 나가는 것 말입니다.

　　『삼국사기』를 편찬한 김부식 역시 이런 생각을 했나 봅니다. 우리나라(고려) 백성이 중국 역사에 대해서는 해박한데 정작 우리 역사는 잘 모르니 애석하다고 그 편찬 동기를 밝혔지요. 『삶이 있는 이야기 충남』을 발간하는 우리의 뜻도 이와 크게 다르지 않습니다. 세계화의 조류를 좇아야 하지만 지역의 역사를 잘 모르는 도민들에게 선조들의 삶의 궤적을 찾아서 들려주고 싶었습니다. 나아가 다른 지역 분들에게도 충남이 어떤 곳인지 전해주고 함께 이야기하고 싶었습니다. 충남의 역사는 우리 모두의 역사이고, 이를 아는 것이 곧 우리의 정체성을 아는 길이며, 남과 다른 독창적인 존재가 되는 길이라고 믿기 때문입니다.

예절과 충절의 고장으로 널리 알려진 충남의 명성은 오랜 역사·문화적 연원을 가지고 있습니다. 충남은 금강과 서해안을 끼고 평야가 발달되어 사람이 살기에 적합하고, 새로운 문물 유입에 유리한 지리적 개방성을 갖추고 있었지요. 공주 석장리 구석기 유적을 시작으로 부여 송국리 청동기 유적과 마한 연맹체의 맹주국이었던 목지국의 존재 등은 충남이 선사 이래로 문화 발전의 핵심 지역이었음을 보여주고 있습니다.

무엇보다도 충남이 역사상 그 존재를 뚜렷하게 드러낸 것은 백제가 서기 475년 웅진(공주)으로 왕도를 옮기면서입니다. 이후 538년에 사비(부여)로 천도하며 충남은 백제의 왕도로서 정치·문화적으로 큰 발전을 이루었습니다.

조선시대에 이르러 충남은 예학의 본향이자 충절의 고장으로 자리매김했습니다. 기호유학의 중심으로서 율곡 이이의 가르침을 받은 사계 김장생, 그 제자인 우암 송시열과 동춘당 송준길 등이 선비문화의 정수를 이루었고, 구한말 위정척사에 앞장섰던 면암 최익현과 일제강점기 구국에 앞장섰던 수많은 열사가 충절사상을 구현해냈습니다. 청산리전투를 승리로 이끈 김좌진, 나라의 독립을 위해 몸 바친 윤봉길, 한용운, 유관순 등이 모두 충남 출신입니다.

한편 신문화 유입의 창구였던 충남은 우리나라 최초의 신부인 김대건을 낳았습니다. 아울러 곳곳에 천주교 관련 성지가 많이 남아 있어 충남이 신문화의 발원지였음을 보여줍니다. 오늘날의 충남은 바로 이와 같은 역사·문화적 전통을 바탕으로 성장했고, 우리나라 역사발전의 한 축을 형성해 왔습니다.

이 책은 선사시대부터 근대에 이르는 동안 충남에서 일어난 수많은 역사 사실 가운데 각각의 시대를 이해하는 데 꼭 필요한 주제를 선정, 집필하였습니다. 시대별 주제를 통해 충남의 역사와 문화를 전체적으로 이해하도록 돕되,

한국사의 흐름 속에서 서술하고자 노력했습니다. 민중 또는 민중의 삶에 초점을 맞추어 시대 상황을 그려내고, 변혁기의 모습을 읽을 수 있도록 배려했으므로 일반인은 물론 청소년도 읽기 쉬운 책이라고 자부합니다. 아울러 충남 바깥의 독자들이 여행과 답사에 활용할 수 있도록 시각 자료를 다양하게 실었습니다. 다만, 여러 필자가 집필에 참여한 까닭에 체제나 내용, 논지 전개 방식이 약간씩 차이나는 점은 피할 수 없었습니다. 이 점 양해를 구하면서, 이 책이 충남을 이해하는 데 길잡이가 되기를 바랍니다.

2013년 1월

(재)충청남도역사문화연구원
원장직무대행 김정섭

| 차례

머리말 | 충남 사람들은 어떻게 살아왔나 ... 5

제1장 | 문명의 요람, 문화의 터전

문명의 새벽을 연 선사인들의 발자취 ... 13
마한을 읽는 키워드, 목지국 사람들 ... 25
공주 수촌리에서 움튼 웅진백제의 꿈 ... 33
백제의 위상을 떨친 무령왕 ... 41
해동증자와 황산벌 전투 ... 55
은산 별신제와 백제대왕제로 아로새긴 백제부활의 꿈 ... 65
통일신라 멸망의 전조, 김헌창의 난 ... 79

제2장 | 고려시대 : 전란의 물결과 민중의 염원

태조 왕건이 개태사를 재창건한 이유 ... 91
고려 개국의 대들보가 된 지방 호족들 ... 101
공주 명학소에서 치켜든 민초들의 항쟁 깃발 ... 114
왜구를 크게 깨뜨린 홍산대첩과 진포대첩 ... 124
카단의 침입과 연기대첩 ... 135
거석불과 미륵불, 미래 구복의 비원 ... 143
물길의 역사, 조운과 운하 ... 155

제3장 | 조선시대 : 역사의 강물은 도도히 흐르고

계룡산 신도안과 『정감록』신앙 … 167
임진왜란이 빚어낸 모순, 이몽학과 홍가신 … 180
충절의 인물, 김종서의 생애와 후대인의 기억 … 193
민군일치와 의기로 치러낸 참혹한 전쟁 7년 … 203
조선 전기 서해안 사람들의 삶과 그들의 기록 … 220
계룡산이 품은 다사다색(多寺多色) … 232
충청도의 진상품 … 247
충신, 효자와 열녀 이야기 … 261
천안, 삼남의 관문이 되어 … 271
조선 후기 충청도의 천주교 … 280

제4장 | 근대의 물결과 독립운동의 봉화

우금치에 치솟았던 동학농민혁명의 불길 … 297
당진 소난지도 의병 … 315
논산 강경포구와 강경포구 사람들의 삶 … 325
일제강점기 행정구역 개편과 도청 이전 … 335
독립을 향한 아우내의 함성 … 347
근대화와 노동운동의 새벽 … 360
항일 대열의 선두에 선 학생들 … 374

맺음말 | 금강의 물줄기와 서해가 엮어낸 문화 …385

1장

문명의 요람
문화의 터전

공주 석장리의 구석기 유물에서부터 백제 문화의 정수를 보여주는 공주 무령왕릉에 이르기까지 충남은 한국 고고학사에서 역사적 획을 긋는 발견과 발굴의 주무대가 되어왔다. 백제 고지에서 출토된 유물 가운데 최상급 유물을 토해내 1971년 무령왕릉 발견 이후 최대의 고고학적 발굴로 평가받은 2003년 공주 의당면 수촌리의 예에서 보여지듯이 획기적인 발굴은 현재 진행형이다. 이와 같은 발굴은 한반도 선사 문화와 고대 문명의 표정을 더욱 더 다채롭고 풍부하게 가꾸어가고 있다.

문명의 새벽을 연 선사인들의 발자취

이훈 (충남역사문화연구원 연구위원)

충남지역에서 발견된 최초의 인류 흔적은 우리나라 구석기시대를 대표하는 공주 석장리 유적이다. 신석기시대를 거쳐 청동기시대에는 청동기 후기 문화를 대표하는 '송국리 문화'를 통해서 선사시대 사람들의 생활상을 살펴볼 수 있다. 충남지역은 선사인들이 머물러 살기에 적합한 낮은 구릉지와 그 주변으로 크고 작은 하천들이 펼쳐져 있어서 선사시대로부터 역사시대에 이르는 다양한 문화 유적이 분포한다.

구석기시대

인류의 출현 이후 신석기시대가 시작되기 전, 그러니까 지금으로부터 약 1만 년 전까지의 시기를 가리켜 구석기시대라고 한다. 구석기시대의 유적은 옛 지질 시대 토양의 윗면에 남아 있는 불을 피운 자리나 주거 공간의 구조와 양식을 알려주는 여러 가지 흔적을 통해서, 그리고 발굴된 석기와 짐승의 사냥 및 도살 등과 같은 생활 흔적을 통해서 인지할 수 있다.

충남과 그 인근 대전 지역에서 확인된 구석기시대 유적은 현재까지 30여 개소이며, 그중 충남지역 구석기인들의 생활상을 살펴볼 수 있는 계기가 마련된 것은 앞서 이야기한 대로 공주 석장리 유적을 통해서이다.

  석장리 유적은 평남 상원 검은모루 동굴, 경기도 연천 전곡리 유적 등과 함께 우리나라를 대표하는 구석기시대 유적이다. 맨 밑 강바닥 층은 30~50만 년 전의 것으로 추측되며, 그 위로 12~14개의 문화층이 형성되어 있다. 이에 따라 아래층으로부터 위로 올라가면서 돌감과 석기를 만드는 과정을 보여주는 중요한 자료로 활용되고 있다. 최근까지 축적된 연구 성과를 통하여 당시 사람들의 생활상을 살펴보면 다음과 같다.

  구석기시대 사람들은 동물의 뼈나 뿔로 만든 도구와 뗀석기(돌을 깨서 만든 돌연장)를 가지고 사냥과 채집을 하면서 생활하였으며, 동굴이나 바위 그늘에서 살거나 강가에 막집을 짓고 살았다. 구석기시대 후기의 막집 자리에는 기둥 자리, 담 자리 및 불 땐 자리가 남아 있고, 집터의 규모가 작은 곳에서는 3~4명 정도, 큰 곳에서는 10명 정도가 살았던 것으로 추정된다.

  구석기시대에는 무리를 이루어 큰 사냥감을 찾아다니며 생활하였다. 무리 가운데 경험이 많고 지혜로운 사람이 지도자가 되었을 가능성은 있으나 권력의 형성은 없었던 것으로 보아 모든 사람이 평등한 공동체적 삶을 영위하였던 것으로 판단된다.

석장리 구석기 유적 전경. 사적 제334호. 우리나라에서 최초로 발견된 최대의 선사시대 문화 유적.

주먹도끼. 전기 구석기시대의 대표적인 유물. 끝부분은 뾰족하고 몸체는 둥글다.

구석기시대 후기에 이르러 대표적인 석기로 슴베찌르개(자루 속에 들어박히는 뾰족하고 긴 부분인 슴베를 만들어 창이나 화살 따위에 꽂아서 쓰는 찌르개)를 사용하였으며, 석회암이나 동물의 뼈 또는 뿔 등을 이용하여 조각품을 만들었다. 공주 석장리와 단양 수양개 유적에서 고래와 물고기 등을 새긴 조각이 발견되었는데, 이를 통하여 당시 사람들의 소박한 솜씨를 엿볼 수 있다.

신석기시대

구석기시대의 오랜 빙하기가 끝나고 약 1만 년 전에 현재와 환경이 비슷한 후빙기가 시작된다. 새로운 환경에 적응한 사람들은 구석기시대의 수렵·채집 경제 단계의 이동 생활에서 벗어나 농경에 의한 식량 생산 경제 단계로 넘어가 정착 생활을 한다. 이 시기를 신석기시대라 하는데, 사람들은 마제석기와 토기를 만들어 사용했다.

충남지역은 해안과 도서를 끼고 있어서 신석기시대 사람들이 정착하여 살기에 좋은 조건을 갖추고 있었다. 그러나 현재까지 신석기시대와 관련하여 확인된 유적과 유물은 그리 많지 않다.

그동안 충남지역에서 발견된 신석기시대 유적은 대부분 중기 이후에 해당하는 것으로, 약 40개소가 있다. 이들 유적은 도서 및 해안에 위치한 것과 내륙의 주요 하천변 구릉지에 위치한 것으로 구분할 수 있다. 당연히 입지에 따라 유적의 성격도 차이를 보인다. 도서 및 해안 지역의 유적은 대부분 패총인데 비해 내륙에 입지하는 유적은 주거지 및 땅 표면에서 아래로 파 내려간 수혈 유구로 구성된 생활 유적이 중심을 이룬다.

유물은 빗살무늬토기와 간석기 등이 대표적이다. 토기류는 중서부 지역의 전형적인 반란형(半卵形) 기형을 갖고 바닥에 문양이 없는 것이 특징이며, 무늬는 구연부(아가리)와 동체부(몸체 부분)의 문양을 달리하는 암사동식 구분계와 서해안식 횡주어골문(橫走魚骨文) 계통이 혼합된 양상을 보인다. 이 외에 충청 내륙 지방의 금강식토기 및 남해안 지역의 토기 양식도 보이고 있어 해안·도서 지방, 내륙 지방의 토기 요소의 차이에 따라 지역적인 특성이 나타난다.

석기는 그 양이 적은 편이며 종류도 단순한 편으로 땅을 파는 굴지구류, 갈돌, 갈판 등이 다수를 차지한다. 굴지구류는 한반도 중서부에서 신석기 전기부터 등장한 석기로 새로운 식량 획득 방식의 등장과 관련이 있는 것으로 추정되며, 갈돌·갈판 등의 석기류는 원시 농경과 관련된 것으로 볼 수 있지만 야생식물 가공과도 관련성을 찾을 수 있다.

충남지역 신석기인들은 2~3명이 기거할 수 있는 작은 움이나 대략 4~6미터 전후의 수혈 주거지에서 살았던 것으로 보인다. 주거지는 대개 바닥이 원형이나 말각방형(네모 모양이지만 모서리를 둥글게 다듬은 모양)의 평면 형태이며, 중앙에는 불씨의 보관이나 취사와 난방을 위한 화덕 자리가 있었던 것으로 확인된다. 햇빛을 많이 받는 남쪽에 출입구를 두었으며, 화덕이나 출입구 주변에 저장고를 두어 식량이나 도구를 간소하게 저장하는 형태가 일반적이었을 것으로 추정된다.

주거지의 세부적인 형태는 장소에 따라 차이를 보인다. 내륙 지역의 유적은 장방형 평면에 출입 시설이 있는 '대천리식 주거지'가 대부분이지만 해안·도서 지역은 방형에 가까운 장방형의 평면 형태에 출입 시설이 없는 '서해안식 주거지'로 구성된 경우가 대부분이다. 하지만 아산 장재리 유적과 같이 위의 두 가지 양식이 혼재되어 있는 양상도 확인된다.

충남지역에서 발견된 신석기시대 취락, 곧 마을의 규모는 대형 주거지 1~2기 또는 3~6기로 이루어져 대부분 소규모이다. 이러한 소규모 취락은 부족사회를 이루고 있었으며, 혈연을 바탕으로 한 씨족이 기본 구성단위였을 것으로 판단된다. 그러나 부족사회도 구석기시대의 무리 사회와 같이 아직 지배와 피지배의 관계는 발생하지 않은 것으로 보이며, 연장자나 경험이 많은 사람이 자기 부족을 이끌어나간 평등 사회였을 것으로 추정된다.

이 시기 초기적인 농경이 시작되면서 농사에 영향을 주는 자연 현상이나 자연물에도 정령이 있다는 애니미즘이 보이는데, 이것은 풍요를 기원하는 의미가 있었을 것이다. 아울러 사람이 죽어도 영혼은 없어지지 않는다고 생각하여 영혼과 조상을 숭배하였고, 인간과 영혼, 혹은 인간과 하늘을 연결시켜 주는 존재인 무당과 그 주술을 믿는 샤머니즘도 발생하였다. 또, 자기 부족의 기원을 특정한 동식물과 연결시켜 그것을 숭배하는 토테미즘도 있었다.

청동기시대

청동기시대란 청동을 재료로 한 다양한 도구들이 제작·사용되던 시대를 말하는데 토기의 특징을 들어 무문토기시대라고도 한다. 한반도가 청동기시대로 접어들면서 이전 시기와 구별되는 변화가 많이 나타난다.

가장 먼저 정형적인 주거지 형태가 정립되고, 시기에 따른 변화상이 극명해졌다는 점을 들 수 있다. 또한 취락의 규모가 거대해지고, 취락의 형태에도 어느 정도 정형성이 나타나기 시작한다. 죽은 사람에 대한 사후 세계관에도 많은 변화를 보인다. 이에 따라 묘제도 발전하여 고인돌이나 석관묘와 같은 새로운 무덤 양식이 등장한다. 하지만 가장 중요한 변화는 본격적인 농경이 시작된다는 점이다. 농업이 생업에서 차지하는 비중이 커지면서 농사에 적합한 지역에서는 한 곳에 자리 잡고 살아가는 정주 취락이 형성되기에 이른다.

현재 충남을 중심으로 한 호서 지역에서 알려진 청동기시대 유적의 총수는 무려 170여 개소에 이른다. 이는 남한 지역 가운데에서도 가장 밀도가 높은 편이다. 충남지역에는 남한에서 확인할 수 있는 청동기시대 문화 유형 중 가락동·흔암리·송국리 유형 등 3개의 문화 유형이 분포하고 있다. 이들 유형 사이에 시기적인 선후 관계가 확인되었는데, 가락동 유형 및 흔암리 유형은 청동기시대 전기, 그리고 송국리 유형은 청동기시대 후기에 해당하는 것으로 파악하고 있다.

• 충남지역 가락동·흔암리 유형

가락동 유형은 충북 청주 지역 및 대전·금산 등지에서 확인된다. 즉, 청주에서 대전으로 이어지는 금강 중상류 지역이 바로 남한 최대의 가락동 유형 밀집 지역인 셈이다. 이들 가락동 유형 유적의 입지 조건은 거의 대부분 얕은 구릉의 정상부이다. 구릉의 높이는 30미터 내외로서 주변에는 큰 하천에 의해 형성된 충적지가 전개되어 있다. 이와 같은 가락동 유형의 입지는 그들의 생계 방식과 밀접한 관련이 있다. 가락동 유형 사람들은 수림이 울창하고 얕은 구릉 정상부를 벌채하여 취락을 만들고, 주변의 기름진 토양을 개간하여 농경지로 삼았을 것으로 추정된다.

가락동 유형의 집자리는 장방형의 평면 형태에 돌을 돌린 이른바 위석식노지를 설치하고 기둥을 받치는 주초석이 있는 이른바 '둔산식 주거지'이다. 유물은 편평한 밑바닥 부분에 이중 구연의 무문토기가 대표적이고, 석기류는 자루에 단이 있고 몸체에 피홈이 있는 이단병유혈구식 마제석검, 슴베가 없이 얇고 편평한 삼각형의 이른바 '무경만입삼각석촉'이 중심을 이룬다.

충남지역 가락동 유형의 주요 유적으로는 금산 수당리 유적, 대전 둔산 유적, 대전 용산동 유적, 대전 신대동 유적이 있으며 최근 발굴 조사가 진행된 행정중심복합도시 건설 예정 부지 내에서도 많은 수의 가락동 유형의 생활 유적이 확인된다. 가락동 유형은 토기나 주거지의 구조 등으로 볼 때 기원전 1100~750년 무렵으로 편년할 수 있다.

흔암리 유형은 여주 흔암리 유적 발굴 조사를 통해 알려진 유물과 유구를 표지로 한다. 흔암리 유적은 남한강을 면하고 있는 표고 123미터의 구릉 사면의 능선부에 위치하고 있으며 1972년~1978년에 모두 16기의 주거지가 조사되었다. 주거지는 구릉의 정상부 또는 경사면에 입지하고 그 평면은 장방형이다. 화덕은 별다른 시설이 없는 구덩이식(토광식)이다. 단일 주거지에 복수의 화덕을 시설하였고, 벽면을 따라 저장 구덩이들이 배치되어 있다. 토기는 무문토기로 공렬토기, 이중 구연에 단사선, 톱날 모양의 거치문, 격자선 등의 음각선이 시문되거나 이들 각 요소들과 공렬이 결합된 토기가 공존하며, 적색마연토기는 원통형의 높고 좁은 굽다리가 달린 깊은 바리형 토기인 대부심발이 전형적이다. 석기는 이단병식 마제석검이 주종이며, 석촉은 무경삼각만입석촉 등이 주류를 이루고 있다.

흔암리 유형의 연대는 형성에서 확산에 이르는 동안의 공간적 범위로 보아 지역적으로 시차가 존재했던 것으로 예상된다. 앞서 살펴본 가락동 유형의 시간 범위인 기원전 1100~750년과 비교하면 200년 정도 늦게 시작되지만 그 후 공존한 것으로 보인다.

흔암리 유형의 생업 형태는 아직 완전한 정착 농경에는 이르지 못했던 것으로 추정되며, 농경 방식은 화전 농경과 같이 이동성이 강하면서 조방적이었을 가능성이 높다. 부단히 새로운 개간지를 필요로 하였으므로 그에 따른 광역 확산이 필연적이었을 것으로 보인다.

충남지역 흔암리 유형의 주요 유적은 천안 백석동 유적, 아산 명암리 유적이 있으며, 이들은 앞서 살펴본 가락동 유형과는 혼재하지 않는다. 가락동 유형이 차령 이남에 집중 분포하는 것과 달리 흔암리 유형은 차령 산지 이북에 분포하는 정형성을 보이고 있다.

• 충남지역 송국리 유형

원형 또는 방형의 주거지 평면 중앙에 기둥 구멍을 가진 것을 특징으로 하는 '송국리식 주거지'. 그리고 구연이 밖으로 벌어진 외반구연의 토기와 플라스크 모양의 적색마연토기, 삼각형 석도, 유구석부, 슴베가 달린 유경식 마제석검. 이와 같은 여러 가지 요소로 구성된 것이 송국리 유형이다.

'송국리 유형'이라는 명칭은 1975년부터 1990년대까지 지속적으로 발굴 조사된 바 있는 부여군 초촌면 송국리 유적에서 비롯되었다.

송국리 유형의 형성과 관련하여 그간 여러 견해가 있었으나 아직 학계의 정

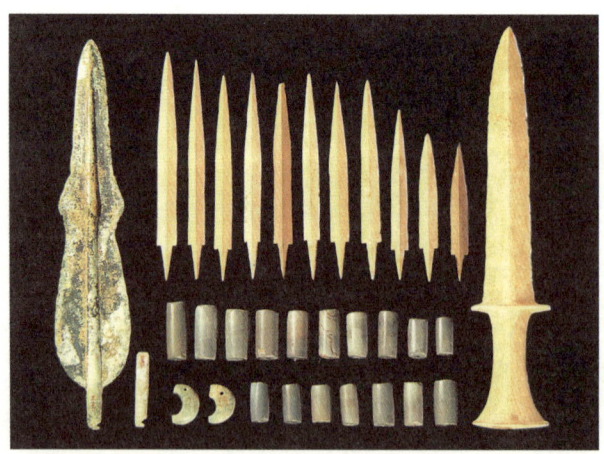

송국리 돌널무덤 출토 유물. 돌널무덤은 고인돌과 함께 우리나라 청동기시대를 대표하는 무덤이다. 사진속의 비파형동검과 돌칼, 돌화살촉, 곱은옥, 대롱옥 등은 청동기시대 지배자의 위엄을 나타내는 유물이다.

설은 구체화되어 있지 않다. 송국리 유적에서 비파형동검과 관련된 청동도끼의 거푸집이 출토된 점에 주목하여 중국 요녕 지역의 비파형동검 문화와 연관성이 높다는 지적도 있다. 그러나 그 시기적인 일치성은 인정될 수 있어도 송국리 유형의 여러 문화 요소를 요녕 지역의 비파형동검 문화에서 찾기는 어렵다. 송국리 유형의 형성 과정에 접근하기 위해서는 이 유형이 갖추고 있는 일련의 문화 요소들 각각에 대한 기원이나 계통을 추구해 볼 필요가 있을 것이다.

송국리 유형의 요소들 중 가장 주목되는 것은 집약적 농경이다. 송국리 유적에서는 원형 주거지 이외에도 장방형 주거지, 방형 주거지 등이 확인되었다. 송국리 유적에서 확인되는 장방형 주거지는 선행 단계와 연결되는 비교적 이른

송국리 유적 전경. 청동기시대의 대단위 마을 유적.

시기에 해당될 것이다. 또한 논농사의 본격화와 더불어 집약도가 증가하면서 점차 장방형 주거지에 거주하던 동거 집단의 분해에 따라 방형 또는 원형 주거지가 등장하였음을 알 수 있다.

송국리 유형의 취락 입지를 보면 지금의 자연마을과 가까운 구릉의 사면이나 저지대 등으로 확대되며, 가락동 유형이 점유하였던 구릉부에는 소규모의 취락이 분포하는 예가 많다. 저지대에 취락이 형성된 것은 논농사에 따른 영향일 수도 있지만, 기본적으로 송국리 유형의 거주지는 앞선 시기의 주거지가 없던 곳에 새롭게 자리 잡은 예가 많은 점에서 볼 때 인구 증가에 따른 취락지의 확산이라는 요인과 밀접한 관련이 있을 것으로 생각된다.

송국리 유형 단계의 중요한 특징 가운데 하나는 취락 내에서 분묘 공간과 주거 공간이 구분되고 있다는 점과 다수의 저장 수혈이 공존한다는 점이다. 대표적인 유적으로 공주 산의리·안영리 새터·대전 복룡동 유적이 있고, 천안 지역에 석곡리·대홍리 유적이 있다.

초기 철기시대

기원전 300년경을 분기점으로 하여 한반도의 농경 공동체 사회는 한 차례의 사회변동을 겪는다. 일찍이 지속적인 농업생산력 증대로 말미암아 사회분화가 촉진된 바탕 위에 선진 중원 청동기 문명과의 접촉은 요녕 지역 일대와 한반도 서북 지방에 고조선이라는 국가 단계 사회의 출현을 낳았다. 한반도의 농경 공동체 사회가 겪은 사회변동은 고조선과 전국시대 연의 무력 충돌로 야기된 점토대토기 문화의 대규모 남하이다.

한반도로 남하한 이들은 처음에 토착 지석묘 사회와 긴장된 대립 관계를 유지할 수밖에 없었을 것이다. 이러한 양상은 점토대토기인들의 주거지 입지를 통해서 그 일면을 살펴볼 수 있다. 최근까지 확인된 고고학 자료에 의하면 점토대토기인들은 대부분 남하 초기에 일상생활이 매우 불편한 높은 산 정상부에 고지성(高地性) 취락을 형성하였다. 이는 농경 생활을 영위하기 어려운 지형이다.

점토대토기인들의 취락은 토착 세력의 공격을 염두에 둔 방어적 성격을 띠고 있었는데, 이와 함께 주목되는 점은 기존의 지석묘 밀집 지역과 중복되지 않는다는 것이다. 이를 통해 초기 점토대토기 문화인들이 토착 지석묘 사회인들과의 마찰을 피해 비교적 그 세력이 강하지 않은 소규모 지석묘 사회, 또는 공백 지역에 주로 정착하였음을 알 수 있다. 그러나 그들은 오래지 않아 우월한 기술과 선진 정치·사회적인 경험을 토대로 토착 지석묘 사회를 장악하여 새로운 사회로 재편하였다. 그러한 사회 재편의 원천은 아마도 점토대토기인들이 이전에 속하였던 고조선이라는 더 발달된 정치체제 내에서 축적한 경험이었을 것으로 보인다.

아무튼 점토대토기인들에 의한 토착 지석묘 사회의 재편 과정을 보여주는 고고학 자료로는 최근 충남 보령 관창리 주거지 및 대전 괴정동 청동기 출토 분묘 유적 등을 들 수 있다. 관창리 유적은 송국리 유형의 대규모 취락인데, 그 가운데 늦은 시기의 주거지에서는 송국리식 토기와 함께 점토대토기가 출토되고 있다.

점토대토기인이 처음 이 지역에 정착한 곳이, 인접한 교성리와 같은 고지성 취약지였다는 점은 시사하는 바가 많다. 아마도 지석묘 사회와의 마찰을 피해 고지에 입지하였던 점토대토기인들은 점차 토착 지석묘 사회인들과 융합하는 모습을 보였을 것이다. 대전 지역의 유적에서도 마찬가지 양상이 엿보인다. 처음에 점토대토기인들은 보문산성과 같은 고지에 입지하였지만 얼마간의 시간이 경과한 후 토착 지석묘 사회인들과 융합하면서 평지로 내려왔고, 마침내 괴정동 유적으로 대표되는 새로운 지역 사회의 수장층으로 등장했다. 즉 점토대토기인들이 토착 지석묘 사회에 흡수 동화된 것이 아니라 그들의 주도로 지석묘 사회가 그 기층으로 재편되는 방식으로 나아갔던 것임을 알 수 있다.

초기 철기시대 주요 유적으로는 보령 교성리·대전 괴정동·부여 합송리 유적이 있으며, 그 밖에 최근까지 확인된 초기 철기시대 유적으로는 공주 의당면 수촌리, 금산 수당리, 논산 원북리, 대전 궁동·노은동·문화동·탄방동 등의 유적이 있다.

마한을 읽는 키워드, 목지국 사람들

이상엽(충남역사문화연구원 책임연구원)

　충남은 한반도의 중서부 지역에 위치한다. 전체적인 지형을 살펴보면, 동쪽의 태백산맥에서 갈라진 차령산맥이 북에서 남으로 흘러내리는 가운데 크고 작은 강과 하천은 대부분 서해와 연결되고 있다. 이런 지형 덕분에 충남지역은 인간이 거주하기에 매우 유리한 자연적 조건을 갖추고 있다. 이에 따라 충남지역에서는 선사시대부터 역사시대까지 다양한 유적과 유물이 확인되고 있다.

　마한은 삼한의 하나로 상한은 기원전 2세기경, 하한은 학자마다 다양한 의견이 제시되고 있지만 적어도 기원후 5세기말까지 한반도에 존재하였던 것으로 알려져 있다. 더불어 마한은 우리나라 역사에서 선사시대와 역사시대를 연결지어 주는 매우 중요한 연결고리 역할을 담당하고 있다. 한편 54개 소국으로 이루어진 마한 연맹체의 맹주국은 목지국(目支國)이었다고 보는 견해가 일반적이다.

마한 사람들이 남긴 생활문화

　마한은 『삼국지』 위서 동이전과 『후한서』 동이열전 한조에 기록된 진한(辰韓) 노인에 관한 기사를 통해 기원전 3세기에서 기원전 2세기에 성립된 국가였음이 확인되고 있다. 더불어 『삼국사기』 신라본기에도 기원전 1세기경에 국가 체계를 갖추었다고 기록되어 있다. 이를 통해 마한은 이미 기원전에 완전한 국가 체제를 갖추고 있었음을 알 수 있다. 한편, 마한은 연맹체 내의 소국이었던 백제(伯濟)가 강성해짐에 따라 차차 그 세력이 축소된다. 마한의 역사는 백제의 그것과 긴밀한 관련을 갖고 있는 셈이다.

하지만 위에 제시한 사서들의 기록, 곧 마한의 국가 설립 연대와 부합되는 고고학 자료는 현재까지 명확하게 밝혀지고 있지 않다. 현재까지 확인된 고고학 자료는 기원후 2세기를 상한으로 볼 수 있으며, 대부분은 3세기 이후로 마한의 연대를 편년하고 있다. 마한의 존재를 보여주는 고고학 자료로는 주구묘, 주구토광묘, 토광묘 등의 분묘 유구, 4주식 주거지나 토실과 같은 주거 유구, 그리고 승석문, 조족문, 거치문 등과 같은 문양이 새겨진 토기, 청동제 마형대구 등이 있다.

마한 분묘로는 먼저 주구묘를 들 수 있는데, 매장주체부 주위에 일정한 방형 또는 원형의 구를 돌림으로써 개별 묘역의 공간을 확보하고 있다. 주구묘

천안 청당동 유적 전경. 원삼국시대 후반의 유적. 마한의 실체를 밝힐 수 있는 단서를 제공해주는 유적이다.

는 지형적으로 대부분 낮고 평평한 구릉의 평탄면에 조성되는 특징을 보이고 있는데, 매장 주체 시설은 유실로 인해 거의 확인되지 않고 있다. 보령 관창리 유적, 서천 당진리 유적, 당진 도성리 유적, 부여 증산리 유적이 대표적이며, 이 외에도 도내 여러 지역에 산재하고 있다. 주구토광묘는 구릉의 경사진 면에 위치하고 있다. 매장주체부 위에는 구를 돌려 개별 묘역의 공간을 확보하고 있으며, 경사면 위쪽에 시설된 주구의 평면 모습은 대부분 눈썹형 또는 'ㄷ'자형을 하고 있다. 대표적인 유적으로는 천안 청당동 유적·운전리 유적, 아산 명암리 밖지므레 유적·용두리 진터 유적, 공주 장원리 유적 등이다.

이들 분묘는 매장주체시설로 대부분 목관을 사용하고 있지만 부분적으로 목관·목곽을 사용하고 있다. 『삼국지』 위서 동이전에는 장례 시 곽은 없고 관을 사용한다고 기록되어 있어 사서와 차이를 보인다. 이와 같이 사서의 기록과 고고학적 조사 내용이 차이를 보이는 것은 매장자의 신분과 밀접하게 관련되어 있는 듯하며, 이러한 차이는 당시 중국인의 관점에서 마한의 매장 행위를 기록한 것이므로 관념의 차이에 의해 발생되었을 가능성도 전혀 배제할 수 없다. 마한 분묘의 매장 주체 시설 내외부에서는 원저단경호·심발형토기 등의 토기

공주 장선리 토실 유적. 청동기시대 유구와 철기시대 유구가 중첩되어 있어 생활상의 역사적 변화를 연구하는데 중요한 유적이다.

류, 환두대도·철모·철부 등의 철기류, 마형대구·옥 등의 장신구류가 부장되어 있다.

집자리는 완만한 구릉지대 또는 저습지에 자리하고 있으며, 천안 장산리·두정동 D지구, 용원리 A지구, 연기 응암리 유적, 공주 장선리 유적, 논산 정지리 유적, 행정중심복합도시 C지점 연기 대평리 유적, 홍성 석택리 유적, 대전 노은동·장대동·대정동 유적 등이 대표적이다. 한편, 용원리 유적과 같이 특이하게 계곡의 경사면에 자리한 예도 확인되고 있으며, 홍성 석택리 유적의 경우 시기를 달리하는 이중의 환호로 둘러싸인 대규모 취락이 확인되어 매우 주목되고 있다.

이처럼 충남지역에서 확인되고 있는 마한 주거지는 일반적으로 평면형태가 방형이며, 주거지 안쪽 네 모서리에 커다란 기둥이 한 개씩 배치된 '4주식 주거지'이다. 그러나 공주 장선리 유적에서는 마한의 주거형태에 대해 언급한 『삼국지』 위서 동이전 한조, 『후한서』 동이열전 한전, 『진서』 동이전 마한조의 기록

아산 명암리 밖지므레 유적 출토 유물. 마한의 전통과 백제문화의 새로운 요소들이 토기라는 매개체 안에서 어떻게 융합, 발전했는지 살필 수 있는 귀중한 유물들이다.

과 일치하는 토실 유구가 확인되어 주목되었다. 토실의 특징은 시설물이 지상이 아닌 지하에 굴과 같은 형태로 조성되어 출입구가 상부에 있다는 점이다. 입지는 구조적인 특징으로 인해 경사면이 아닌 구릉의 평탄대지에 자리하고 있다. 구조는 출입부, 주실, 부실로 이루어져 있는데, 내부 공간으로는 지하에 한 개 혹은 여러 개의 방이 서로 연결되어 있고, 천장부에서 지표면까지 연결되는 환기시설도 일부 확인되고 있다. 출입시설은 일반적인 주거지와 달리 외실에서 주실, 주실에서 부실로 드나들 수 있도록 바닥면 또는 벽면 일부를 원형 또는 타원형으로 굴착한 출입구가 있으며, 그 주위로 외부 수혈이 자리하고 있다.

위와 같이 마한인들의 주거 모습을 살펴보면, 당시 삼한에서는 신석기시대 이래로 지표면을 굴착하고 조성한 수혈 주거지를 일반적으로 이용하였음을 알 수 있다. 물론 지역 또는 계절에 따라 토실과 같이 특수한 구조를 가진 주거지에서 생활한 예도 확인되었다.

『삼국지』위서 동이전에 '마한인들은 구슬을 재보로 삼아 옷에 장식 또는 목걸이나 귀고리로 사용하였지만 금·은·비단은 귀히 여기지 않았다'라고 기록되어 있다. 현재까지 충남지역에서 확인된 마한 유적 중에는 천안 청당동 유적과 아산 명암리 밖지므레 유적에서 출토된 금박 구슬만이 유일하게 금과 관련된 제품일 뿐, 완전하게 금으로 제작된 유물은 확인되고 있지 않아 사서의 기록과 고고학적인 자료가 일치하고 있음을 보여 준다.

더불어 곡봉형 대구(허리띠 따위를 죄어 고정시키는 장치가 되어 있는 장식물)가 천안 청당동 유적에서 출토되었는데, 이 유물은 대외 교섭을 통해 획득한 물품으로 판단된다. 당시 마한은 지리적으로 접근이 용이한 서해를 통해 중국 본토 및 낙랑 또는 대방과 활발한 교역 활동을 하였는데, 그 결과물로 인식할 수 있다.

마한 사람들은 『삼국지』위서 동이전에 우마를 탈 줄 모른다고 기록되어 있는데, 고고학적인 발굴 자료와 일치하는 내용이다. 우마와 관련된 유물 출토 현황을 보면, 현재까지 3세기대에 해당되는 것은 출토된 예가 없다. 가장 이른 시기의 출토유물은 4세기 전반의 것이다. 그러나 4세기 전반의 기승(말을 타거나 수레에 오르는 일) 및 제어 도구 출토유물은 마한 자체보다는 백제와의 관계 속에서 이해해야 한다. 마한인들은 우마를, 타는 것이 아닌 제례 의식을 위한 제물 용도나 농사용으로만 사용한 것으로 보인다.

위와 같이 마한 관련 기록은 중국 사서에 실린 것이 거의 대부분이며, 그 내용마저 소략하여 전체적인 사회 모습을 파악하기가 어려운 실정이다. 그러나 최근 고고학적 자료가 증가하면서 마한 사람들의 생활 모습과 사회상을 이해하는 데 필요한 기초가 다져지고 있다. 아직까지 베일 속에 감춰져 있는 마한의 실체를 파악하기 위해서는 보다 심층적인 연구를 통해 역사와 문화에 대한 이해의 폭을 넓혀 가야 할 것으로 보인다.

• 목지국은 어디에

소국 연맹체인 마한의 54개국 가운데 가장 주목되는 부분은 진왕(辰王)이 다스린 것으로 기록되어 있는 목지국이다.

그동안 마한 54개 소국의 맹주인 목지국이 어느 지역에 있었는지에 대해 많은 연구가 이루어졌으나, 연구자마다 다양한 견해를 제시하고 있다. 현재까지 제기된 견해를 살펴보면, 인천, 경기도 광주, 충남 공주, 직산, 예산, 아산, 천안 및 아산만, 전북 익산 지역 등으로 목지국의 위치가 비정되고 있다. 이러한 목지국의 위치 비정은 기존 고고학적인 물적 자료의 부족에 따라 주로 문헌 기록 중심으로 이루어졌다.

그러나 최근 들어 마한과 관련된 다양한 고고학적인 자료가 확인되고 있기 때문에 목지국의 위치에 대한 문제 역시 새로운 모색을 시도해야 할 시점이 되었다. 이와 더불어 목지국의 위치와 관련하여 『삼국지』 위서 동이전에 아주 중요한 기록이 남아 있으므로 이 또한 간과할 수 없다. 백제의 온조왕이 마한에 사신을 보내 마한과 백제의 강역을 획정할 때 웅천을 경계로 삼았다는 기록이 바로 그것이다. 현재의 서울 남쪽에서 웅천으로 상정할 수 있는 하천으로는 안성천이 가장 유력하다. 따라서 목지국의 위치는 안성천 이남 지역에서 구하는 것이 타당하리라 판단된다. 왜냐하면 안성천 이남 곡교천 유역에서 마한과 관련된 유적이 다른 지역에 비해 매우 높은 밀집도를 보이고 있어 중심지로 인정될 수 있는 조건을 갖추고 있기 때문이다.

목지국의 위치 비정과 관련하여 위에서 제기된 여러 지역 중 가장 주목할 만한 지역은 충청도이다. 경기도와 전라도 지역에서도 고고학적 자료 발굴을 위해 똑같이 애쓰고 있지만 마한 관련 자료가 유독 충청도 지역에서 괄목하게 증가하고 있다는 점이 주된 이유이다. 즉, 현재까지 확인된 마한의 고고학적 자료는 토광묘, 주구토광묘, 주구묘, 토실 등이 대표적인 유구라고 할 수 있는데, 마한의 영토였던 경기도와 전라도 지역에서도 확인되고는 있지만 충청도 지역에서 특히 집중되는 모습을 보인다는 것이다.

충청도 지역 마한 관련 유적들의 분포 현황을 보면 도내 전역에서 확인되

천안 청당동 출토 마형대구와 금박 구슬.

고 있다. 그러나 아산과 천안 지역을 제외하고는 전반적으로 소규모의 형태로 유적이 확인되고 있다. 최근 아산과 천안 지역에서 대규모 유적이 확인되고 있는데, 이 때문에 이 지역이 목지국 위치 비정과 관련하여 주목되고 있다.

좀 더 구체적으로 살펴보면, 아산 명암리 밖지므레 유적·용두리 진터 유적에서 마한 분묘인 주구토광묘와 토광묘가 대규모로 확인되었고, 인접한 갈산리 유적에서 집 자리, 갈매리 유적에서는 마한에서 백제 초기에 해당되는 대규모 생활 유적이 확인되었다. 또한 천안 청당동 유적·운전리 유적에서는 마한 분묘인 주구토광묘, 용원리 유적에서는 마한에서 백제 초기에 해당되는 대규모 생활 유구와 분묘 유구가 확인되었다. 더불어 이들 유적의 주변 지역에도 마한을 이은 백제의 유적들이 분포하고 있어 당시 이곳이 매우 중요한 지역이었다는 사실을 반증하고 있다.

이들 유적 중 아산 명암리 밖지므레 유적·용두리 진터 유적·갈매리 유적, 천안 청당동 유적에서는 마형 대구와 금박 유리구슬 등 당시 대외 교섭의 모습을 보여주는 유물들이 확인되었다. 더불어 밖지므레 유적의 마한 분묘에서는 다량의 금박 구슬을 포함한 다양한 형태의 구슬 8000여 점이 출토되었는데, 이는 사서에 기록된 마한인의 생활상을 잘 보여주는 중요한 유적이라 할 수 있다.

한편, 위에서 제시한 유적들은 현재 행정구역상의 구분일 뿐, 거리상으로는 모두 지근거리에 집중 분포된 모습을 보이고 있어 마한 소국 연맹체의 맹주국인 목지국으로 거론되는 유력한 지역이다. 따라서 이러한 마한의 고고학적 물질 자료 분포 현상을 통해 마한의 맹주국인 목지국은 경기도와 전라도 지역보다 곡교천 유역의 아산과 천안 지역을 중심으로 하는 곳에 있었을 것으로 추정된다.

공주 수촌리에서 움튼 웅진백제의 꿈

강종원(충남역사문화연구원 연구위원)

충남, 백제의 중심이 되다

백제는 도읍의 위치에 따라 한성기(B.C.18~475년), 웅진기(475~538년), 사비기(538~660년)로 구분된다. 충남지역이 역사의 주 무대가 되는 것은 475년 백제의 왕도가 웅진(공주)으로 옮겨오면서부터다. 백제는 475년에 고구려 장수왕의 침략을 받아 왕도 한성(서울)이 함락되고 개로왕은 사로잡혀 죽음을 당하였다. 이에 왕위에 오른 문주왕은 그해 10월 웅진으로 도읍을 옮긴다.

웅진이 왕도가 되기 이전에도 이 지역에는 많은 사람이 살고 있었다. 고분이나 주거지 등을 통해 당시 사람들의 생활모습을 찾아볼 수 있다. 그렇지만 현재까지 남아 있는 유적들은 대부분 일정한 신분 이상의 사람들에 대한 자료라고 할 수 있다. 당시 사람들은 땅을 파서 나무로 움집을 짓고 살았으며, 무덤은 주로 흙을 파서 관에 시신을 넣어 묻고, 주변에는 도랑을 판 형태였다. 그리고 무덤 안에는 구슬장식이나 여러 가지 토기 등을 껴묻거리로 함께 묻었다.

그런데 왜 여러 지역 가운데 조용한 지역사회였던 공주가 도읍으로 정해졌을까? 공주가 왕도가 될 수 있었던 배경에 대해서는 여러 가지 견해가 있다. 일반적인 이유로는 고구려의 공격을 피할 수 있는 천험의 요새지로서 천도 이전부터 이미 산성(공산성)이 축조되어 있었기 때문이라는 점을 든다. 또한 공주가 고대 교통로상에서 중요한 나루터로서 군사적 거점이 설치되어 있었을 가능성과 한성기에 진행된 금강 이남지역으로의 지배력 확산의 결과로 이해하기도 한다. 이와 같은 군사지리적인 요인 이외에도 웅진지역에 대세력가가 없어 정착하는 데 부담이 적었을 것이라든지, 또는 문주왕이 즉위 이전에 왕족으로서 웅진성에 지방관(담로)으로 파견된 적이 있었기 때문으로 보는 견해 등 공주를 왕도로 정했던 배경에 대해 다양한 가능성이 제기되었다.

그렇지만 당시 웅진으로의 천도 배경을 이러한 외적인 요인에서만 찾을 수 있는 것은 아니다. 왜냐하면 고대국가에서 왕도는 정치뿐만 아니라 사회·경제·문화의 중심지로 기능하였으므로 천도는 귀족들의 세력변화에 커다란 영향을 미쳤기 때문이다. 그리고 국가적 혼란 속에서 왕위에 오른 문주왕의 입장에서도 새로운 왕도는 당장 그가 맞닥뜨린 현안문제들을 해결할 수 있는 지역이어야만 하였을 것이다. 당시 문주왕이 풀어야 할 과제는 고구려의 군사적 위협으로부터 나라의 안전을 확보하는 것과 귀족세력들의 정치적 간섭을 배제하면서 다시 왕권을 강화하고 정치적 안정을 회복하는 것이었다. 따라서 새로운 도읍지는 문주왕의 정치적 목적에도 부합되는 곳이어야만 하였다. 그렇지만 한편으로는 천도가 정치세력의 권력변화에 막대한 영향을 주었기 때문에 천도지를 선정하는 데 이해관계를 가진 다수의 정치세력들이 많은 관심을 가졌을 것이다. 최근에 행정중심복합도시가 건설되는 과정을 보더라도 다양한 집단 간의 이해관계가 복잡하게 얽혀 있음을 알 수 있다. 결국 천도지 선정에는 당시 권력의 전면에 있던 대부분의 귀족세력이 참여하였을 것이며, 후보지도 다양하게 논의되었을 것이다. 다만 시일이 촉박하다는 점에서 어떤 식으로든 일정한 연고가 있고, 기본적인 여건이 갖추어진 지역이 천도의 대상으로 고려되었을 것이다. 또한 고구려의 남진을 저지하고 문주왕의 안전을 지킬 수 있는 군사력과 새로운 왕도건설에 필요한 경제력이 제공될 수 있는 지역이어야 하였다.

그렇다면 공주가 도읍으로 정해지도록 영향력을 행사한 사람은 누구였을까? 그동안 기록을 통해서는 그러한 사실을 확인할 수 없었다. 그런데 2003년 공주 의당면 수촌리에서 1971년 무령왕릉 발견 이후 최대의 고고학적인 발굴이 이루어졌다. 이 유적을 통해 공주지역에 웅진 도읍기 이전에 유력한 귀족세력이 존재하였으며, 이들은 중앙과도 정치적으로 매우 긴밀한 관계를 맺고 있었음이 확인되었다. 그리고 웅진 천도를 전후한 시기의 정치적 상황을 파악할 수 있는 자료를 확보할 수 있게 되었다.

공주 수촌리 유적을 만든 사람들

2003년 공주시에서는 의당면 수촌리에 농공단지를 조성하기 위해 문화재 조사를 추진하였다. 그런데 조경수로 가득하였던 구릉에서 많은 유적이 확인되었다. 이들 유적은 크게 두 지역으로 구분되어 있었으며, 그로 인해 Ⅰ지역과 Ⅱ지역으로 나누어 조사가 이루어졌다.

조사 결과 Ⅰ지역에서는 청동기시대부터 조선시대에 이르는 다양한 성격의 유구와 유물이 확인되었다. 그리고 Ⅱ지역에서는 백제시대 고분 6기가 확인되었는데, 이들 고분에서는 금동관을 비롯해 금동신발, 환두대도, 살포, 중국제 도자기, 무기류, 마구류, 각종 토기류 등이 출토되었다. 특히 이들 고분 가운데 5기의 고분은 일정한 공간 안에 분포하고 있는데, 1·2호분은 무덤의 구조와 출토된 유물을 통해 부부의 무덤으로 볼 수 있다. 4호분과 5호분에서도 한 개체의 부러진 관옥이 각각 출토되어 부부 무덤이거나 또는 혈연적으로 밀접한 관계에 있었음을 알 수 있다. 따라서 이들 분묘는 한 가계(家系)의 구성원이었을 가능성이 높다. 고분이 만들어진 시기는 4세기 말에서 5세기 중반이며, 묻힌 사람은 당시 유력한 귀족세력으로 공주지역의 토착세력이었다. 또한 무덤에서 나온 이들 유물은 이제까지 백제 고지(故地)에서 출토된 유물 가운데 최상위급

① 수촌리 4호분출토 금동관.
② 수촌리 유적 출토 중국제 자기류.
③ 수촌리 4호분.
④ 수촌리 1호분.

⑤ 수촌리 유적 근경. ⑥ 수촌리 유적 전경.

에 해당한다. 이를 통해 수촌리 백제고분군이 위치한 의당지역에는 웅진 천도 이전에 최고위급에 해당하는 귀족세력이 거주하고 있었다는 사실을 알 수 있었다.

그러면 그들은 어떤 신분의 사람들이었을까? 이와 관련하여 주목되는 것이 1·2호분으로 지칭된 토광목곽묘이다. 토광묘는 마한사회의 전통적인 묘제로 알려져 있다. 따라서 이들 고분을 만든 사람들은 마한의 문화적 전통을 계승하고 있었던 토착세력이라고 할 수 있다. 당시 공주지역에는 마한 소국 중 감해비리국(監奚卑離國)이 위치했던 것으로 알려지고 있는데, 이들을 비롯한 여러 소국들은 백제의 중앙집권적 통치체제가 성립되면서 지방으로 편제되었다. 이 과정에서 백제에 저항한 세력에 대해서는 사민(徙民) 등을 통해 그들의 기반을 해체시켰지만, 순응한 경우에는 그대로 존속시켰던 것으로 보인다. 따라서 마한의 여러 고지(故地)에는 이들 소국의 권위와 전통을 계승한 유력한 토착세력들이 존재하였으며, 이들은 중앙과의 일정한 정치적 관계 속에서 지방 귀족세력으로 성장하였다. 수촌리세력의 경우에도 마한시대에는 소국의 수장층 신분이었을 것으로 추정된다.

그러면 백제 역사상 등장하고 있는 많은 귀족세력 가운데 수촌리 고분군을 만든 사람들은 누구일까? 기록상에는 다양한 성씨를 가진 다수의 인물이 등장하고 있으며, 특히 유력한 귀족으로 8개의 성씨(사·연·협·해·진·국·목·백)가 확인된다. 이들을 대성팔족(大姓八族)이라고 하는데, 이들 가운데 수촌리 귀족세력은 백씨였을 것으로 추정된다. 백씨는 웅진기에 들어와 처음 등장하고 있는데, 동성왕 8년 왕의 호위를 책임지는 위사좌평이라는 최고위직에 백가라는 인물이 등용되고 있다. 또한 백가는 동성왕이 가림성(부여 임천)에 진수시키려고 하자 병을 핑계로 가지 않으려고 하였으나 강제로 파견되었다. 이에 백가는 동성왕에 불만을 품게 되었다. 마침 동성왕이 사비의 서쪽벌판으로 사냥을 나갔다가 눈이 많이 내려 환궁하지 못하고 마포촌(서천 한산)에 머무르는 기회를 타서 사람을 시켜 그를 해하였다. 당시 백가가 이러한 행동을 하게 된 배경은 그의 지역기반이 공주 일대였으므로 사비지역으로의 전출은 곧 중앙정치에서 배제되는 것이었기 때문이 아니었을까 생각된다. 즉, 백씨는 웅진 천도 이후 중앙의 고위귀족으로 등장하였고, 위사좌평이었던 백가가 사비로의 전출에 불만을 품고 동성왕을 시해하고자 했던 것으로 볼 때 공주지역을 기반으로 하는 귀족세력이었던 것으로 파악된다. 따라서 수촌리 고분군을 만든 세력은 대성8족 가운데 백씨로 비정할 수 있을 것이다.

수촌리 사람들의 정치적 위상

수촌리 백제고분군을 만든 사람들의 정치적 위상은 어떠했으며, 중앙과는 어떤 관계에 있었을까? 수촌리 백제고분군에서 석실분이라는 묘제를 비롯해 출토 유물 가운데 금동관 및 금동식리, 환두대도, 중국제 도자기 등은 중앙으로부터 유입되었을 가능성이 높은데, 이는 당시 무덤에 묻힌 사람이 중앙과 일정한 정치적 관계를 맺고 있었음을 보여준다.

그런데 백제 중앙과 수촌리세력과의 관계, 또는 이들 지역에 대한 중앙의 지배방식은 시기에 따라 변하였던 것으로 보인다. 즉, 중앙과의 관계를 보여주는 유물인 각종 위세품(威勢品)이 전통적인 묘제인 토광목곽묘를 비롯해 외래묘제인 석실분에서도 출토되고 있는데, 이들 고분은 조영시기에 서로 차이가 있기 때문이다. 물론 이를 통해 전통적인 묘제에서 석실분으로의 묘제 변화 과정에서 나타나는 지방통치방식의 변화, 특히 4세기 말에서 5세기 전반기 중앙과의 관계 변화를 구체적으로 파악하기에는 어려움이 있다. 그렇지만 수촌리세력이 중앙에 좀 더 예속되었거나 또는 정치적으로 긴밀성이 증대되었다는 점은 알 수 있다.

한편, 출토 유물을 통해 볼 때 수촌리세력은 정치적 독립성도 지녔던 것으로 여겨진다. 금동관은 중앙의 관제에서 확인되지 않는 것으로(백제의 관제는 고이왕 대에 정비된 것으로 『삼국사기』 백제본기에 기록되고 있는데, 솔계 관등자들은 은화관식을 사용하였다고 한다) 이들 세력이 상당한 정치적 독립성을 인정받았음을 말해 주며, 살포는 경제권을 장악하고 있었음을 상징적으로 보여주고 있다. 무기류와 함께 마구류도 여러 종류가 출토되었다. 이를 보면 고분에 묻힌 사람들이 기마에 익숙한 무사적 성격의 인물이었을 것으로 추정되며, 특히 3호분에서 출토된 호등은 기마문화의 선진성을 보여준다. 또한 이들은 사병적 성격의 군사력도 소유하고 있었을 것으로 추정된다. 따라서 정치적으로는 지방통치체제에 편제되어 지방관적 위치에서 중앙의 일정한 통제하에 있었지만 지역사회에서의 전통적인 지배권은 어느 정도 보장받았음을 알 수 있다.

수촌리 사람들이 공주로의 천도를 주도하다

백제는 475년 한성함락과 개로왕의 죽음으로 인해 공주로 도읍을 갑자기 옮기게 되었다. 그런데 수촌리 고분군을 만든 사람들은 당시 중앙과 정치적으로 매우 긴밀한 관계가 형성되어 있었다. 따라서 475년 공주로의 천도가 전혀 뜻밖의 사건은 아니었다. 즉, 수촌리 귀족세력이 웅진으로 천도하도록 영향력을 행사하였을 가능성도 배제할 수 없기 때문이다.

수촌리 백제고분에서 출토된 위세품과 각종 유물을 통해 볼 때 이들 세력은 중앙과 장기간 긴밀한 정치적 관계를 유지했으며, 군사적 기반도 소유하고 있었던 것으로 판단된다. 당시 문주왕에게 절대적으로 필요한 것은 군사력이었을 것이다. 신라원군 1만이 있었지만 그들은 남천 과정에서 다시 신라로 돌아갔다. 이에 문주왕은 고구려군의 남진에 대비하고 내부의 적들로부터 자신을 보호하기 위해 군사력을 필요로 하였다. 따라서 문주왕은 군사력의 지원을 받을 수 있는 재지세력이 있는 지역을 선호했을 가능성이 높다. 이러한 측면에서 수촌리 고분군 조영세력은 문주왕의 요구에 부합했을 것이다. 수촌리 고분군 조영세력은 선진적인 기마구류(騎馬具類)를 통해 볼 때 상당한 군사적 기반을 보유하고 있었을 가능성이 높으며, 4세기 말부터 중앙과 매우 밀접한 정치적 관계를 유지하고 있었기 때문이다. 또한 공주지역은 고구려의 위협으로부터 안전한 곳이기도 하였다. 중앙군사력이 붕괴된 상황에서 공주지역은 북으로 지역적 기반을 가진 유력한 귀족세력들이 존재함으로써 고구려군의 남진을 저지할 수 있었다. 다만 한성에서 거리가 멀다는 단점이 있었다. 그렇지만 이러한 단점은 금강수운을 통해 어느 정도 보완할 수 있었을 것이다.

특히 수촌리 고분군 조영세력으로 추정되는 백씨세력은 당시 중앙의 귀족세력이 아니었다는 점에서 문주왕의 입장에서는 귀족세력의 정치적 간섭을 배제하고 왕권을 안정시키는 데도 유리하였을 것이다. 또한 한성기부터 중앙과 긴밀한 정치적 관계를 맺고 있었던 백씨의 지역기반으로 천도함으로써 한성 귀족의 정치적 간섭으로부터도 벗어날 수 있기를 기대하였을 것이다.

이와 같은 정치적 상황에서 당시 중앙과 밀접한 관계를 맺고 있었던 수촌리 귀족세력이 475년 한성 함락에 따른 천도 과정에서 주도적인 역할을 함으로써 공주가 도읍으로 정해질 수 있었다. 그 결과 수촌리 고분군을 만든 세력은 웅진기에 중앙의 고위관직에 진출하여 대성귀족으로 성장할 수 있었다.

백제의 위상을 떨친 무령왕

박재용 (충남역사문화연구원 선임연구원)

세기의 대발견, 무령왕릉

1971년 7월 8일 밤. 공주 무령왕릉 발굴 현장.

능 입구를 가로막은 흙더미를 파내려가는 사이 날이 저물고 난데없이 소나기까지 쏟아져 물길을 돌리는 임시 조치만 한 뒤 발굴단은 일단 철수했다.

이튿날 오전 8시 본격적인 발굴 작업이 시작됐다.

입구가 드러나자 발굴단은 작업의 안전을 기원하는 제를 올린 뒤 떨리는 손을 간신히 가누면서 하나둘 벽돌을 뜯어냈다.

벽돌 틈으로 봉분을 뚫고 들어온 나무뿌리들이 장막처럼 드리워진 널길 한가운데 험상궂은 돌짐승 한 마리가 떡 버티고 서서 발굴단을 노려보고 있었다. 등골이 오싹했다.

지신(地神)에게 감호를 부탁하며 안으로 들어서자 무덤 주인을 알리는 지석(誌石)이 눈에 띄었다.

첫머리에 새겨진 '영동대장군백제사마왕(寧東大將軍百濟斯麻王)'이란 글귀가 한눈에 들어왔다.

무령왕릉 내부 모습. 굴식 벽돌무덤. 천장은 아치 모양이고 바닥면에서 천장까지는 최고 2.93미터이다.

"무령왕이다!"

무덤이 백제의 제25대 무령왕과 그의 왕비 무덤임을 확인하는 순간 발굴단은 흥분에 휩싸였다.

삼국시대 왕릉 가운데 주인이 밝혀진 것은 처음이었다. 더욱 놀라운 것은 여러 차례 도굴당한 주변의 무덤들과 달리 왕릉 내부가 자연 훼손된 것 외에는 완벽하게 보존되어 있었다. 무령왕릉은 이렇게 1500여 년의 긴 잠에서 깨어 우리 곁으로 다가왔다.

무령왕릉에서 출토된 유물은 4600여 점에 달했다. 무령왕릉은 수수께끼로 가득 찬 고대에 해답의 실마리를 던져줄 고고학의 보고이자, 동아시아 고대사를 여는 블랙박스였다.

(이상은 당시 발굴단장 김원룡 박사와 발굴단원들의 회고담을 참고로 재구성한 것임.)

왕릉의 발견이라는 것은 결코 흔한 일이 아니다. 그런데 무령왕릉의 발견은 아주 우연한 계기에서 시작되었고, 그 안에서 출토된 유물들은 세상을 충분히 놀라게 할 만했다.

공주 시내의 중심가에서 북서쪽으로 1킬로미터가량 떨어진 송산리 고분군에는 크고 작은 돌방무덤(1~5호분)과 벽돌무덤(6호)이 구릉의 남쪽 사면을 따라 분포하고 있다. 유감스럽게도 일제강점기에 발견되었을 때 대부분의 유물은 이미 도굴되어 없어진 상태였다.

백제는 제22대 문주왕(재위: 475~477년)이 475년 지금의 서울지방인 한성으로부터 천도한 이래 삼근왕(재위: 477~479년), 동성왕(재위: 479~501년), 무령왕(재위: 501~523년)을 거쳐 성왕(재위: 523~554년)이 538년 수도를 다시 지금의 부여인 사비로 옮길 때까지 5대 63년간 지금의 공주인 이곳 웅진에 도읍하고 있었다. 송산리 고분군에 자리 잡고 있는 고분들은 바로 웅진 도읍기에 재위했던 백제의 왕과 왕족들의 무덤으로 알려져 있다.

이 가운데 5호분과 6호분은 일반에 공개되어 있었다. 모두 여름철에는 무덤 안에 물이 새거나 습기가 차 고분의 손상이 심했다. 이를 해결하고자 1971년 6월 말부터 6호분 봉토 북쪽으로 배수시설공사를 시작했다. 봉토의 일부를 파 들어가던 7월 5일, 6호분과 비슷하게 가지런히 쌓은 벽돌들이 확인되었다. 바로 무령왕릉이 1500여 년 만에 모습을 드러낸 것이다.

사실 백제의 역사와 문화는 아직까지 밝혀지지 않은 부분이 많다. 이러한 상황 속에서 무령왕릉의 발견은 실로 대단한 것이었다. 무령왕릉은 왕릉 자체가 갖는 가치뿐만 아니라 그 안에 부장되어 있던 다양한 유물들 하나하나가 백제의 정신이자 세련된 백제문화의 진수였다. 실제로 무령왕릉에서 출토된 유물은 국보 제145호부터 제165호까지 모두 12건이 지정됨으로써 이들 유물의 가치를 그대로 뒷받침해 주고 있다. 무령왕릉과 그 유물은 높은 수준의 백제문화가 빚은 결정체들이며 동시에 당시 백제의 역사성과 비밀을 그대로 담고 있다.

무령왕릉의 유물 중 역사적 가치가 가장 높은 것은 왕과 왕비의 지석 2매이다. 이 지석에는 왕릉에 모셔졌던 두 분의 신상을 명기함으로써 이 무덤이 바로 백제 제25대 무령왕과 그 왕비의 무덤임을 분명히 했다. 또한 간략하나마 두 분의 장례절차를 엿볼 수 있는 내용을 담고 있다. 삼국시대 무덤 중 그 주인공을 명확히 알 수 있는 유일한 무덤이라는 것 자체만으로도 무령왕릉은 학술적 가치가 대단한 것이다. 하물며 고대의 장례풍습을 거의 알 수 없는 상황에서 무령왕릉 지석의 내용은 매우 획기적인 것이 아닐 수 없다.

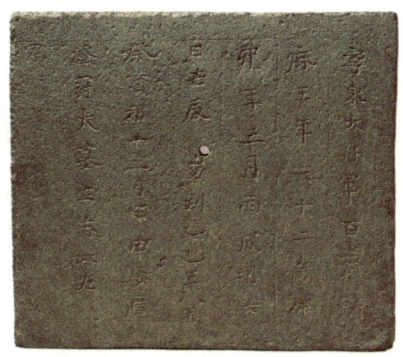
제1지석 앞면(무령왕 묘지). 무령왕이 523년 5월 7일 향년 62세로 붕어하고 525년 8월 12일 그 유해를 무덤에 안장하였다는 내용이 적혀 있다(국립공주박물관 소장).

제2지석 뒷면(매지권). 525년 8월 12일 무령왕이 지신(地神)으로부터 토지를 매입하였다는 내용이 적혀 있다(국립공주박물관 소장).

한편 무령왕릉 유물 중에는 유난히 금붙이가 많다. 금으로 만든 관장식, 귀걸이, 목걸이, 머리뒤꽂이, 갖가지 장식용 액세서리들이 그것이다. 금 외에도 은·동·철 등이 단독 혹은 혼용 사용되었다. 모두 예술적으로 뛰어나게 구성되어 있으며 금속이 갖는 재료적 특성이 함께 어우러져 그 가치를 높이고 있다. 아울러 매우 정교하고 화려한 금속공예품은 높은 품격과 고도의 제작기술을 보여주고 있다. 당시 백제 장인들의 예술적 감각과 금속을 다루는 기술수준이

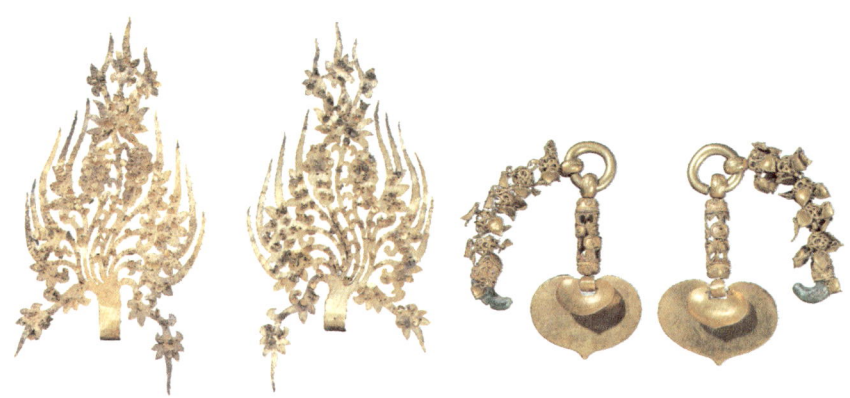

무령왕 관장식. 국보 제154호.
높이는 각각 30.7, 22.8센티미터(국립공주박물관 소장).

무령왕 귀걸이. 국보 제156호.
길이는 8.3센티미터(국립공주박물관 소장).

어떠했는지 엿볼 수 있게 한다.

　이러한 출토 유물 대부분은 무덤의 축조 시기와 주인공이 확실하기 때문에 한국고대사 나아가 동아시아의 역사를 올바르게 복원하는 데 유용한 지표로 활용되고 있다. 동시에 당시 동아시아 및 삼국관계에서 차지하는 백제의 위치를 이해하는 데 매우 중요한 실마리를 제공하고 있다.

무령왕과 백제의 중흥

• 백제가 택한 새로운 왕도, 웅진

　475년 고구려에 의해 한성이 함락되자 문주왕은 그해 10월에 웅진(熊津: 공주)으로 도읍을 옮겼다. 웅진 초기에 백제는 개로왕의 죽음과 갑작스런 천도 등으로 인해 내부적으로 매우 혼란스러웠다. 문주왕은 왕실의 위상을 세우고자 궁실을 중수했으며, 아우 곤지를 내신좌평으로 삼아 정치적 안정을 꾀했다. 그러나 곤지가 갑작스럽게 사망하고, 병관좌평 해구(解仇)가 권력을 잡고 급기야는 문주왕을 시해하기에 이르렀다. 문주왕을 이어 삼근왕이 즉위하였으나 너무 어렸으며, 모든 권력은 해구의 손에 들어갔다. 이에 진씨(眞氏)를 비롯한 귀족세력들은 해구의 권력을 견제하게 되었으며, 해구는 대두성에서 반란을 일으켰으나 진압되었다. 그러나 삼근왕은 재위 3년에 의문의 죽음을 맞았다.

이어 동성왕이 정치적 혼란 속에서 즉위했다. 동성왕은 혼란한 나라를 바로잡기 위해 많은 노력을 했다. 금강지역의 새로운 세력을 등용하여 한성에서 이동해 온 귀족세력과 힘의 균형을 이루도록 했다. 이때 새롭게 등용된 귀족세력은 진씨를 비롯하여 백씨(苩氏)·사씨(沙氏)·연씨(燕氏) 등이었다. 그리고 신라 이찬 비지(比智)의 딸을 왕비로 맞이함으로써 신라와 동맹을 맺었다.

그렇지만 동성왕은 재위 말기에 들어와 과대한 토목공사, 사치 등으로 국내정치에 소홀했다. 결국 그는 501년 11월 마포촌(서천 한산)에 사냥을 나갔다가 가림성(임천)의 성주였던 백가(苩加)가 보낸 자객에 의해 상해를 입고 12월에 사망했다.

동성왕에 이어 무령왕이 제25대 왕으로 즉위했다. 그런데 무령왕은 수수께끼의 인물이다. 출생부터가 베일에 싸여 있다. 지석의 기록에 의하면 왕은 523년(계묘년) 5월 7일 62세로 생을 마감했다. 왕이 태어난 해는 461년이 되며 개로왕 7년임을 알 수 있다. 무령왕은 501년 왕위에 올라 523년까지 23년 동안 백제를 통치한 것이다. 계산해 보면 그가 왕위에 오를 때 이미 마흔 살, 왕의 즉위 나이로는 상당히 늦은 편이었다.

『삼국사기(三國史記)』에 나타난 무령왕은 백성들로부터 존경을 한 몸에 받았던 인기 높은 왕이었다. 그는 백제 중흥의 기틀을 다진 위대한 왕이었을 뿐 아니라 훌륭한 인품으로 많은 사람의 추앙을 받았다. 또한 그는 건장한 체격을 가진 보기 드문 절세의 미남이었다.

이렇듯 무령왕이 빼어난 외모에 훌륭한 인품이라고는 하나, 근본적으로 신상명세부터가 의문투성이다. 무령왕, 그는 누구인가? 그는 어디에서 태어났으며 누구의 아들인가?

• 무령왕은 정말 일본에서 태어났을까

우리나라 기록에는 보이지 않지만 일본의 최초 정사인 『일본서기(日本書紀)』(720년 편찬)에는 무령왕의 탄생기가 기록되어 있다.

> 461년에 가수리군(加須利君: 개로왕)은 동생 군군(軍君: 곤지)을 일본에 파견했다. 이때 군군은 임신 중이었던 가수리군의 부인과 동행하게 해줄 것을 요청했다. 가수리군은 동생의 요구를 받아들여 출산이 임박했던 자신의 아내를 군군과 같이 왜국에 보내면서 출산하면 부인과 자식을 함께 귀국시키도록 명한다. 항해 도중에 가수리군의 부인은 츠쿠시(筑紫)의 가쿠라세마(各羅嶋), 즉 현재 큐슈지역의 한 섬에서 아들을 낳았다. 이런 이유로 그 아이의 이름은 시마노키미(嶋君), 즉 섬임금이라고 불렸다. 무령왕의 살아생전 이름인 '사마(斯麻)'는 사실 섬이라는 뜻이며 현재도 일본에서는 섬을 '시마'라고 한다. 곤지는 배 한 척을 마련하여 섬임금을 본국으로 보냈고, 이 아이가 훗날 무령왕이 되었다.

그런데 위의 이야기 자체는 너무 황당하다. 아무리 고대사회이고 또 왕족들 간의 일이라고 하지만 자신의 임신한 처를 동생에게 주는 일이 가능할까? 이런 까닭에 이 기사를 모두 허구로 보기도 한다. 한편 왜국에 정착해 살던 무령왕 후손들이 지어낸 이야기가 『일본서기』에 수록되었다고도 한다. 즉 무령왕 후손들은 왜국 내에서 자신들의 입지를 높이기 위해 선조인 무령왕을 왜국에서 태어난 것으로 지어냈다는 것이다. 학계에서는 이 부분에 대해서 아직도 논쟁을 계속하고 있다.

하지만 무령왕릉의 발견으로 왕의 생전 이름이 사마임이 확실해졌고, 또 왕의 목관에 쓰인 나무가 일본에서 가져온 것으로 밝혀지면서 황당해 보이는 이 기사에는 무언가 역사적 진실이 담겨 있을 것으로 받아들여지고 있다.

현재 일본 큐슈 북서부의 가카라시마(加唐島)에는 무령왕의 탄생설화가 아직도 전해지고 있다. 무령왕이 태어났다고 전해지는 해안 동굴, 몸을 씻겼다는 우물 등이 남아 있다. 이곳 사람들은 해마다 무령왕 탄생제를 지내기도 한다.

• 무령왕은 과연 누구의 아들인가

그렇다면 무령왕의 아버지는 개로왕인가, 곤지인가?『일본서기』에서 무령왕을 개로왕의 아들인 것처럼 연결시키고 있는데 이것은 왜국 내 백제계 이주민들이 무령왕의 정통성을 확보하기 위해 만들어낸 이야기에 불과할지 모르겠다. 한편『삼국사기』에서는 동성왕의 둘째아들이라고 했지만, 이것도 사실과 다르다. 현재 학계에서는 무령왕이 곤지의 아들이면서 동성왕의 이복형일 가능성이 높다고 보고 있다.

무령왕과 그의 시대는 정치적으로 백제의 격동기였으며, 일본과 밀접한 관계를 유지하고 있었다. 이러한 시대상황 속에서 무령왕은 태어나고 성장하여 왕위에 올랐던 것이다. 따라서 무령왕의 출생과 신상에 대한 물음은 당시의 복잡다단하게 얽힌 역사적 상황과 직접 연결되어 있는 문제인 것이다.

이런 시대적 상황 때문일까? 무령왕은 어린 시절과 젊은 시절에 어디에서 무엇을 하며 지냈을까? 그는 왜 마흔이라는 늦은 나이가 돼서야 왕위에 오를 수 있었을까? 그에 대한 의문은 아직도 풀리지 않은 수수께끼이다.

• 무령왕, 재기의 발판을 마련하다

백제의 국력은 무령왕이 즉위하면서 점차 회복되었다. 무령왕은 즉위 후 바로 백가의 반란을 진압했고, 고구려를 공략하기 시작했다. 즉위 해인 501년에 고구려 수곡성(신계)을 공격하기 시작하여 513년에는 위천에서 고구려군을 대파했다. 이 시기의 전투는 주로 한강유역에서 벌어졌는데, 대부분 승리를 거두면서 고구려에 빼앗겼던 한강유역의 일부를 회복하게 되었다.

고구려와 세력균형을 이룬 무령왕은 가야지역으로 진출했다. 백제의 가야

지역 진출은 크게 임실·남원 방면에서 동쪽 내륙으로 나아가는 방식과 전남 해안지역인 섬진강 일대를 확보하여 경남 서해안지역으로 진출하는 방식으로 이루어졌다. 이를 통해 무령왕 대에는 섬진강 상류인 임실로부터 하류인 하동에 이르는 섬진강 일대를 영역화했다. 무령왕은 새롭게 확보한 영역에 군령(郡令)과 성주(城主)를 파견해서 직접지배를 실현하고자 했다.

무령왕은 백제의 중흥을 위해 특히 농민생활의 안정과 생산력 증대 중심의 정책을 추진했다. 먼저 재위 6년(506) 춘궁기에 백성들이 굶주리자 창고를 열어 구휼했다. 이를 통해 무령왕은 사회적 불안을 해소하고 농민층의 생활을 안정시켜 국가 재원을 확보하고자 했다. 그리고 농업생산력 증대를 위해 수리시설을 정비했으며, 놀고먹는 자들을 귀농시키는 조치를 취했다. 무령왕의 농업노동력 확보 노력은 가야지역으로 도망간 자들을 추쇄(推刷)해 오는 정도까지 확대되었다. 이와 같은 정책을 통해 국력을 회복한 무령왕은 백제가 다시 강국이 되었음을 대내외에 선포했다.

아들인 성왕(재위 523~554년)이 이후 중앙과 지방의 행정 및 군사 조직을 재정비할 수 있었던 것도 무령왕이 기반을 다졌기 때문이었다. 성왕은 중앙의 행정조직을 22부로 재정비하고, 지방의 행정 및 군사 조직을 방군성(方郡城) 체제로 전환하는 등 대내적으로 조직을 정비했다. 성왕의 업적 가운데 가장 중요한 것

무령왕릉 출토 둥근고리 큰칼. 왕의 시신 근처에서 출토. 화려한 장식과 당시의 수준 높은 금은세공기법을 보여준다(국립공주박물관 소장).

은 538년에 도읍을 웅진에서 사비로 옮긴 것이다. 성왕은 무령왕이 다져놓은 기반 위에서 새로운 도약을 모색할 수 있게 되었다.

무령왕의 대외교섭

• 새로운 외교 파트너, 양나라

무령왕릉에서 출토된 수많은 유물 중에는 유난히 중국에서 건너온 물건들이 눈에 띈다. 백제는 이미 3세기 중·후반부터 서진의 도자기를 수입하기 시작했다. 그 결과 웅진기에는 유례가 없을 정도로 중국의 남조와 밀접한 관계를 유지했다.

475년 백제는 고구려와의 전쟁에서 패하여 수도인 한성을 빼앗기고 웅진으로 천도한다. 천도 직후 백제는 권력찬탈을 노리는 귀족세력의 반란으로 인해 왕권의 존립 기반이 위협받는 등 심각한 정치적 혼란에 휩싸인다. 그리하여 당시 문주왕·삼근왕·동성왕 모두가 피살되는 등 참담한 상황이 전개된다.

동성왕의 뒤를 이어 등극한 무령왕은 이러한 상황을 극복하기 위해 먼저 내부적으로 반란 귀족세력을 토벌하여 안정을 추구했다. 이어 고구려의 남진 정책에 밀려 외교적으로 완전히 고립된 상황을 타개하기 위하여 해상교통로를 통해 중국대륙으로의 진출을 꾀했다.

그러나 당시 교류의 주된 대상이었던 중국 북조와는 고구려의 방해가 심해 원활한 교류를 시행하지 못했기 때문에 중국 남조와의 외교 루트를 새롭게 개척하게 된다. 이를 계기로 양(梁)나라로부터 '영동대장군(寧東大將軍)'의 작호를 받아 왕권을 강화하고 대외적 신

무령왕릉 출토 청자육이호(국립공주박물관 소장).

망을 높임으로써 국가의 대외적 발전을 꾀했다. 이렇듯 중국 양나라와의 교류는 선진문물의 수용이라는 측면도 있지만, 고구려의 세력 확장을 견제하고자 하는 데 주목적이 있었다.

• 해양왕국을 향해서

백제는 해상활동을 통한 대외교역과 외교적 교섭이 가장 활발한 국가였다. 백제는 고대국가 형성시기부터 한(漢)나라를 비롯한 중국의 여러 왕조와 교섭과 항쟁을 거듭하면서 국가적 성장을 도모했다. 삼국 정립이 본격화한 4세기 이후부터는 중국의 남북분열을 이용한 본격적인 대중교섭을 전개했다. 수의 통일에 이르기까지 자기세력의 신장과 고구려·신라에 대한 견제책의 일환으로 중국과의 외교관계를 최대한 이용했다.

웅진시대 초기에는 고구려에 의해 서해 북방항로가 차단되어 대중관계가 일시적으로 소원해졌다. 그러나 서해 직항로를 개척하고, 송·제·양·진 등 남조 여러 정권과 활발한 교섭을 전개했다.

이 시기의 경향은 크게 두 가지로 나뉜다. 남조와는 활발한 외교와 교역을 통하여 선진문물을 적극적으로 수용하고 중계하며 자기성장을 이룩했다. 한

무령왕릉 출토 진묘수. 국보 제162호.
무덤을 지키는 동물상이다. 백제가 중국 남조와의
문물교류가 활발했음을 보여주는 유물이다(국립공주
박물관 소장).

중국 남조에서 출토된 진묘수(중국 남경시박물관 소장).

편, 당시 남북조 분립의 형세를 틈타 힘의 공백지대였던 오늘의 회화~산동 일대에 진출을 시도하여 북조와는 대립관계에 들어갔다. 백제의 화중 진출은 사료의 한계로 충분히 구명되지 못하고 있으나 그 개연성은 있다.

이러한 배경 속에서 무령왕은 중국 양나라에 사신을 보내 선진문물을 과감하게 수입했다. 양나라 박사(博士)제도를 비롯하여 왕실묘로 사용된 벽돌무덤, 그리고 도자기들이 대거 한반도로 유입된 것이다. 특히 중국제 도자기들은 백제지역에 편중되어 출토되고 있다. 당시의 선진문물은 중국 동해안에서 한반도 서해안으로 이어지는 해로를 통해 수입되었을 것이다.

· 문화 전수자로 왜국에 다가서다

백제와 왜국(일본)은 4세기 중엽 이후 공식적인 관계를 시작하여 멸망할 때까지 대체로 우호관계를 유지했다. 당시 백제가 왜국에 보낸 칠지도(七支刀)는 양국 교류의 시작을 보여주는 중요한 유물 중 하나이다. 이후 왜국은 백제로부터 불교와 한자 등의 선진문화를 계속 받아들이며 고대국가의 기틀을 완성했고, 나아가 아스카(飛鳥)문화를 꽃피웠다.

백제는 5세기 말까지 철자원의 제공을 중심으로 왜국과 가장 빈번히 교류

무령왕릉 출토 의자손수대경.
국보 제161-2호. 지름 23.2센티미터의 거울(국립공주박물관 소장).

칸논야마(觀音山)고분 출토 의자손수대경. 무령왕릉 출토 의자손수대경을 꼭 빼닮았다(일본 군마현립역사박물관 소장).

한 가야를 대신해 왜국의 새로운 교류 파트너가 되었다. 6세기에 접어들며 서서히 신라와의 긴장관계가 조성되면서 백제는 상대적으로 왜국과의 관계를 강화해야 할 필요성이 생긴 것이다. 종래 신라와 군사적 유대관계가 필요했던 것은 고구려에 대항하기 위함이었다. 그런데『삼국사기』에서 무령왕 대의 대고구려 전투기사가 말해 주듯이 이제 신라와 연대 없이도 독자적으로 대고구려전을 감당할 만큼 자신감이 회복되어 있었던 것이다.

이러한 사정의 변화를 전제로 무령왕 시대의 백제는 더욱 적극적으로 왜국과의 긴밀한 관계를 모색하기 시작했다. 그 직접적인 계기를 마련한 것이 바로 사아군(斯我君)의 파견이라는 왕족 외교의 재개였다.

『일본서기』에 의하면 무령왕은 505년에 사아군을 왜국에 보내면서 왜국과의 관계를 재개했다. 이에 512년 왜국의 케이타이왕(繼體王)은 백제에 츠쿠시노쿠니(筑紫國)의 말 40필을 보냈다. 이어서 무령왕은 그 이듬해인 513년 한학에 능통한 오경박사 단양이(段楊爾)를 왜국에 파견하고, 3년 뒤에는 고안무(高安茂)를 파견하여 교대시켰다. 백제가 정기적으로 왜국에 문물을 전해 주는 관계는 케이타이왕과 무령왕 사이에 시작된 것이다.

이렇듯 백제는 무령왕 대에 이르러 이전의 기술문화 전파를 넘어서 왜국의 국가와 정치, 사회체제를 변혁시킬 수 있는 좀 더 높은 차원의 문화를 전파했다. 그 반대급부로 왜국은 백제에게 군수물자 등을 지원했다. 이와 같은 양국의 교류 양상은 백제가 멸망할 때까지 계속되는데 그 기본형태가 바로 무령왕 대에 확립되었다고 볼 수 있다.

• 무령왕의 위상과 그 후손들

조선시대 영조 임금은 천한 무수리 출신인 어머니 신분에 한이 맺혀 어머니가 죽은 뒤 소령원을 지어 장사 지내고 시간 날 때마다 찾아가 어머니를 그렸다. 그런데 바로 이와 비슷한 사연을 담은 일이 일본에도 있었다. 일본 역사상 가장 찬란한 문화를 꽃피웠던 헤이안(平安: 794~1185년)시대의 기초를 다진 제50대 간무(桓武) 천황과 그의 어머니인 다카노니이가사(和新笠) 이야기이다.

간무 천황의 아버지는 고닌(光仁) 천황으로 그는 천황으로 즉위하기 전까지 왕위계승에는 관심을 끊은 채 술로 나날을 보내던 사람이었다. 그때 만난 여인이 무령왕의 10대 후손인 다카노니이가사였고, 그녀는 고닌을 극진히 보필했다. 그런데 다카노니이가사는 신분이 낮다 하여 고닌의 정실이 되지 못했다. 고닌은 할 수 없이 황족과 정략결혼을 할 수밖에 없었다. 그러다 48대 천황이 후사가 없이 죽자 62세라는 늦은 나이로 권좌에 오르게 된다. 얼마 후 그는 정실부인과 그 아들을 유배 보내고 대신 사랑하는 여인 다카노니이가사의 아들을 후계자로 삼았다. 고닌과 다카노니이가사 사이에 낳은 아들이 바로 간무 천황이다. 간무가 천황에 오르고 몇 년 후인 789년 다카노니이가사는 세상을 떠났다. 이에 간무는 어머니를 황태부인으로 추증하고, 교토로 수도를 옮긴 후 히라노(平野)신사에 위패를 모시고 극진히 제사 지냈다.

일본의 고대 사서인『속일본기(續日本紀)』에 의하면 다카노니이가사는 야마토(和)씨의 선조가 되는 무령왕의 아들인 순타태자(純陁〈淳陀〉太子)의 후손이다. 순타태자에 대해서는 우리나라 기록에 등장하지 않아 자세한 것은 알 수 없으나 무령왕이 왜국에 체재할 때 낳은 자식으로 여겨진다.

이렇듯 백제가 멸망한 이후에도 무령왕 후손들이 자신들의 조상이 무령왕이라고 버젓이 밝힐 수 있었던 것은 일본 내 무령왕의 위상이 매우 높았음을 시사한다. 동시에 이것은 무령왕이 고대 일본에 미친 영향이 매우 컸다는 것을 말해 준다.

해동증자와 황산벌 전투

정재윤(공주대학교 사학과 교수)

의자왕은 기록에 의하면 즉위 전에는 해동증자(海東曾子)로 불릴 정도로 평판이 좋았다. 즉위 후에도 신라를 공격하여 잃었던 영토를 다수 회복하는 등 주목할 만한 업적을 남겼다. 바야흐로 백제를 중흥시킬 수 있는 위대한 왕이 출현한 것이다. 그러나 이렇게 영특한 군주가 불행하게도 말년에는 궁녀들의 치마폭에 휩싸여 충신을 멀리하는 등 절제력을 상실함으로써 백제를 멸망으로 이끈 장본인이 된다.

하지만 이러한 기록을 그대로 믿기에는 무언가 석연치 않은 점이 있다. 마치 민중의 구세주로 각광을 받던 궁예가 축출되기 직전 미치광이로 전락한 과정과 매우 유사한 느낌이 드는 것은 왜일까? 왕건의 추대는 바로 궁예의 몰락과 대척점이다. 백제의 멸망도 신라의 삼국통일과 대비된다. 다시 말하면 신라의 삼국통일에 대한 미화는 백제 패망의 당위성을 도출하는 역관계가 성립하게 된다. 이러한 점을 고려하면 의자왕 집권 전기와 후기의 차이는 패망국가에 흔히 지우는 책임론이 지나치게 부각된 측면이 있는 것이 아닐까.

그렇다면 의자왕이 추구한 정치를 객관적으로 살펴볼 필요가 있겠다. 잘잘못을 정확하게 밝히자는 것이다. 만약 13만 대군을 이끌고 온 당나라의 침략이 없었다면 백제가 멸망하였을까. 외세의 침공이 백제가 멸망한 주요 요인이라고 생각되지만 이를 의자왕의 실정으로 정당화한 과정 또한 있었다. 백제 내부의 문제뿐만 아니라 외부적인 요인까지 감안하여 그 시시비비를 가리기로 하자.

해동증자의 즉위

의자왕은 무왕 33년(632) 태자로 책봉되었다. 그에 관한 『삼국사기』 기록을 보면 "어버이를 효성스럽게 섬기고 형제들과 우애가 있어서 당시 해동증자라고 불렀다"고 한다. 증자는 효행으로 유명한 성인으로, 그와 비견될 정도로 명망이 높았던 것이다. 이런 만큼 그에 대한 기대는 남달리 컸다고 할 수 있다.

하지만 의자왕이 맏아들이면서도 매우 늦은 시기에 태자로 확정된 것에 주목하면 상황이 달라진다. 의자왕이 태자로 확정되기 바로 전 해에 동생인 풍장이 일본에 파견된 점도 예사롭지 않다. 그렇다면 의자왕은 풍장과 후계자 경쟁을 한 끝에 어렵사리 태자로 간택되었음을 알 수 있다.

여기서 그치는 것이 아니다. 최근 발견된 미륵사지 사리봉안기 명문에는 무왕 말기의 왕비가 사택왕후라고 기록되어 있다. 그리고 그녀와 의자왕의 나이를 계산해 보면 사택왕후는 의자왕의 친모가 아닐 가능성이 크다. 이를 바탕으로 의자왕 초기에 발생한 정변에 대해 살펴보기로 하자.

『일본서기』에 의하면 의자왕은 즉위 2년(642) 정월 어머니가 돌아가시자 "교기와 이모의 딸 4명, 내좌평 기미와 이름 있는 40여 명을 섬으로 추방하였다." 어머니가 돌아가자 그녀와 관련 있는 인물들을 제거한 이 사건은 의자왕이 친위쿠데타로 권력을 장악하였음을 보여준다. 그런데 새로운 자료의 출현은 더욱더 이 사건의 성격을 분명하게 해주었다. 명문에 사택왕후가 무왕의 장수를 기원한 구절은 예사롭지 않다. 의례적인 것으로 볼 수도 있으나 이때가 무왕 재위 40년(639)인 연로한 나이라는 점과 사택왕후가 의자왕의 친모가 아니라는 점, 또한 의자왕의 태자 임명이 후반기에 이루어졌다는 점 등 여러 면에서 다음 왕인 의자와의 갈등이 예상되기 때문이다. 그렇다면 사택왕후는 태자인 의자에게로 정권이 넘어가는 것을 매우 불안하게 생각하였으며, 따라서 무왕이 오래 살기를 기원한 것이 아닐까 한다. 다시 말하면 왕과 모후와의 보이지 않는 갈등 구도가 잠재되어 있는 것이다.

이러한 면을 곱씹어보면 해동증자라는 표현은 다른 각도에서 이해된다. 계모인 사택왕후와 그를 반대한 세력들을 안심시키기 위해서 의자왕이 극도로 보신책을 취하였음을 알 수 있다. 그 연장선에서 의자왕은 집권하고 나서도 자신의 정치적 성향을 드러내기보다는 적절한 처신을 하며 신중했을 것이다. 그런데 사택왕후의 아버지가 죽고, 연이어 사택왕후마저 죽자 상황은 달라졌다. 사택왕후의 죽음은 단순히 한 국모의 죽음에 그친 것이 아니다. 당시 백제 최고의 귀족인 사택씨의 구심점이 사라진 것이다. 이제 의자왕이 자신의 입장에서 정책을 펼칠 수 있는 기회가 온 것이다.

준비된 개혁군주 의자왕

의자왕은 권력을 장악하자 이전과는 다른 대외정책으로 전환하였다. 친고구려 정책을 표방한 것이다. 당시 백제는 영원한 적도 영원한 우방도 없는 냉혹한 국제사회의 현실을 맛보았다. 먼저 고구려와는 장수왕에게 개로왕이 참수당한 이후 철천지원수가 되었다. 이에 신라와 협력하여 고구려에 대항하였으나, 역시 신라의 배신으로 성왕이 관산성에서 전사하였다. 하지만 중국에서 거대한 통일제국이 등장하자 동아시아의 정치적 변동을 예의주시하는 상황으로 바뀌었다.

백제 또한 수나라의 팽창주의에 매우 고심한 듯하다. 그 단적인 예가 고구려를 보는 시각이 변화했다는 점이다. 이제까지 고구려는 타도해야 할 대상이었다. 그러나 북쪽에 있는 고구려가 건재함으로써 자신들도 안전하다는 현실론이 점차 부각되고 있었다. 이 때문에 백제는 고구려와 수나라 사이에서 두 나라의 동정을 살피면서 어느 한쪽 편을 일방적으로 들지 않는 양면책을 취하고 있었다.

수나라에 이어 중국을 통일한 당나라가 초기의 유화책을 버리고 640년대에 이르러 요동과 한반도 방면으로 팽창을 시도하자, 동아시아 정세는 급변하였다. 먼저 활시위를 당긴 나라는 백제였다. 의자왕은 642년 1월 친위쿠데타를 일으켜 친고구려 정책으로 전환하였다. 보수적인 입장에서 보면 고구려는 믿지 못할 상대였다. 이 때문에 사택왕후를 비롯한 보수세력들은 여전히 고구려에 대하여 부정적인 생각을 가졌던 것으로 생각된다. 의자왕의 개혁을 뒷받침해 준 인물들은 유교적 사상에 입각하여 왕도정치를 실현하려는 세력으로 보인다. '의자(義慈)'라는 이름이 맹자의 왕도정치사상과 통하며, 성충·윤충·의직 등 의자왕 때 보이는 신하의 이름에서 유독 강조되는 '효'와 '충'은 유교적인 정치 이념을 내포하기 때문에, 그가 지향한 개혁정치는 유교적 전제정치의 확립이라고 생각된다.

이와 같이 의자왕은 그의 주변에 개혁적인 생각을 갖는 인물들을 전진 배치함으로써, 국제정세에 탄력적으로 대응하였다. 이러한 기세로 642년 7~8월에 신라의 40여 성을 빼앗고, 요충지인 대야성을 함락시켰다. 대야성은 신라의 수도인 경주로 가는 길목으로, 이제 신라는 경주마저 위협받게 된 것이다. 나아가 당항성을 공격하여 신라의 대중국 항구를 봉쇄하려 하였다. 이와 같이 의자왕은 신라를 거세게 압박하면서 공황상태에 이르게 하였다. 백제의 숙원인 선대의 원수를 갚을 지도자가 출현한 것이다.

이에 신라는 주변의 고구려와 왜에 도와줄 것을 요청하는 사절을 보냈다. 하지만 고구려와 왜는 이미 백제 편에 가담한 상태였다. 고구려에서는 642년 10월 연개소문이 영류왕을 시해하는 정변이 발생하였다. 연개소문의 집권은 고구려에서 대당(對唐) 강경정권이 출현한 것을 의미한다. 의자왕의 친고구려

정책은 고구려가 대당 강경노선을 취할 수 있는 여건을 마련해 주었다. 후방이 안정되어 당에 전력을 다할 수 있었던 것이다. 백제 또한 고구려가 건재함으로써 당의 팽창을 사전에 차단할 수 있었고, 나아가 고구려와 화친함으로써 신라와 전면전을 펼치는 것이 가능해졌다. 이와 같이 의자왕은 태자 시절 처신을 잘하였고, 왕에 즉위한 이후에도 영민한 대외정책을 펼쳤다.

일본열도에서도 대륙의 분위기가 심상치 않자, 645년 천왕 중심의 정국 운영을 지향한 타이카 개신이 일어났다. 신라 또한 647년 1월 비담과 염종 등의 반란을 계기로 김춘추가 정치의 일선에 나서게 되었다. 실질적으로 집권한 김춘추에 의해 신라는 649년 당의 의관(衣冠)을 도입하고, 650년 당의 연호를 사용하면서 친당노선을 기본으로 하는 국제 전략을 취하였다.

이와 같이 당의 팽창주의에 따라 동북아시아 주변 국가인 백제, 고구려, 왜, 신라에서는 차례로 정권의 교체가 이루어지는 등 매우 큰 파장이 일어났다. 각 나라는 대외정책의 향방을 놓고 내부에서 치열한 논쟁을 벌였으며, 이는 자연스럽게 정계 개편으로 이어졌다. 의자왕의 전격적인 고구려와의 화해와 전제군주의 지향은 이러한 배경하에서 진행되었다고 보인다.

은고는 백제를 망친 요사스러운 여자인가

"요사스러운 여자가 무도하여 나라의 권력을 잡고 함부로 하여 어질고 선량한 사람을 죽인 까닭에 이 같은 재난을 불렀다."

『일본서기』에 기록된 백제의 멸망을 다룬 기사 중 일부분이다. 이 기사에서 받은 영향 때문인지 의자왕의 부인인 은고를 음황과 타락에 빠진 왕을 배후에서 조종하여 농간한 인물로 보는 시각이 지배적이다. 나아가 정치에 관여하여 반대하는 신하들을 제거한 것으로 보는 등 부정적인 입장이 주류를 이룬다. 의자왕의 실패에는 왕비가 한몫 단단히 하고 있다는 것이다.

은고가 정말 정치에 무관심해진 왕을 대신하여 백제를 망쳤을까? 물론 의자왕과 왕비는 백제가 멸망할 때 지도자였다는 점에서 책임론에서 벗어날 수 없다. 그러나 어느 왕이 13만 당군과 5만 신라군 등 도합 18만 명이 동원된 침공을 막아낼 수 있었을까. 객관적으로 역부족이었던 사실을 인정해야 할 것이다. 그렇다면 왕비의 전면적인 등장을 달리 이해해야 할 필요가 생긴다.

왕비가 정치에 큰 영향력을 행사할 수 있었던 배경으로는 왕의 존재를 인정하지 않을 수 없다. 이는 왕의 권력이 강해졌기 때문일 것이며, 의자왕이 추구한 왕권 강화 정책이 성공하였다는 말과도 통한다. 의자왕은 백제의 당면한 과제인 지방과 귀족세력들을 누르고, 왕족 중심의 친정체제를 구축하는 데 성공한 것이다. 왕의 서자 41명을 좌평으로 삼은 것도 이를 보여주는 좋은 예다. 이러한 상황은 귀족들에게 달갑지 않았을 것이며, 이에 부정적인 여론이 일어, 나라를 망친 요사스러운 여자라고 왕비를 묘사한 것이 아니었을까 한다. 왕비의 등장은 권력의 집중 차원에서 이해해야 하는 것이다.

이보다 주목해야 할 것은 의자왕 말기 영향력을 행사한 왕비의 정치노선이다. 651년 당나라는 백제가 친고구려 정책에서 탈피하여 신라와 협력해야 하며, 그렇지 않을 경우 이에 따른 강력한 후속 조치가 있을 것임을 천명하였다. 그러나 백제는 655년 당나라의 요구를 듣지 않고, 고구려·말갈과 함께 신라를 공격하였다. 4년 동안 백제 내부에서는 국제정세에 대응하는 정책을 놓고 대립이 있었던 것으로 보인다. 당의 경고를 무시할 것인가, 아니면 당의 권고대로 고구려와의 관계를 재고할 것인가 하는 심각한 논의가 있었을 것이다. 오랜 진통 끝에 655년 백제가 고구려와 연합한 것은 친고구려 정책을 추진한 이들이 이 논쟁에서 이겼다는 것을 의미한다. 왕비의 전면적 등장은 그녀가 이러한 결정을 이끈 구심점에 있었고, 권력을 장악하였다는 말과도 통한다.

그렇다면 왕비와 다른 의견을 개진한 사람들은 누구였을까. 눈에 띄는 인물로는 당의 침략 가능성을 경고한 성충과 흥수 등을 들 수 있다. 이들은 왕비가 권력을 장악하면서 당의 경고를 무시하자 강력하게 반발하였다. 특히 성충은 감옥에서 순국하면서도 의견을 굽히지 않았다. 이들은 앞서 살펴본 것처럼 의자왕 초기에 개혁을 이끌던 유교적 합리주의로 무장한 사람들이었다. 이들이 초기에 판단한 친고구려 정책은 정확하였다. 그리고 당이 백제를 침공할 수 있다는 현실을 인식하자 국가의 안위를 위해선 당의 입장을 따를 수밖에 없다고 판단한 것으로 보인다.

하지만 권력을 장악한 왕비는 이러한 국제 정세의 흐름을 무시하였다. 그리고 이에 반대하는 이들을 제거함으로써 전쟁에 대비하지 않았다. 초기에 의자왕의 집권을 도와 유교적 왕권 강화를 도모한 것에선 양자 간의 의견이 일치되었지만 그 세력이 분열되면서 권력 강화에 중점을 둔 왕비에 의해 현실적인 정치 감각을 지닌 합리적 유교론자들이 제거된 것이다. 이러한 판단의 실수는 백제를 돌이킬 수 없는 상황으로 몰아갔고, 그 패전의 책임은 의자왕에게 지울 수 없는 멍에를 씌웠다. 은고의 등장은 의자왕이 음황과 탐락에 빠졌기 때문이 아니라 권력의 집중과 대외정책을 둘러싼 갈등을 거친 친위세력의 집권으로 볼 수 있다.

백제 멸망의 전조와 삼천궁녀

655년 백제의 결정은 대단한 파장을 가져왔다. 655년부터 백제 멸망에 대한 조짐이 보이는 것도 이 결정이 가지는 상징성을 보여준다. 먼저 655년에는 붉은 말이 오함사로 들어가 울면서 불당을 돌다가 며칠 만에 죽었다 한다. 이 오함사는 전쟁에서 죽은 원혼들이 불계에 오르기를 바라면서 세운 원찰로, 하필이면 이 시점에 오함사에서 말이 죽은 것은 패망 전쟁이 임박하였음을 보여주는 상징적인 사건이다. 656년에 성충이 당과 신라의 침공 가능성을 경고한 것도 같은 맥락이다. 이어 659년에는 흰여우 한 마리가 상좌평 책상에 앉았고, 태자궁의 암탉이 참새와 교미하는 등 이상한 징후가 빈번해졌다. 660년에는 우물물과 사비의 하천이 핏빛이 되고, 두꺼비와 개구리 수만 마리가 출현하는 등 거의 모든 기사가 백제 멸망을 예언하는 암시로 가득 찼다. 이러한 것은 백제가 멸망할 수밖에 없는 이유를 도출하려는 서술이라고 생각된다. 의자왕 때의 기록이 백제가 멸망한 후에 작성된 점과, 655년 이후 백제에서도 중요한 사건이 있었음에도 불구하고 거의 모든 기록을 백제 멸망의 전조로 채우는 것은 의도적이라고 볼 수밖에 없다. 이는 신라가 백제를 멸망시킨 직후 형성된 역사관을 반영한 것으로 생각된다.

삼천궁녀에 관한 이야기도 그렇다. 의자왕은 백제 멸망 당시에 궁녀를 3000명이나 거느렸고, 백제가 패망하자 그 궁녀들이 낙화암에서 뛰어내렸다고 한다. 그러나 이 이야기 또한 후대의 관점이 들어간 것이다. 당시 중국의 당나라는 인구가 5000만 명 정도로 추산되며, 이중 궁녀는 500명 정도였다. 당시 백제의 인구가 120만 정도로 추산되는 점을 고려하면 3000명에 달하는 궁녀는 산술적으로 설명할 수 없다. 인구수에 비해 너무 궁녀가 많은 것이다. 이는 의자왕이 여색에 빠져 나라를 망친 장본인이라는 점을 부각시키기 위한 과장된 논법으로 보인다. 삼천이라는 수는 실제의 숫자가 아니라 '많다'라는 의미로 보아야 한다. 또한 '삼천궁녀'라는 구절도 조선시대에 들어와서야 비로소 문집 속에 등장하였다. 이는 은고의 기록과 함께 의자왕의 실정을 극대화한 의도적 서술임을 알 수 있는 것이다.

황산벌 전투에 가려진 진실

나당연합군이 백제를 공격하자 계백은 5000결사대를 거느리고 황산벌에서 최후의 일전을 벌였다. 그러나 중과부적으로 김유신이 이끄는 5만의 신라 대군을 막지 못하고 패배하였다. 계백은 국가에 충성을 다하고 산화한 공로로, 백제인 중에서 유일하게 열전에 포함된 인물이 되었다. 그러나 충신인 계백이 강조되면 될수록, 나라를 망친 의자왕의 부정적 이미지가 겹쳐지게 될 것이다. 이러한 점에서 계백에 대한 높은 평가는 신라 측의 의도가 아닌가 하는 의 구심을 자아낸다. 백제에는 대야성을 함락시켜 신라의 간담을 서늘하게 한 윤충 같은 장군도 있는데 말이다. 설혹 의자왕과 관련이 없더라도 이 전쟁에서 계백은 패자이고, 김유신이 승자이다. 계백을 백제 최고의 장수라 칭한다면 의도하지 않은 결과로 치닫게 된다. 계백이 신라의 명장 김유신에 진 것은 신라의 뛰어남을 과시하며, 따라서 백제가 신라에 패망할 수밖에 없는 이유를 도출해주고 있는 것이다.

계백이 이끈 5000결사대도 월왕 구천이 5000의 결사대로 오나라의 70만 대군을 격파한 상징적인 의미에서 출발한다. 물론 실제적인 군사의 수를 지칭할 수도 있다. 그러나 논조는 적은 군사로 비장하게 전투에 임한 현실을 보여주는 서술 형태이다. 5000결사대의 사기에 눌린 신라군은 고전을 면치 못하였다. 백제군은 네 차례 싸워 모두 이겨 신라군을 기진맥진하게 만든 것이다. 이에 장군 흠순이 아들 반굴에게 명하여 백제군의 진영에 돌진하여 전사하게 만듦으로써 반전을 꾀한다. 이어 등장한 인물이 그 유명한 관창이다. 관창은 장군 품일의 아들로, 아직 성년이 되지 않은 나이였다. 그런 그가 사로잡히자 계

백제의 충신 성충, 흥수, 계백을 모신 부여 삼충사.

계백장군묘(논산시 부적면 신풍리 소재).

백은 관창을 살려 보냈다. 하지만 관창은 재차 백제군 진영으로 돌진하여 장렬하게 전사하였다. 이에 자극을 받은 신라군은 분기탱천하여 일거에 백제군으로 진격하였다. 결국 계백의 결사대는 무너졌다. 이 싸움은 보이지 않는 기 싸움이었던 것이다.

이러한 전술은 김유신이 이미 사용한 수법이다. 그는 백제군과 싸울 때 전황이 불리하자 비령자를 백제 진영으로 돌진하게 하였다. 아버지가 전사하자 그의 아들인 거진이 뒤를 이었고, 종인 합절까지 백제 진영에서 장렬하게 산화하였다. 이에 자극받은 신라군은 다시 사기를 북돋울 수 있었고, 백제군은 신라군의 기세에 눌려 패하게 되었다. 오늘날로 치면 불리한 상황을 타개하고자 적진으로 뛰어든 자살특공대인 것이다.

황산벌 전투는 백제의 명장인 계백의 이야기가 아니라 몸을 사리지 않고 국가를 위해 목숨을 바친 신라 군사들의 이야기이다. 이러한 충신들이 있었기 때문에 신라는 삼국을 통일할 수 있었다. 황산벌 전투는 신라가 삼국통일을 이룩할 수 있었던 무용담인 것이다. 나아가 계백과 같은 충신이 있음에도 패한 것은 나라를 잘못 이끈 의자왕 때문으로 귀결되는 효과도 있다.

하지만 의자왕은 당나라의 팽창주의에 맞서 돌궐－고구려－백제－왜로 이어지는 자주노선을 추구한 식견이 있는 왕이었다. 비록 이를 주도한 백제와 고구려는 거대한 당나라에 굴복하였지만, 그것은 어디까지나 결과물일 따름이다. 우리가 알고 있는 무능력한, 아니 나라를 망친 군주의 자화상은 아닌 것이다. 해동증자가 어떠한 과정을 거쳐 후대에 왜곡이 되었는가를 판단하는 것은 독자의 몫이다.

은산 별신제와 백제대왕제로 아로새긴 백제부활의 꿈

양종국 (공주대학교 사학과 교수)

흑치상지와 백제부흥운동

신라와 당나라의 연합군에게 사비성이 함락당한 5일 후인 660년 7월 18일 의자왕은 피신했던 웅진성을 나와서 항복했다. 사전에 주변 인물들과 충분한 협의를 거쳤겠지만, 의자왕 스스로가 전쟁으로 인한 백제의 피해를 최소화하겠다는 자기희생적 판단에 의해 신라를 견제할 수 있는 유일한 세력인 당나라에 항복한 것으로 여겨진다.

당시 백제 서부인(西部人) 흑치상지도 의자왕을 따라 항복했다. 그런데 소정방이 늙은 의자왕을 가두고 살인과 약탈을 자행하자 두려움을 느낀 그는 좌우의 추장(酋長) 10여 명과 함께 본부로 돌아가 임존산에서 거병(擧兵)을 했고, 그 결과 열흘 만에 3만여 명이 모여들었다고 한다. 소정방은 군대를 보내 이들을 공격했으나, 흑치상지가 결사항전으로 소정방 군대를 물리치고 백제의 200여 성(城)을 수복하자 더 이상 토벌하지 못하고 돌아갔다고 『구당서』와 『신당서』의 흑치상지전에 나온다.

흑치상지가 거병한 시기를 정확히 알 수는 없지만, 의자왕의 항복 대열에 참여했다가 이탈한 것은 분명한 만큼 점령군에 대한 저항운동으로는 가장 빨

신라와 당나라 연합군의 백제 공격도.

랐다고 볼 수 있고, 또 이를 계기로 200여 성을 수복했다고 나오듯이 백제부흥운동이 각 지역에서 일어나도록 자극제 역할도 했다고 판단된다. 그리하여 의자왕이 8월 2일 모욕적인 항복식을 거친 뒤 9월 3일 태자 부여륭과 왕자들, 그리고 많은 대신 및 백성 1만 2000여 명과 함께 중국에 포로로 잡혀가게 되면서 흑치상지는 물론이고 사타상여, 복신, 여자진, 정무, 도침 등이 백제부흥운동을 일으켰다. 이러한 가운데 661년 9월 복신은 왜(倭)에 체류하고 있던 의자왕의 아들 부여풍을 모셔와 왕으로 옹립했다.

그러나 부여풍, 곧 풍왕의 등장으로 백제부흥운동은 새로운 변화를 맞게 된다. 복신이 도침을 죽이고, 다시 풍왕이 복신을 죽이는 내부의 권력다툼을 거쳐 백제부흥운동군은 풍왕을 중심으로 재편성된 것이다. 그리고 내부분열로 힘이 많이 약해진 상태에서 신라와 당나라의 연합군을 맞아 백촌강구에서 전투를 벌인 풍왕은 일본의 도움에도 불구하고 대패를 한 뒤 결국 고구려로 망명하였다.

한편, 의자왕과 함께 중국으로 끌려간 백제의 태자 부여륭도 당나라의 도움을 받아 백제를 부흥시키려 나름대로 노력하였다. 따라서 각자 다른 방법과 목적을 가지고 백제의 부흥을 꿈꾼 부여륭과 부여풍은 형제이면서도 라이벌 관계로 발전할 수밖에 없었다. 그리고 이러한 두 사람의 운명을 갈라놓은 중요한 계기가 된 것이 바로 백촌강구 전투이다. 부여륭은 당나라 장군 유인궤와 함께 백촌강구 전투에 직접 참가하였다. 그리하여 부여륭과 부여풍은 이 전투에서 충돌하는 모습을 보여주는데, 결과는 부여륭 쪽이 승리하고 패배한 부여풍은 고구려로 도망하여 두 사람의 라이벌 관계는 그것으로 끝나게 된다.

백촌강구 전투 이후 흑치상지의 태도가 180도로 변해 당나라에 투항한 뒤 자신의 본거지이자 동료였던 임존성과 지수신을 공격하는 이율배반적인 행동을 한 이유 역시 백제 태자로서 전통적인 권위를 지니고 백제를 되살리려 노력한 부여륭 쪽으로 그가 마음을 돌렸기 때문으로 보아야 할 것이다. '흑치상지 묘지명'에서는 흑치상지가 그 주(主) 부여륭을 따라 중국이나 웅진도독부를 오간 것으로 나타난다. 주인이나 임금을 뜻하는 주(主)라는 표현은 그들 사이에 그만큼 강한 주종관계가 형성되어 있었음을 보여준다.

현진건의 소설 「흑치상지」
(1939. 10. 25.~1940. 1. 16. 「동아일보」에 연재된 역사소설)의 삽화.

백촌강구 전투가 끝나고 얼마 안 돼 부여륭은 웅진도독에 임명되었다. 이로써 백제부흥이라는 부여륭의 목적은 달성되는 듯했다. 그러나 신라의 반발로 일어난 신라와 당나라의 전쟁에서 당나라가 패배하여 웅진도독부도 한반도에서 밀려남으로써 부여륭의 꿈 역시 수포로 돌아갈 수밖에 없었다.

중국 낙양의 북망산에서 출토된 「부여륭 묘지명」.
백제 왕실을 하백의 후손이라고 표현한 부분이 눈에 띈다. 아울러 백제인들이 마한의 진국(辰國)계승의식을 가졌음을 묘지명을 통해 알 수 있다(중국 하남성 박물관 소재).

「흑치상지 묘지명」.
1929년 10월 중국 하남성 망산에서 발견되었다. 흑치상지의 생애와 백제 신분제도의 일면을 묘지명을 통해 엿볼 수 있다.

백제부흥운동군의 한이 담겨 있는 은산 별신제

지리적으로 은산은 사통팔달의 요지에 자리 잡은 교통의 중심지이다. 동쪽은 정산을 거쳐 공주로 통하고, 서쪽은 홍산을 거쳐 서천으로 이어지며, 남쪽은 규암진(窺岩津)을 거쳐 부여로 갈 수 있고, 북쪽은 청양을 거쳐 예산으로 이어지는 십자로의 교통요지이다. 이러한 까닭에 은산은 일찍부터 장시가 발달했다. 1일과 6일에 열렸던 은산장은 옛날 부여군에서는 규모가 가장 큰 5일장으로서 인근의 물산이 총집결되었던 곳이다. 특히 18세기 상업적 농업이 발달하면서 이른바 모시의 명산지인 저산8읍(苧産八邑)의 모시전은 은산장을 중심으로 활발한 교역이 이루어졌다.

백제시대 은산을 중심으로 한 교통로가 어떻게 형성되었는지 파악하기는 어렵다. 그러나 상기한 바와 같은 후대의 교통로상의 위치를 보면, 은산이 지니는 지정학적인 의미는 백제시대에도 작지 않았으리라 여겨진다. 은산 별신당이 있는 당산 자체에 백제시대의 토성이 자리 잡고 있는 것도 주목되는 부분이

은산별신제.

은산 별신당. 은산마을 뒷산인 당산 남쪽 숲속에 모신 별신당. 별신당 안에는 호랑이를 거느린 산신 양쪽에 칼을 쥔 복신장군과 창을 겨눈 토진대사가 모셔져 있다.

며, 특히 부여에 인접해 있으면서 금강으로 인해 어느 정도의 거리감을 유지할 수 있는 지리적인 특성은 백제부흥운동기 백제인들에 의해 전략적인 요지로 활용되었을 가능성이 충분함을 보여준다. 백제부흥운동의 주요 거점성으로 마지막까지 등장하는 예산의 임존성과 부여 임천의 가림성 등을 연결시키는 경우 그 교통노선상에 은산이 위치하는 사실도 알게 된다. 은산 별신제에서 복신 장군과 토진 대사를 섬기며 제사 지내게 된 이유 역시 이 지역이 백제부흥운동 당시 중요한 교통로 역할을 담당하면서 백제부흥운동군들과 많은 접촉이 있었던 데에서 비롯되지 않았을까 싶다.

은산 별신제는 1966년 2월 15일 중요무형문화재 제9호로 지정되었고, 1978년부터는 사단법인으로 발족된 '은산 별신제 보존회'에서 모든 행사를 주관하고 있다. 이 은산 별신제의 특징은 백제장수와 관련된 설화 내용 및 백제부흥운동군의 넋을 달래주려는 위령제적 성격에서 찾을 수 있다. 그 설화와 위령제의 장군 축 내용은 다음과 같다.

〈설화〉

　　아득한 옛날 은산지역에 지독한 전염병이 퍼졌다. 백방으로 약을 써도 효험이 없어 많은 사람이 희생되었다. 이대로 가다가는 고을이 폐촌될지도 모를 처참한 상황이었다. 민심은 크게 동요했고, 주민들의 근심은 이만저만이 아니었다. 그러던 어느 날 마을의 한 노인이 낮잠을 자는데 백마를 탄 노인이 현몽하여 다음과 같이 말하는 것이었다. "나는 백제를 지키던 장수였다. 이곳은 우리가 나라를 되찾기 위해 죽음을 맹세하고 싸우던 자리다. 내 부하였던 장졸들의 한 맺힌 시신이 어지럽게 묻혀 있다. 그러니 아무도 돌보는 이 없이 풍우에 시달리고 있는 그 유골들을 거두어 양지바른 곳에 묻어주고 영혼을 위로해 주면 보은하겠다"고 당부하고는 어디론가 홀연히 사라졌다. 잠에서 깬 노인은 그 사실을 마을에 알려 상의한 뒤 젊은이들을 모아 이곳저곳을 살펴보니 과연 아무렇게나 방치된 유골이 산재해 있었다. 이에 현몽한 장수의 부탁대로 이를 수습하여 매장해 주고 위령제를 지냈다. 그러자 무섭게 기승을 부리던 괴질도 씻은 듯이 물러가고 마을에는 다시 평안이 찾아왔다.

〈장군축(將軍祝)〉

維
　　歲次 ○○年 ○○月 ○○朔 ○○日 ○○
　　恩山洞頭將軍 幼學○○○ 敢昭告于
　　將軍列座之位
　　　　東方靑帝將軍
　　　　南方赤帝將軍
　　　　西方白帝將軍
　　　　北方黑帝將軍
　　　　中央黃帝將軍
　　　　福信將軍
　　　　土進大師外 三千將兵神位
　　謹以淸酌庶羞敬伸奠獻 尙
饗

유
　　세차 ○○년 ○○월 ○○삭 ○○일 ○○
　　은산 동두장군 유학○○○ 감소고우
　　장군열좌지위
　　　　동방청제장군
　　　　남방적제장군
　　　　서방백제장군
　　　　북방흑제장군
　　　　중앙황제장군
　　　　복신장군
　　　　토진대사외 삼천장병신위
　　근이청작서수경신전헌 상
향

은산 별신당 안에는 산신(山神) 좌우에 인격신인 복신 장군과 토진 대사가 모셔져 있다. 여기에서 별신은 주신인 산신을 제외한 나머지의 복신과 토진을 가리킨다고 볼 수 있다. 그러므로 엄밀한 의미에서 은산 별신제는 3년에 한 번씩 거행되는 대제(大祭)를 뜻하고, 해마다 지내는 소제(小祭)는 산신제에 해당한다. 대제 때의 「상당굿 축원무가」 중 "우리 은산 별신당은 못다 먹고 못다 입고 백제왕을 봉하려고 온갖 충성 다하다가 천국으로 가신 복신 장군 토진 대사 모셨구나"라는 대사가 있다.

현지에서 전하는 전설 외에 은산 별신당과 별신제에 대한 가장 빠른 기록은 1935년 3월 16일 경주보통학교 교장으로 있던 일본인 오사카(大坂六村)가 일주일간의 현지조사를 통해 작성한 보고서인데, 귀실복신의 고사를 모방하여 은산 별신제가 시작되었다는 주민들의 이야기를 소개하고 있다. 또 당시 '산제당'으로 불리던 별신당에는 산신도만 걸려 있고 다른 영정은 봉안되어 있지 않았다고 한다.

1947년 무너진 산제당을 중수하면서 쓴 별신당 유래기에 의하면, "은산리는 옛날 백제 때의 전쟁터였다. 그 전쟁에서 죽은 장졸들의 원혼과 분통한 넋이 오래도록 흩어지지 않았으니, 때때로 불시에 풍우가 일어나고 부정한 전염병이 돌아 사람과 가축이 혹 재앙을 입어 근심거리가 되었다. 그런고로 신당을 건립하여 이로써 토지신의 족자를 주벽에 봉안하고 옛 명장의 화상을 동서벽에 배치하니 진정되었다. 해마다 정월에는 반드시 극진하게 제를 지내고 3년에 한 번 대제를 지낸다. …… 이른바 별신대제라고 한다"라고 되어 있어서, 아마도 1947년부터 복신과 토진의 영정을 안치하지 않았나 싶다. 이 지역 주민들 사이에 전해 내려온 옛 백제장수에 대한 전설이 복신 장군과 토진 대사로 구체화한 것 같다. 토진 대사는 복신과 함께 백제부흥운동을 일으킨 도침이 분명하다. 혹시 일제강점기에 일본인들의 발음상의 문제로 도침이 토진으로 바뀐 것은 아닐까 싶기도 하다. 또 별신당이 위치한 당산에 백제시대의 토성이 자리 잡고 있는 것도 주목되는데, 이 지역이 백제부흥운동기 전략적인 요지로 활용되었을 가능성 역시 충분함을 알게 해준다.

결국, 은산 별신제는 복신과 도침을 중심으로 한 백제부흥운동군의 한 맺힌 영혼들이 산화해 간 현장에서 그 넋을 위로해 주는 제사로 자리매김되어 왔다고 말할 수 있겠다.

별신당 내 영정의 원본(위)과 복원도(아래).
*별신당에는 현재 복원도가 걸려 있고, 원본은 국립민속박물관에 소장되어 있다.

우리나라 백제 유민들의 활동

　복신, 도침, 부여풍의 백제부흥운동과 부여륭을 중심으로 한 웅진도독부의 백제부흥을 위한 노력이 실패로 끝난 뒤 우리나라와 중국, 일본 등에 흩어져 살게 된 백제 유민들의 활동내용은 어느 정도 파악이 가능하다. 중국으로 망명한 백제 유민들은 문신보다 무인으로 활동하며 두각을 나타낸 인물들이 묘지명을 통해 많이 확인되고 있는 반면에 일본으로 넘어간 유민들은 무(武)보다는 문(文)의 측면에서 일본의 사회발전에 많은 영향을 준 것으로 나타나 대조적이다. 여기에서는 우리나라 백제 유민들의 활동과 관련된 내용만 소개하겠다.

　우리나라의 경우 통일신라와 고려로 이어지는 새로운 역사 전개의 틈바구니에서 백제 유민들의 활동은 위축될 수밖에 없었지만, 그러한 속에서도 몇 가지 주목되는 활동내용을 찾아볼 수 있다.

　첫째, 현재 국보 제106호와 제108호로 지정된 계유명아미타삼존불비상과 계유명삼존천불비상의 제작이다. 웅진도독부가 신라에 의해 한반도에서 쫓겨난 직후인 673년 공주 인근 연기군의 백제 유민들이 멸망한 백제 국왕과 대신, 조상, 부모, 중생들의 명복을 빌며 망국의 한을 불교적 신앙에 의지해 승화시키고자 한 발원의 산물로 만든 것이라 여겨진다.

　둘째, 통일신라시대의 승려인 진표에게서 느껴지는 백제 계승 의식에서 더 나아가 후삼국시대에는 견훤을 중심으로 한 백제지역의 유민들이 백제 재건에 적극 참여하여 후백제를 건국하기에 이르렀다는 것이다. 견훤과 큰 아들 신검과의 불화로 후백제는 47년밖에 이어지지 못했으나, 후백제의 건국과 발전이 백제지역 주민들의 적극적인 지지가 있었기에 가능했던 것은 분명하다.

　셋째, 고려시대의 무신집권기에 전라도 담양에서 이연년이 '백제도원수'를 자칭하며 난을 일으켰는데, 그가 어느 정도 성공을 거둘 수 있었던 것은 이곳 지역민들의 백제에 대한 회고적인 감정과 긍정적인 인식이 백제부흥의 염원과

국보 제108호 계유명삼존천불비상.
불상과 글이 새겨진 비석 모양으로 백제유민의 간절한 발원이 담겨 있다(조치원 인근 서광암에서 발견).

제106호 계유명아미타삼존불비상.
4각 석상으로 각 면에 불상과 글씨가 조각되어 있다 (세종시 비암사에서 발견).

충남지역의 고려시대 백제계 석탑 비인 5층석탑.
보물 제244호(서천군 비인면 성북리 소재).

장하리 3층석탑.
보물 제184호(부여군 장암면 장하리 소재).

제1장 문명의 요람, 문화의 터전

결합되어 얻어진 결과라고 할 수도 있다.

넷째, 백제지역에서는 고려시대에 들어와 만들어진 백제계 양식의 석탑 28기 정도가 확인되고 있다. 이렇게 고려시대에 백제 고지에서 백제계 석탑이 조영되고 있다는 것은 문화적인 의미에서 백제부흥을 도모한 옛 백제지역민들의 또 다른 노력을 보여주는 것이라고 할 수도 있다.

다섯째, 부여지방에서는 김소월의 시(詩)나 김순남의 가곡「산유화」와는 다른 전통 민요로서「산유화가」가 오래전부터 불려왔다. 이들 노래가 누구에 의해서 언제, 어떻게 만들어졌는지 밝히기는 어려우나, 백제의 멸망을 바탕으로 세상사에 대한 짙은 무상감(無常感)이 가사에 담겨 있는 것을 보면 백제와 직접·간접으로 관계를 맺고 있는 백제 유민이나 백제의 일에 관심을 가진 사람들에 의해 만들어졌고 불려왔으리라는 사실은 짐작할 수 있다. 여하튼 백제 멸망의 안타까움과 비애 및 삶에 대한 무상감 등은「산유화가」라는 민요를 통해 부여지방에서 이어져 오늘날까지도 우리가 백제 멸망의 역사적 사건을 잊지 않고 기억하도록 해주고 있다.

여섯째, 백제 멸망 이후 의자왕의 후손들은 우리나라, 중국, 일본 등 3국으로 뿔뿔이 흩어졌다. 이중 중국은 현재 13억이 넘는 거대한 인구 속에서 그들의 흔적조차 찾기 힘들고, 우리나라에는 부여 서씨(扶餘徐氏), 일본에는 삼송(三松: 미마쓰)씨가 뿌리를 이어오고 있다.

부여지방에서 전해 오는「산유화가」공연 장면과 산유화가 재연행사.

백제문화제 행사의 하나로
부여 능산리에서 거행되는
백제대왕제 모습.

　일본의 경우, 처음에는 의자왕의 후손에게 '백제왕(百濟王)'이라는 성씨를 부여해 준 것으로 나타난다. 일본 고대씨족지 『신찬성씨록(新撰姓氏錄)』에 나오는 백제왕씨는 의자왕의 왕자인 선광(禪廣=善光)의 후손으로 되어 있다. 일본에서 의자왕의 후손들은 백제왕씨로 성씨를 바꾸어 생활한 것이 분명하다. 그런데 이유는 잘 모르겠으나 선광의 8세손 풍준(豊俊)이 삼송씨로 성을 바꾸었고, 그리하여 지금도 이들 삼송씨는 의자왕의 후손이라는 강한 인식을 지닌 채 살고 있다. 일본에서는 의자왕 후손들의 계보가 그런대로 자세히 전해 오는 편이다.

국립부여박물관 경내에 있는 백제문화비.

이에 비해 백제 패망의 현장인 우리나라에는 의자왕과 부여 서씨와의 직접적인 관계를 확인시켜 줄 만한 기록이나 증거가 없다. 고려시대부터 계보가 전하는 『부여 서씨 세보』에서 자신들의 시조로 부여륭을 내세우고 있는 것이 전부다. 그곳에는 당 고종이 부여륭의 성을 서씨로 고쳐주었다고 되어 있는데, 한국의 족보를 다루는 거의 모든 책에는 이 내용이 그대로 실려 있다. 그러나 이를 뒷받침해 줄 어떠한 역사기록도 찾을 수 없다. 오히려 부여륭이란 이름이 후대까지 계속 쓰이고 있어서 이러한 설명은 설득력이 없다.

한편 백제문화비에는 통일신라 이후 부여씨(扶餘氏)가 부여씨(夫余氏)로, 다시 부여씨(夫余氏)가 서씨(徐氏)로 변했다는 설명이 있다. 부여씨의 존재 의미 자체가 무너져버린 사회 분위기 속에서 새로운 돌파구를 찾으려 성씨까지 변형시켰다는 이러한 논법은 고려 멸망 후 고려 왕씨들이 성을 마(馬), 전(全), 옥(玉), 전(田) 등으로 바꾸었다는 설명과 비슷하다.

해마다 10월이면 공주와 부여에서 열리는 백제문화제 행사 중 의자왕 및 그 후손들과 관련된 제전행사로 부여 능산리 능원에서 거행하는 백제대왕제가 있다. 백제대왕제란 부여로 천도한 이후의 백제대왕, 즉 성왕·위덕왕·혜왕·법왕·무왕·의자왕 등 6명의 대왕에 대한 제사를 가리킨다. 30년 넘게 행해져 온 이 제사의 초헌관은 부여군수, 아헌관은 부여군개발위원장, 종헌관은 부여 서씨 종친회장이 맡는 것으로 정해져 있다는데, 이때 부여 서씨 문중의 수많은 사람이 참여함으로써 백제대왕제는 부여 서씨 종친회와 같은 성격도 띠게 되었다고 한다. 이는 백제왕실에 대한 부여 서씨의 혈연적인 동질감이 그만큼 강하게 자리 잡고 있음을 보여주는 것이기도 하다.

통일신라 멸망의 전조, 김헌창의 난

김수태(충남대학교 국사학과 교수)

견훤이 후백제를 건국한 것은 진성여왕 6년(892) 때였다. 이것은 후삼국시대의 시작을 뜻하는 일이었다. 또한 신라사회의 돌이킬 수 없는 분열을 상징하는 사건이기도 하였다. 그런데 신라사회의 분열이 이때 와서 갑자기 일어난 것은 아니었다. 그 분열의 씨앗이 뿌려진 것은 이미 오래전부터였다.

이와 관련하여 주목되는 사건은 헌덕왕 14년(822)에 일어난 김헌창의 반란이다.

> 웅천주의 도독 김헌창이 그의 아버지 김주원이 왕이 될 수 없었음을 이유로 반대하여 반란을 일으켰다. 국호를 장안이라고 하고, 건원하여 경운 원년이라고 하였다. 무진주(광주), 완산주(전주), 청주(진주), 사벌주(상주)의 4주 도독과 국원경(충주), 서원경(청주), 금관경(김해)의 사신 및 여러 군현의 수령을 위협하여 자기 소속으로 만들었다.(『삼국사기』 10, 헌덕왕 14년 3월)

하대에 들어와서 신라사회가 분열하는 조짐을 일러주는 김헌창의 반란이 단순히 이전과 같은 정권쟁탈을 위한 것이 아니었음은 그가 장안국을 세웠다는 사실만으로도 분명하다. 김헌창이 나라를 세우고 연호를 정하였다는 것은 이미 오래전부터 신라에 반대하는 기운이 무르익었다는 설명이 되는 것이다. 이 점에서 김헌창의 반란은 비록 실패로 돌아갔지만, 견훤의 자립에 앞서 후삼국의 시작을 예고해 주는 사건으로 보아도 지나친 말이 아닐 것이다.

여기에서 김헌창이 반란을 일으킨 거점지역이 옛 백제지역인 웅천주였다는 점이 매우 흥미롭다. 왜냐하면 옛 백제의 정치적 중심지의 하나였던 웅천주지역에서 중대 말 이래 구체화하기 시작한 불만이 하대에 들어와서 반란으로 표출된 것으로 보이기 때문이다. 사실 통일 이후 옛 백제지역 사람들의 사회경제적 사정이 더욱 악화됨에 따라 매우 많은 문제가 야기되고 있었다. 그것은 경덕왕 14년(755) 봄에 있었던 효자 향덕의 사례를 통해서 살펴볼 수 있다. 경덕왕 초반부터 발생하기 시작된 심각한 기근이 전국을 휩쓸었고, 설상가상으로 전염병까지 돌기 시작하자 향덕에게 부모공양의 길이 막연해졌다. 부모가 모두 굶주림과 질병으로 빈사상태에 빠지게 되자, 향덕은 종기를 입으로 빨아내고 자신의 몸 일부를 베어내는 극단적인 효행을 실천하였다. 이에 경덕왕은 향덕에게 자못 후한 포상을 내렸다.

그러나 경덕왕의 옛 백제지역 사람들에 대한 이러한 대책은 피상적인 것이었을 뿐, 근본적인 대책이 될 수 없는 커다란 한계를 가지고 있었다. 웅천주지역의 사회경제적인 상황은 계속해서 악화되어 갔기 때문에 좀 더 근원적인 대책이 필요하였던 것이다. 이는 백제가 멸망하고 약 1세기가 지나면서 신라사회의 내부모순이 더욱 심화되어 균열이 일어났으며, 통일신라의 웅천주 주민에 대한 통합정책이 실패하였음을 알려주는 것이라고 말할 수 있다.

한편 웅천주가 태종무열왕의 후손으로, 김헌창과도 혈연적인 관계를 갖고 있는 김인문과 밀접한 관련을 가진 지역이었다는 점도 관심을 가져야 할 것이다. 웅천주지역이 신라 중대 초 태종무열왕계에 의해서 크게 부각된 것은 바로 김인문의 식읍이었기 때문이다. 최치원이 찬술한 『성주사 낭혜화상비』는 고구려 멸망 직후인 668년에 당에 의하여 임해군공에 봉해진 김인문이 보령의 오합사가 있는 웅천주지역을 봉지, 즉 식읍으로 받았음을 밝히고 있다. 신라 지배세력 내의 내분을 이끌어내리고 하였던 당나라가 옛 백제지역을 김유신, 김인문, 김양도 세 사람에게 식읍으로 나누어주고자 하였던 것이다. 여기에서 웅천주지역이 김인문의 식읍으로 다시 언급되고 있다는 점은 신라 역시 당나라가 김인문에게 식읍으로 주고자 하였던 이 지역을 그대로 인정하였다는 것을 의미하기 때문이다. 이것은 옛 백제지역을 실질적으로 지배한 통일신라의 자신감의 반영이라고 할 수 있다. 다시 말해서 태종무열왕계가 자신의 왕족을 통해서 이 지역을 새롭게 지배하겠다는 의도를 드러낸 것이기도 하다. 따라서 중대 왕권은 김인문에 대한 식읍 수여를 통해서 웅천주지역에 대한 지배를 강화하고자 했던 것으로 보인다.

이러한 과정을 거쳐 김인문이 받았던 웅천주 식읍의 규모나 성격에 대해서는 자세하게 알 수 없다. 보령의 성주사와 인접한 지역들을 중심으로 하는 상당한 규모였음은 틀림이 없다. 또한 김인문의 사후 식읍과 김인문가의 관계도 현재 파악하기 어렵다. 김인문의 후손이 이 지역에 머물렀으리라는 의견이 있지만 그 구체적인 모습을 역시 살필 수 없기 때문이다. 그러나 식읍의 존재는 김인문의 후손들이 계속적으로 웅천주지역과 관련을 맺게 되는 계기를 마련해 주었던 것은 분명하다. 김헌창이 웅천주를 중심으로 반란을 일으켰던 것도 이 지역이 이들과 일정한 관련이 있었던 것을 말해 주기 때문이다. 다시 말해서 김인문의 사후 웅천주의 식읍은 김인문의 후손에게 세습되었던 것이 아니었을까 하는 것이다. 즉 김헌창이 웅천주를 거점으로 반란을 일으킨 것은 자신의 이러한 지역적 기반도 커다란 영향을 주었을 것이다.

이러한 사실들과 함께 김헌창의 반란에서 계속해서 관심을 끄는 점은 반란에 가담한 사람들이다. 반란을 주도한 사람들은, 김헌창부터가 그랬지만, 그가 크게 믿었던 무진주·완산주·청주·사벌주의 4주 도독이나, 국원경·서원경·금관경의 3개 소경 사신이나 여러 수령들은 모두 중앙 출신의 지방관들이었다. 이 때 9주 가운데에서 5개의 주가, 그리고 5소경 가운데에서 3개의 소경이 반란에 참여한 것이 된다. 이는 김헌창이 웅천주를 반란의 거점으로 삼고, 전라도와 충청도 일원과 경상도에서는 남으로 김해·진주지역과 북으로 상주지역의 호응을 기대했다고 하겠다. 즉 김헌창은 옛 백제지역을 중심으로 해서 중앙의 경주를 먼 거리에서 포위하는 형국을 염두에 두고 있었음에 틀림없다. 그렇다면 김헌창의 반란은 하대에 들어와서 나타나는 중앙과 지방의 대립 양상을 구체적으로 보여주는 사례라고 할 수 있다.

그러나 김헌창의 반란이 이들의 힘만으로 수행되었다고 볼 수는 없을 것이다. 지방관들이 특정한 지역에서 반란을 꾀하였다는 사실 자체가 그 지역에서의 호응을 전제로 하는 것이기 때문이다. 이는 여러 지방관을 역임한 김헌창의 경력이 잘 말해 주고 있듯이 그가 당시 지방의 동향을 정확하게 파악하고 있었음을 보여준다. 진주의 도독이었던 김헌창이 웅천주의 도독으로 부임하여 재직한 것은 1년이 채 안 되는 짧은 기간이었다. 그가 웅천주지역을 식읍으로 하는 김인문계와 연결되어 있다 하더라도, 1년도 채 안 되는 기간에 그와 같은 세력을 키운다는 것도 불가능한 일이라고 할 수 있다. 그렇다면 무엇보다 김헌창의 반란에는 지방의 토착세력으로부터 큰 호응이 있었으며, 또한 이들을 추종한 일반 농민들이 반란에 호응하여 이에 가담한 경우가 많았다고 이해된다. 반란이 평정된 뒤 풀어주었다고 하는 백성들이란 대체로 지방에서 호응한 일반 농민들이 아니었을까 한다. 그렇다면 이것은 김헌창의 반란을 전후한 무렵부터 중앙정부에 반대하는 농민들이 그 구체적인 모습을 드러내기에 이르렀음을 말해 준다.

신라가 삼국을 통일한 이후의 중대에도 나라에 기근이 드는 예는 흔히 있었지만, 굶주린 농민들이 나라를 원망하거나, 더욱이 나라에 반발하는 경우는 찾아보기 어렵다. 그러나 하대에 들어와서 그러한 상황이 크게 바뀌었다. 하대에 접어들면서 굶주린 농민들의 반발과 반항의 흔적이 뚜렷해지기 시작하였던 것이다. 원성왕 4년(788)에 나라 서쪽에서 도적이 많이 나타나자 왕이 사신을 파견하여 이들을 무마시킨 적이 있었다. 헌덕왕 7년(815)의 예는 상황이 좀 더 악화되었음을 보여준다. 나라 서쪽의 경우이기는 마찬가지였지만, 이때는 군대를 출동시켜서 봉기한 도적들을 평정할 정도였다. 즉 무력에 의한 진압이 필요했을 만큼 도적들의 반발이 컸던 것이다. 헌덕왕 11년(819)의 경우는 상황이 더 악화되어 갔음을 알려준다. 도적 떼의 봉기가 더 이상 서쪽 변방지역에 국한되지 않고 점차 전국적인 일로서 간주되어 갔기 때문이다.

그런데 하대에 들어와서 이와 같이 도적이 되는 사람들은 대체로 농민들이었다. 이들의 경제적인 지위가 가장 낮았으리라는 점을 시사해 주며, 그 대부분은 소작농이거나 품팔이꾼이었을 것으로 생각된다. 그리고 불만 농민들에게는 이들을 이끄는 사람으로서 지방의 토착 유력자들이 존재하고 있었다. 그러므로 비슷한 시기에 일어난 김헌창의 반란에도 이들 불만 농민들이 가담하여 일정한 역할을 수행하였으리라 추측된다. 따라서 별도의 나라를 세울 정도로 반신라적이었던 김헌창이나 그의 아들인 김범문 등이 굶주린 농민들과 연결되었다는 것은 이상한 일이 아닐 것이다. 김범문의 반란 때에도 이 점이 드러나지만, 그 몇 해 앞서 일어난 김헌창의 반란에서도 그것은 마찬가지였다. 따라서 김헌창은 웅천주의 많은 지방 유력자들을 포섭하여 이들을 매개로 불만 농민들을 반란군에 가담시켰을 것이 분명하다고 하겠다. 즉 나라의 인사정책에 불만을 품고 있던 김헌창은 중대 이래 사회 경제적 상황이 계속적으로 악화되어 불만이 누적되고 있던 웅천주지역을 기반으로, 그러한 상황을 적절히 잘 이용하여 822년에 들어와서 반란을 일으켰던 것이다.

그러나 헌덕왕 대에 있었던 김헌창의 반란은 실패로 돌아가고 말았다. 이는 그들의 시도가 성급한 것이었음을 알려준다. 다시 말해서 아직까지 지방인의 도전이 성과를 가져오기에는 사회적인 여건이 미비하였던 것이다. 우선 옛

고구려지역에 자리를 잡고 있던 주와 소경의 움직임이 소극적이었다는 점을 들 수 있다. 이들은 난에 가담할 것을 요청받고서도 그 추이를 지켜보면서 관망하는 경향을 보였던 것이다. 중앙정부를 지지하는 입장도 있었고, 아니면 중립적 자세를 취한 경우도 있었다.

> 청주 도독 향영은 추화군으로 달아났고 한산주, 우두주, 삽량주, 패강진, 북원경 등은 김헌창의 반역 음모를 미리 알고 군사를 일으켜 스스로 지켰다. 18일에 완산주의 장사인 최웅과 주조인 아찬 정련의 아들 영충 등이 왕경으로 도망해 와 이 일을 알렸다. 왕은 곧 최웅에게 급찬의 관등과 속함군 태수의 관직을 주고 영충에게는 급찬의 관등을 주었다.(『삼국사기』 10, 헌덕왕 14년 3월)

지방관과 지방인의 입장이 같았을 경우에는 별다른 문제가 야기되지 않았지만, 지방관과 그 속관의 정치적 입장이 서로 엇갈린 지역도 있었고, 또한 지방관과 지방 유력세력이 입장을 달리한 경우도 있었던 점이 문제였다. 이것은 김헌창의 반란이 거의 전국에 걸쳐 영향을 미치고 있었으며 신라 전역이 소용돌이에 휩싸일 정도로 규모가 컸다고 하더라도, 그 내부의 일체감이 그리 긴밀하지 않았음을 보여주는 것이라고 하겠다.

특히 신라 중앙정부가 김헌창의 반란을 진압하는 과정은 이를 잘 말해 주고 있다.

> 마침내 장수 여덟 명을 뽑아 왕도를 여덟 방면에서 지키게 한 다음 군사를 출동시켰다. 일길찬 장웅이 먼저 출발하고 잡찬 위공과 파진찬 제릉이 그 뒤를 이었다. 이찬 균정과 잡찬 웅원 그리고 대아찬 우징 등이 3군을 이끌고 출정하였다. 각간 충공과 잡찬 윤응은 문화관문을 지켰다. 명기와 안락 두 화랑이 각기 종군할 것을 청하였다. 명기는 낭도의 무리들과 함께 황산으로 나아가고, 안락은 시미지진으로 나

아갔다. 이에 김헌창이 장수를 보내 중요한 길목에 자리 잡고 관군을 기다렸다. 장웅이 도동현에서 반란군을 만나 이를 공격해 이겼고, 위공과 제릉은 장웅의 군사와 합하여 삼년산성을 쳐서 이기고 속리산으로 진군하여 반란군을 공격하여 섬멸시켰으며, 균정 등은 성산에서 적군과 싸워 이를 멸하였다. 여러 군대가 함께 웅진에 이르러 적과 크게 싸워, 죽이고 사로잡은 것을 이루 다 셀 수 없었다. 헌창은 겨우 몸을 피하여 성에 들어가 굳게 지키고 있었다. 여러 군사들이 성을 에워싸고 열흘 동안 공격하여 성이 장차 함락되려 하자, 헌창은 화를 면할 수 없음을 알고 스스로 죽으니 그를 따르던 사람이 머리를 베어 몸과 각각 따로 묻어두었다. 성이 함락되자 그의 몸을 옛 무덤에서 찾아내어 다시 베었다.(『삼국사기』 10, 헌덕왕 14년 3월)

신라 중앙정부군과 김헌창의 반란군은 불과 몇 군데에서만 전투가 전개되었던 것 같다. 도동현에서, 삼년산성에서, 그리고 마지막으로 웅진성에서 전투

김헌창 반란군이 마지막으로 전투를 벌인 웅진성(현 공주 공산성).

가 일어났던 것이다. 그러므로 이들 반군부대는 결국 각 지역에서 봉기한 세력들일 따름이었다. 김헌창의 주력군 대부분은 처음부터 끝까지 웅진성에만 그대로 진을 친 상태였다. 이러한 점에서 이들 반군은 매우 분산적이었다고 하겠다. 이는 반군이 아직 전국에 걸쳐 체계적인 조직망을 갖추지 못하였음을 방증한다. 그만큼 김헌창이 거사를 치밀하게 준비하지 못하였음을 시사해 준다.

전투의 대부분은 신라 중앙정부의 승리로 끝이 났다. 일길찬 장웅을 선발로 하고, 잡찬 위공과 파진찬 제릉을 2군으로, 이찬 균정, 잡찬 웅원과 대아찬 우징을 3군으로 하는 출정군을 편성하였는데, 김헌창의 반란군과의 전투는 그 대부분 중앙정부군의 승리로 끝이 났다. 장웅의 선발군은 영천의 도동현에서 반란군을 맞아 싸워서 승리하고 난 뒤, 2군과 합류하여 보은의 삼년산성을 공략하고 속리산을 장악하였으며 이어서 웅천주로 나아갔다. 균정이 이끄는 후발군 역시 성산에서 싸워 승리하고 웅천주 방면으로 진출하였다. 3군은 뒤에 웅진성에 합세하여 김헌창의 근거지에 대한 본격적인 공략에 나서 마침내 승리를 거두었다.

여기에 김헌창의 반란이 가지는 명백한 한계가 있었다. 다시 말해서 김헌창의 난은 그 움직임이 신라를 타도하는 일에 힘을 크게 보탤 수는 있었지만, 반란의 성공을 보장할 수 있을 정도는 아니었다. 김헌창이 반신라적인 분위기가 전반적으로 무르익자 오로지 개인의 목적 달성을 위하여 그에 편승하려고 하였다는 점도 커다란 문제였다. 이는 무엇보다 왕경 출신의 귀족들이 중심이 된 김헌창을 비롯한 반란군이 아직까지는 일정한 지역에 대한 지배권을 장악하는 호족세력으로까지 성장한 것은 아니었음을 단적으로 보여주고 있다.

지방호족의 등장이란 새로운 변화가 일어나기 위해서는 아직도 약간의 시간이 더 필요하였다. 그것은 김헌창의 반란을 진압하는 과정에서 보여준 중앙정부의 움직임에서 살필 수 있다. 신라 중앙정부의 지방에 대한 대책은 매우 효율적이었다. 김헌창의 반란군이 제대로 조직화되지 못한 것과 달리 중앙정부는 재빠르게 대응하였다. 또한 김헌창의 반란이 일어나자 중앙정부는 일차적으로 왕도에 대한 단속도 철저히 하였다. 더욱이 진압에 참여한 정치세력에서 보듯이 하대 정권의 진행과정 속에서 내적인 분열을 계속적으로 일으켰던 지배세력은 김헌창의 반란에 신속하게 적극적으로 합심하여 공동으로 대처하는 모습을 보여주었다는 점에서도 그러하다.

뿐만 아니라 반란을 진압한 후 신라 중앙정부가 반란에 가담한 지방민들에 대한 위무를 추진하였다는 점도 주목해야 할 것이다.

> 그 종족과 함께 일을 도모하였던 무리들을 무릇 239인을 죽이고 그 백성을 풀어주었다(『삼국사기』 10, 헌덕왕 14년 3월).

지방민을 대상으로 아무런 형벌을 가하지 않고 전부 방면한 사실은 신라 중앙정부가 이들 지방민을 적극 포용하려는 의사를 갖고 있었음을 나타내준다. 때문에 신라사회가 커다란 모순을 내재한 상태였음에도 불구하고 이후 100년 이상 유지할 수 있었던 것 역시 김헌창의 반란을 비교적 이른 시기에 적절하게 진압하면서 해결한 결과였다.

그러나 이후의 정치사 전개에서 중앙에 대한 지방의 도전은 점차 거스를 수 없는 대세가 되었음은 분명하다. 이 점에서 김헌창의 반란은 옛 백제지역인 웅천주가 역사의 무대에 새롭게 전면적으로 부각되는 계기를 마련해 주었다고 하겠다. 왜냐하면 김헌창의 난 진압과정에서 보여준 신라 중앙정부의 지방인에 대한 대책은 중대 말과 마찬가지로 새로운 근본적인 변화를 추구하는 것이라기보다는 임시적인 미봉책에 불과한 유화책을 통해서 이들을 어루만져 달래면서 마무리지으려 했기 때문이다. 기존의 지배체제로서는 이를 근본적으로 해결할 능력이나 가능성은 없었던 것이다. 이후 이들 백성들의 불만이 전면적으로 폭발할 우려가 내재되어 있었던 것이다. 따라서 웅천주지역에서 일어난 김헌창의 반란은 이후 신라사회의 분열을 더욱 촉진시켜 지방의 호족세력들이 전국각지에서 계속적으로 대두하는 중요한 계기를 마련해 주었음은 분명한 사실이다.

2장 고려시대

전란의 물결과
민중의 염원

고려시대는 우리 민족사에서 다양성과 통일성이 가장 자연스럽게 공존했던 역사로 재해석되고 있다. 고려 개국기에 충남에 기반을 둔 호족들은 태조 왕건의 통일운동에 적극 부응했으며, 1176년 공주 명학소의 망이·망소이의 난은 이후 농민항쟁의 효시가 되며 고려사회 민초들의 힘을 보여주었다. 한편 고려의 투박하고도 서민적인 거석불과 미륵불은 최근 들어와 고려 문화의 또 다른 특질로서 새롭게 조명받고 있는데, 충남은 바로 이들 거석불과 미륵불의 총본산이라고 할 만하다.

태조 왕건이 개태사를 재창건한 이유

김갑동(대전대학교 역사문화학과 교수)

통일신라도 그 말기에 접어들면서 쇠망의 징조를 보이기 시작했다. 귀족들의 권력쟁탈전과 더불어 사치와 방탕의 풍조가 만연하였다. 많은 토지가 귀족들의 수중에 넘어가 빈부의 격차가 심해졌다. 토지를 잃고 살길이 막막해진 농민들은 전국에서 봉기하였고 그중 일부는 산속에 들어가 도적이 되기도 하였다. 이때에 몇몇 인물들이 나타나 무리를 규합하면서 독립을 선포하기도 하였다. 이른바 후삼국시대가 출현하였다. 기존의 신라와 더불어 궁예의 태봉, 견훤의 후백제가 대립하게 되었던 것이다. 그러나 궁예는 폭정을 거듭하다 왕건에 의해 왕위에서 쫓겨나고 918년 고려가 건국되었다. 이후 한반도는 왕건과 견훤의 각축장이 되었다.

견훤의 후백제와 왕건의 고려가 정립하면서 충남지역은 양국의 경계지역에 위치하게 되었다. 당시 충남지역의 동향은 그 지역을 독립적으로 다스리고 있던 호족들의 이해관계에 따라 향방이 결정되었다. 특히 차령을 경계로 하여 그 이북과 이남지역의 향배가 달랐다. 당시 이 지역의 동향을 살펴보자.

일찍이 차령 이남에 위치한 공주는 905년 공주장군 홍기(弘奇)가 궁예에게 항복하여 태봉의 영역이 되어 있었다. 918년 궁예가 내쫓기고 왕건이 즉위하자 후백제의 수중으로 넘어갔다. 이곳을 지키고 있던 이흔암(伊昕巖)이 중앙에서의 정변 소식을 듣고 철원으로 올라와버렸기 때문이었다. 궁예의 심복이었던 이흔암은 자신에게 화가 미칠 것이 두려워 중앙정계의 흐름을 정탐하기 위해 상경한 것이었다. 결국 그는 모반의 혐의로 왕건에 의해 처형당하였다. 이 틈을 타 공주의 호족과 백성들은 후백제에 붙어버렸다. 이는 공주가 오랫동안 백제의 수도였으므로 백제의 부흥을 내건 후백제 견훤에게 넘어간 것이다. 그후 태조 17년(934) 운주(運州: 홍성)에서 견훤이 왕건에게 패한 후 고려에 항복할 때까지 후백제의 수중에 있었다.

이처럼 왕건의 즉위와 함께 공주가 후백제에 넘어가자 왕건은 전 시중(侍中) 김행도(金行濤)를 동남도초토사(東南道招討使)·지아주제군사(知牙州諸軍事)로 삼아 그 여파를 잠재우려 하였다. 아주(牙州)는 지금의 아산지역으로 이 지역을 거점으로 하여 최소한 차령 이북을 평정하려 한 것이다. 이어 태조 2년(919) 8월에는 오산성(烏山城)을 고쳐서 예산현(禮山縣)이라 하고 애선과 홍유를 보내어 유민 500여 호를 편안히 살게 하였다. 예산이란 이름은 이때 처음 탄생한 것이다.

태조 8년(925)에는 왕건이 정서대장군(征西大將軍) 유금필을 보내 연산진(燕山鎭: 충북 문의)을 쳐서 빼앗고 임존군(任存郡: 충남 예산군 대흥면)을 격파하여 획득하였다. 그리하여 왕건의 남방한계선은 예산-아산-천안-청주로 확정되었다.

이에 후백제 견훤은 이듬해 그의 볼모 진호(眞虎)가 왕건에 의해 살해되었다는 명분을 들어 웅진(熊津: 공주)에서 진격하여 북진을 하려 했다. 공주를 거점으로 북방을 경략하려 했던 것이다. 그러나 왕건은 여러 성에 명하여 성문을 굳게 사수하고 나가 싸우지 말도록 하였다. 이를 보면 당시 공주는 후백제의 최북방 기지였음을 알 수 있다.

그러다가 태조 10년(927) 4월 왕건이 직접 웅주(공주)를 쳤으나 실패하였다. 이보다 앞선 3월에 왕건은 운주를 점령했다. 이 운주 전투에서 왕건군은 운주성주(運州城主) 긍준(兢俊)을 무찌르고 운주를 획득하였다. 그리고 그 기세를 몰아 웅주를 공격하였으나 실패하였다. 아마 공주 공산성의 험준한 지세와 백제의 수도였다는 자존심의 영향 때문이었다고 생각된다.

한편 그해 9월 견훤은 고울부(高鬱府: 경북 영천)를 습격하고 내친김에 신라의 서울인 경주로 쳐들어가 경애왕을 죽이고 경순왕을 옹립하였다. 이때 신라의 요청을 받고 신라를 구원하러 가던 왕건은 경주를 유린하고 돌아오는 견훤군과 마주쳤다. 이것이 그 유명한 공산(公山) 전투였다. 여기서 왕건군은 참패를 하였다. 개국 1등 공신이었던 신숭겸을 비롯한 8명의 장군을 잃었다. 그리하여 후에 공산을 '팔공산(八公山)'이라 고쳐 부르게 되었다.

그러나 왕건은 전열을 가다듬고 착실하게 전투 준비를 하였다. 그리고 후백제와의 경계 지점인 현 충남 북부지역의 회복에 힘을 기울였다. 이 지역의 방어를 튼튼히 하기 위해 성을 쌓는 작업에 착수하였다. 태조 11년(928) 4월에 운주의 옥산(玉山)에 성을 쌓고 군사를 주둔시켜 지키게 하였다. 이때 쌓은 성은 기록에 보이는 여양산성(驪陽山城)이나 월산성(月山城)일 것이다. 이어 탕정군(湯井郡: 온양)에도 유금필을 보내 성을 쌓게 하였다. 그러던 중 태조 12년에는 견훤이 군사 5000명을 동원하여 의성부(義城府: 경북 의성)를 침략하였고 이 전투에서 이곳의 성주장군 홍술(弘述)이 전사하는 사태를 맞기도 하였다. 이 소식을 들은 왕건은 "내가 좌우의 손을 잃었다"라고 하며 슬피 울었다 한다.

그러나 왕건은 실망하지 않고 반격을 가하여 결국 고창군(古昌郡: 안동) 전투에서 크게 승리를 한다. 이 전투에서는 김선평·권행·장길 등의 토착세력이 많은 협조를 하기도 하였다. 이들이 바로 이른바 '삼태사(三太師)'로 안동 김씨·안동 권씨·안동 장씨의 시조가 되었다. 이렇게 하여 승기를 잡은 왕건은 천안에 천안부를 설치하여 남방의 군사기지로 삼았다. 전해지는 이야기로는 술사(術師) 예방(藝方)이 태조에게 "(천안은) 삼국의 중심으로 다섯 용이 구슬을 다투는 지세이므로 큰 관청을 설치하면 백제가 스스로 항복할 것입니다"라고 하자 태조가 산에 올라 주위를 살펴보고 부(府)를 두었다 한다. 이에 따라 태조 13년

(930) 동·서도솔(東·西兜率)을 합쳐 천안도독부를 설치하였던 것이다. 천안이란 지명도 여기에서 비롯되었다. 이로써 천안은 고려의 최남방 기지가 되었다.

이 무렵 천안 인근에 있었던 목주(木州: 목천)도 완전히 왕건에게 복속되었다. 이전까지만 해도 목주는 고려에 대해 여러 번 배반을 한 적이 있었다. 이에 왕건은 이 지역의 호족들에게 가축의 이름을 딴 성씨를 내려주었다. 우(牛)·마(馬)·상(象)·돈(豚)·장(場)·신(申)이 그것이다. 여기서 장(場)은 본래 노루를 뜻하는 장(獐)이었다고 생각된다. 즉 소, 말, 코끼리, 돼지, 노루, 원숭이를 뜻하는 성을 하사한 것이다. 그러나 후에 우(牛)는 우(于)로, 상(象)은 상(尙)으로, 돈(豚)은 돈(頓)으로, 장(場)은 장(張)으로 다시 바꾸었다고 한다. 태조 15년(932) 6월에는 후백제의 장군 공직(龔直)이 항복해 왔다. 이에 힘입어 일모산성(一牟山城: 충북 문의)을 친히 정벌하여 점령하는 전과를 올렸다.

태조 17년(934) 1월 왕건은 서경(西京: 평양)에 행차하여 북쪽의 진(鎭)을 두루 순시하였다. 그러는 한편 5월에는 충남 예산에 내려와 이 지역의 호족과 관리들에게 충고와 회유의 조서를 반포하였다. 그리고 그해 9월 운주 부근에서 견훤과 다시 한 번 자웅을 겨루게 되었다. 이 전투에서 왕건은 대승을 거두었다. 후백제군 3000여 명을 베고 술사(術士) 종훈, 의사(醫師) 훈겸, 장수 상달·최필 등을 사로잡았다. 그러자 웅진(熊津: 공주) 이북의 30여 성이 풍문을 듣고 스스로 항복해 왔다. 여기에는 공주도 포함되어 있었다. 이 전투는 매우 중요한 의미가 있다. 이 전투의 승리로 왕건은 통일에 대한 확고한 자신감을 가지게 되었으나 견훤은 패배에 대한 책임을 둘러싸고 신검 측과 분열하게 되었던 것이다.

태조 19년 후백제와의 마지막 결전에는 천안지역이 중요한 역할을 하였다. 왕건은 태자인 무(武)와 박술희로 하여금 보병과 기병 1만을 거느리고 천안에 가게 하였다. 이 선발대를 보낸 것은 태조 19년(936) 6월이었다. 이들은 여기서 군사훈련이나 정보 수집, 군량미 확보 등과 같은 일을 했다. 뒤이어 왕건은 그해 9월에 3군을 거느리고 천안부에 집결하였다. 천안에 있던 선발대와 합류한 왕건은 선산의 일리천(一利川) 전투에서 승리하였다. 신검군은 3200명이 포로로 잡히고 5700여 명이 전사하는 피해를 당하였다. 여기에서 승리한 왕건군은 황산군(黃山郡: 충남 연산)까지 추격하여 마지막 결전을 준비하였다.

그러나 중과부적으로 신검은 그 동생 양검, 용검과 함께 항복하기에 이르렀다. 그런데 이 마지막 전투에 앞서 황산군에 왕건이 군사를 휘몰아왔을 때 탑정촌(塔亭村)에 군대가 머물렀는데 여기에 어린사(魚鱗寺)를 지었다는 이야기도 전한다. 또 왕건이 크게 이길 것을 미리 점친 노파 이야기도 있다. 즉 고려 태조가 황산군에 거동하였을 때 홀연히 서까래 세 개를 짊어지고 큰 솥을 머리에 이고 물속으로 들어가는 꿈을 꾸었다. 점을 잘 치는 노파가 있다는 이야기를 듣고 직접 가서 묻고자 하였다. 그 집에 도착하기 전에 노파가 일 때문에 나가면서 딸에게 말하기를 "오늘 밤 귀한 분이 오실 것이니 너는 마땅히 내가 오기를 기다리고 많은 말을 하지 말라" 하였다. 얼마 안 되어 과연 고려 태조가 이르러 꿈 이야기를 물어보는 것이었다. 이에 딸이 불길한 꿈이라고 말하자 태조는 곧 가버렸다. 잠시 후 노파가 돌아와 물으니 딸이 그 일을 다 말하였다. 그러자 노파가 이르기를 "몇 리나 갔겠느냐?" 하니 "멀리 가지는 않았을 것입니다" 하였다. 딸을 보내 돌아오도록 하여 다시 점을 치니 그 징조가 '크게 길하다'는 것이었다. "서까래 3개를 짊어졌으니 이는 '임금 왕(王)'자가 되는 것이요, 큰 솥을 머리에 이었다는 것은 면류관을 쓴다는 것이다. 또 깊은 연못에 들어간 것은 용왕을 보러 간 것이다" 하였다. 이에 태조가 크게 기뻐하며 말하기를 "과연 너의 말과 같다면 내가 너를 잊을 수 없을 것이다" 하였다. 며칠 후 과연 크게 이기니 고려 태조는 노파의 말을 기억하고 '부인(夫人)'으로 봉하였으며 그가 사는 주변의 땅을 내려 식읍(食邑)으로 삼게 했다. 노파가 죽자 마을 사람들이 사당을 짓고 제사를 지냈다 한다.

황산군 전투의 승리 후 왕건은 양검과 용검을 진주(眞州, 위치 미상)로 귀양 보냈다가 죽였지만 신검은 살려주었다. 이 소식을 듣고 견훤은 근심과 번민으

논산 개태사. 왕건이 삼국을 통일한 것을 기려 재창건한 사찰(충남 논산시 연산면 천호리 천호산 소재).

로 등창이 나서 얼마 후에 황산의 어느 불사(佛舍)에서 죽었다. 그렇다면 그가 죽은 황산의 불사는 어디였을까. 안정복은 어디에 근거했는지 알 수 없지만 견훤이 죽은 절이 연산현의 동쪽 5리에 있었다고 기술하고 있다. 그렇다면 현재의 천호산 부근에 있는 사찰일 가능성이 높다. 황산(연산)의 개태사(開泰寺)가 그 절이라 생각한다.

개태사는 태조 19년(936) 공사가 시작되어 4년 만인 태조 23년(940) 완공되었다. 그런데 이는 태조 19년 처음 창건된 것이 아니고 이미 있던 절을 허물고 다시 창건한 것이 아닌가 한다. 태조 23년(940) 개태사가 완성되자 왕건은 그 발원문을 자신이 직접 작성하였다. 발원문의 내용을 보면 '일신보찰(一新寶刹)'이란 표현이 나온다. 이는 "보배로운 사찰을 일신하였다"는 뜻이다. 여기서 '일신(一新)'이란 표현에 주목할 필요가 있다. 이는 "아주 새롭게 한다"라는 뜻이다. 기존에 있었던 것을 창조하다시피 새롭고 웅장하게 한다는 것이다. 그렇다면 이는 기존에 조그만 사찰이 있었는데 이를 다시 전면 개축 내지 증축했다는 뜻이다. 바로 이 사찰이 견훤이 머무르다 죽은 사찰일 가능성을 짙게 해준다. 김정호도 『대동지지(大東地誌)』에서 견훤이 죽은 사찰을 개태사라고 못 박고 있다.

왜 왕건은 이 사찰을 전면적으로 '일신'했을까. 그곳이 신검의 항복을 받은 곳이라는 이유도 있었겠지만 그보다는 견훤이 머무르다 죽은 곳이기 때문이었을 것이다. 잘못하면 후백제 잔존세력의 정신적 중심지가 될 것을 염려한 때문이 아닌가 한다. 이 사찰을 그대로 둔다면 후백제왕이 죽은 곳이라 하여 후백제를 그리워하는 사람들이 많이 와서 참배할 것임은 틀림없다. 이는 왕건의 고려 통치에 위험한 요소가 되는 것이었다. 그리하여 이 사찰을 부수고 새롭게 고려식으로 재창건한 것이다.

이는 또한 개태사에 조성한 삼존불상의 형태를 통해서도 알 수 있다. 이 불상들은 부처님의 온화한 모습을 전혀 띠고 있지 않다. 오히려 갑옷 입은 무사와 같은 분위기를 풍기고 있다. 머리가 큰 편이고 어깨가 벌어진 상체를 갖고 있으며 손은 육중한 모습을 하고 있다. 후백제세력을 위압적으로 무력화하려는 듯한 모습을 하고 있는 것이다. 개태사 창건의 뜻과 부합한다고 하겠다.

견훤은 이처럼 황산의 조그마한 절에서 최후를 마쳤다. 그 무덤은 황산군에서 멀지 않은 곳에 위치해 있다. 현재 충남 논산시 연무읍 금곡리에 견훤묘라 전하는 무덤이 그것이다. 이 무덤이 과연 위의 기록에서 말하는 견훤묘인가에 대해서는 의심의 여지가 없지 않지만 여러 기록으로 미루어 견훤묘일 가능성이 크다.

견훤의 무덤은 왜 여기에 있는 것일까. 이곳은 그의 출생지도 아니고 또 후백제의 수도도 아니었다. 그렇다고 견훤이 귀부한 고려의 수도 개경 부근도 아니다. 전혀 연고가 없는 지역이다. 그것은 견훤의 유언에 따른 것이라 추측된

개태사 삼존석불입상. 보물 제219호. 후백제 세력을 위압적으로 무력화하려는 목적에 걸맞은 형상을 하고 있다.

다. 그렇다면 견훤은 왜 여기에 무덤을 써달라고 했을까. 여기에는 한 설화가 전해진다. 그에 의하면 후백제 견훤이 황산군의 까치재고개[鵲峙峴]에 진을 치고 있을 때 마침 까치가 날아와 큰 깃발의 깃대 위에 앉자 갑자기 깃발이 쓰러져 넘어갔다. 이를 본 견훤은 자기가 반드시 패망할 것을 알고 좌우에 이르기를 "내가 죽으면 전주의 모악산이 보이는 곳에 묻어라" 하였다. 이에 마침내 그의 말을 좇아 묻었으니 지금 남아 있는 무덤도 멀리 모악산을 바라보고 있다.

그러나 이는 후대에 만들어진 이야기에 불과하다. 좀 더 현실적인 이유가 있다. 그것은 그가 후백제의 멸망에 결정적인 역할을 했기 때문이다. 자신이 건국한 국가를 스스로 멸망케 한 것이다. 그런 마당에 무슨 면목으로 후백제의 수도에 무덤을 써달라고 할 것인가. 출생지인 상주에서도 환영받지 못할 것은 뻔한 일이다. 따라서 자신이 죽은 근처이면서 자신이 세운 후백제의 수도를 멀리 바라볼 수 있는 위치에 무덤을 써달라고 한 것이다.

고려 태조 왕건의 입장에서도 이는 환영할 만한 일이었다. 적국 왕의 무덤을 고려라는 새로운 제국의 수도 근처에 쓰고 싶지 않았을 것이다. 그러면서도 자신에게 귀순하여 협조한 견훤의 마지막 유언을 들어주는 것이 옳은 일이라 판단했으리라. 그러나 한편으로는 견훤의 무덤을 중심으로 후백제의 세력이 뭉칠 것을 염려하였다. 그리하여 이를 무마할 목적으로 개태사를 일신한 것이다.

한편 이처럼 왕건과 후백제의 쟁패 과정을 볼 때 차령 이북의 천안이나 당진·예산지역은 고려의 영역이었고 차령 이남의 공주·논산지역은 후백제의 영역이었다. 특히 공주는 후백제의 최북단 기지였던 반면 천안은 고려의 최남단 기지였다. 그 경계는 바로 차령(車嶺)이었다. 고려 태조 왕건이 죽으면서 남긴 훈요 10조에서도 이를 잘 엿볼 수 있다. 10조 중 제8조에 보면 "차현(車峴) 이남과 공주강(公州江: 금강) 밖은 산형과 지세가 모두 배역하였으니 인심도 역시 그러하다. 그 아래의 고을 사람이 조정에 참여하여 왕후(王侯)·국척(國戚)과 혼인하여 나라의 정권을 잡게 되면 국가를 변란에 빠뜨리거나 혹은 백제의 통합당한 원망을 품고 임금의 거둥하는 길을 범하여 난을 일으킬 것이다. 또 일찍이 관청의 노비와 진(津)·역(驛)의 잡척(雜尺)에 속했던 무리들이 혹은 권세 있는 사람에게 의탁하여 신역(身役)을 면하고 혹은 왕후나 궁원(宮院)에 붙어 말을 간사하고 교묘하게 하여 권세를 부리고 정신을 어지럽힘으로써 재변을 일으키는 자가 반드시 있을 것이다. 그러하니 비록 그가 선량한 백성일지라도 마땅히 벼슬자리에 두어 권세를 쓰게 하지 말 것이다"라고 되어 있다.

그런데 바로 천안과 공주의 경계 지점에 있던 고개가 바로 차현(차령)이었다. 기록에 의하면 차현은 천안의 남쪽 45리 지점에 있으며 공주의 북쪽 57리에 있는 고개이다. 따라서 훈요 8조와 같은 유훈이 나오게 된 것이다.

고려 개국의 대들보가 된 지방 호족들

김갑동(대전대학교 역사문화학과 교수)

　　신라가 중앙통제력을 상실하면서 지방은 그 지역의 호족들이 좌지우지하는 상황이 연출되었다. 따라서 후삼국의 통치자들은 지방의 호족들을 자기편으로 끌어들이려는 정책을 구사하였다. 특히 태조 왕건은 이들 호족들을 회유하는 정책을 폈다. 왕건은 즉위하자마자 신하들에게 "짐은 각 지방의 도둑들이 짐의 처음 즉위함을 듣고 혹시 변란을 도모할까 염려하여 단출한 사신[單使]을 나누어 보내어 선물을 후하게 하고 말을 낮추어[重幣卑辭] 은혜를 베풀어 화의의 뜻을 보였더니 귀부하는 자가 과연 많았다"라고 술회하고 있다.

　　그 대표적인 자가 이총언이었다. 그는 신라 말에 벽진군(碧珍郡: 경북 성주)을 보호하고 있었는데 그때에 도적이 여기저기서 일어나는 가운데에서도 성을 크게 지키니 백성들이 그에 의지하여 편안하였다. 그러자 태조가 사람을 보내 함께 변란을 평정할 것을 권유하였다. 총언은 글을 받아보고 심히 기뻐하여 그 아들 영(永)을 보내 병사를 거느리고 태조를 따라 정벌케 하였다. 이영은 그때 나이 18세였는데 태조가 대광 사도귀(大匡 思道貴)의 딸과 결혼시키고 총언을 본읍장군(本邑將軍)에 배수하였다. 이처럼 각 지역의 호족들은 자신의 고을을 지키다가 성주(城主)·장군(將軍)을 자칭하는 경우도 있었고 조정에서 임명해 주는 경우도 있었다. 귀순해 온 호족들에게는 앞에서 보는 것처럼 그에 상응하는 대접을 해주었다. 그 아들과 중앙세력가의 딸을 결혼시켜 주기도 했던 것이다.

충남지역도 예외는 아니었다. 태조 왕건에게 충성함으로써 지방의 세력 기반을 확고히 한 경우도 많았다. 그 대표적인 인물이 혜성군(槥城郡: 당진시 면천면)의 복지겸(卜智謙), 운주(運州: 洪州라고도 함. 홍성)의 홍규(洪奎), 전의현(全義縣)의 이도(李棹) 등이었다.

복지겸은 당나라에서 건너온 복학사(卜學士)의 후손이었다. 복학사는 혜성군에 정착하여 해적을 소탕하고 유민들을 보호하여 사람들의 신망을 얻었다 한다. 복지겸의 원래 이름은 사괴(砂瑰)인데 개국공신이 된 후 이름을 하사받은 것이다.

그가 한 가장 큰 일은 왕건을 추대하여 고려를 건국한 것이었다. 말년에 궁예가 점점 포악해져 민심을 잃게 되자 홍유·신숭겸·배현경과 함께 밤에 왕건의 집으로 찾아가 정변을 꾀하였다. 그때 그는 기병의 장군으로서 직책은 기장(騎將)이었다. 기병은 보병과는 달리 기동력이 뛰어난 부대로 궁예의 병력 중 핵심부대였다.

이들 궁예의 핵심부대 장군들이 왕건을 왕위에 추대할 뜻을 밝혔으나 왕건은 처음에 이를 거절하였다. 그러나 그의 부인이었던 신혜왕후 유씨가 갑옷을 들고 나와 의(義)를 위해 나설 것을 권하였다. 신혜왕후 유씨는 정주인(貞州人) 유천궁(柳天弓)의 딸로 왕건과 인연을 맺고 스님이 되었다가 후일 왕건의 부름을 받고 부인이 된 사람이다. 그만큼 신뢰할 만한 여자였다. 왕건은 마침내 봉기하여 궁예를 내쫓고 왕이 되었다. 복지겸을 비롯한 4인 장군은 가히 목숨을 건 행동을 한 셈이었다.

이러한 공으로 그는 개국 1등 공신이 되었다. 그러나 개국공신으로 책봉되기 전에 한 일이 또 하나 있었다. 마군장군 환선길의 모반사건을 밀고하였던 것이다. 환선길도 왕건이 왕위에 즉위하는 데 공을 세운 인물이었다. 직접 왕건의 집으로 찾아간 것은 아니지만 거사 후 이를 성공시키는 데 막강한 역할을 했던 인물임에 틀림없다. 태조가 그를 마군장군에 임명하고 심복으로 삼았다는 점이 이를 말해 준다. 그는 또 정예병을 이끌고 왕의 주변을 숙위하는 중요한 임무를 맡았다. 그러나 실제적인 권력이 복지겸을 비롯한 4인에게 있는 것에 대해 불만을 가지고 있었던 모양이다. 그리하여 부인의 말을 듣고 거사할 생각을 갖게 되었다. 이때 복지겸이 미리 이를 알고 태조에게 귀띔을 해주어 위기를 모면할 수 있었다.

모반사건은 여기서 그치지 않았다. 환선길의 모반사건이 일어난 후 며칠 지나지 않아 다시 마군대장군 이흔암의 모반사건이 일어났다. 그런데 이 사건은 환선길의 모반사건과 밀접한 관련이 있었다. 이흔암의 처가 환씨였던 것이다. 환선길의 동생이거나 누이였을 것으로 추정된다. 따라서 환선길의 모반사건이 일어나자 그 화가 자신에게까지 미칠 것을 안 이흔암이 모반을 한 것이다. 그러나 염장의 제보로 실패하였다.

9월에 접어들면서 청주인 임춘길의 반란사건이 또 일어났다. 강제로 개경에 사민되었던 이들은 반란을 일으켜 청주로 도망하고자 하였다. 이 사건도 복지겸의 밀고로 주모자들이 잡히면서 미수에 그쳤다.

한편 복지겸을 비롯한 개국공신들에게는 일정한 혜택이 주어졌다. 우선 토지가 하사되었다. 300경(頃)의 땅이 주어졌던 것이다. 복지겸의 고향이었던 면천 일대가 그에게 하사된 것 같다. 태조 대에 활약했던 공신의 후손들은 음서(蔭敍)의 혜택을 받기도 했다. 고려 국가를 창업하는 데 큰 공을 세웠기 때문이다. 복지겸의 후손들도 이러한 혜택을 받았음은 물론이다. 복지겸은 성종 대에 태조의 배향공신(配享功臣)이 되었다. 성종 13년(993) 배현경(裵玄慶)·홍유(洪儒)·복지겸(卜智謙)·신숭겸(申崇謙)·유금필(庾黔弼) 등 5명이 태조의 배향공신이 된 것이다. 배향공신이란 각 왕들을 제사하는 묘실(廟室)에 같이 배향한 공신을 말한다. 이들은 왕의 생존 당시 가장 큰 공을 세운 신하들이었다.

복지겸 장군 묘(경기도 광주군 소재).

만년에 복지겸은 고향으로 돌아와 기거한 것으로 추정된다. 두견주에 관한 설화가 그것을 말해 준다. 고향에서 생활하던 그가 병이 들었는데 그의 딸 영랑이 진달래로 술을 만들어 드렸더니 병이 깨끗이 완쾌되었다는 것이다. 이것이 바로 면천 두견주의 시원이었다 한다.

그는 낙향하면서 고향 후배를 왕건에게 천거한 것 같다. 그는 다름 아닌 같은 면천 출신 박술희(朴述熙)였다. 그는 18세 때 궁예의 호위병이 되고, 뒤에 태조를 섬기면서 대광(大匡)이라는 최고 벼슬에 올랐던 인물이다. 태조가 장화왕후의 소생인 무(武: 뒤의 혜종)를 태자로 책봉하려 하자 장화왕후의 집안인 나주 오씨 세력이 미약하다 하여 반대세력이 많았다. 태조는 군사적 기반을 가지고 있었던 박술희에게 도움을 청했고 그의 도움으로 무가 태자로 책봉되었다.

박술희는 태조 19년(936) 마지막 후삼국 통일전쟁 시에는 보기(步騎) 1만으로 후백제를 쳐서 큰 공을 세우기도 했다. 태조 26년(943년) 태조가 죽을 때 군국대사(軍國大事)를 부탁받고, 훈요십조(訓要十條)를 전수받기도 했다. 혜종이 병이 들어 왕규(王規)가 역모를 품자 혜종의 호위와 자신의 신변보호를 위해 호위병 약 100명을 거느렸다. 그는 요(堯: 뒤의 定宗)와 소(昭: 뒤의 光宗)의 정변에 갑곶(甲串: 江華)에 유배되었다가 살해당했다. 지금은 면천 박씨(沔川 朴氏)의 시조로 되어 있다.

복지겸의 후손으로는 합단(哈丹: 몽골 발음은 카단)의 군병을 방어하는 데 공로

면천 은행나무(복지겸의 딸 영랑이 심은 것으로 전한다).

를 세운 복규(卜奎)가 있었다. 합단은 원(元)나라 몽골 황실 내의 한 인물이었다. 그런데 그가 거느린 무리가 충렬왕 16년 국경을 넘어 고려로 침략해 온 것이었다. 침략의 원인은 원 나라 내부의 황위 계승전에 있었다. 즉 1259년 몽골제국의 헌종(몽케)이 사망하자 동생들인 쿠빌라이(忽必烈)와 아릭부게(阿里不哥)가 후계자 자리를 둘러싸고 싸움을 벌였다. 이 싸움에서 쿠빌라이가 승리하여 왕위에 올라 세조(世祖)가 되었다. 그리고 1271년 국호를 원이라 하였다. 그러나 아릭부게와 그 동조자들은 이에 항거하였다. 카단이란 인물도 그 동조자 중 하나였는데 그는 칭기즈칸 동생의 후손이었다.

이에 원 세조 쿠빌라이는 손자 티무르(帖木兒: 뒤의 成宗)에게 이들에 대한 정벌을 명령하였다. 각지에서 정벌군에 패배한 합단의 무리는 두만강 쪽으로 도망하게 되었고 1290년 초 고려의 동북 변경으로 넘어 들어왔다.

합단군의 침략이 본격적으로 개시된 것은 충렬왕 15년(1290) 12월의 일이었다. 합단 무리 수만이 침략하여 쌍성총관부 지역을 거쳐 화주(和州)·등주(登州) 등을 함락시키고 1291년에는 원주까지 내려왔다. 이때 복규는 방호별감(防護別監)으로 원주에 파견되어 합단적과의 전투에서 58명을 포로로 잡는 전과를 올리기도 하였다. 그 공으로 복규의 고향이었던 혜성군은 충렬왕 16년(1291) 면주(沔州)로 승격하여 지면주사(知沔州事)란 외관이 파견되기도 하였다.

홍규(洪規)는 충남 홍성지역의 호족이었다. 그는 태조 왕건의 장인이었다. 즉 태조 왕건의 부인인 홍복원부인 홍씨의 아버지가 바로 홍규였다.『고려사』의 기록에 보면 "홍복원부인(興福院夫人) 홍씨(洪氏)는 홍주(洪州) 사람이니 삼중대광(三重大匡) 홍규의 딸이다. 태자 직(稷)과 공주 일후(一後)를 낳았다"라고 되어 있다.

태조 왕건은 이 외에도 28명의 후비가 더 있어 총 29명의 후비가 있었다. 이를 표로 작성해 보면 다음과 같다.

태조의 후비 일람표

	후비명칭	성씨	출신지	현지명	후비의 아버지
1	신혜왕후	류씨(柳氏)	정주	풍덕	천궁(天弓)
2	장화왕후	오씨(吳氏)	나주	나주	다련군(多憐君)
3	신명순성왕후	유씨(劉氏)	충주	충주	긍달(兢達)
4	신정왕태후	황보씨(皇甫氏)	황주	황주	제공(悌恭)
5	신성왕태후	김씨(金氏)	경주	경주	억렴(億廉)
6	정덕왕후	류씨(柳氏)	정주	풍덕	덕영(德英)
7	헌목대부인	평씨(平氏)	경주	경주	준(俊)
8	정목부인	왕씨(王氏)	명주	강릉	경(景)
9	동양원부인	유씨(庾氏)	평주	평산	검필(黔弼)
10	숙목 부인		진주	진천	명필(名必)
11	천안부원부인	임씨(林氏)	경주	경주	언(彦)
12	흥복원부인	홍씨(洪氏)	홍주	홍성	규(規)
13	대량원부인	이씨(李氏)	협주	합천	원(元)
14	대명주원부인	왕씨(王氏)	명주	강릉	예(乂)
15	광주원부인	왕씨(王氏)	광주	경기 광주	규(規)
16	소광주원부인	왕씨(王氏)	광주	경기 광주	규(規)
17	동산원부인	박씨(朴氏)	승주	승주	영규(英規)
18	예화부인	왕씨(王氏)	춘주	춘천	유(柔)
19	대서원부인	김씨(金氏)	동주	서흥	행파(行波)
20	소서원부인	김씨(金氏)	동주	서흥	행파(行波)
21	서전원부인				
22	신주원부인	강씨(康氏)	신주	신천	기주(起珠)
23	월화원부인				영장(英章)
24	소황주원부인				순행(順行)
25	성무부인	박씨(朴氏)	평주	평산	지윤(智胤)
26	의성부원부인	홍씨(洪氏)	의성부	의성	유(儒)
27	월경원부인	박씨(朴氏)	평주	평산	수문(守文)
28	몽량원부인	박씨(朴氏)	평주	평산	수경(守卿)
29	해량원부인		해평	해평	선필(宣必)

앞의 표에서 보는 바대로 홍복원부인은 서열 12위로 기록되어 있다. 예나 지금이나 기록상의 순서는 서열을 반영한 것이므로 홍복원부인의 위치가 상당히 높았음을 알 수 있다. 왕후로 책봉되지는 못했지만 부인으로서는 6번째 서열이었다. 그것은 그들 자신의 서열이라기보다는 그 아버지의 세력과 관계가 있는 것이라 볼 수 있다. 왕후의 아버지들은 논외로 하고 서열이 앞서는 부인들의 아버지를 살펴보자. 헌목대부인의 아버지 평준에 대해서는 잘 알 수 없다. 그러나 정목부인의 아버지 왕경(王景)은 태조 11년 김순식과 함께 왕건에게 귀순해 왔을 때 왕성(王姓)을 받은 관경(官景)이란 인물일 것이다. 동양원부인의 아버지 유금필은 태조에게 오른팔과 같은 인물이었다. 즉위 직후 청주의 변란에 대비하기도 하였고 북방의 여진인들을 제압하였으며 운주 전투의 선봉장이기도 하였다. 또한 후백제 신검과의 일리천(一利川) 전투 시에도 우천군대장군(祐天軍大將軍)으로서 북방의 말갈병을 이끌고 참전했던 인물이다. 숙목부인의 아버지 명필(名必)은 태조 즉위 직후 순군부령(徇軍部令)에 임명된 임명필(林明弼)과 동일인일 것이다. 천안부원부인의 아버지 임언(林彦)은 태조 10년(927) 후당(後唐)에 사신으로 갔던 인물이다.

그렇다면 홍복원부인의 아버지 홍규란 인물은 어떤 활약을 한 사람일까. 추측건대 그는 운주지역의 세력가로서 적어도 위의 사람들과 세력을 견줄 만한 인물임에 틀림없다. 그러나 아쉽게도 그에 대한 기록은 어디에서도 찾아볼 수 없다.『신증동국여지승람(新增東國輿地勝覽)』의 "그는 태조를 섬겨 삼중대광(三重大匡)에 이르렀다"는 기록을 찾을 수 있을 뿐이다. 그런데 기록에 따르면, 당시 운주에서 세력을 떨쳤던 인물은 긍준(兢俊) 외에는 발견되지 않는다. 추측컨대 긍준이 홍규란 성명을 하사받은 것이 아닌가 싶다. 개국 1등 공신이었던 홍유·신숭겸·배현경·복지겸도 성명을 하사받은 것이었다. 원래 이름은 각각 홍술(洪術)·능산(能山)·백옥삼(白玉杉)·사괴(砂瑰) 등이었다. 태조 11년(928)에도 김순식과 함께 귀순해 온 장명(長命)에게 왕씨 성과 함께 '렴(廉)'이란 이름을 하사해 준 바 있다. 따라서 긍준이 홍규란 이름을 하사받은 것 같다.

긍준은 일찍이 태조 10년 3월 태조 왕건이 운주를 친히 정벌할 때 그곳의 성주(城主)로 있던 인물이었다. 그러나 왕건에게 투항하여 왕건을 도와주었다. 이후의 활동은 사료에 잘 보이지 않다가 신검과 마지막 전투를 벌일 때 지휘관의 한 사람으로 출전하고 있다. 당시 왕건은 선산의 일리천을 사이에 두고 신검과의 일전을 준비하였다.

당시의 군대 편성을 보면 핵심부대인 중군(中軍)과 좌측을 담당한 좌강(左綱), 우측을 담당한 우강(右綱), 그리고 예비부대라 할 수 있는 삼군의 원병으로 조직되었다. 지휘관 명단을 보면 좌강에는 후백제왕이었던 견훤을 필두로 하여 당진 면천 출신의 박술희, 청주 출신의 능달 등이 속해 있었다. 우강에는 황해도 중화 출신의 김철, 개국 1등 공신으로 경상도 의성 출신인 홍유, 평안도 평산 출신의 박수경 등이 속해 있었다. 그리고 중군에는 강원도 명주 출신의 왕순식과 더불어 긍준이 지휘관으로 참전하고 있었다. 이때의 활약으로 긍준은 후삼국 통일 후의 어느 시기에 홍규란 성명을 하사받은 것이 아닌가 한다. 왕의 비부(妃父)가 성이 없다는 것은 부끄러운 일이었기 때문이다. 이후 홍규의 집안은 운주 또는 홍주의 세력가가 되었다. 『세종실록지리지』에는 홍씨가 이씨 다음의 2위로 기재되어 있지만 『신증동국여지승람』에는 1위로 기재되어 있다.

홍성의 홍씨는 고려 말에 이르러서도 두각을 나타냈다. 즉 공민왕의 왕사(王師)였다가 우왕 때 국사(國師)가 되었던 보우(普愚)가 홍주 출신의 홍씨였던 것이다. 보우의 본래 법명은 보허(普虛)였으나 후에 보우로 고쳤다. 그는 공민왕 원년(1352) 5월 왕의 부름에 의하여 왕과 친교를 맺게 되었다. 공민왕 5년에 왕은 봉은사로 그를 찾아가 설법을 듣고 감동하여 많은 선물을 주기도 했다. 그 직후 그는 왕사로 책봉되고 원융부(圓融府)를 설치하는 특혜를 받았다. 이러한 보우의 활약에 힘입어 홍주는 홍주목(洪州牧)으로 승격하기까지 했다. 그후 국사 책봉을 사양하다 우왕대에 와서 국사가 되었다.

다음은 전의현의 이도(李棹)를 들 수 있다. 『신증동국여지승람』에는 "태조가 남쪽으로 정벌할 때에 금강에 이르니 물이 범람하였는데 이도가 태조를 보호해 건느는 데 공이 있어 도(棹)란 이름을 내려주었다. 벼슬은 태사 삼중대광(太師 三重大匡)에 이르렀다"라고 되어 있다. 태조가 이곳을 지나갈 때 노를 잘 저어 금강을 건너게 하였으므로 '노 도(棹)'란 글자로 이름을 삼게 하였다는 것이다.

아마도 이는 태조 10년(927)의 일로 추정된다. 태조 왕건은 그해 공산 전투에서 크게 패하였으나 실망하지 않고 착실하게 다음 전투를 준비해 나갔다. 우선 강력한 군사력을 가지고 있었던 강원도 명주의 김순식을 초치하는 데 성공하였다. 그리고 북방의 변경을 순행하면서 변방의 안정과 공고한 전투력을 보존하기 위해 힘썼다. 우선 북방을 튼튼하게 해야 남방을 경략할 수 있다고 생각했기 때문이었다.

그런 다음 4월에는 남방의 탕정군(湯井郡: 온양)에 행차하였다. 후일을 위해 민심을 수습하고 유금필에게 견고한 성을 쌓도록 했다. 거기서 멀지 않은 운주의 옥산에도 성을 쌓고 군사들로 하여금 이를 지키게 하였다. 그해 7월에 그는 친히 군사를 거느리고 삼년성(三年城: 충북 보은)을 쳤다. 그러나 견훤군의 강력한 저항에 부딪혀 실패하고 청주로 퇴각하여 주둔한 적이 있다.

바로 이때 왕건이 탕정군에서 출발하여 전의를 거쳐 보은으로 간 것 같다. 전의를 거치지 않고는 보은 쪽으로 갈 수 없었기 때문이다. 이때 이도가 공을 세워 이름을 하사받은 것이다. 이름의 하사와 더불어 고향의 명칭도 금지현(金池縣)에서 전의현(全義縣)으로 바뀌었다. "전심전력을 다해 의리를 지킨 고을"이란 뜻이다. 조선시대까지만 해도 이 지역의 운주산 북쪽 봉우리에는 둘레가 1184척이고 안에 우물이 있는 이성(李城)이란 산성이 있었다고 한다. 이도가 살던 성이라 하여 붙여진 명칭이었다.

그의 후손으로는 충선왕 때 첨의정승(僉議政丞)으로 치사(致仕: 70이 되면 관직에서 물러가게 한 제도)한 이혼(李混)이 있다. 이혼의 자는 거화(去華) 또는 태초(太初) 인데 원종 때 17세에 과거에 급제하여 광주 참군(廣州參軍)이 되었다가 내직으로 들어가 국학학정(國學學正)이 되었다. 충렬왕 때에 그는 여러 관직을 역임하면서 충언을 아끼지 않았다. 왕이 일찍이 제주도의 민호(民戶)를 전부 내고(內庫)에 예속시키고자 하였으므로 이혼은 그것이 옳지 않은 일이라고 역설한 까닭에 왕의 미움을 사기도 하였다.

그는 또한 모함으로 파직되기도 하였다. 당시 왕의 명령으로 지방에 나간 왕의 측근자들이 백성을 못살게 구는 일이 많았으므로 도당(都堂)에서 말하기를 "서북 사람들은 사납고 거세어서 왕의 명령을 핑계로 그들을 귀찮게 굴어서는 안 된다. 이후로는 명령을 도평의사 사첩(都評議司司牒)에 내려 도지휘사(都指揮使)로 이 일을 처리할 수 있게 해야 한다. 또 역리(驛吏)가 도주하는 것은 그들에게 지운 짐이 과중하게 된 탓이니 관원을 보내 정리해야 한다. 요즘 왕의 명

유금필사당(성흥산성). 임천 고을 백성들이 유금필 장군의 공을 기리고자 세운 사당. 흉년과 패잔병들의 노략질로 어려움을 겪을 때 장군이 임천 백성들을 구휼해 주었다.

령을 받은 자가 지방에 연달아 나가기 때문에 백성들이 피해를 당하니 응당 도평의사(都評議司)를 거쳐 통행증을 받은 후에 다니도록 해야 한다"라고 하였다. 측근자들이 이 제의에 반감을 가지고 왕에게 하소연하니 왕이 노하여 순마관(巡馬官)을 시켜 당리(堂吏) 이우(李紆)를 잡아다가 사건의 주모자가 누구인가를 추궁하였다. 이우는 모두 자신이 한 일이라고 자백하였다. 그러자 왕은 더욱 노하면서 만호 고종수(高宗秀)로 하여금 이우에게 혹독한 매질을 하여 반드시 사실을 밝히라고 하였다. 이에 이우는 이혼을 주모자라고 허위 고백하였고, 이혼은 투옥되고 드디어 파면되었던 것이다.

이후에도 이혼은 등용과 파직을 거듭하였다. 다시 등용되어 지밀직사사(知密直司事), 세자 원빈(元賓)으로 되었다가 밀직사사(密直司事) 전조판서(銓曹判書), 집현전대제학(集賢殿大提學), 수국사(修國史)로 승진되고 얼마 안 가서 파면되었다. 다시 등용되어 판밀직사사(判密直司事)가 되었다가 또 파면되었다.

그는 겸손한 일면도 있었다. 한번은 왕이 친근한 신하에게 말하기를 "신하들의 지조가 점차 옛날만 못하여 간다. 옛날 이혼과 윤보(尹珤)가 전선(銓選: 인사업무)을 주관하던 때에 내가 이혼의 아우 이자화(李子和)를 행수(行首)로 삼고자 하니 이혼은 사양하여 말하기를 '전하는 제가 불초한 사람임에도 불구하고 전조(銓曹)의 임무를 맡겼는데 이제 저의 아우를 행수로 삼는다면 사람들이 저를 어떻게 보겠습니까?'라고 하였다. 그런데 이제 와서는 전선을 주관하는 자들이 좋은 벼슬을 그들의 친척에게 주고도 나에게는 알리지도 않으니 벼슬을 사양하는 것은 말할 것도 없다. 이것은 바로 염치가 날로 없어지고 세상의 도덕 기풍이 날로 추락되기 때문이다"라고 하였다.

그는 충선왕과 막역한 사이였다. 따라서 모함이 끊이지 않았다. 충선왕이 원나라에 있을 때 그를 하정사(賀正使)로 불러들여 관리선발제도에 대하여 토의하고 관제(官制)를 개정하여 밀직(密直), 중방(中房), 내시(內侍) 등 삼관(三官), 오군(五軍)이 모두 폐지되었으므로 실직자들이 이것을 크게 원망하였다. 이에 그가 고려로 돌아오자 어떤 사람이 익명으로 투서하기를 "중호(中護) 이혼이 심양왕(瀋陽王)에게 가서 관리선발제도를 토의하면서 관직을 높여준 것은 그의 두 아들과 친척, 친구들뿐이다. 이것은 왕을 속이고 사사로운 정으로 한 것이니 등용하지 말아야 한다"라고까지 하였다. 또 얼마 안 가 숙비(淑妃)의 모함으로 회주목사(淮州牧使)로 내려갔다가 다시 예주목사(禮州牧使)가 되었다. 그후에 소환되어 첨의정승(僉議政丞: 지금의 국무총리)으로 되었다가 치사하였다.

이혼은 성질이 너그럽고 인정도 있었다 한다. 그리하여 때로는 오해를 사는 일도 있었다. 일찍이 정해, 윤보(尹珤)와 함께 정방(政房: 인사업무 주관부서)에 있으면서 서로 친밀하게 지냈다. 하루는 이야기하기를 "우리들이 오랫동안 서로 친하게 지내온 사이이니 어찌 피차의 결함을 서로 말해 주지 않으랴?"고 하니 이혼이 정해에게 이르기를 "남들은 그대를 간사하다고 한다"라고 하고, 또 윤보에게 말하기를 "남들은 그대를 교만하다고 하니 응당 고쳐야 한다"고 하였다. 정해는 이혼에게 말하기를 "남들이 그대는 청렴하지 못하다고 하는데 과연 그러한가?"라고 하며 서로의 단점을 기탄없이 말해 주기도 하였다.

이혼은 오랫동안 전선을 맡아보았으며 성질이 온화하여 정을 뿌리치지 못해 그 집이 부유하게 되었다. 그리하여 남쪽 성 밖에다 별장을 지어 복산장(福山莊)이라 하고 자주 왕래하였다. 61세에 죽었는데 시호는 문장(文長)이다.

그는 시와 문장에도 능하였다. 그의 문장은 청아하고 간결하였다. 그는 손님을 좋아하고 거문고와 바둑을 즐겼으며 음악에도 관심이 있었다. 일찍이 영해부로 좌천되었을 때 바다 가운데 떠 있던 나무를 가지고 무고(舞鼓: 춤출 때 쓰는 북)를 제작하였다는 것이 조선 전기의 악부(樂府)에 전하고 있었다. 이혼의 조카인 이언충(李彦冲)도 고려 말에 과거에 합격하여 여러 벼슬을 거쳐 정당문학(政堂文學)에 이르기도 하였다. 이와 같은 전의 이씨의 출세는 고려 초의 호족 이도의 음덕에 힘입은 것이었다.

공주 명학소에서 치켜든 민초들의 항쟁 깃발

이정신(한남대학교 사학과 교수)

왜 봉기하게 되었을까

고려사회에서 특권을 가지고 있던 문벌귀족들은 과거제도와 음서를 통하여 정치권력을 장악하였을 뿐 아니라 관직에 따른 전시과와 공음전을 제수받아 자손 대대로 부와 권력을 유지하여 갔다. 그들은 여기에 만족하지 않고 조세를 제대로 납부하지 않는다는 구실로 농민들의 토지를 탈점하였다. 이들은 정치권력과 경제력을 더욱 공고히 하기 위해 권력 다툼을 벌였는데 그 결과 발생한 사건이 이자겸과 묘청의 난이었다. 이 양 난은 일단 수습되기는 하였지만 문신 귀족들 사이의 권력 다툼은 귀족사회를 동요시켜 무신란 발생의 배경이 되었다.

의종 24년(1170년)에 발생한 무신란의 원인은 전통적인 문신 우대정책에 대한 무신들의 반발, 재정 빈곤을 이유로 토지를 빼앗긴 군인들의 불만, 잦은 전쟁으로 인한 무신세력의 성장을 들 수 있다. 정중부(鄭仲夫), 이의방(李義方), 이고(李高), 이의민(李義旼) 등에 의해 일어난 무신의 난은 상당수 군인들의 호응으로 성공하여 무신정권이 들어서게 되었다.

고려사회 농민들은 무신정권 이전부터 지방관의 수탈이나 권문세가의 토지겹병으로 점차 생활이 어려워져 가고 있었다. 이에 따라 발생한 유망민은 결국 초적으로 전락되었던 것이다. 이때 무신정권이 들어서니 문신보다는 낮은 신분으로 농민층의 고충을 잘 이해하리라 생각한 농민들은 새로운 개혁정치를 기대하였다. 그러나 무신 집정자들은 군인과 농민들의 호응으로 성공하여 지속시킬 수 있었음에도 피지배층을 위한 어떤 정책도 실시하지 않았다. 무신들의 목적은 문신을 대신하여 정권을 장악해서 많은 토지와 노비를 소유하고 부귀영화를 누리는 것일 따름이었다.

이에 농민들이 일어서게 되었던 것이다. 고려 무신집권기에 일어난 대표적인 민란이 공주 명학소 망이(亡伊)·망소이(亡所伊)의 봉기이다. 망이·망소이는 명학소의 주민으로 판단되는데 우리나라 성씨에 망씨는 없다. 추정컨대 조정에서 명학소의 지도자를 망이 즉 망할 인간, 망소이 즉 망할 지역에 사는 인간으로 비하하여 불렀던 것이 기록에 그대로 남아 있었을 것이다.

고려시대의 지방제도는 군현이 있고 그 아래에 속군·속현, 그리고 그 아래에 향·소·부곡이 있었다. 소는 주로 농경에 종사하는 향·부곡과 달리 특산물을 생산하여 공납하는 특수집단이었다.『신증동국여지승람』에 의하면 명학소는 유성현 동쪽 10리에 있다. 유성현의 관아는 상대동 중골 즉 지금의 도안 신도시가 있는 곳이다. 그러므로 그곳에서 동 10리에 위치한 지역이라면 대략 탄방동, 둔산동 등지로 볼 수 있으므로 이곳이 명학소라고 생각된다. 2006년에 대전시에서는 탄방동 남선공원에 명학소 민중봉기 기념탑을 세웠다.

명학소에서 생산한 특산물은 무엇이었는지 추정해 보자. 현재까지 알려져 있는 소는 금소, 은소, 동소, 철소, 사소(絲所: 비단실), 주소(紬所: 비단옷감), 지소(紙所), 와소(瓦所: 기와), 탄소(炭所: 숯), 염소(鹽所: 소금), 묵소(墨所: 먹), 곽소(藿所: 미역), 자기소, 어량소, 강소(薑所: 생강), 다소(茶所: 차)가 있다. 둔산동은 원래 둔지산 아래에 있으므로 뫼밑이라고 불렸으며, 또 옛날에 옹기 굽는 가마가 있는 마을이라 하여 가마골, 점말 또는 점촌이라고도 불렸으므로 자기소나 와소였을 가능성도 배제할 수 없다. 그러나 탄방동은 옛날에 참나무가 우거진 숲이 있었으며, 숯을 굽는 숯방이 있었던 마을이라고 하여 생긴 이름이므로 탄소일 가능성도 부인할 수 없다.

대전지방에는 자기소나 와소, 금소, 철소로 비정할 수 있는 지역은 있으나 탄소는 나타나지 않는다. 그러므로 이곳이 숯가마로 적합한 구릉지대이며 탄방동이라는 이름까지 감안한다면 탄소일 가능성이 가장 높다고 생각한다.

숯은 일반 가정에서도 사용되지만 자기, 철 등 다른 물자를 생산할 1차 자원으로서의 기능이 더 중요한 위치를 차지하고 있었다. 대전지방에서 자기와 기와는 촌개(村介: 유성현 동 23리, 구완동)와 복수소(福水所: 유성현 동 23리, 구완동)에서 생산되며, 금은 금생소(덕진현 동 7리, 유성구 용산동)에서, 철은 회덕현 북쪽 침이소(대덕구 회덕동)에서 생산되고, 마현(지금의 마티고개)에서는 수철과 동철이 생산되었다고 한다. 자기, 기와, 금뿐 아니라 특히 철을 제련하기 위해서는 현 대덕구 회덕동과 공주시 반포면 사이에 있는 탄방동 지역에서 숯을 생산할 필요가 있었으리라 추정된다. 이같이 소와 소 사이의 밀접한 관계 때문에 명학소민이 반란을 일으켰을 때 주변 소민들이 함께 봉기할 수 있었다고 생각한다.

고려시대에는 농민들도 국가에 대해서 조세·역역(力役)과 더불어 공부(貢賦: 지방 특산물)를 부담하였다. 그러나 국가는 농민의 공부보다는 특산물을 전문적으로 생산하는 소에 더욱 의존하였다고 판단된다. 소가 국가의 수탈체제에 시달려 제대로 성장하지 못하고 있을 때, 상경전(常耕田)의 확대로 인해 토지를 소유한 농민들의 생활은 점차 향상되었다. 그러나 농업 생산력이 증가하자 지배층은 자신들의 부(富)를 증대시키기 위해 점차 토지겸병을 시도하였다. 이로 인해 고려사회는 지주와 전호 혹은 소작도 얻지 못하여 떠돌아다니는 유랑민 등 여러 계층으로 점차 분리되어 가고 있었다. 이는 무신정권이 성립된 이후에도 전혀 나아지지 않았고 오히려 가속되는 형편이었다. 이 같은 농경사회의 분화로 인한 농민층의 불만과 국가의 직접 수탈체제에서 벗어나고자 했던 소민들의 신분해방운동이 합세하여 드디어 명학소민의 봉기를 낳게 되었다.

공주 명학소에서 일어나다

• 1차 봉기

- 명학소민의 승리

명종 6년(1176) 정월, 명학소의 망이·망소이의 봉기는 공주를 공격하면서 시작되었다. 그들은 스스로 산행병마사로 부르면서 무리를 모아 공주를 함락시키는 한편 조정에서 파견한 군사 3000명을 퇴각시켰다. 소민들이 공주관아를 함락시키고 중앙에서 파견한 군사까지 물리칠 수 있었던 까닭은 이들의 봉기에 호응하는 농민층 외에도 공주 주변에는 6개의 부곡(청류, 양화, 완부, 이인, 미화, 귀지)과 7개의 소(갑촌, 명학, 금단, 촌개, 복수, 박산, 금생)가 있어 이들 상당수가 명학소민의 봉기에 가담했기 때문이었다. 따라서 명학소민의 봉기는 소라는 지역적인 이해관계를 벗어나 농민층까지 같이 수탈당하는 계층이라는 광범위한 공감대가 있었음을 알 수 있다.

이제 반민(叛民)들은 자신감을 갖고 공주를 기점으로 점차 세력의 범위를 넓혀 예산을 거쳐 충주까지 진출하였다. 충주는 남한강을 따라 개경으로 향하는 지리상의 중요한 거점이면서, 경상도지역의 곡물수납 창고가 있을 뿐 아니라 고려 최대의 철산지인 다인철소가 있는 곳이었다. 이들의 세력이 확장되는 것에 불안을 느낀 정부는 그해 6월, 파격적인 조처로서 명학소를 충순현으로 승격시켰다.

정부가 제시한 충순현으로의 승격은 국가의 기본 정책에 위배되는 조처였다. 고려정부의 향·소·부곡 지역에 대한 정책은 이곳 출신이 국가에 공을 세우면 군·현으로 승격시키고 그 반대되는 경우에는 군·현을 향·소·부곡으로 강등시키는 것이었다. 위기에 몰린 고려정부는 명학소를 승격시켜서라도 민란의 확산을 막으려고 했지만 사실은 국가적 지배질서의 원칙을 정부에서 먼저 무너뜨렸던 것이다. 이제 백성들이 그들의 요구사항을 힘을 앞세워서 쟁취하려고 할 때에는 국가도 양보할 수밖에 없음을 보여주어 명학소민의 봉기는 이후에 일어난 민란의 기폭제가 되었다. 그러나 이미 명학소민의 봉기는 소민들만의 움직임이 아니었다. 주변 농민들이 가세하여 세력이 커졌으므로, 망이를 위시한 명학소민들이 현으로의 승격에 만족하여 봉기를 그만두고 싶었다고 하더라도 마음대로 할 수 없어 망설이고 있었다.

그런데 그해 9월, 동정직 소유자들이 반민들에게 가담하려고 시도한 사건이 일어났다. 즉 양온령동정(良醞令同正) 노약순(盧若純)과 주사동정(主事同正) 한수도(韓受圖)가 당시 명망 있는 관료들인 이공승(李公升)·함유일(咸有一)·독고효(獨孤孝) 등을 사칭하고 편지를 보내 명학소민의 봉기에 가담하려고 한 것이다.

고려시대의 동정직은 산직(散職) 즉 대기 발령자였다. 고려시대 관리는 과거

천안 홍경사지. 현종 12년(1021)에 창건된 사찰의 터. 그러나 현재는 창건에 관한 기록을 담은 갈비(碣碑, 국보 제7호)만 남아 있다.

에 합격하거나 음서로 등용되면 바로 실직(實職)이 주어지는 것이 아니라 대기하였다가 규정에 따라 실직으로 진출하였다. 그러나 시일이 경과됨에 따라 관료층이 팽창하여 동정직을 띈 산관들이 희망하는 실직으로의 진출은 어렵게 되어갔다. 『고려도경』에 의하면 인종조에 현직 관리가 3000명, 산관동정이 1만 4000명이었다. 이 같은 동정직자의 증가는 동정직자들의 실직 진출을 어렵게 했다. 결국 동정직 소유자들은 지배계급인 관인층에 속하면서도 합당한 대우를 받지 못했고, 이것에 대한 불만으로 반민들과 상통할 수 있었다.

그러나 반민들은 지식층을 탐탁하게 여기지 않았다. 그들은 자신들을 이용하고 권력을 차지한 이후에는 버릴 것이라는 불신감을 가지고 있었으므로 차라리 정부와 제휴하는 것이 나을 것이라고 판단했다. 이에 명학소민은 편지를 가지고 온 자를 붙잡아 안무별감(安撫別監)에게 넘김으로써 그들과 제휴할 의사가 없음을 명백하게 표명하였다. 이 같은 행위는 정부 측에게 명학소가 현으로의 승격이 확실하다면 더 이상 공격할 의사가 없음을 드러내는 것이기도 하였다. 이에 정부는 소민들을 회유하여 충순현에 지방관을 파견함으로써 봉기가 더 이상 확산되지 않도록 노력하였다.

• 2차 봉기
― 정부군에 의한 패배

1차 봉기가 진압된 지 한 달이 되지 못한 명종 7년 2월, 명학소민은 다시 봉기하여 덕산의 가야사(지금은 남연군묘가 있음)를 침략했다. 그리고 그 여세를 몰아 황려현(여주)과 진주(鎭州, 진천)를 공략하였다. 반민이 세 갈래로 나누어 진격하여 개경정부를 압박하자 정부는 우선 그들의 근거지인 가야산을 타파하여 퇴로를 끊는 작업부터 시작하였다. 정부의 작전은 성공을 거두어 가야산을 지키고 있던 손청(孫淸) 등은 패배하여 죽임을 당했다. 그들의 근거지가 정부군에게 탈취되자 명학소민은 북으로 진격하던 행군을 일단 멈추고, 서쪽으로 방향을 돌려 홍경원에 침입하여 서울로 편지를 보냈다.

> 망이 등이 홍경원을 불 지르고 그곳에 살고 있는 승려 10여 명을 죽이고는, 주지 승을 협박하여 그들의 편지를 가지고 서울로 가게 하였다. 그 내용을 보면, "이미 우리의 고향을 현으로 승격시키고 또 수령을 두어 안무케 하더니, 이제 와서 다시 군사를 동원하여 토벌하고 우리의 어머니와 아내를 잡아가두니 그 뜻하는 바가 어디에 있느냐. 차라리 싸우다가 죽을지언정 끝까지 항복하지 않을 것이며 반드시 개경까지 쳐들어갈 것이다"고 하였다.(『고려사』 19, 명종 7년 3월)

명학소민이 다시 봉기하게 된 것은 명백하게 정부의 잘못이었다. 정부는 명학소민과 강화를 맺어, 현으로 승격시키고 지방관을 파견하여 잘살 수 있게 해주겠다고 약속하고는 다시 봉기하지 못하도록 반민의 가족들을 인질로 잡아 가두었다. 이에 명학소민은 정부가 현으로 승격시켜 준 자체가 기만적이며 봉기의 확산을 막기 위한 일시적인 조처였음을 깨달았다. 정부가 바라는 것은 반란 진압이지 난이 발생하게 된 근본 원인이 무엇인지를 살펴 피지배층의 불만을 적극 해소하려는 것이 아니었다. 반민은 이제 소의 굴레를 벗어나기 위해서라도 결국은 정부타도가 불가피하다는 것을 인식하게 되었다.

정부의 기만적인 대책과 더불어 그들에게 또 하나의 적은 사원이었다. 반민들의 사찰에 대한 부정적인 태도는 고려시대의 불교가 왕실이나 귀족 중심의 종교로서 피지배층이 당하는 고통에 대한 관심이 부족했던 것도 원인이 되었을 것이다. 그러나 무엇보다도 농민을 수탈하는 정도가 권세가 못지않은 사원의 지주적인 성격이 그들을 가장 괴롭혔다고 생각된다. 홍경원(천안시 서북구 성환읍)은 현종 12년에 창설된 후 계속해서 왕실과 문벌귀족들의 비호를 받고 있었는데, 이것으로 보아 홍경원이 이 지역의 토호세력으로서 막강한 경제력을 행사했으리라 생각된다. 반민들이 홍경원을 불태우고 승려들을 죽인 것은 이

곳이 백성들을 수탈하여 원성의 대상이 되었음을 짐작할 수 있게 한다.

반민들이 홍경원을 거점으로 충청남도지역을 재탈환할 즈음, 북으로 경기도 여주지역을 점령하였던 이광(李光) 등은 정부군의 공격을 받아 고립무원의 상태에서 패배하고 말았다. 이제 반민들은 망이를 중심으로 굳게 뭉쳐 수도를 공략하기 이전에 충청도지역부터 우선적으로 확보하기 시작했다. 그들은 뒤이어 아주(牙州: 아산)를 함락시킴으로써 청주 관내 군현이 모두 반민들의 수중에 들어가고 오직 청주만이 남게 되었다. 명학소민의 봉기는 더 이상 단순히 신분해방을 갈구하여 중앙정부의 선처를 바라는 지엽적이고 소극적인 형태가 아니었다. 그것은 지금의 충청도 전 지역에 확산되어 정부타도 의사까지 표명한 대규모의 항쟁이었다.

이에 정부는 회유를 통해 난을 진압하려는 태도를 버리고 본격적인 토벌작전을 감행하였다. 그해 5월에는 선지사용별감(宣旨使用別監)을 보내 남적을 제압

대전 탄방동 망이·망소이 봉기 기념탑.

한 전공(戰功)에 따라 상을 내려 군의 사기를 앙양시켰으며, 또한 충순현을 삭제하였다. 이제 정부는 손청·이광 등 망이를 보좌하던 주위의 반란세력이 진압됨에 따라 고립된 명학소민에게 총력을 집중하였다. 정부군의 강경한 토벌작전에 밀려 더 이상 버틸 수 없게 된 반민들은 항복을 요청하였다. 같은 해 7월, 망이 등이 잡혀 청주옥에 갇힘으로써 무려 1년 반이나 계속되었던 명학소민의 봉기는 끝나게 되었다.

명학소민 봉기의 의미

공주 명학소 망이·망소이의 봉기는 고려 무신정권기 남쪽에서 일어난 민란 중 가장 대규모의 것으로서 고려사회에 큰 영향을 미쳤다. 정중부 정권은 명학소민의 봉기와 북쪽에서 일어난 조위총의 난의 여파로 경대승에게 정권을 빼앗겼다. 피지배층의 봉기가 지배계층을 무너지게 하는 데 일익을 담당했다는 점에서 중요한 의미가 있다.

명학소민의 봉기를 진압한 후, 정부는 반란이 소민에 한정되지 않고 농민층의 동조로 광범위하게 확산된 데 주목하였다. 그리하여 백성들을 진무하기 위해서 각지에 찰방사를 보내어 지방관의 탐학 여부를 조사하게 하였는데 이때 징계당한 장리(贓吏)가 무려 990여 명이었다고 한다. 그러나 국왕은 불과 1년도 안 되어 억울하게 연루된 자가 있다는 구실로 대다수를 사면하여 복직시켰다.

이리하여 명학소민이 목숨을 걸고 봉기한 대가는 유명무실해졌고 지방관의 탐학은 이후에도 계속되었다. 명종 12년 이후에 일어나는 관성(옥천)·부성(서산)·전주 그리고 안동 등지에서의 민란 또한 지방관의 수탈을 견디지 못하여 봉기하게 된 것으로서 정부의 시책이 조금도 개선되지 않았음을 보여주고 있다.

두 번째 조처는 권세가의 토지 침탈 방지, 공부(貢賦)의 균등 배분, 조세 탕감 등의 경제적인 배려였다. 그러나 이 또한 농민을 위한 적극적인 시책이 되지 못했다. 예컨대 명종의 조처를 보면, 토지겸병을 방지하기 위해 정부가 가장 경계해야 할 대상은 권세가인데, 그들의 명령에 따라 움직이는 사환과 향리에게만 죄를 물었다. 다음, 정부는 양반들에게 빚을 갚지 못해 빼앗긴 농민의 토지를 무조건 돌려주도록 했다. 이는 실현성이 희박한 것으로, 부강한 양반이 약한 농민에게 토지를 돌려주게끔 만드는 어떤 제도적 장치도 없이 실지로 행해질 수 있었다고는 보이지 않는다. 또한 지방관에 의해 불균등하게 부과된 공역(貢役)을 시정하라고 하였는데 이 같은 고질적인 부조리가 국왕의 일시적인 조서만으로 해결될 일은 아니었다. 따라서 봉기를 방지하기 위한 국가의 경제적 시책 또한 미봉적이고 기만적이었다.

그러나 그럼에도 이러한 명학소민의 봉기로 인해서 정부는 백성들을 두려워하게 되었고, 농민층은 그들의 요구사항을 강력하게 내세웠다는 점에서 그 의미를 찾아볼 수 있다. 여기에서 한 가지 유감스러운 점은 소민을 위한 시책이 전혀 보이지 않는다는 것이다. 그러나 봉기가 하나의 계기가 되어 고려 사회는 향·소·부곡 등이 점차 해체의 과정을 겪어, 조선시대에 가서는 완전히 소멸되어 군·현과 같은 일반 행정구역에 편입되었다. 이러한 변화는 고려사회의 발전과 더불어 명학소민의 봉기가 일정한 역할을 담당했다고 볼 수 있다.

왜구를 크게 깨뜨린 홍산대첩과 진포대첩

윤용혁(공주대학교 역사교육과 교수)

14세기 말, 고려왕조는 조선왕조로 교체된다. 이 시기의 고려왕조는 내우외환의 어려움이 거듭되었는데 그중 하나가 왜구였다. 고려 말 14세기의 시대는 왜구의 준동으로 하루가 편할 날이 없을 정도였다. 공민왕에 이은 우왕 대에 왜구의 침입은 특히 기승을 부렸다. 일본의 쓰시마 혹은 서일본의 해안지역에 근거를 둔 왜구들은 대선단을 동원, 고려 각지를 공략하였는데, 긴 해안선을 가지고 있고 강이 발달한 충남의 경우도 왜구의 주요 표적이 되었다. 그러한 가운데 충남지역에서 벌어진 1376년(우왕 2) 최영(1316~1388) 장군의 홍산대첩(부여), 그리고 1389년(우왕 6) 최무선(1325~1395)의 진포대첩(서천)은 왜구 토벌전쟁에서 가장 대표적인 전투로 꼽힌다.

고려를 괴롭힌 왜구

왜구는 남해 혹은 서해 연안뿐만 아니라 강을 따라 육지 안으로 깊숙이 침입하였기 때문에 당시 고려 사람들이 입은 피해는 생각 이상으로 광범위하고 심각하였다. 기록에 의하면 고려 말 왜구의 침입은 도합 471건의 사례가 나타나는데, 그 침입은 영남·호남과 함께 충청지방이 특히 심하였다. 그리하여 충남의 경우만 53건의 침입 사례가 기록되어 있다. 충남에서 왜구의 피해를 입은 지역은 서천·홍성·보령·당진·태안·서산·아산·천안·공주·논산·금산 등 전 도에 걸치는데, 특히 충남의 주요 내륙 수로인 금강이 왜구의 중요한 침입 루트로 이용되어 피해가 적지 않았다.

이들 왜구의 규모는 적을 때는 20척에서 많을 때는 500척에 이르는 대선단을 구성하여 한반도 각지를 위협하였다. 이들은 뛰어난 전투력을 가진 군대로서 선박과 말을 이용, 내륙 깊숙이 고려를 유린하며 고려 정규군을 연파하였다. 이러한 점에서 고려 말의 왜구는 아마추어 수준의 해적 집단이 아니라, 뛰어난 전투 수행능력을 갖춘 전문적 전투 집단이었다. 이 때문에 고려정부는 한때 수도 개성을 버리고 내륙 깊은 곳에 위치한 철원으로 천도하는 계획을 진지하게 검토할 정도였다.

고려 말 충남지역의 왜구 침입 내용을 검토하면 왜적의 가장 중요한 침입 루트는 금강과 아산만 연안이었다. 금강을 통해서는 공주·논산·회덕·옥천 등 내륙 깊숙이 빠른 속도로의 진입이 가능하다는 이점이 있었던 것 같고, 아산만 연안은 연안에 접한 경기 남부 및 충남 북부의 광범위한 지역을 쉽게 공격할 수 있다는 장점이 있었던 것이다. 이와는 구별되는 나머지 또 하나의 유형은 연해 지역을 개별적으로 직접 공격 대상으로 삼는 것이다. 해안으로의 침입이 비교적 단순한 데 비하여 금강을 통한 침입은 내륙 깊숙이 그 피해가 미쳐 매우 위협적인 것이었다. 또한 대규모 선단이 동원되어 침입하는 경우에도 왜구들은 금강을 선호하였다. 왜구에 의하여 되풀이 피해를 보았던 개태사가 금강의 상류에 가깝고, 최영의 홍산대첩이 금강의 중류에서, 그리고 최무선의 진포대첩이 그 하류에서의 일이었음을 보더라도 금강이 특히 왜구의 대규모 침입을 위한 통로가 되었던 사실을 입증한다.

최영 장군, 부여 홍산에서 대첩을 거두다

왜구를 맞아 벌인 무수한 싸움 중에 1376년(우왕 2) 최영의 홍산대첩과 1389년(우왕 6) 나세, 최무선 등의 진포대첩은 가장 대표적인 전투였다. 1376년 왜구는 금강을 거슬러 올라와 부여와 공주를 치고, 대전을 거쳐 논산 개태사를 도륙하는 등 큰 피해를 입혔다. 이 싸움에서 공주목사 김사혁은 적을 맞아 싸우다 참패하였고, 양광도 원수 박인계는 부여에서 논산으로 향하는 왜구를 공격하였다가 도리어 사살당하는 낭패를 보았다.

이 소식을 들은 최영 장군은 "저는 비록 몸은 늙었으나 뜻은 꺾이지 않아 나라를 편히 하고 왕실을 보위하려는 생각뿐입니다. 곧 휘하를 이끌고 나가 싸우도록 해주십시오" 하고 왜군이 집결하여 있는 홍산(부여)을 향하여 출정하였다. 당시 최영 장군의 나이는 이미 60세였다. 홍산에서 최영은 우선 요해처의 거점을 확보하였다. 그곳은 3면이 다 절벽이고 오직 길 하나가 통할 뿐이었다. 최영 장군이 직접 선두에 서서 돌진하자, 적들이 바람 앞의 풀잎처럼 쓰러졌는데 적이 쏜 화살 하나가 문득 장군의 입술에 박혀 유혈이 낭자하였다. 그러나 장군은 태연히 화살을 뽑아내고 틈을 주지 않고 공격을 계속하여 적을 대파하였다. 이로써 금강을 무대로 창궐하던 왜구의 세력은 크게 꺾이게 되었다. 이후 왜적은 "우리가 무서워하는 자는 오직 백발의 최영 장군뿐이다"라고 할 정도로 장군을 두려워하였다고 한다. 우왕은 최영의 공을 치하하여 최고위직인 시중으로 임명하려 하였으나 장군은 시중이 되면 전쟁터에 나갈 수 없으므로 왜구가 평정된 후가 좋겠다고 사양하였다.

그후 장군의 부하들이 홍산에서 왜적을 격파했던 장면을 그림으로 그려 「홍산파진도(鴻山破陣圖)」를 올리니, 왕은 당대의 문장가 한산(서천) 출신 이색에게 찬시를 짓게 하였다. 다음은 홍산대첩에 대한 이색의 시이다.

  큰 바다 물결 만 리에 위풍을 떨치어라

흰 머리 흰 수염에 두 볼은 불그레하네
하루아침에 사직 편케 함이 더욱 기뻐라
태산 같은 공 위에 다시 태산 같은 공을 더했네

　홍산면 소재의 태봉산은 최영 장군이 왜구 격파 시 주둔하였던 곳으로 전해진다. 여기에는 태봉산성이라는 토성이 있으며, 높지는 않으나 홍산의 치소와 일대의 넓은 평야가 한눈에 들어온다. 얕은 구릉지에 위치한 이 토성은 백제시대에 처음 만들어졌던 것이 뒤에까지 사용된 것으로 보인다. 이 태봉산의 정상에는 1977년에 제작한 홍산대첩비가 세워져 최영 장군의 왜구 격파라는 역사적 사실을 기념하고 있다.

홍산 대첩비.

최영 장군은 고려 말의 뛰어난 무장이며 충직한 재상으로서 그 이름이 널리 알려져 있다. 나이 16세 되었을 때 아버지를 여의였는데, 그때 아버지의 유훈(遺訓)이 바로 "너는 황금을 보기를 돌같이 하라"는 것이었다. 그는 일생 이 말을 깊이 간직하고 재물에 관심을 두지 않았다. "거처하는 집이 초라하였으나 그곳에 만족하였으며, 의복과 음식을 검소하게 하여 식량이 모자랄 때도 있었다"고 『고려사』는 기록하고 있다. 고려 말은 정치가와 공직자들이 부패하여 국가보다는 개인의 사리사욕에 눈이 어두워 온갖 부정이 만연한 때였다. 이러한 상황에서 그는 들어와서는 국가의 재상으로서, 나아가서는 군령을 호령하는 장군으로서 고려가 안고 있는 국내외의 다사다난한 난국을 돌파하고자 고군분투하였던 것이다.

그런데 최영 장군과 관련하여 장군이 원래 홍성, 지금 새 도청이 건설되고 있는 '내포 신도시' 부근의 출신 인물이라는 점이 흥미롭다. 19세기에 쓰어진 『충청도읍지』 홍주목 편에는 최영 장군이 "홍성 적동리(홍북면 노은리 적동마을)에서 태어났기 때문에 세상에서 이르기를 '금곡(金谷)은 문(文)이요, 적동은 무(武)'라 하였다. '적동은 무'라 한 것은 곧 최영을 가리키는 것이다"라고 기록되어 있다. 최영을 철원 사람이라 한 경우도 있는데 이것은 본관이 철원이라는 것일 뿐, 장군은 내포 신도시 부근 홍성 홍북면 출신인 것이다.

한편 『신증동국여지승람』에서는 홍주 동쪽 23리 지점 삼봉산에 최영 장군의 사당이 있다고 하였다. 장군의 사당이 삼봉산에 있게 된 것은 출생지로서의 연고 때문일 것이다. 위의 기록에 "지방 사람들이 제사를 주관하여 지금에 이르기까지 제사와 기도가 그치지 않는다"고 한 것은 바로 최영 장군 사당에서의 제사를 가리키는 것이다. 최영 장군의 정확한 생가터는 아직 확인되어 있지 않지만 노은리 산 중턱에는 '기봉사(奇峰祠)'라는 이름으로 장군을 제사하는 사당이 조성되어 있다. 사육신의 한 사람인 성삼문 선생이 태어난 터전에서 가까운 곳이다.

최영 장군 사당 전경(홍성군 홍북면 노은리 소재).

　　최영 장군에 대한 구전은 홍성 여러 지역에서 전한다. 가령 금마면의 철마산이나 용봉산에는 장군이 이곳에서 말을 타고 훈련하였다는 전설이 전하고 있다. 최영 장군이 노구를 이끌고 홍산(부여) 전투를 자원하여 왜구를 격퇴한 것도, 어쩌면 왜구가 고향 지역 일대에 큰 피해를 입혔기 때문에 출전에 더 강한 의욕을 가졌던 것이 아닌가 생각된다.

　　신흥의 명나라가 철령위를 설치하는 등 고려의 국경지역을 위협하자 1388년(우왕 14) 장군은 삼군도통사가 되어 요동정벌을 위하여 출정하였다. 그러나 이성계의 위화도회군으로 요동정벌 계획은 물거품이 되고, 결국 장군은 이성계 등 조선조 건국세력에 의하여 정치적 희생물이 되어 처단되었다. 당시 장군의 나이 73세였다. 장군은 죽음에 임해서도 의연함을 잃지 않고, 말이나 안색이 조금도 변하지 않았다고 한다. 그리고 장군이 죽던 날 개경 사람들은 시장을 모두 닫았으며 그 소문을 들은 사람들은 심지어 부녀자나 어린이까지도 모두 눈물을 흘렸다고 한다. 『고려사』에서는 장군에 대하여 다음과 같은 평을 내리고 있다.

> 최영은 성질이 강직하고 충실하며 또 청렴하였다. 전선에서 적과 대치하여 태연하였으며 화살이 빗발같이 지나가도 조금도 두려워하는 기색이 없었다. 군대를 지휘함에 있어서는 규율을 엄격히 하여 필승을 기하였으며 전사가 한 걸음만 물러서도 곧 목을 베었다. 그리하여 대소의 전투에서 어디서나 승리하였고 일찍이 패한 적이 없었다.

왜구의 격퇴 등에 남긴 장군의 위업도 위업이려니와, 장군의 청렴결백한 인품은 무엇보다 물질만능의 세태에 물든 오늘의 우리 세대에게도 교훈을 주는 바가 크다. 고려 말의 충직한 장군으로서만이 아니라 충남이 자랑할 만한, 홍성 출신 인물로서 최영 장군의 존재를 인식할 필요가 있다.

진포(서천)에서 처음으로 화포를 사용하다

홍산대첩으로 잠시 주춤했던 왜구들은 금강을 무대로 여전히 날뛰고 있었다. 그러한 가운데 고려 말 1389년(우왕 6) 8월의 진포대첩은 최무선이 화약무기를 발명하여 이를 처음으로 전투 현장에 투입, 승리를 거둔 사례였다는 점에서 그 군사사적 의의가 크다. 조선시대 임진왜란에서도 화포의 위력이 왜군을 막는 데 크게 공헌하였다는 점에서 최초의 화약무기가 현장에 투입된 진포 전투의 역사적 의미는 작지 않다.

최무선의 화약무기, 화포가 투입된 진포싸움의 현장은 금강의 하구이다. 금강 하구에는 군사시설로 장암진이 있다. 이 장암진은 백제시대에 지벌포(기벌포)로 불리던 곳으로, 백제 최후의 왕인 의자왕 때, 외국 군대가 쳐들어올 경우 수군을 기벌포 안으로 들어오지 못하게 하여야 한다고 했던 곳이기도 하다.

화약무기가 고려에서 처음 사용된 것은 1270년대이다. 이때 몽골군은 최후의 반몽세력 삼별초의 진압을 위하여 진도와 제주도에서 화약무기를 사용한 것으로 믿어지고 있다. 당시의 화약무기는 오늘의 수류탄과 비슷하게 던지는 것이었는데, 그후 1356년(공민왕 5)에는 총통을 사용하여 화살을 발사하였다는 기록이 있어 14세기 중반에는 이러한 화기가 사용되었음을 짐작할 수 있다. 그러나 아직 화약무기를 제조할 수 있는 능력을 보유하지는 못하였다. 왜구 대처 방안으로 화약무기 제조의 필요성과 가능성이 이처럼 높아진 가운데 정작 화약무기의 제조에 성공한 것은 최무선의 개인적 노력에 의한 공이 컸다.

최무선은 중국인 이원(李元)에게서 화약무기의 중요 재료인 염초의 제조기술을 파악하게 되었다. 화약무기의 제조에 성공하게 되자 고려정부는 화약무기의 생산을 위하여 1377년(우왕 3) 화통도감을 설치하였다. 이로써 고려는 군사기술에 획기적 발전의 토대를 마련하였으며 왜구의 격퇴에도 큰 힘을 보태게 되었다. 화통도감 설치로 각종 화약무기가 개발되었으며 우왕 4년에는 화약무기 발사 전문부대인 화통방사군이 편성되고 군선에 화포를 설치함으로써 왜구 격퇴에 위력을 발휘하게 된 것이다. 우왕 6년의 진포싸움은 화약무기의 본격 투입에 의하여 신무기의 위력을 유감없이 발휘한, 전사(戰史)에 기록될 만한 전투였다. 이때부터 고려의 왜구 토벌전은 큰 힘을 받게 되었다. 진포싸움에 대해서는 "나세 등이 진포로 가서 최무선이 만든 화포를 사용하여 적의 배를 불태웠다. 연기와 불길이 하늘을 덮었고 배를 지키던 적병은 거의 타죽었으며 바다에 뛰어들어 죽은 자도 적지 않았다"고 기록되어 있다.

고려 말 1389년(우왕 6) 8월의 진포대첩은 해도원수 심덕부, 상원수 나세, 부원수 최무선 등이 지휘하는 고려 수군 100척이 500척 규모의 왜구 대선단을 섬멸한 것으로, 홍산대첩, 황산대첩 등과 함께 왜구에 대한 가장 결정적 진압전의 사례이다. 나세, 심덕부, 최무선 장군은 100척 병선을 거느리고 왜적을 쫓아가 적선을 붙들었다. 이때 왜선 500척이 진포 어구에 들어와서 배를 매어두고 일부 병력으로 수비하면서 상륙하여 분산되어 각 지역에 들어가 마음대로 방화와 약탈을 일삼았다. 시체는 산과 들을 덮었고 곡식을 배로 운반하는데 땅에 흩어진 쌀이 한 자 두께가 되었다.

진포대첩의 경우 특히 최무선이 화약무기를 발명하여 이를 처음으로 전투 현장에 투입, 승리를 거둔 것이었다는 점에서 그 의의가 크다. 조선시대에 들어가 화포의 발달이 괄목할 만하였으며, 임진왜란에서도 이 화포의 위력이 왜군을 막는 데 크게 공헌하였다는 점에서 최초의 화약무기가 현장에 투입된 진포전투의 역사적 의미는 작지 않다고 할 수 있다.

진포는 금강 하구에 해당하는데, 금강 하구 일대에서 왜구가 노략질로 사방을 휩쓸었던 사정을 전하는 곳이다. 이때 많은 인명 피해를 입었고, 창고들은 탈취되어 무참하게 노략질을 당했던 것이다. 이 전투에서 결정적으로 위력

진포대첩 현장이 되었던 금강 하구.

을 발휘한 것이 최무선이 발명한 화약무기이다. 이때 화포가 투입된 진포싸움의 현장은 금강 하구이다. 진포의 위치에 대해서는 지금까지 충남 서천군지역이라는 주장과 전북 군산지역이라는 주장이 대립하여 왔다. 이 때문에 1999년 군산시에서는 금강 하구의 군산 쪽에 진포대첩 기념비를 건립하기도 하였다. 그런데 진포의 위치에 대하여 『신증동국여지승람』의 서천군(산천조)에는 "진포는 서천군의 남쪽 26리에 있는 바다 포구(海浦)"라고 적혀 있어 진포가 금강의 하구 중에서도 특별히 서천 쪽임을 말하고 있다. 현재 장항읍의 대부분 지역은 고려 말 당시 아마 진포의 바다였을 것이다. 특히 구 장항제련소의 바위산인 전망산과 장암진성이 구축된 후망산의 지형적 조건은 금강을 통하여 침입하려는 왜구들에게 아주 적합한 표적이었다.

부원수 최무선과 함께 진포전투에 출전한 상원수 나세 장군은 본래 원나라에서 고려에 귀화한 나부(羅富)의 5세손으로, 공민왕 때 홍건적을 격퇴한 공으로 2등 공신이 되었다. 왜구가 창궐하자 여러 차례에 걸쳐 왜구를 격퇴하는 공을 세웠는데, 특히 진포대첩 때에는 우왕으로부터 금 50냥을 상으로 받고 연안군(延安君)에 봉해지기도 하였다. 한편 나세 장군의 제단과 그 후손들이 모여 사는 집성촌이 전투지였던 장항에 인접한 서천군 마서면에 내려오고 있다는 사실은 꽤 흥미로운 일이다. 그가 왕에게 상소하여 왜구 격퇴를 자원하면서 이르기를, "저는 문장을 잘해서 나라를 빛낼 수 있는 것도 아니요, 사대부의 집에 태어나서 호강할 수 있게 된 것도 아닙니다. 항상 생각하는 것은 목숨을 바쳐 충성을 다함으로써 만분의 일이라도 나라의 은혜를 갚고자 하는 것입니다"라고 하였다. 화포의 사용과 더불어 이 같은 투철한 애국심이 뒷받침되어 진포에서의 큰 승리가 가능하였던 것이다.

진포대첩의 승리에도 불구하고 고려의 국운은 기울어 3년 후 조선왕조의 개창을 보게 된다. 고려왕조는 무너졌지만 최무선이 발명한 화포의 발전은 조선조에 계승된다. 그리고 200년 후 임진왜란 시 왜적을 막는 데 이 화포는 결정적 역할을 하게 된다. 그의 출신지인 경북 영천에서는 최근(2012년 4월) '최무선 과학관'을 개관하여 장군의 업적과 화약무기의 역사에 대한 학습과 다양한 체험의 장으로 활용할 수 있도록 하였다.

카단의 침입과 연기대첩

윤용혁(공주대학교 역사교육과 교수)

　13세기의 고려는 한마디로 전란의 시대였다. 1218년 거란족의 침입, 1231년 이후 30년간 6차(11회)에 걸치는 몽골의 침입이 있었다. 1270년 몽골에 복속하는 것을 거부하고 삼별초가 봉기하여 서남해안 진도에 또 하나의 '고려'정부를 세웠지만 이들은 1273년 제주도에서 최후를 맞았다. 그러나 이것으로 전란이 끝나고 평화가 찾아온 것은 아니었다. 삼별초가 진압되자 몽골은 바로 일본 정벌에 고려 사람들을 동원하였다. 1274년과 1281년 두 차례에 걸친 일본 정벌전에서 고려는 군사뿐만 아니라 군선의 제작, 식량의 확보 등 많은 부담을 졌다. 잘 알려진 사실은 아니지만 원의 카단(哈丹)군이 고려에 침입하여 세종시 일대가 국제적인 큰 전투장이 된 것은 그로부터 다시 10년 뒤의 일이었다.

　1281년 2차 일본 원정이 시도된 10년 뒤에 이번에는 원(몽골) 지배하의 반쿠빌라이 세력이 저항하는 과정에서 진압군에 밀리자 고려에 쏟아져 들어옴으로써 또 한 차례의 전란을 겪게 된 것이다. 충렬왕(忠烈王) 17년(1291)부터 다음 해 18년(1292)에 걸치는 카단군의 침입이 그것인데, 세종시의 중심을 이루는 원수산 일대는 700여 년 전 동아시아 국제전의 치열한 전투지가 되었던 것이다.

쿠빌라이와 대결한 원의 반군 카단

카단군은 함경도에서 강원도를 통하여 침입해 들어와 원주, 충주 등을 거쳐 연기(燕岐)에까지 이르렀다가, 세종시 일대에서 여원 연합군의 공격을 받아 대파되었다. 카단군에 대한 승전은 그 규모가 퍽 큰 전투였고 이 때문에 『세종실록지리지』에서는 이를 연기에서의 '대첩(大捷)' 즉 '큰 승리'라고 표현하고 있다.

1206년 성립한 칭기즈칸의 몽골제국이 원(元)을 칭하게 된 것은 1271년 쿠빌라이에 의한 것이었다. 카단은 원의 황위 계승을 둘러싼 분쟁 가운데 쿠빌라이(세조) 정권에 반대하여 일어난 인물이다. 중국의 동북지역(만주) 일대에서 전개된 전투 가운데 원의 공격에 밀린 카단의 군은 고려에 밀려 들어와 중부지역 일대에 큰 피해를 끼쳤던 것이다.

1259년 몽골제국의 몽케(헌종)가 남송 정벌전에 종사하던 중 사천성지역에서 갑자기 사망하였다. 몽케는 남송 정벌전의 일환으로 고려에 대한 침략을 크게 강화하였던 인물이다. 이때 수도 카라코름에 있던 막내 동생 아릭부케(阿里不哥)가 유력한 제위 계승자였지만, 역시 남송 정벌전에 투입되어 있던 쿠빌라이도 제위 계승의 꿈을 가지고 있었다. 그리하여 1260년 초 쿠빌라이와 아릭부케는 북경과 카라코름을 거점으로 각각 제위 계승을 선언하였다. 이로써 몽골에는 본토와 북경을 각각 거점으로 두 사람의 황제가 세워지게 되었으며 무력 대결을 피할 수 없게 되었던 것이다.

1264년까지 지속된 제위 계승을 둘러싼 전쟁은 쿠빌라이의 승리로 종식되었다. 그러나 이후에도 쿠빌라이 반대세력이 완전히 없어진 것은 아니었다. 그 대표적 인물이 2대 오고데이(태종)의 손자 카이두(海都)였다. 몽케, 쿠빌라이 등이 툴루이의 아들이었던 것에 대하여 몽케는 제위가 다시 오고데이계로 복귀되어야 한다는 생각이었다. 더욱이 수도를 중원의 북경으로 옮기고 중국 한족(漢族)의 정치문화를 수용하는 쿠빌라이의 정책에 대하여, 카이두는 이것이 유목국가로서 몽골의 전통을 파괴하는 것이라는 신념을 가지고 있었다. 이후

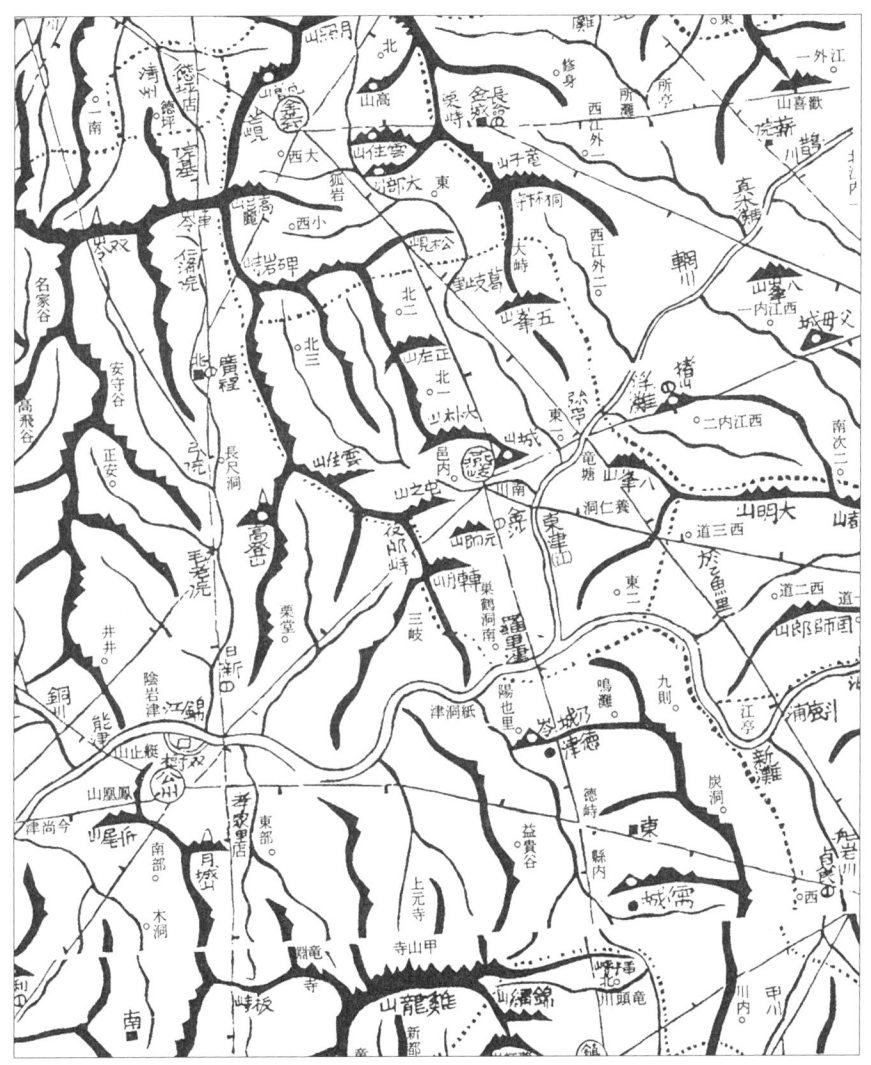
연기대첩(대동여지도). 연기군 서면 쌍전리 정좌산 일대를 중심으로 1291년부터 1292년까지 벌어진 여원연합군과 카단군의 전투 지역이 드넓게 펼쳐져 있다.

내란은 30여 년을 끌게 되는데, 이 카이두의 반원 봉기에 호응한 세력이 칭기즈칸의 동생 카쥰(哈準)의 4대손인 카단이었다. 카단이 봉기하자 원 세조 쿠빌라이는 1288년 손자 티무르(뒤의 成宗)에게 명하여 각처를 평정하였다. 그리고 이듬해 1289년 6월, 다시 카단은 나이만타이(乃蠻台)에 의해 토오로 강 부근에서 격파되었다. 이로써 동북지역에서 그 세력이 위축된 반군세력은 두만강 쪽으로 나오게 되었고, 충렬왕 16년(1290) 초 고려의 동북 변경으로 넘어 들어왔던 것이다.

카단군의 고려에 대한 침략이 개시된 것은 충렬왕 16년(1290) 12월의 일이다. 『고려사』에 "카단의 군대 수만 명이 화주와 등주를 함락시키고 사람을 죽여 양식으로 하였으며 부녀자들을 죽여 포(脯)를 떴다"고 적혀 있다. 무엇보다도 이들의 야만적 잔인성이 기록에 강조되어 있는데 이에 의하면 침략군의 규모는 수만, 그리고 이들은 쌍성지역(함흥 일대)을 거쳐 고려의 동북경 요충인 등주, 화주 등지를 점거함으로써 일단 남진(南進)의 교두보를 확보한 것이다. 카단군의 대대적 침입이 개시되면서 12월, 고려정부는 이에 대한 방어를 위하여 군사를 현지로 내보내는 한편 왕은 강화도로 들어가 난을 피하였다. 개경이 함락될 수 있다는 우려 때문이었을 것이다. 카단군은 내륙으로 들어와 양근성(경기도 양평)을 함락하고 이어 원주로 침입하였다.

카단군은 고려에 침입한 이후 방호별감 복규(卜奎)에 의하여 원주에서 큰 타격을 입었다. 이들은 남하하던 중 충주에서 다시 패함으로써 원래 의도하였던 경상도에의 진입이 막히게 되었다. 이로써 이들의 퇴로는 자연히 서쪽, 곧 충남 방면이 될 수밖에 없었다. 3월 충주에서 패한 카단군이 연기현 지역에 당도한 것은 4월이었는데 이때에는 원에서 파견된 지원군이 경기지역에 당도하여 고려군과의 연합작전이 계획되어 있었다. 4월 17일 고려의 3군이 재편성되어 카단군을 향해 출정하고, 이에 맞추어 원의 지원군도 함께 남하를 개시하였다.

조치원 부근 정좌산에서 벌어진 전투

세종시의 남쪽인 연기현(燕岐縣)에서의 전투는 충렬왕 17년(1291) 5월 2일 새벽에 개시되었다. 그것은 연합군의 계산된 기습전이었다. 전날 목천(천안시)에 있던 고려의 3군과 원에서 파견된 지원군은 적이 연기현에 주둔 중이라는 정보를 접하고 밤을 이용해 강행군을 하였다. 이들은 다음 날 새벽 조치원 남쪽 정좌산 아래에 주둔하고 있던 카단군을 포위하여 기습적인 공격을 감행하였다.

정좌산은 현재 세종시 연서면 쌍전리 일대의 야산이다. 몽골군은 원래 이동 중 군영을 설치할 때는 높은 언덕에 하였다. 높은 언덕에 자리를 잡으면 주변 상황에 대한 파악이 쉽기 때문이다. 해발 100여 미터의 낮은 야산이지만, 산에 오르면 의외로 조망이 뛰어나 주변 일대가 한눈에 들어온다. 그러나 이들은 연합군의 돌연한 공격을 미처 예상하지 못하였다. 갑작스런 포위공격에 혼란에 빠진 카단군은 산으로 올라가 산세를 이용하여 대항하였다. 이에 고려의 3군 보졸(步卒)이 앞을 차단하고 기병이 뒤에서 공격하였다. 협공을 받게 된 카단군은 말을 내려 숲속에 매복, 활을 쏘면서 대항하였다. 공격하던 고려군 선봉이 적의 화살에 맞아 쓰러지므로 주춤거리자 우익군 만호 김흔(金忻)은 "물러서는 자는 베겠다"고 단호하게 맞섰다. 이에 500의 병력이 함성을 지르며 대군이 공격해 들어가니 카단군은 더 이상 버티지 못하고 흩어져 달아나고 말았다.

1차 전투지가 되었던 세종시 연서면 쌍전리에는 전투와 관련 있는 마을 이름이 대단히 많다. 작은창고개, 큰창고개, 전승골, 군량골, 전당골, 원당골, 창뜰 등이 그것이다. 그 가운데 특히 창고와 관련한 지명이 많다는 점이 주목되는데, 이러한 지명은 당시의 전투와도 어느 정도 관련이 있는 것으로 생각된다. 5월 2일 연기 정좌산에서의 기습공격으로 카단의 군은 크게 무너지고 말았다. 아군은 달아나는 적을 추격, 공주강(금강)까지 이르렀는데 "죽어 넘어진 시체가 30여 리에 이어졌고 익사한 자도 매우 많았다"는 것이다. 이것이 연기현에서의 1차 승전이다.

세종시, 카단 격파의 현장이 되다

전투는 다시 세종시 원수산 부근으로 옮겨진다. 『세종실록지리지』에서는 카단에 대한 승첩 사건의 개요를 비교적 장황히 소개하면서 이를 정좌산이 아닌 원수산에 대한 설명으로 적고 있다. 그리고 덧붙여 "사람들이 지금에 이르러 당시 군사들이 주둔했던 곳을 원수산이라 부른다"는 것이다. 이 점은 『신증동국여지승람』에서도 그대로 이어지고 있다.

연기현의 남쪽, 지금 세종시 정부청사 부근에 위치한 해발 254미터의 원수산은 평야와 구릉으로 이어지는 주변의 경계가 멀리까지 조망되는 곳이다. 5월 2일 새벽에 개시된 정좌산 전투에서 적을 일거에 제압한 여원연합군은 도망하는 적을 추격, 세종시의 금강변에 이르렀다. 이 공격으로 죽은 적의 시체가 30여 리에 이어졌고 일부는 강물에 빠져 죽기도 하였다. 아마도 도망하던 카단군의 상당수는 금강에 막혀 후퇴로가 차단되자 원수산을 근거로 최후 저항전을 벌이게 된 것 같다. 그리고 이 때문에 원수산 일대는 정좌산에 이어 다시 치열한 격전지가 되었던 것이다.

이상의 전투 경과를 간단히 정리하면, 정좌산은 전투가 개시된 지점이고 연합군이 확실한 승기(勝機)를 잡은 곳, 그리고 원수산은 적을 다수 살상하면서 전투를 일단 끝낸 지점이었다고 할 수 있다. '원수산성'이라고도 하는 진의리산성은 진의리 뒷산 성재 해발 170미터 정상부에 흙과 돌을 섞어 성을 쌓은 것이다. 이 산성은 봉우리 셋을 연결하였는데 전체 둘레는 약 1200미터 길이이다.

고복저수지 옆에 세운 연기대첩비

5월 27일, 연합군은 개경으로 개선하였으며, 왕과 왕비가 강화도에서 나와 이들을 직접 환영하였다. 다음 날로 원나라군은 모두 고려로부터 철수를 시작하였다. 충렬왕 17년(1291) 5월 초 2차에 걸친 연기전투는 2년에 걸쳐 전개된 원 카단군의 침입을 종식시킨 결정적 싸움이 되었다. 카단군은 중국적 전통을 수용한 쿠빌라이의 원조(元朝)에 대하여 반기를 든 집단이기는 하지만, 유목문화에 기반한 몽골의 정통성을 계승한다는 명분으로 몽골제국의 제위(帝位) 계승분쟁의 과정에서 봉기한 정치적 집단이며 쿠빌라이의 원조에 대항하여 수십 년을 대치한 카이두(海都) 세력의 일파이다. 따라서 카단의 침입은 그 양상이 몽골군의 침입을 방불케 하는 점이 많았다.

2년에 걸친 카단의 침입으로 인하여 고려의 내륙 중부지방은 상당한 피해를 입었으며 약탈과 살상을 일삼으며 횡행하였기 때문에 무력적 해결 이외의 다른 방법이 없었다. 그러나 고려는 오랜 몽골과의 전란으로 피폐한 데다 2차에 걸친 일본정벌전 참여 등으로 극도의 곤궁 상태였고, 더욱이 원의 정치적 간섭에 놓임으로써 군사적 독자성과 체제 또한 급격하게 붕괴되는 시점이었다. 이 같은 고려의 내부 사정으로 인하여 카단의 침입은 고려정부와 백성들에게 커다란 위기감을 증폭시켰던 것이다.

마지막으로 주목할 것은 고복저수지에 세워진 연기대첩비이다. 연기대첩을 기념하기 위하여 1997년 연기 군민들은 연기를 무대로 전개된 치열하였던 전투를 기리고, 지역민의 참여를 기념하는 높이

연기대첩 기념비. 1997년 연기대첩을 기리고 지역민의 참여를 기념하고자 건립한 높이 10미터의 기념비.

10미터의 기념비를 건립하였다. 기념비의 건립지는 지역민의 휴식공간이기도 하고 관광객들이 많이 찾고 있는 조치원읍 부근, 세종시 연서면 고복리의 고복 저수지 주변이다. 기념비가 건립되면서 이곳은 '연기대첩비 공원'으로 조성되었다. 세종시의 건설과 함께 연기대첩비의 건립은 연기지역민의 역사와 전통문화에 대한 발전적 인식을 증명하고 있다는 점에서 그 의미가 더욱 부각되고 있다.

 세종시는 이제 특별자치시로서의 출범과 함께 정부 부처의 이전으로 새로운 대한민국의 제2수도로서 바야흐로 발돋움하고 있다. 정부청사 주변의 세종시 중심지역이 700여 년 전 치열한 국제전의 전투 현장이라는 사실이 세종시의 새로운 역사와 함께 앞으로 더욱 기억될 필요가 있을 것이다.

거석불과 미륵불, 미래 구복의 비원

이경복(충남역사문화연구원 선임연구원)

충남 거석불의 유행

고려시대 석불의 큰 특징 중 하나는 대형화하면서 조형적으로는 단순해지고 부분적인 생략이 많아지는 점이다. 이 거석불 조성의 중심과 시원은 고려 초기 충남지역에서 비롯되는 점에서 매우 중요하다. 특히 18.12미터의 논산 관촉사 석조보살입상 등은 그 시원이 되는 점에서 매우 중요한 작품들이다. 이 작품들은 대형화와 더불어 이전과는 다른 힘이 느껴지는 웅건한 패기와 극도의 생략화 등 독특한 특징을 보인다. 이제 충남에 남아 있는 대표적인 거석불들을 살펴보겠다.

• 관촉사 석조보살입상(보물 제218호)

관촉사 석조보살입상은 18.12미터 크기의 현존 최대 거불로 다른 지역으로의 전이, 조성목적 등에서 학계의 주목을 받아왔다. 더욱이 승려 혜명(慧明)이 광종(光宗, 949~975)의 명으로 조성하였다는 『신증동국여지승람』과 『관촉사사적비(灌燭寺事蹟碑)』의 기록이 있어 10세기에 조성된 불상인 점에서도 거석불의 기준적 작품으로 조명을 받아왔다.

논산 관촉사 은진미륵. 보물 제218호.

　관촉사 석조보살입상은 예로부터 은진미륵(恩津彌勒)으로 널리 알려진 불상이다. 이 상의 특징은 우선 크기에서 느껴지는 위압감으로 불상 예배의 경외심을 돋우어주는 신앙적인 효과가 크다. 이러한 위압감은 얼굴과 손이 신체의 다른 부분에 비해 크게 표현되어 그 효과가 더욱 강조되었다. 상의 크기에 비해 불신(佛身)의 표현은 소홀하여 어깨가 좁고 가슴이나 허리의 구분이 별로 없는 원통형이다. 천의(天衣)의 표현이나 옷 주름도 매우 단순하다. 이마 위에 늘어진 곱슬곱슬한 머리카락이나 두 귀의 가운데로 걸쳐 있는 보발(寶髮)의 표현, 허리 밑으로 늘어진 앞치마처럼 생긴 둥근 옷자락의 표현 등은 고려 초 보살상들에서 공통적으로 보이는 특징들이다.

　• 대조사 석조보살입상(보물 제217호)
　부여 대조사 석조보살입상은 미륵보살로 알려진 거석불이다. 높은 원통형의 관 위에 네모난 보개(寶蓋)가 2중으로 얹혀 있으며 얼굴은 각이 지고 지나치게 평면적이다. 불신(佛身)은 굴곡이 전혀 표현되지 않은 직사각형의 석주(石柱) 형태를 하고 있어 원래 돌의 윤곽이 그대로 남아 있는 것으로 생각될 정도이다. 법의는 통견(通肩)에 가깝고 오른쪽 어깨부분을 둥글게 덮고 있는 옷자락선이 보이며 앞가슴이 벌어져서 속에 있는 띠 매듭이 보인다. 옷 주름선은 양팔에 걸친 긴 소맷자락에만 보이는데 매우 도식적인 평행선으로 처리되어 있다. 손에는 금속으로 된 연화가지를 들고 있는데 커다란 몸에 비해 작고 평면적으로 조각되어 있다. 전체적으로 직4각형 거석재(巨石材)의 한계를 탈피하지 못한 채 마애불상(磨崖佛像)적인 표현을 보인다. 대조사 보살상의 조성 시기는 관촉사 불상보다 늦은 11세기 이후의 작품으로 알려져 있다.

• 안국사지 삼존불상(보물 제100호)

안국사지 삼존불상의 본존불은 이마에 화불(化佛)이 있어 특이한데, 이는 관음삼존보다는 미륵삼존불로 이해하는 것이 좋을 듯하다. 즉 당시 사람들은

당진 안국사지 삼존석불입상. 보물 제100호(당진군 정미면 소재).

연꽃이나 화불이 있는 불상들을 도상과 관계없이 미륵불로 신앙했던 것으로 생각된다.

본존불은 거대한 불상으로 네모진 얼굴에는 가늘고 긴 눈과 납작한 코, 두툼하고 작은 입이 형식적으로 표현되어 있고, 원통형의 머리 위에는 4각형의 커다란 판석(板石)이 놓여 있다. 몸체는 좁은 어깨에 신체의 굴곡이나 법의(法衣)의 옷 주름이 거의 생략되어 돌기둥 같은 형태이다. 두 팔은 몸에 붙인 채 지나치게 길고 빈약하게 표현되었으며, 조각기법 역시 치졸하고 평면적으로 처리되었다. 오른손은 가슴 위로 올리고 왼손은 배부분에 놓여 있는데 손가락의 표현이 분명하지 않아 정확한 손 모양을 알 수 없다. 이 삼존불상에 보이는 네모지고 납작한 얼굴 형태, 4각형의 보개(寶蓋), 밋밋한 원통형의 몸체 등은 충청도 지방에서 많이 나타나는 불상의 특징으로 지방토착적인 성격이 강하게 반영된 불상이라고 할 수 있다.

• 아산 평촌리 석조약사여래입상(보물 제536호)

이 불상은 화강암으로 만들어진 거석불로 전체적으로 둔중한 느낌을 준다. 나발(螺髮)의 머리 위에는 육계가 우뚝 솟아 있고, 이마에는 백호(白毫)가 양각되어 있으며, 입가에 잔잔한 미소를 띠고 있어 자비로운 부처의 얼굴을 잘 나타내었다. 귀는 길게 늘어져 어깨에 닿아 있으며, 목에는 삼도(三道)가 표현되어 있다. 불신(佛身)은 평판적이며 양 어깨에 걸쳐진 통견의 법의는 양팔과 무릎 부분에서 옷 주름이 도식적으로 처리되었는데, 이것은 고려시대 불상의 한 특징이다. 양손은 가슴 앞에 모아 약합(藥盒)을 들고 있어 이 불상의 명칭이 약사불(藥師佛)임을 알 수 있으며, 손 모양과 손가락의 표현이 생동감이 있어 흥미롭다. 대좌 위에 있는 양발은 5미터가 넘는 거구에 비해 작은 편이다. 규칙적인 옷 주름, 짧은 목, 움츠린 어깨, 꼿꼿한 직립자세 등의 부자연스럽고 도식화된 면으로 보아 고려시대에 조성된 것으로 추정된다.

아산 평촌리 석조약사여래입상.
보물 제536호(아산시 송악면 평촌리 소재).

• 예산 삽교 석조보살입상(보물 제508호)

보살이라기보다는 장승처럼 보이는 상으로 신체의 비례와 입체조각에 대한 배려가 거의 없다. 원래 2개의 돌로 만들어진 것인데 복부(腹部) 윗부분이 분리되어 있던 것을 1970년대에 복원했다.

머리에는 아무런 장식이 없는 네모진 관 위로 6각의 갓[笠]이 얹혀 있는데 원래는 보개도 있었던 것으로 여겨진다. 이와 같이 갓과 보개를 갖춘 형식의 불상과 보살상은 고려시대 이후의 조상에서 나타나는 특징 가운데 하나이다. 모서리를 둥글게 깎아 만든 넓적한 얼굴에 초승달 같은 눈썹이 인상적이다. 코와 입술의 일부가 떨어져나가 얼굴 표정은 잘 알 수 없지만 살이 약간 오른 두 뺨과 도톰한 턱의 윤곽에서 장인의 솜씨를 짐작해 볼 수 있다. 귀는 매우 두텁고 어깨까지 늘어져 있는데 귓불 가운데에 세로로 타원형의 구멍을 새긴 흔적

예산 삽교 석조보살입상. 보물 제508호.
(충남 예산군 삽교읍 신리 소재).

이 있다. 법의는 통견이며 두꺼운 돋을새김으로 옷 주름을 투박하게 표현했다. 오른손 모습은 명확히 알아보기 어렵지만 왼손은 엄지손가락과 셋째손가락을 맞대고 있는 것으로 보아 아미타여래의 구품인(九品印) 가운데 중품하생인(中品下生印)을 취하고 있는 것으로 짐작된다.

이와 같이 머리에 관을 씌운 장승과 같은 형태의 조각은 대체적으로 충청도지역에 많이 남아 있어 많은 관심을 끌고 있다.

• 홍성 상하리 미륵불(충남 유형문화재 제87호)

용봉산의 남향한 능선상에 위치하고 있는데, 현 용도사 경내에 있다. 미륵불은 화강암의 자연석을 그대로 이용하여 조각한 입상으로 무릎 이하의 하체는 조각하지 않았는데 현재 확인되는 미륵불의 크기는 높이가 7.65미터이다.

홍성 상하리 미륵불. 충남 유형문화재 제87호. 홍성군 홍북면 상하리 용봉산 서쪽 기슭 절벽 밑에 우뚝 솟은 암석을 활용하여 조각한 미륵불이다.

이와 같이 충남에는 거석불들이 많이 남아 있다. 이 외에도 충남에는 크고 작은 62개의 석불들이 동네마다 숨어 있다. 이처럼 충남에 유독 거석불들이 유행하는 이유는, 고려 전기는 왕권이 미약하고 호족들의 힘이 강성하였으며, 미륵신앙이 유행하는 배경에서 거대한 석불을 조성하여 왕권의 권위를 표현하고 미륵신앙의 대상인 미륵불이나 병을 치료하는 약사불 등 백성들과 친근한 불상을 만들어 민심을 위무하기 위한 것으로 보고 있다. 일반적으로 이 당시 만들어진 거석불들은 이전의 불상에 비해 조형미와 조각기법도 그 수준이 떨어진다는 이유 때문에 주목을 받지 못하였다. 하지만 불교가 국교화하면서 불상조상의 주체가 일반 백성에게까지 확대되었다는 점, 또 불상을 거리에 봉안함으로써 불교의 대중화에 기여한 점 등은 충남의 거석불이 가지는 역사적 의의라고 하겠다.

거석불과 미륵신앙

이상에서 살펴본 고려시대의 거석불들은 내부보다는 노천에서 신앙되었을 것이며, 이에 따른 새로운 조형성과 미감이 적용되었을 것이다. 불상의 엄숙함이나 아름다움보다는 대형의 크기가 우선되었고 상 자체는 형식적으로 인식되었음을 알 수 있다. 이 불상은 신앙의 대상이란 점에서 불상의 모습은 신앙 표현의 반영이다. 그러므로 거석불 조성 당시 충남에서 유행했던 신앙을 찾아보는 것은 거석불을 이해하는 데 큰 도움이 된다.

조성 당시 충남에서 가장 유행한 신앙은 바로 미륵신앙이었다. 물론 다른 불교신앙이 전무한 것은 아니었지만 다른 지역과 비교해 볼 때 미륵신앙이 두드러진다. 미륵신앙은 상생(上生)신앙과 하생(下生)신앙으로 나뉜다. 상생신앙은 현재 미륵보살이 머물면서 설법하고 있는 도솔천에 왕생하기를 바라는 것이다. 하생신앙은 석가모니가 입멸한 후 56억 7000만 년을 지난 미래에 미륵보살이 성불하여 용화수 아래에서 널리 중생을 구제할 때에 그 세계에 태어나 설법에 참여함으로써 서원(誓願)하고자 하는 신앙이다. 이 두 신앙 가운데 백성들 사이에서 유행한 것은 메시아적 성격이 강한 하생신앙이었다.

앞에서 살펴본 거석불들은 약사신앙을 대표하는 아산 평촌리 석조약사여래입상과 정토신앙을 표현하는 예산 삽교 석조보살입상을 제외하면 대부분 미륵신앙의 대상인 미륵불이다. 백성들은 교리보다 언제든지 자유롭게 찾아가 기원할 수 있는 매개체인 미륵불 조성이 매력적이었다. 현존하는 고려시대 미륵불의 수를 살펴보면, 전국 371개 미륵불 가운데 충남이 62개로 1위를 차지하고 있어 미륵불 조성을 통한 미륵신앙의 중심지라고 할 수 있다. 충남의 미륵불 조성에 대해 다 살펴볼 수 없는 관계로 충남에서 잘 알려진 미륵불인 관촉사 석조보살입상과 당진 안국사지 삼존불을 통해 미륵신앙의 서로 다른 표현 모습을 알아보도록 하겠다.

충남 논산시 반야산 기슭에 위치한 관촉사 내에는 거대한 석조불상이 있다. 이른바 '은진미륵'이라고 하는 것이 그것이다. 사적기에 따르면, 반야산 기슭에 큰 돌이 솟아오르자 국가에서 백관회의를 열고 승려 혜명(慧明)으로 하여금 공장(工匠) 100인을 동원시켜 37년에 걸쳐, 이 큰 돌에 미륵불을 조성하였다고 한다. 이때 미륵불의 동체가 너무 무거워 세울 수 없었는데, 문수보살과 보현보살의 도움을 얻어 세웠다는 것이다. 이처럼 석조불상은 국가의 명을 받은 혜명이 주도하여 조성한 것이다. 소요된 기간이나 동원된 인력을 볼 때, 국가가 강한 정치적 의도를 갖고서 심혈을 기울여 조성한 것임을 알 수 있다.

이 불상은 고려 초 광종 대에 조성한 것이다. 주지하듯이 광종은 호족 억압 정책을 실시하여 많은 호족을 제거하였으며, 과거제를 실시하여 신진세력을 적극 등용하였다. 불교계에 대해서도 귀법사(歸法寺)를 창건하여 화엄종의 중심도량으로 삼았으며, 중국에서 법안종(法眼宗)을 도입하여 선종을 개편하고자 하였다. 이러한 정치적 지향을 보이던 광종이 명을 내려 논산에 세운 것이 관촉사 석조보살입상인 것이다.

광종의 의지는 특히 머리에 쓴 면류관 형태의 이중보개에서 찾을 수 있는데, 이것은 세속적인 제왕의 권위를 상징한다. 강력한 전제 왕권을 추진한 광종 대의 분위기를 적극 표현한 것으로 이해할 수 있다. 이렇게 국왕의 권위를 상징하듯이 면류관 형식의 보개를 갖추고 있고, 또 거대한 규모를 자랑하고 있다.

그렇지만 다른 한편으로 그 지역에 유행한 미륵신앙을 수용하여 미륵보살의 형식으로 조성한 것은 매우 뜻깊다. 국가의 권위를 내세우면서도 지역민의 독특한 불교신앙 정서를 고려한 것이다. 그것은 국가에서 주도한 것이면서도 지역민이 다수 동원되어 참여한 것과 깊이 관련된다고 할 수 있다.

이렇게 논산과 그 부근에 거대한 불상을 조성한 것은 이 지역 민심의 동향과 무관하지 않을 것이다. 반고려적인 정서가 강하게 남아 있기에 그것을 위무하고, 또한 왕실의 권위를 강조할 필요가 있었기에 이 거대한 불상을 조성한 것으로 이해된다. 불상과 함께 부속 건물을 세움으로써 사원으로서 기능할 수 있도록 하였을 것이다. 그러면서도 지역의 종교정서를 존중해 미륵보살의 도상을 갖는 불상을 조성한 것은 위무의 성격을 띠고 있었음을 보인다.

당진 안국사지(安國寺址)에도 이러한 미륵삼존불이 남아 있다. 거대불상이 위치하고 있는 안국사지는 지리적으로 매우 협소하여 미륵불상이 위치하기에 어려운 조건이다. 하지만 2001년 학술조사를 통해 삼존불상이 위치한 절터뿐만 아니라 약 500미터 떨어진 봉화산 중턱에 위치한 절터가 확인됨으로써 그 사역이 비교적 넓었던 것으로 추정된다. 더욱이 절터 조성에 쓰인 석축과 초석 등을 살펴보면 고려 중기에 초창된 안국사지가 이후 조선시대까지 번창하였음을 알 수 있다. 큰 규모를 자랑하는 안국사지 석불은 풍부한 경제력을 가졌던 당진 지역민들이 이 지역의 신앙전통과 조형전통을 살려 큰 규모로 조성한 것이다.

석불이 조성되던 고려 후기에는 오랜 전쟁과 잦은 왜구의 출현, 게다가 흉년이 겹치고 질병이 만연하면서 사회 분위기가 불안하였다. 그로 인해 충남지역 백성들의 불교신앙 형태에도 많은 변화가 생겼다. 즉, 고려 초 개태사와 보원사를 중심으로 화엄사상이 성행하면서 거의 쇠퇴하였던 미륵신앙이 고려 후기에 이르러서는 가난하고 힘없는 백성들 사이에서 성행하게 되었다.

미륵이 하생하여 위기를 극복하고 지상에 용화세계를 만들어 구원해 주기를 기원하는 미륵사상은 항상 백성들과 함께했다. 따라서 미륵불은 사원이나 암자가 아닌 길가나 밭, 야산과 같은 백성들이 쉽게 접근할 수 있는 위치에 세워졌다. 따라서 언제든지 자유롭게 찾아가 기원할 수 있었다. 세상이 혼란한 와중에서 백성들이 마을 공동으로 세웠던 미륵불은 전반적으로 거칠고 섬세하지는 않지만, 이러한 미륵불에서 종교적인 구원사상을 넘어 힘든 현실세계의 돌파구를 찾기 위해 노력한 지역공동체의 모습이 엿보인다.

미륵신앙과 함께 매향(埋香)의식도 안국사지 주변지역에서 발달했다. 안국사지의 미륵삼존불 뒤 배바위 측면에는 매향비가 새겨져 있다. 매향이란 미래에 하생할 미륵불의 용화회에 공양할 침향을 마련하는 신앙 활동이다. 충남지역에는 덕산 매향비(봉산면 효교리), 홍성 용호리 매향비(속칭 해미 매향비), 당진 여미리 배바위 매향비 2종(안국사지 미륵삼존불 뒤 배바위 측면에 있음) 등 4종의 매향비가 전해지고 있다. 현재까지 확인된 것은 4종이지만, 당시 충남 일대에는 이보다 훨씬 많은 매향비가 세워졌다고 할 수 있다. 또한 매향 활동 역시 넓은 지역에서 활발하게 행해졌다고 볼 수 있다.

매향은 침향을 얻고자 함이었다. 향나무를 묻었다가 침향을 얻어 향연(香煙)을 매개로 미륵의 성불을 축하하고 미륵 세상에 다시 태어나 득도하기를 기원하는 것이었다. 침향의 연기는 신과 인간을 이어주는 연결고리를 뜻한다. 향은 각종 불교의례의 필수용품이다. 그 가운데서도 침향은 향의 원료에 그치지 않고 각불재(刻佛材) 및 신이적인 약재로도 전용되어 가치를 인정받았다.

침향이 되려면 바닷물과 계곡물이 만나는 지점에서 매향을 해야 한다. 따라서 매향의 최적지는 계곡수와 해수가 만나는 해안지역으로 한정되며, 이러한 위치에 자리하고 있던 안국사지는 매향 활동의 적지였다.

매향은 혼자서 하는 것이 아니다. 안국사지 배바위의 매향 활동은 고려시대 망이·망소이의 난이나 몽골과 왜구의 침입 등으로 환란을 겪은 여미현과 염솔 부곡의 지역민들이 미래구복을 위한 미륵신앙의 안식처로서 안국사를 선택하였던 것으로 추정된다. 이들 지역민들은 매향뿐만 아니라 여러 가지 공동

안국사지 매향비. 안국사지 북쪽 '천구' 폭포 동쪽에 향을 묻고 화주승과 주민들이 힘을 합해 세운 비라고 알려져 있다.

목적을 달성하기 위한 일들도 수행하였다. 불상·종·석탑·사원의 조성, 법회 참여·보시행위 등과 같은 노동력과 경제력을 제공하는 불교신앙 활동도 이루어졌다. 이를 통해 일반 백성들의 의식 속에는 누구나 선행을 닦으면 극락왕생할 수 있다는 생각이 자리 잡았다. 또한 이러한 활동을 통해 혼란한 사회에서 와해되어 가는 공동체 유대감을 강화하고, 나아가 국가의 안녕을 기원했던 간절한 마음도 읽을 수 있다.

이와 같이 논산 관촉사 내의 거석불은 왕실의 권위를 강조함과 동시에 지역민을 위무하기 위해 당시 널리 퍼져 있던 미륵신앙을 표현한 미륵불이고, 당진 안국사지의 거석불은 여미현과 염솔 부곡의 지역민들이 미래구복을 위한 신앙적 표현으로 미륵불을 표현한 것이다. 이렇듯이 거대한 미륵불은 국가에서 왕권의 권위를 표현하기도 하고, 백성들이 자신들의 미래구복을 위한 메시아를 표현하기도 한 두 얼굴의 모습이었다.

물길의 역사, 조운과 운하*

서흥석(충남역사문화연구원 연구원)

　20세기 중반까지 뱃길 중에서 한강과 낙동강, 그리고 서남해안은 국가의 동맥이었다. 국가 재정의 바탕이었던 충청·전라·경상 삼남지방의 세곡(세금으로 바치는 곡식)이 모두 이 경로로 운송되었기 때문이다. 또한 바다에서 생산된 생선과 소금은 강을 거슬러 내륙으로 운반되었다. 조수(밀물과 썰물)의 영향이 미치는 지점까지는 바닷배로 운반되었고, 다시 강배[江船]로 옮겨 실어서 내륙까지 유통되었던 것이다. 전통적으로 우리나라는 갯벌이 발달한 서해안을 항해하기 위하여, 바닥이 평평한 평저선(平底船)을 만들었는데, 이러한 형태의 전통 한선(韓船)은 바람과 파도에 취약하였다. 따라서 물살이 합해지면서 소용돌이를 일으키는 바다 위의 일정한 구역이나 바다 속에 돌출된 바위가 발달하여 바닷물의 흐름이 빠른 지역은 뱃사람들에게 공포의 대상이었다.

　우리나라의 운하 공사는 이러한 바다에서의 위험한 환경 속에서 추진되었다. 특히 세금으로 바치는 곡식을 운반하는 길목에 위치한 강화도의 손돌목

---

* 본고는 정춘환·오석민·송두범·한상욱, 「굴포운하의 역사적 의의와 현대적 활용 방안」, 기획연구 2007~12, 충남발전연구원, 2007을 수정·요약하여 일반인들이 쉽고 편하게 이해할 수 있도록 서술하였다.

[孫乭項]과 태안반도의 안흥량은 국가적인 차원에서 관심을 기울였던 곳이었다. 안흥량은 한양을 향하려면 반드시 지나가야만 했던 충청도 관할 구역의 험한 바닷길이었다. 그러한 까닭에 안흥량을 피하기 위한 운하 건설은 1134년부터 시작되어, 조선 후기에 이르기까지 중요한 관심사가 되었다.

전통시대 한반도의 뱃길과 조운제도

20세기 중반까지 한반도에서 물건을 실어 나르는 방법은 주로 바다와 강을 이용하는 것이었다. 고속도로와 같이 대규모 운송을 할 수 있는 교통수단이 발달하지 못한 상황에서, 물자를 육로로 운반하기보다는 선박을 이용하는 편이 무난하였던 것이다.

조선시대 충청도지역의 서해안 즉 현재의 서산시 대산읍 독곶리 황금산에서 보령시 오천면 원산도까지의 뱃길은 육지와 섬, 또는 섬과 섬 사이를 지나가는 것이었다. 그리고 이 가운데 안흥량이라는 험난한 바닷길이 있었던 것이다. 이곳은 원래 '난행량(難行梁)'이라 부를 정도로 항해가 어려웠다. 이에 순조로운 항해를 기원하며 안흥량(安興梁)이라고 이름을 바꾸었다고 전한다.

안흥량은 태안군 근흥면의 신진도(新津島)와 마도(馬島)를 거쳐 관수각(官首角)과 가의도(賈誼島)에 이르는 해역(海域)을 말한다. 이 지점은 바다 속에 돌출된 바위가 많고, 섬과 섬 또는 섬과 육지 사이가 좁아 바닷물의 흐름이 빠르며, 조수 간만의 차가 커서 선박 운항이 어려웠다. 이 때문에 밀물과 썰물 중 바닷물의 흐름이 빠르지 않은 밀물을 기다려서 건넜다고 한다. 안흥량과 같이 선박 운항이 어려운 험난한 뱃길을 피하기 위한 노력은 운하 공사로 이어졌다. 고려-조선시대 운하는 '조거(漕渠)'라고 하였다. 배로 실어 나르기 위하여 판 도랑이라는 뜻에서 '굴포(掘浦)'라는 표현도 많이 사용하였다.

조선시대 전세(논과 밭에 부과되는 세금)를 운송하는 뱃길 즉 조운로(漕運路)는 경상도의 남해와 접하고 있는 여러 고을에서 출발하여 전라도-충청도-경기

충청~경기만 일원의 대동미 운송로

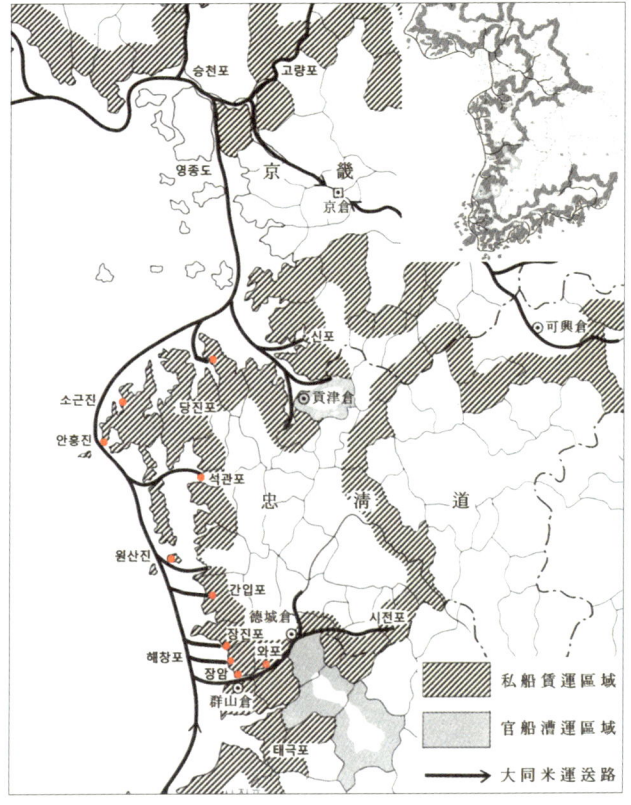

* 최완기, 1994, 『朝鮮後期 船運業史 연구』, 일조각 참조.

도의 해역을 지나가게 되어 있다. 조운로 가운데 충청도 관할 구역은 조선시대 지리지인 『여지도서』를 보면 '당진(唐津) 원산도-해미(海美) 안흥정상구미포-태안(泰安) 서근포-보령(保寧) 난지도'로 되어 있다. 원산도는 현 보령시 원산도, 안흥정상구미포는 태안군 근흥면 정죽리 옛 안흥항, 서근포는 태안군 소근진성, 난지도는 당진군 난지도로 보인다. 당시 조운선을 목적지까지 보호하며 운반하는 책임은 여러 고을 수령들에게 분담되었다. 원산도~안흥항 사이의 해역은 당진 수령에게, 안흥항~소근진성 구간은 해미, 소근진성~난지도의 구간은 태안, 난지도로부터 경기도 수취도(水就島)까지는 보령 수령이 맡았던 것이다. 수취도 이후의 구간은 경기(도)에서 관할하였는데, 부평(富平) 수령이 넘겨받았다.

태안 굴포운하 건설의 역사

• 고려시대 굴포운하 공사

태안의 굴포운하 공사와 관련한 첫 기록은 『고려사』와 『고려사절요』 등에서 찾아볼 수 있다. 1134년 안흥정(安興亭) 아래 소대현(蘇大縣)의 경계 지점에 개천을 파서 뱃길을 내자는 의견에 내시(內侍) 정습명(鄭襲明, ?~1151)을 보내어 근처 마을 사람 수천 명을 동원하여 공사를 시작하였으나, 성공하지 못하였다는 것이 전부이다. 그리고 당시 기록에는 공사한 구간이 약 4킬로미터였고, 남은 구간은 불과 약 2.8킬로미터였다고 한다.

이후 약 150년이 지난 시점에 굴포운하에 대한 논의가 다시 시작되었다. 공양왕 3년(1391) 왕강(王康, ?~1394)이 7월에 태안과 서주(서산)의 경계에 있는 탄포(炭浦)에서 공사를 재개하여 8월에 완성하기로 하였다. 당시 4킬로미터 정도 공사를 진행하였으나, 지하 암반과 밀물과 썰물에 밀려온 흙과 모래로 인하여 실패하였다.

• 조선 태종조 하륜과 굴포운하

고려조에 4킬로미터 정도를 굴착하고 남겨진 공사는 조선조의 사업이 되었다. 태조는 1395년과 1397년에 각각 최유경(崔有慶)과 남은(南誾)을 굴포에 보내어 살피게 하였는데, 암반층 때문에 공사가 어렵다고 하여 포기하였다.

이후 태종 12년(1412) 11월에는 하륜(河崙, 1347~1416)이 "고려조에 왕강(王康)이 뚫으려 했다가 돌산인 까닭에 뚫지 못하였으나, 지형에 따라 제방을 쌓아서 물을 가두고 제방마다 안에 작은 배[小船]을 두며, 제방[堤] 아래를 파서 조선(漕

船)이 포구(浦口)에 닿으면 그 작은 배로 옮겨 싣고, 다른 둑 아래까지 가서 다시 작은 배로 옮겨 싣는 방식으로 운송함으로써 안흥량에서 조운선이 전복되는 근심을 면할 수 있다"고 하였다. 이에 태종은 1413년 1월 22일 병조참의 우박(禹博)과 의정부 지인(議政府知印) 김지순(金之純)을 보내어 순성(蓴城)에서 제방 쌓는 공사를 감독하게 하였다. 1월 29일부터는 인근 마을사람 5000명을 동원하여 불과 2개월도 안 되는 기간에 사업을 완료하였다. 하지만 굴포운하가 실제로 활용되지는 못하였다. 오히려 완공되었다는 기록의 끝에 "쓸데없이 백성들의 힘만 낭비했을 뿐 조운에 도움이 되지 못하였다"고 할 정도였다.

• 조선 세조조 신숙주와 굴포운하

세조 2년(1456) 바다와 관련한 충청도·전라도·경상도도순찰사(忠淸全羅慶尙道都巡察使)의 사목(事目)에 "태안(泰安)에서 파던 포구(浦口)의 옛터를 다시 굴착하여 조선(漕船)이 통할 수 있는지와 새로 굴착할 만한 곳이 있는지를 자세하게 살필 것"에 관한 사안이 포함되면서 굴포운하에 대한 논의가 다시 시작되었다. 세조 7년(1461) 안흥량에 관한 대책을 논의하는 과정에서, 7월 좌의정 신숙주(申叔舟)를 충청도도체찰사(忠淸道都體察使)로 하고, 호조참의(戶曹參議) 안철손(安哲孫)을 부사(副使)로, 전 수원부사(前水原府使) 홍경손(洪敬孫)을 종사관(從事官)으로 삼아, 함께 현지를 살펴보게 하고, 8월에 공사가 시작되었다. 이후 세조는 운하 공사의 가능 여부를 확인하기 위해 왕실의 종친과 고위 관료[宗宰]들을 파견하였다. 이들은 굴포를 다녀온 뒤 "물길[水道]이 바르지 않고, 진흙이 물러서 파는 대로 무너지는 까닭에 공사를 진행할 수 없다"라는 의견을 보고함에 따라 공사가 중단되었다.

• 조선 중종조 개미목 운하 공사

조운로에서 가장 험난한 곳으로 손꼽히는 안흥량을 피하기 위해 여러 번

시도된 운하 공사는 중종 16년(1521) 김전(金詮)과 남곤(南袞)이 임금에게 아뢰면서 재개되었다. 즉 전라도 조운선이 안흥량에서 파도에 뒤집히는 피해가 있자 예전부터 수차례 공사가 이루어졌고, 세조조에 시행하다가 중단된 곳을 살피라는 지시가 있었던 것이다. 이에 운하 공사는 삼도체찰사인 고형산(高荊山)에게 맡겨졌다. 고형산은 공사를 시작하기 전 굴포 인근의 그림 2장을 임금에게 올렸고, 예전과는 다른 곳 즉 '개미목[蟻項]'으로 운하 공사 지점을 옮겼다. 이듬해인 1522년 1월 수군(水軍) 3000명을 동원하여 4개월에 걸친 공사가 진행되었다. 하지만 이때의 개미목 운하 공사 역시 성공하지 못하였다.

• 조선 중종조 김안로와 개미목 운하

13년 후인 중종 30년(1535) 8월 영의정 김근사와 좌의정 김안로는 지난 시절 여러 차례 굴포에 운하 건설이 시도되었으나 모두 완성을 보지 못하고 중단되었음을 지적하였다. 이어서 호패를 지급하는 대가로 승려들을 동원하여 운하 건설을 시작하면 완성을 볼 수 있을 것이라며 굴포운하에 관한 논의를 재개하였다.

이후 안행량굴포경차관(安行梁掘浦敬差官) 이현(李俔, 1498~1554)이 현지로 파견되었고, 이현은 안행량 부근 두 곳의 그림을 가지고 와서 보고하였다. 그에 따르면, "두 곳 모두 굴착할 만하지만, ①굴포의 경우에는 조수의 깊이가 겨우 두 자 남짓하여 큰 배가 다닐 수가 없고, ②안행량 근처에 있는 개미목을 굴착하면 수로(水路)가 매우 편리하므로 모래를 배에 실어서 바다에 버리게 할 수 있다"는 의견이었다. 안흥량을 피하기 위한 대안으로 다시 굴포운하 외에 개미목을 굴착하는 방법이 제시된 것이다. 마침내 중종 31년(1536) 11월 호조의 주관으로 승려들을 동원하여 개미목 운하 공사가 시작되어 이듬해인 중종 32년 7월에 완료되었다. 하지만 이번에도 역시 운하 준공 후 얼마 지나지 않아 흙과 모래로 메워져 활용되지는 못하였다.

• 조선 인조조 안면도 운하 공사

안면도는 본래 육지로 현 태안군 남면과 이어져 있었다. 따라서 안면도의 지명은 섬[島]이 아닌 안면곶(安眠串)이었다. 1808년 편찬된 『만기요람(萬機要覽)』에 따르면 인조조(1623~1649)에 태안의 아전 방경잠(房景岑)이 충청감영에 건의하여, 현재의 안면도와 남면 사이를 끊어서 운하를 건설하였다는 것이다.

이에 따라 조운로는 안면도를 중심으로 안면외해와 안면내해(천수만)로 이원화되었다. 특히 안면외해의 풍랑이 거셀 때에는 안면내해가 자주 이용되었는데 이는 꽃지해수욕장 남쪽의 속칭 '쌀 썩은 여' 해역은 조운선이 자주 난파당하던 아주 위험한 곳이었기 때문이다. 또한 안면내해를 이용하면 홍주목을 비롯한 천수만 지역 군현의 조운선은 예전보다 80킬로미터 정도의 거리를 단축할 수 있었다.

• 조선 현종조 송시열과 육운(陸運)을 위한 창고 건립

굴포운하 건설은 현종조에 다시 논란거리로 등장하였다. 현종 9년(1668) 8월 27일 호조판서 이경억(李慶億, 1620~1673)이 안흥 앞바다에서 배가 자주 침몰하는 폐단을 지적하며 운하 건설을 주장한 것이다. 좌의정 허적(許積, 1610~1680)과 조복양(趙復陽, 1609~1671)도 이에 같은 의견이었다. 하지만 이조참판 민정중(閔鼎重, 1628~1692)은 운하 건설에 대해 유보적인 입장이었다. 이에 임금은 이경억·조복양·민정중 등을 현지에 보내어 살펴보게 하였으나 결론을 내리지 못하고 논란이 벌어졌다.

이듬해인 1669년 1월 송시열은 매년 조운선이 난파당하거나 침몰되면서 많은 사람들이 죽고 다치므로 하루빨리 운하를 굴착하여야 하고, 불가능하다면 김육(金堉)의 의견처럼 물길이 순한 곳을 택하여 창고를 설치하고, 태안반도를 육로로 횡단한 후 다시 선박에 실어야 한다고 하였다. 우여곡절 끝에 운하 건설에 대한 찬반 논란은 송시열 등의 의견이 받아들여져 운하 대신 창고를

건립하고, 수레를 이용하여 운반하는 것으로 결론이 났다. 이에 따라 같은 해 2월 안민창사목(安民倉事目)이 제정되고, 3월에는 창고 건립공사가 착공되었다. 이 당시 건립되었던 창고는 지금까지도 그 지명과 함께 터[遺址]를 확인할 수 있으나, 육로를 통한 세곡의 운반은 시행과 더불어 금방 중단된 것으로 보인다.

• **조선 영조조 안흥진성 일원의 제방공사**

영조 7년(1731) 다시 안흥량에서 조운선이 침몰하는 사고가 발생하였다. 이에 우의정 조문명(趙文命, 1680~1732)이 안흥량에서 선박이 전복되는 사고의 원인은 조류에 밀려온 토사가 퇴적되는 데 있으므로 제방을 쌓으면 모래가 쌓이지 않고, 제방 안쪽은 경작지로 이용할 수 있다고 하였다.

이에 영조는 비국당상(備局堂上)인 박문수(朴文秀, 1691~1756)를 안흥에 보내어 조사하게 하였다. 박문수는 안흥에서 조운선이 침몰한 까닭은 원래의 시기보다 늦게 출발하였기 때문이므로, 제방을 쌓아 안흥진성의 물길을 막아서는 안 된다고 하였다. 그러나 종사관이었던 이선(李瀣)은 조문명과 같은 의견을 보고하였다. 이에 임금은 이선의 말을 따랐고, 이선에게 안흥첨사(安興僉使)의 관직을 내려 안흥진에 제방 쌓는 일을 전담하게 하였다. 하지만 거의 4년이 지나도록 공사를 끝내지 못하자 일은 중지되었다.

굴포운하의 역사적 의의

우리나라에서는 20세기 초반까지 세곡(稅穀)을 비롯한 대규모의 물자는 모두 뱃길을 통하여 운반되었고, 특히 삼남(三南) 조운선의 안전운항을 위한 운하 굴착은 간헐적으로 이어져 왔다. 그 대표적인 대상지가 바로 태안반도의 안흥량과 김포의 손돌목이었다. 그리고 이 두 지역을 피하기 위하여 고려시대부터 굴포운하 공사가 행해졌으며, 앞서 살펴보았듯이 운하 공사의 주도 인물들은 모두 당대의 실권자들이었다. 비록 실패했으나, 최소한 12세기 중반부터 조

운하 건설에 따른 조운로의 변화

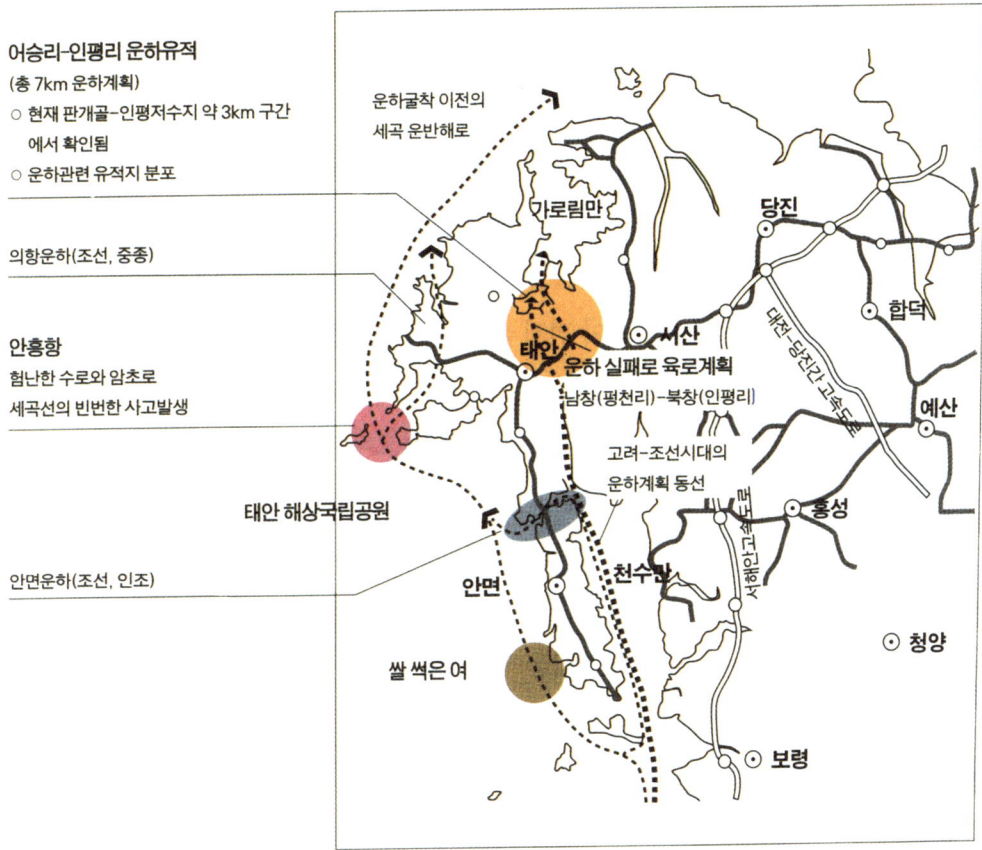

* 정춘환·오석민·송두범·한상욱, 「굴포운하의 역사적 의의와 현대적 활용 방안」, 기획연구 2007~12, 충남발전연구원, 2007, 29쪽.

선왕조가 망할 때까지 700년 이상 국가의 주된 관심이 되었던 지역이었다. 또한 우리나라에서는 유례가 드문 운하 공사라는 점에서도 그 역사적 의의가 크다. 특히 태안반도의 굴포운하는 김포의 굴포운하에 비하여 100년 이상 앞선 시기에 추진되었던 최초의 운하 공사였다.

 태안반도 안흥량에서 조운선이 침몰하여 국가 재정이 타격을 받을 때마다, 총 9회에 걸쳐서 그 대책이 실질적으로 추진되었다. 그 가운데 4회는 태안반도 굴포운하 공사였으며, 2회는 굴포운하의 대안으로 추진된 개미목운하 공사, 1회는 안면도운하 공사였고, 1회는 굴포운하 구간을 육상으로 운송하는 대책이었으며, 나머지 1회는 안흥진성 주변에 제방을 쌓아서 바닷물의 흐름을 바꾸려는 시도였다. 태안반도 인근에는 이러한 역사적 사실과 관련된 유적들이 곳곳에 산재하고 있다.

3장

조선시대
역사의 강물은
도도히 흐르고

충남은 계룡산 신도안이 새 도읍지로 지목되면서 조선 개국 초기부터 주목받았다. 조선시대 충남은 4군6진 개척의 영웅이자 충절로써 군신의 의리를 지킨 김종서를 배출했으며, 임진왜란 시기에는 민군일치와 의기로 참혹한 전쟁 7년을 치러냈다. 충남 천안은 '삼남의 관문'으로서 임진왜란의 폐허에서 조선 왕조의 부흥에 일조했으며, 충남의 개방된 해안은 조선 후기 천주교를 가장 먼저 받아들인 곳 중 하나가 됐다. 조선 후기의 대표적인 인문지리서 「택리지」에 따르면, 이 시기 충남은 '서울 남쪽에서 가까운 위치' 덕분에 사대부들이 모여 사는 곳으로 변화해 있었다.

계룡산 신도안과
『정감록』신앙

오석민(충남역사문화연구원 연구위원)

역사적 사건은 후대에도 끊임없이 거론되고, 또한 다양한 방식으로 재해석되기도 한다. 조선(朝鮮)이라는 왕조가 열린 이후에 계룡산 자락의 소위 '신도안[新都內]'을 새로운 도읍으로 정하여 공사를 시작하였다가 포기했던 사건이 그러한 예에 해당된다. 결국 새 도읍은 한양으로 정해졌지만, 신도안이 명당이라는 민간의 전설은 계속해서 확대 재생산되었고, 조선 후기에 이르러서는 정 도령이 새로운 천년 도읍을 세우게 될 것이라는 예언이 넓게 퍼지게 되었다. 소위 말하는 『정감록(鄭鑑錄)』이라는 예언서가 그것이고, 실제로 신도안에는 그 예언을 믿은 사람들이 몰려들면서 장시가 개설될 정도로 성황을 이루었다. 이에 더하여 수많은 신흥종교들이 이곳에서 발흥하였다. 이에 정부에서는 여러 차례에 걸친 정비사업을 벌였고, 1983년에는 군사작전을 방불케 하는 철거작업을 시행하면서 신흥종교집단의 건축물들을 철거하고, 대신에 삼군본부를 그곳으로 옮기는 조치가 취해졌다. 그럼에도 『정감록』류의 신앙이 퇴색한 것은 아닌 듯하다. 지금도 그 주위에는 옛 교인들이 살고 있으며, 나아가 삼군본부가 옮겨온 사실 자체를 도읍이 일부 옮긴 것으로 해석하기도 한다. 그런 측면에서 볼 때 '신도안 신앙'은 현재진행형인 셈이다. 여기에서는 우선 고려시대 공민왕

이후의 다양한 천도의 움직임 속에 신도안지역이 조선왕조의 새 도읍으로 지목되는 과정을 살펴보고, 이어서 도읍지 공사가 중단되는 과정에서 동원된 풍수설의 논리와 그 특징, 도읍 건설이 취소된 이후에 신도안과 관련하여 생산된 풍수논리와 『정감록』류의 도참들에 대해서 살펴보고자 한다.

고려 말 왕조의 중흥을 꾀했던 천도 논의들

고려시대에는 천도론이 반복적으로 제기되었다. 『고려사』와 『고려사절요』를 보면, 정종 때에 서경 천도의 시도가 있었고, 인종 때 묘청이 서경 천도론을 주장하면서 변란을 일으킨 바가 있다. 우리나라에 풍수설이 도입된 것은 나말여초였으나, 풍수설이 국가이념의 하나로 인정받았던 시기는 고려시대였다는 점을 염두에 두면, 크고 작은 정치적 사건이 풍수설과 연관됨은 크게 이상할 바가 아니다. 특히 지기(地氣)가 쇠퇴하였으므로 터를 옮겨서 왕조의 기초[基業]를 연장할 수 있다는 소위 연기(延基) 사상이 빈발하였다. 그런 상황에서 도읍

신도안 전경.

자체를 옮기는 천도만이 아니라, 도읍을 여러 곳으로 정하거나 또는 왕이 일시 옮겨 거처하는 삼경제 또는 이궁(離宮)의 건립이나 삼소제(三蘇制) 운영 등도 끊임없이 제기되었다. 그러한 가운데 문종과 숙종 이후에는 한양을 남경(南京)으로 중시하는 정책을 폈다. 공민왕 때 이르러서는 태고 보우(太古 普愚, 1301~1382)가 남경 천도를 주장하였고, 이 논의가 우여곡절을 겪은 끝에 조선왕조까지 이어지면서 한양 천도라는 결과를 낳았다.

계룡산 천도 또한 그 과정에서 조선 태조 때에 돌출된 사건이었다. 계룡산 천도론에 대하여 논의하기 전에 먼저 살펴보아야 할 부분은 고려 후기 삼소제와 관련한 논란이다.[삼소제란 고려의 수도 개경의 지덕(地德)을 위해 설정한 세 지역을 뜻한다.]『고려사』를 살펴보면, 지리지에는 백악산[左蘇]·백마산[右蘇]·기달산[北蘇]인

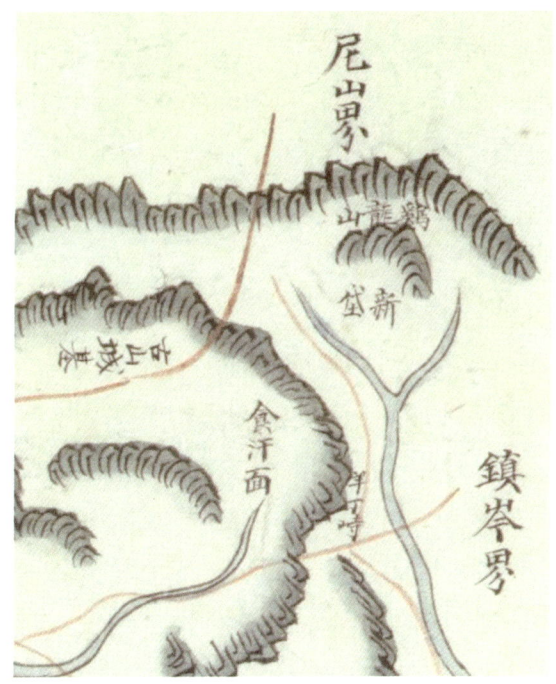

해동지도(연산현 편 중 계룡산과 신도안). 지도속 이산계(尼山界) 아래 계룡산이 보이고 그 앞 신대(新垈)가 바로 신도안이다.

데, 공민왕이 지목한 기사에는 평양·금강산·충주이다. 한편 우왕 5년(1379)에는 권중화 등이 회암(檜巖)을 도선이 말한 좌소로 지목하여 도읍 터를 잡기도 하였다. 그런데 이병도는『고려시대의 연구』에서 삼소제로 지목된 지역은 모두 뱃길로 접근하기 어려운 곳임을 강조하면서 "국면이 협소하여 지금 평양 방면과 같이 웅대박건한 기상이라든지 수륙 교통의 편리한 점은 전혀 볼 수 없다"고 지적하였다. 한마디로 외부에 개방적인 지형이 아니라, 군사적인 방어를 위한 수세적인 지형이라는 것이다.

이러한 지리적 특징은 계룡산의 '신도안'도 마찬가지이다. 금강을 끼고 있으나, 밀물 때에도 조수의 영향을 받지 못하여 바닷배가 접근하기 어렵고, 또한 금강 반대편에 위치한 관계로 높은 고개에 가로막혀 접근하기 어려운 궁벽한 입지였다. 하륜의 반대 이유 가운데 한 가지도 거기에 있었다. 당시 국제적으로 거란과 몽골의 침입, 왜구의 준동 등 외침에 대한 대비가 화급한 상황이었고, 따라서 외침에 대비하는 방어의 필요성이 우선적이었기 때문으로 보인다. 이런 점에서 신돈이 충주 천도론을 제기하면서 "송도가 바다 가까이 위치하여 바다로 침입하는 적을 염려한 것"이라 했던『고려사』의 기록에 주목할 필요가 있다.

계룡산 도읍을 좌절시킨 호순신의 풍수이론

공민왕 때의 한양 천도는 보우 선사의 예언에 의하여 촉발되었다. 즉『고려사』윤해전(尹諧傳)을 보면, 보우가 "한양에 도읍을 하면 36국이 조공을 바치리라" 하여 한양 궁궐을 크게 지었다고 한다. 그러나 보우가 신돈에 의하여 유폐된 이후 한양 천도론은 힘을 잃었다. 그럼에도 새 도읍 문제를 둘러싼 논란은 계속되었고, 결국 그 시기는 조선왕조 개창 이후로 미루어져서 태조 2년(1393) 계룡산 아래로 결정되어 공사가 시작되었다. 그러나 공사는 곧 하륜(河崙)의 반대에 의하여 철회되었다.

여기서 관심을 기울여야 할 부분은 계룡산 천도를 철회시킨 하륜의 반대 논리이다. 계룡산 천도에 대하여 반대한 이유는 『태조실록』에 분명히 기록되어 있다. 그는 반대의 논리로 호순신(胡舜臣)의 수파장생설(水破長生說)을 들었고, 그에 따라 공사가 중단되었다. 이와 관련하여 『태조실록』에는 "계룡산의 땅은, 산은 건방(乾方)에서 오고 물은 손방(巽方)에서 흘러간다 하오니, 이것은 송나라 호순신이 이른바, 수파(水破)가 장생(長生)에 해당되어 쇠패(衰敗)가 곧 닥치는 땅이므로, 도읍을 건설하는 데는 적당하지 못합니다"라 하였다.

호순신의 풍수설에서는 방위를 중시한다. 그런데 호순신의 풍수설에서 방위는 산맥이 명당으로 접근하는 방향에 따라 다르게 설정된다. 계룡산의 경우에는 산맥이 서북쪽에서 명당으로 다가오므로 오행 가운데 금국(金局)에 해당된다. 또한 그가 채택하고 있는 포태법(胞胎法)에 의하면, 금국의 형세에서 동남방향은 장생위(長生位)로 길한 방위가 된다. 그의 풍수설에서, 물이 오는 곳[得水]은 길한 방향이어야 하고, 나가는 곳[水破]은 흉한 방향이어야 한다. 따라서 길한 방향으로 물이 흘러나가는 신도안의 지세는 쇠패가 닥치는 땅이라는 주장이다.

이 사건을 계기로 정부에서는 호순신의 풍수서를 발간하여 배포하였고, 하륜의 주도로 풍수설을 정리하는 작업이 진행되었다. 그 결과는 『경국대전』에 수록된 지리학 과목을 통하여 확인할 수 있다. 중국 풍수설의 전설상 시조 청오자(青烏子)와 실질적인 비조(鼻祖) 곽박을 필두로, 진(晉)나라의 도간(陶侃), 오대(五代) 범월봉(范越鳳), 그리고 중시조로 평가받는 당나라의 양균송(楊筠松)에 이어서 송나라의 채성우(蔡成禹)와 호순신의 풍수서를 채택하고 있다. 그런데 1746년(영조 22)에 공포된 『속대전』에는 범월봉과 도간의 풍수서가 제외되었고, 다시 정조 때에는 청오자·곽박·채성우·호순신의 풍수서만으로 취재(取才)하는 조치가 취해졌다. 결국 조선시대에는 채성우와 호순신의 풍수설이 주도적인 위치를 점한 것이다. 실제로 서거정의 『필원잡기』에는 "후한(後漢)의 청오자를 이어서 도간·곽박이 있었고, 당에는 양균송, 송에는 호순신이 있다"고 하였고, 또한 영조 때 이희령(李希齡, 1697~1776)의 『약파만록(藥坡漫錄)』에도 "태종조 하륜이 정한 이후에 오직 호순신만을 쓴다"고 하였다. 고려와 조선 두 시대의 풍수설 차이는 『고려사』에 수록된 지리학 과목으로도 어렵지 않게 확인할 수 있다. 『고려사』에 수록된 풍수서들은 현재 전해지지 않으며, 다만 고려시대의 풍수서 가운데 태실을 정할 때 쓰는 『태장경(胎藏經)』이 거론될 뿐이다. 실질적으로 신도안 도읍을 좌절시킨 풍수설이 조선시대를 지배했던 것이다.

그렇다면 중국 풍수사상에서 호순신은 어떠한 위치를 점하는 인물일까? 지금까지의 연구에 의하면, 풍수설의 체계가 확립된 것은 강남지역이 중국사의 중심이 되었던 시기이며, 당나라와 송나라를 거치면서 두 파로 나뉘었다. 양균송을 중시조로 삼는 분파는 형세를 중시하여 형세파라고 하며, 강서(江西)지방을 중심으로 한 까닭에 강서파라고도 한다. 한편 왕급(王伋)을 중심으로 하는 분파는 이기(理氣)와 방위(方位)를 중시하는 까닭에 이기파(理氣派)라 하며, 복건(福建) 등지에서 주로 활동했던 탓에 복건파라고도 한다. 참고로 명나라 강서파의 대표적인 풍수서 『인자수지』에서는 장생위와 같은 포태법은 거론조차 않는다.

신도안의 주초석.

백암동에서 본 대궐터 전경.

후대에 만들어진 신도안 이야기들

역사적 사건은 후대에도 지속적으로 회자되고, 새로운 해석이 더해지게 마련이다. 신도안 천도론 또한 예외가 아니었다.『정감록』류의 풍수서를 비롯한 조선 후기의 풍수도참서에 계룡산은 어김없이 등장하였고, 나아가 조선 말엽 혼란기에는 신도안으로 난을 피하여 이주하는 사람들이 봇물을 이루었고, 신흥종교들도 난립하였다.

그러한 과정에서 신도안과 관련된 풍수도참은 끊임없이 재생산되었다. 우선 계룡산을 회룡고조(回龍顧祖)의 명당으로 보는 견해가 있다. 회룡고조의 산세는 명당으로 오는 산의 내맥(來脈)이 뒤돌아서 본래의 산줄기와 마주보는 형국인데, 내맥 자체가 사신사(四神砂) 가운데 청룡 또는 백호가 된다. 강서파 풍수설에서 산의 내맥을 살피는 술법은 그리 낯선 방식은 아니다. 이러한 술법은 일행 선사와 거의 동시대에 활동했던 중국 당나라 양균송 등에서도 발견되므로, 계룡산 천도가 추진되었던 당시에도 검토되었을 가능성은 충분하다. 그러나 앞서 살펴보았듯이, 계룡산 천도론을 폐기시켰던 논리는 수파(水破)의 방위와 관련된 풍수설이었으므로, 회룡고조의 명당이라는 주장은 기록에 부각되지 않았을 것으로 판단된다.

미신 타파 운동에 동참하여 산신도를 태우는 종교인(1975년).

이진탁이 1902년 건립한 작산 단군전.

계룡산과 관련하여 지금도 많이 회자되는 견해는 계룡산과 금강이 어우러져서 '산태극(山太極)'과 '수태극(水太極)'의 길지라는 주장이다. 그런데 그러한 길지로 지목되는 곳은 여러 곳에서 확인된다. 경상북도 안동시의 하회마을을 비롯하여, 전라북도 진안군의 마이산, 강원도 홍천군 북방면 남노일리의 금학산, 경상북도 예천군 용궁면의 회룡포 등 물이 감아 도는 형국은 대체로 이러한 명당으로 지목되고 있다. 그런데 계룡산의 산태극 수태극의 논리는 그 규모면에서 이들에 비길 바가 아니다. 그 골자를 정리하면 대체로 다음과 같다.

전라북도 덕유산 부근에서 나뉘는 금남정맥(錦南正脈)은 북쪽으로 치고 거슬러 올라가는 형국을 이룬다. 계룡산은 금남정맥이 300리를 치고 거슬러 가는 산맥이 금강을 만나서 끝을 맺는 지점에 기운이 뭉친 곳이다. 그러한 산세가 내달리는 동안에 마이산(馬耳山)의 쌍봉이 좌보성(左輔星)를 이루고, 전라북도와 충청남도 경계의 대둔산(大屯山)이 염정성(廉貞星)으로서 불꽃 모양을 갖추었다. 그리고 평지를 과협(過峽), 즉 숨어서 지난 후에 계속 북진하여 천황봉(天皇峰)이 우뚝 솟은 후에 대둔산을 향하여 되돌아보는 회룡고조(回龍顧祖)의 격을 이루어, 마치 소라의 몸통 속과 같은 형국을 이루었다. 물길은 신도안에서 발원하여 대전의 갑천(甲川)이 된 뒤에, 신탄진에서 금강(錦江)과 합류하는데, 금강 본류 또한 금남정맥의 뿌리인 덕유산 등에서 발원하고 있다. 신탄진에서 크게 모인 금강은 계룡산 북쪽 일대를 반원(半圓)을 그리면서 휘돌아 서해로 유입된다. 산맥은 왼쪽으로 돌면서 계룡산에 와서 매듭을 지었고, 인근의 하천은 모두 오른쪽으로 돌면서 금강을 이루므로, 음양이 서로 배합(配合)하는 산태극 수태극의 형상을 그린다.

앞의 논의는 형세를 중요시하는 전형적인 강서파 풍수설의 논의 전개방식이다. 그런데 금남정맥과 금강의 전체 지세를 논하다 보니, 전라북도와 충청남·북도를 아우르는 광역에 걸친 논의가 되었다. 이와 관련하여 먼저 예전에는 강서파에서도 태극에 빗댄 명당 논의는 흔치 않았다는 점을 지적하고 싶다. 설령 강서파에서 가능하다고 해도, 하회마을처럼 미시적 국면을 논할 때가 보통이며, 금남정맥과 금강 전체를 아우르는 지세의 길흉을 논하는 경우는 거의 찾아보기 힘들다.

최근의 연구결과에 따르면, 조선 후기에 이르러 일군의 학자들이 전 국토의 산천을 하나의 계열로 설명하려 했다. 김정호(金正浩, ?~1866)의 「대동여지도」와 같은 고지도 또는 신경준(申景濬, 1712~1781)의 「산경표」 등이 그러한 결과물이다. 혹자는 금강을 반궁수(反弓水)로 지목하는 사례를 들어서, 그 이전부터 광역에 걸친 풍수 논의가 있었다고 할지도 모르겠다. 그러나 이 또한 이익(李瀷, 1681~1763)의 견해일 뿐이다. 그 요지는 『성호사설』 3권 천지문(天地門)에 실려 있다.

> 고려 태조의 유교(遺敎)에, "차령(車嶺) 이남과 공주강(公州江) 밖에는 산수의 형세가 모두 배주(背走)하였다"고 했다. 공주강은 곧 금강(錦江)이다. 이 물은 원류가 호남의 덕유산(德裕山)에서 발원하여 역수로 흘러 공주의 북쪽을 둘러 나와 금강에 합류했고, 계룡산(鷄龍山)도 또한 덕유산의 낙맥으로서 임실(任實)의 마이산(馬耳山)을 거쳐 회룡고조(回龍顧祖)가 되어 공(公)자의 형국이 되었다고 한다. 그렇다면 금강은 감여가(堪輿家)의 이른바, 반궁수(反弓水)이니, 송도(松都)와 한양(漢陽) 두 도읍을 등질 뿐만 아니라, 계룡산의 신도(新都)에도 또한 아무런 관련성이 없게 된다.

이익의 논의는 여기서 더 나아간다. 같은 책 천지문 가운데 경상도와 전라도[兩南]의 수세(水勢)를 논하는 부분에서, 전라도는 사대부로서는 살 만한 곳이 아니라고 주장한다. 그 내용은 다음과 같다.

> 산수를 보면 풍기의 모이고 흩어짐을 아는 것이니, 산세가 겹겹으로 돌아 옹호

해 주었다면 물이 어찌 흩어져 흐를 수가 있겠는가? 우리나라의 산맥이 백두산으로부터 서남방으로 달려 두류산에 이르러 전라·경상 양도의 경계선이 되었다. 그리고 물은 황지(黃池)에서 남으로 흘러 낙동강(洛東江)이 되었는데, 산이 동해 가로 연달아 바다를 막아주었고, 두류산의 지맥이 또 동으로 달려서 여러 고을 물이 낱낱이 합류가 되어 김해(金海)와 동래(東萊) 사이에 이르러 바다로 들어갔다. 그러므로 풍기가 모이고 흩어지지 않았으니, 옛날 풍속이 아직도 남아 있고 명현이 배출하여 우리나라 인재의 부고가 되었다. 그리고 태백산 아래와 안동(安東)·예안(禮安) 사이에는 도처에 명당이 열렸으니, 다른 날 국가에 변란이 있을 때에는 반드시 이곳을 힘입게 될 것이다. 전라도로 논한다면 1도의 물이 무등산(無等山) 동쪽의 물은 모두 동으로 흘러 바다로 들어가고 서쪽의 물은 모두 남으로 흘러 바다로 들어가며, 전주(全州) 서쪽의 물은 모두 서로 흘러 바다로 들어가고, 덕유산 이북의 물은 모두 북으로 흘러 금강(錦江)과 합류가 되니, 비유컨대, 머리를 풀어 사방에 흩어진 것과 같아서, 국면(局面)을 이루지 못했으므로 재주와 덕망 있는 자가 드물게 나오니, 사대부로서는 거지(居地)로 삼을 곳이 못 된다. 이는 차령(車嶺) 이북에 대하여 산수가 배역(背逆)한 정도뿐만이 아니다.

사실 이러한 논의는 광역에 걸쳐 산과 물의 근원을 밝히는 소위 산경(山經)과 수경(水經)에 대한 이해를 바탕으로 하여야 하는 것이다. 그런 점에서 볼 때, 앞서 언급한 바처럼 조선 후기에 이르러서야 비로소 가능한 논리이다.

한편 계룡산 산태극 수태극의 논리는 미래를 예언하는 참언(讖言)으로 이어지기도 한다. 대표적인 사례가 공주시 계룡면 월암리의 '무내미 고개'와 관련된 전설이다. 현재 공주대교에서 지천인 혈흔천을 따라 뻗은 도로를 통하여 논산 방면으로 갈 수 있다. 무내미 고개는 혈흔천 상류의 고개이다. 전해지는 이야기에 따르면, 금강의 물이 공주에서 부여로 돌지 않고 논산을 거쳐 강경으로 빠지게 되면, 금강 물길의 수태극 형상이 더욱 뚜렷해진다는 것이다. 이와 관련해서는 "계룡산의 바위가 하얗게 변하고, 청포에 있는 대나무가 하얗게 변하며, 풋개[草浦]에 조수가 통하여 배가 다니면 세상의 일을 알 수 있다(鷄龍白石 淸浦竹白 草浦潮生行舟 世事可知)"는 내용의 이야기가 전한다. 산태극 수태극의 논리에 살이 덧붙여진 것이다.

계룡산 연천봉의 바위에 새겨진 글도 민간에 많이 회자된다. 그리고 바위 아래에 위치한 등운사라는 절은 본래 압정사(壓鄭寺) 즉 조선왕조에 이어서 새로운 왕조를 연다는 정 도령을 누르기 위하여 세운 절이라는 이야기가 전한다. 그 절 위 바위에 새겨진 "方百馬角 口或禾生"에 대해서는 일반적으로 '方'은 동서남북을 뜻하므로 4에 해당하며, '百'은 원래 의미 그대로 100, '馬'는 예로부터 소[牛]를 의미하는데 '牛'는 八과 十을 합친 글자이므로 80으로 볼 수 있으며, '角'은 두개의 뿔을 뜻하므로 2에 해당되며, '口'와 '或'은 합치면 國이 되고, 또한 '禾'와 '生'을 합하며 '移' 즉 옮긴다는 뜻으로 해석된다. 결론적으로 482년 후에는 나라를 옮기게 된다는 예언, 즉 1392년 세워진 조선왕조가 482년이 지난 1874년에 도읍을 옮기면서 새로운 왕조가 들어선다는 이야기가 된다.

계룡산을 두고 유포된 참언의 집대성이라 할 수 있는 예언서는 『정감록(鄭鑑錄)』이다. 이와 관련된 이본은 50종이 넘지만 최소한 감결이 『정감록』의 핵심 부분이며, 그 내용은 대체로 '이망정흥(李亡鄭興)'의 참위설이라는 데에는 크게 이견이 없는 듯하다. 감결은 정감(鄭鑑)과 이심(李沁)의 대화체로, 조선 건국까지의 과정을 설명한 후, 고려의 왕씨(王氏)와 조선의 이씨(李氏) 이후에 정씨(鄭氏)―조씨(趙氏)―범씨(范氏) 등이 자리를 잡게 될 도읍지의 지세에 대하여 논하고 있다. 그리고 이러한 혼란을 맞았을 때 난리를 피할 만한 십승지(十勝地)를 제시하면서, 혼란의 결과 가난한 사람은 살고 부자는 죽을 것이라고 예언하고 있다. 즉 말세의 재앙으로 9년 동안의 흉년에 백성들은 초근목피로 연명할 것이고, 4년간의 전염병에 인구가 반으로 줄며, 사대부는 인삼(人蔘)에 망하고 벼슬아치는 이익을 탐하다가 망할 것이라 하고 있다. 감결과 함께 수록되는 징비록에서도 백두산에서 뻗은 맥이 평양의 1000년, 송악의 500년에 이어 한양으로 옮겨졌으나 그 기간[干支]은 정해지지 않았으며, 이어서 계룡산의 정씨와 가야산의 조씨 등을 예언하고 있다.

『정감록』류의 비기에서 미래에 대한 비관적 예언은 민중을 동요하기에 충분하였다. 거의 대부분의 비기에서 거론되는 "원숭이 해 봄 3월과 성스러운 임금이 다스리는 가을 8월, 인천과 부평에는 밤에 배 1000척이 들어오고, 안성과 죽산에 시체가 산처럼 쌓이며, 여주와 광주에는 인적이 영영 끊어져 버리고, 수원과 남양에는 피가 흘러 냇물을 이룬다. 한강 이남 100리에 닭 우는 소리와 개 짖는 소리가 끊어지고, 인적도 영영 사라질 것이다" 등과 같은 구절은 널리 회자되었다. 실제로 조선 말엽 이러한 불확실한 미래의 난리를 피하여 십승지지로 숨어든 사례도 적지 않은 것으로 알려져 있다. 특히 이를 믿은 사람들이 신도안이 새로운 도읍지가 될 것으로 믿었고, 이곳에서 다양한 신흥종교가 발생하였다. 이러한 상황이 100여 년 동안 지속되는 가운데, 중앙정부는 이를 혹세무민하는 미신으로 간주하면서 1975년부터 국립공원 정화사업을 추진하였고, 마침내 1983년에는 소위 '620 사업'이라는 이름으로 주민들을 일제히 이주시켰다. 신도안은 지금 삼군본부가 자리를 잡고 있는 곳이다. 그러나 그 믿음은 아직도 끊기지 않았으며, 그 주변에는 과거 신흥종교에 종사했던 주민들이 적지 않은 편이다.

지금도 진행되는 신도안 이야기

사회적 파장이 컸던 역사적 사건은 후대에도 끊임없이 영향을 미치게 마련이다. 게다가 민중의 사회적 저항 또는 소박한 소망이 덧붙여지면, 그 파장은 더 커질 수 있다. 여기에 굳이 승자의 편에서 기록될 수밖에 없다는 한계를 지적할 필요는 없다. 지배와 피지배라는 이분법적 구도가 적용되지 않는 뒷면의 이야기를 남기는 경우도 많기 때문이다.

조선왕조가 열리는 시기에 검토되었던 계룡산 신도안 천도론은 후대에 이르기까지 지속적인 영향을 미쳤다. 단순히 조선 태조 2년(1393)에 공사가 개시되었다가 중단되었던 단발적 사건은 아니었다. 송나라의 호순신이라는 인물의 새로운 풍수설에 입각하여 천도 논의를 좌절시켰지만, 다른 풍수설로 대응하면서 다양한 풍수설과 도참설이 신도안에 덧씌워졌고, 조선 말엽의 혼란기에 이르러서는 새로운 시대를 염원하는 주민들이 몰리면서 신흥종교들이 태동하였다. 그런데 정부에서는 물리력을 동원하여 쫓아내었다. 또 다른 이야기가 발생할 수 있는 근거가 되는 사건이 발생한 셈이다. 그런 의미에서도 신도안의 전설은 현재진행형이다.

임진왜란이 빚어낸 모순, 이몽학과 홍가신

이해준(공주대학교 사학과 교수)

이몽학(李夢鶴)은 최근 이준익 감독의 영화「구르믈 버서난 달처럼」(차승원 분)을 통해 일반인들에게도 상당히 알려진 역사적 인물이 되었다. 그러나 불과 20~30년 전까지만 하더라도 충청도 홍산 사람들에게 이몽학은, 그와 관련된 전설이나 구전조차 입에 올리기를 부담스러워할 정도로 베일에 싸인 인물이었다. 또한 역사상에서도 그의 실제 신분과 고향, 구체적인 행적과 성품 등은 여전히 종잡을 수 없다.

전쟁과 가뭄

임진왜란은 이를 기준으로 조선왕조의 전과 후를 나누어 설명하기도 할 만큼 총체적인 위기를 초래하였다. 전쟁이 시작된 지 17일 만에 선조는 융복(戎服)에 주립(朱笠)을 눌러쓴 차림으로 좌우의 부축을 받으며 겨우 피난길에 올랐다. 왕실의 파천행렬을 바라보던 백성들은 '나라를 망하게 한 자'들이라 소리를 지르며 돌을 던졌고, 조선 왕실의 권위는 바닥으로 떨어졌다.

전쟁의 참상에 민심은 동요했다. 전쟁 전 임진년에 뿌린 씨는 얼마간 수확이 가능했지만 다음 해는 완전히 실농(失農)하고 말았다. 백성들은 과중한 부

공주 공산성의 명국삼장비. 정유재란 중 명의 구원병이 공주 공산성에 머물렀던 것을 기리는 비석.

역과 징발은 물론이거니와 명나라 군대와 조선 관군 및 의병의 군량미 부담으로 고통받았다. 더욱이 이후 3~4년은 가뭄까지 겹쳐 민생은 극도로 피폐해졌다. 전국 각지에서 굶주려 죽는 사람이 속출했지만, 당시 조정으로서는 진휼(賑恤)에 나설 수도 없는 상황이었다. 그리하여 사람들이 대낮에 서로 죽이고, 부자와 부부가 서로 잡아먹는 지경에 이르렀으며 또 전염병마저 겹쳐 길에는 죽은 사람들이 산더미처럼 쌓여갔다고 할 정도였다.

그러나 여전히 전쟁은 지루한 강화와 교섭만이 반복되었다. 이러한 혼란 속에서 조선왕조를 타도하고 민생의 안정을 도모하겠다는 반란이 일어났으니 그것이 바로 1596년(선조 29) 홍산에서 일어난 '이몽학의 난'이다.

모두들 좋다고 떠들면서 그를 따랐다

정부를 상대로 왕권을 타도하고 새 나라를 수립하여 안민정국(安民正國)을 이루겠다고 천명했던 이몽학은 그가 벌인 사건의 중요성에 비추어 본다면 구체적인 출신이나 배경, 성격 등 실제 모습이 기이할 정도로 잘 드러나지 않은 인물이다. 이 '대역죄인'의 고향은 서울이라고도 하고, 홍산이라고도 전한다.

제3장 조선시대 : 역사의 강물은 도도히 흐르고

다만 그의 본관은 전주로 왕족의 서얼 출신이었음은 분명한 듯하다.

전해지는 정부 측 기록 대부분에는 그가 부모에게서도 쫓겨나 충청도와 전라도를 전전하였으며, 임진왜란 중에는 의병으로 가장하여 반란군의 규합에 열중한 부정적인 인물로 묘사되고 있다. 특히 중앙정부의 관점에서 이몽학에 대해 "어리석고 아무 재능이 없었다"거나, "성품이 불량하여 남에게 손가락질당하고 불량배들과 어울려 행패로 일과를 삼았다"고 평한 부분은 진실이 무엇이었든 다소 설득력이 부족하다. 그야말로 '아무런 재능도 없는 사람'이 일부 사족층까지 동요한 수많은 반란군을 모으고 나라까지 뒤흔들 만한 난을 일으켰다고 하기엔 무리가 있기 때문이다.

한편 홍산 일대의 민간에서 전해 오는 이몽학의 이야기는 사뭇 다른 모습이다. 국문학자 강현모의 설화조사에 의하면 이몽학의 탄생담은 대체로 '비홍산(飛鴻山)의 정기'를 받았다거나, 그의 어머니가 꿈에 학을 보고 낳았다는 내용이 전반적이다. '비홍산'은 결국 이 일대 홍산 사람들의 정신적 지주를 상징하는 것이며, 학(鶴)은 이몽학의 고매한 성품을 비유하는 것이다. 비록 중앙정부의 기록에서는 이몽학이 역적으로 무지몽매하고 극악한 반란자일 뿐이었지만, 민중의 의식 속에서는 기대감을 한껏 표출시켜 줄 인물이었던 것으로 이해된다. 기록을 남긴 사람들의 시각과 역사적 상황에 따라서 같은 인물이 이처럼 다양하게 평가될 수도 있는 것이다.

"밭을 매는 자는 호미를 들고, 행상하던 사람은 막대기를 가지고 다투어 따랐으며, 모두들 좋다고 떠들면서 그를 따랐다"고 한 『연려실기술』의 기록이 일부나마 그 같은 정황을 뒷받침해 주고 있다.

이몽학의 궐기와 무량사

이몽학의 난은 임진왜란이 한창인 1596년 7월 초, 충청도 홍산(鴻山) 땅에서 발발하였다. 이 반란은 삽시간에 호서지역 일원을 장악하고 민심을 동요시켜 한양까지 위협하였던 커다란 사건이었다. 민란 초기 600~700여 명에 불과했던 반란군은 인근의 임천, 청양, 대흥 등 여러 읍을 거치면서 그 무리가 곧 수천 명에 이르렀다.

충청도 홍산의 서인(庶人) 이몽학이 군사를 모아 난을 일으켰다. 한현(韓絢)은 권인룡, 김시약 등과 함께 모두 서인으로 응모하여 함께 선봉장이라 호칭하면서 어사 이시발(李時發)에게 소속되어 호선의 군사조련을 관할했다. 당시 민심은 탄식과 원망으로 차 있고, 크고 작은 고을에 모두 방비가 없음을 보고 이 틈을 타서 이몽학이 난을 일으키고자 했다. 이때 한현이 마침 부친상을 당하여 홍주에 있다가 우선 몽학을 시켜 거사하도록 하고 자신은 내포에서 호응하기로 약속을 정했다.(『선조수정실록』 1596년 7월 1일)

한편 이몽학이 처음 반란의 기치를 세운 곳이 바로 무량사(無量寺)이다. 무량사는 현재 부여군 외산면 만수산 아래에 자리한 사찰로 통일신라 말 강릉의 사굴산문을 개창한 범일 국사(梵日國師)가 창건한 것으로 전해진다. 한때 보령에서 성주산문을 개조한 고승 무염(無染)이 머물렀다고도 하며, 한평생 정처 없이 떠돌아다니던 김시습은 이곳에서 방랑의 종지부를 찍었다. 대표적인 유적으로는 고려 초에 세워진 「백제계석탑」(보물 제185호)과 김시습의 영정, 부도 등이 있다.

이몽학은 바로 이 무량사에서 출병하였는데 아직까지 그 까닭에 대해서는 구체적으로 밝혀진 바가 없다. 이와 관련된 실록의 기사가 계속 이어진다.

이몽학은 무량사의 굴속으로 잠입하여 중들과 더불어 기치(旗幟)와 기장(旗章)을 만들었다. 호서의 풍속에 흔히 동갑회(同甲會)가 있는데 이에 그 패거리를 시켜 계(契)를 만든다고 선전하고 동네 어귀 들판으로 모이게 했다. 이몽학은 절에서 출병하여 마을 안으로 들어왔다. 깃발을 세우고 걸상에 앉아 뿔피리를 불고 북을 치면서 큰소리로 사람들을 불러 모았다. 동갑 모임 중에서 공모한 장정이 먼저 나와 칼을 뽑아 들고 무리를 데리고 달려나갔다. 승려와 속인을 장군으로 나누어 배치하고 문관과 무관 등의 청현직(淸顯職)으로 가칭하니 많은 사족 자제와 무뢰배들이 그들에게 붙었다.

추측하건대 서얼 출신의 이몽학을 따르는 이들이 승려나 노비 등 일반민들

이몽학의 진격로(호서도).

중에서도 특별히 차별받던 사람이 많았다고 하는 것도 이러한 사정과 연관시켜 볼 수도 있음직하다. 이어서 7월 6일 밤 무량사에서 출병한 이몽학과 반란군은 홍산현을 습격하여 현감 윤영현(尹英賢)과 임천군수 박진국(朴振國)을 사로잡았다. 이들은 모두 투항하여 반란군에 합류하였다. 반란군은 이어 7일에는 정산현(定山縣)을, 8일에는 청양현(靑陽縣)을, 9일에는 대흥군(大興郡)을 함락했다. 그야말로 파죽지세였다.

반란군이 진격할 때마다 수령들은 모두 먼저 도망쳤고, 아전과 백성들 중에는 호미를 던지고 이들을 따르려고 하는 자들이 많았다. 그리하여 술과 음식을 차리고 먼저 반란군을 맞이하는 상황에 이르렀던 것이다. 더욱이 임진왜란의 의병장 김덕령(金德齡)과 홍의장군 곽재우(郭再祐), 홍계남(洪季男) 등이 군대를 연합해 이들을 도우며, 병조판서 이덕형(李德馨)이 내응한다는 소문까지 돌아 일반 백성들은 물론 조정의 관료들까지도 놀라 술렁거렸다.

이몽학이 봉기한 무량사. 이 절은 매월당 김시습과도 인연이 깊다.

제3장 조선시대 : 역사의 강물은 도도히 흐르고

반란의 전개와 홍주성 패배

이몽학은 곧이어 충청도 내포의 중심 고을인 홍주(洪州)를 점령하고자 하였다. 반면에 함께 난을 도모했던 한현(韓絢)은 관군과의 불필요한 싸움을 피하기 위해서는 바로 서울로 진격하는 것이 옳다고 강변하였다. 당시 한현은 임란 때 의병을 일으킨 공으로 겸사복(兼司僕)에 임명되었으며, 반란을 일으킨 해에는 속오군(束伍軍)이 창설되자 선봉장으로 섰던 경험이 있어, 어느 정도 관군의 경로와 방어 전략에 사전지식을 갖춘 인물이었다.

그럼에도 불구하고 이몽학은 독단적으로 홍주성 진격을 감행하였다. 그러나 이미 홍주성에서는 이몽학과 반란군의 이동경로를 포착한 관군이 우선 배치되어 있었다. 게다가 부친상으로 잠시 자리를 비운 한현은 이미 체포된 상황이었다.

이몽학의 반란군이 도착하기 전, 홍주성에서는 홍주목사 홍가신(洪可臣)이 관의 아전들을 동원하여 민병(民兵)을 모으고 있었다. 동시에 성곽의 허술한 곳을 보수하게 하고 이웃 고을에도 미리 지원을 요청해 두었다. 당시 홍주에 사는 무장 임득의(林得義)와 박명현(朴名賢), 병사 신경행(辛景行) 등이 관군의 주요 지휘부를 구성하고 있었다. 그런가 하면 가까운 남포에서는 반란의 소문을 듣고 현감 박동선(朴東善)이 수사 최호(崔湖)와 함께 군사를 이끌고 와 원병으로 합세했다.

관군에 비해 무기를 가진 자는 수백 명에 불과하고, 대부분이 맨손의 일반 백성이었던 이몽학의 반란군이 곧바로 수세에 몰린 것은 어쩌면 당연한 결과였다. 실상 무기라도 갖춘 자는 군관과 일부 무사 등 수백 명뿐이었고, 그 밖에는 모두 시골 백성인데 맨손이었다. 결국 관군과의 대치가 불리하게 전개되어 상황이 어렵게 되자 반란군은 어둠을 틈타 도망치려 하였다. 이몽학이 가까스로 "홍주성 공격은 포기하지만, 장차 김덕령·홍계남의 군대와 합류해 곧장 서울로 들어가겠다"고 선언하였지만 상황은 점점 불리해져 갔다. 이미 한양으

이몽학이 최후의 전투를 치른 홍주성 조양문.

로 통하는 온양과 공주로 넘어가는 유구의 길목에 관군이 진을 치고 있어 더 이상 진격은 불가능했다.

쫓기던 이몽학은 결국 청양까지 도망쳤다. 그를 뒤쫓던 전주판관 윤계(尹誡)는 이몽학의 진영을 향해 "도원수와 전라감사의 병마 수만 명이 이곳에 왔다. 내일 마땅히 너희를 초멸할 것이다. 그러나 너희 무리 가운데는 협박에 못 이겨 따라다니는 억울한 자도 있을 것이니, 적장의 머리를 베어가지고 오면 몰살의 화는 면할 것이다"라고 소리치며 강공과 회유를 함께 시도하였다.

그러자 남은 이몽학의 무리는 김덕령과 합세하여 서울로 진격하겠다는 이몽학의 선언이 거짓이었음을 깨닫고 크게 동요하였다. 결국 김경창(金慶昌)과 임억명(林億命) 등이 이몽학의 목을 베고 나와 투항함으로써 반란은 종식되었다.

반란군을 제압한 홍가신

홍가신은 이몽학의 난을 진두지휘하여 진압한 인물이다. 그는 당시 홍주목사로서 반란세력의 공격으로부터 홍주성을 지켜내고, 나아가 반란군의 지도부를 궤멸하는 데 중심적인 역할을 수행했다. 그의 공적은 당시 조선왕조의 가장 큰 대내적 위기를 극복한 것으로 평가되어, 유일하게 청난공신 1등으로 봉해져 추앙받았다. 청난공신은 모두 3등으로 나뉘는데 1등 공신에 홍가신, 2등에 박명현과 최호, 3등에 신경행, 임득의 등 총 5인이다. 이들은 1604년 영의정 이항복, 우의정 김명원의 제의에 의해 공신으로 책록되었다.

만전당 홍가신(1541~1615)의 일생은 그 대략만 살펴보더라도 이몽학과는 판이하다. 그는 전형적인 사족가문의 후손으로, 그의 증조 홍한(洪瀚)은 무오사화에 연루되어 귀양 도중에 세상을 떠났다. 아버지는 장원서 장원을 지낸 홍원(洪昷)이며, 어머니는 김제군수 신윤필(申允弼)의 딸이다. 이처럼 다복한 가문에서 성장한 홍가신은 어릴 때부터 뛰어난 재주로 이름이 났고 민순(閔純)의 문하에서 체계적인 교육과정을 거치며 사문(師門)의 촉망을 받았다.

이후 1567년(명종 22) 진사시에 합격, 형조좌랑·지평을 거쳐 1574년 부여현감에 부임하였다. 그는 부여현감에 부임 중 군역과 무역, 공납제의 폐단을 지적한 민폐개선책을 주장하였고, 이때 백제의 성충과 흥수, 계백과 이존오 4인의 충절을 기리는 의열사(義烈祠)를 건립하는 등 성리학의 보급에도 힘썼다. 특기할 사건은 1588년 수원부사로 있을 때 평소 정여립(鄭汝立)과 가까이 지냈다는 이유로 1589년 정여립의 모반 사건 때 파직당한 것이다.

이후 홍가신은 임진왜란이 발발하자 지방관 중심의 전시수습책을 정리하여 장문의 상소문을 올렸다. 그러던 중 1594년 1월 송유진의 반란세력이 천안과 직산 일대에서 궐기하여, 아산과 평택의 병기고를 습격하는 등 거사를 계획하다가 사전에 발각되어 체포되는 사건이 있었다. 당시 난을 피해 아산에 머무르던 홍가신은 이 사건에 대한 정보를 친구 유성룡을 통해 조정에 알렸다. 그리고는 열흘 만인 1월 21일에 홍주목사로 부임한 것이다.

이러한 점으로 미루어볼 때 홍가신은 전시상황 중 충청도 일대의 실정과 극한의 상황에서 난립할 수 있는 혼란한 민심을 이미 파악하고 있었던 것으로 보인다. 또 그에 대한 대책을 계속해서 중앙정부에 건의함으로써 홍주목사의 소임이 주어졌다. 여러 가지 시대적 정황상 그는 어쩌면 이몽학의 난과 같은 민중의 반란이 일어날 가능성을 미리 예견했는지도 모를 일이다.

이후 1610년 관직이 형조판서에 이른 홍가신은 아산에서 세상을 떠났다. 사상적으로는 노자철학과 불교관을 배척하였으며, 아산 인산서원(仁山書院)과 온양 정퇴서원(靜退書院)에 봉안되어 있다. 저서로는 『만전집』과 『만전당만록』이 있다. 시호는 문장(文壯)이다.

만전당 홍가신 영정.
홍가신(1541년~1615년)은 이몽학의 난을
평정하여 1등 공신이 되었고, 광해군 때는
형조판서에 이르렀다.

• 홍가신제와 청난사 유적

　홍성지역의 구전에 의하면 선정을 베푼 목사 홍가신이 홍주를 떠나자 홍주읍성에는 각종 질병이 해마다 끊이지 않는 등 괴변이 잇달았다. 견디다 못한 성 안의 읍민들이 홍주의 주산(主山) 백월산(白月山) 정상에 홍가신의 사당을 세우고 목상(木像)을 봉안하여 정성으로 제를 지내자, 모든 질병이 사라지고 평온함을 되찾았다는 것이다. 이것이 홍가신제(洪可臣祭)의 시작이다. 이 제의는 지금도 홍주성 내 홍성읍민들의 주도로 매년 정월대보름 무렵 한 해의 안녕과 풍년을 기원하며 올려지고 있다.

　청난사라고도 불리는 이 건물에 대해서는 청난비(淸難碑)와 건물의 중수를 기록한 상량문을 통해 일부 확인할 수 있다.

　　공(公)이 돌아가신 지 벌써 40년이 지난 오늘날에 공의 충정은 더욱 빛난다. 홍주 사람들이 그 덕을 사모하여 사당을 짓고 제사를 지내니, 백월산의 양지쪽에다 소나무 기둥에 잣나무 판자 신령 앞에 제기를 늘어놓으니 가지는 붉고, 파초열매는 누렇더라.

홍성 백월산의
홍가신 사당(왼쪽)과 내부(위).

홍가신 제향은 오늘날까지 이어지고 있다. 위는 청난사 제향 광경과 청난사 내의 홍가신 청난비.

이처럼 1618년(광해군 10)에 창건하고 1886년(고종 23)에 중수한 사당은 이후에도 몇 차례 중수를 거치다가 2004년 12월 원인 모를 화재로 인해 전소된 것을 2006년 새로 건립해 현재에 이르고 있다. 위치 역시 사람들이 다니기 좋도록 백월산 중턱으로 이건하였다.

홍성에는 이 외에도 당시의 공신들의 업적을 기리는 유적들이 곳곳에 남아있는데, 청난비는 1641년(인조 19) 김광현(金光鉉)이 건립한 것이다. 한편 무속에서도 백월산의 산신이 홍가신의 영험을 받지 않으면 '점'을 쳐도 맞지 않는다고 하는데, 때문에 영기가 떨어진 무녀들이 '홍 대감의 영감을 받는 굿'이 지금까지도 성행하고 있다.

반란의 역도인가 민중의 영웅인가

결국 하늘을 날았다는 이몽학의 꿈은 실패로 돌아갔다. 이몽학은 고통받는 민중을 향하여 "읍내나 촌에 사는 백성들은 편안히 있고 동하지 말라. 이번 거사는 남아 있는 백성을 수화(水火) 가운데서 구체하려는 것이다"(『난중잡록』 권2, 1596년 7월 12일)라고 소리쳤다. 이처럼 이몽학은 이미 봉건적 모순에 민심이 흩어졌음을 알고 있었다.

하지만 그가 정말로 약자가 겪는 모순을 타파하기 위해서 일을 도모한 것인지, 혹은 야욕의 달성을 위해 만용을 부린 것인지에 대해서는 평가가 엇갈린다. 반란을 일으켜 수많은 이들의 피와 목숨을 잃게 만든 주동자임을 부정하기 어렵기 때문이다. 그러나 이 반란은 임진왜란 당시 조정이 얼마만큼이나 민심을 잃고 있었는가를 보여주는 큰 사건이었다.

이후 홍산현은 반란군의 근거지라 하여 폐현(廢縣)이 되기에 이르렀다. 이몽학의 난을 평정한 인물들의 공적은 몇십 년에 걸쳐 논의가 계속되고, 다만 반란의 본거지였던 무량사는 난이 진압된 이후 인조 대에 이르자 국가적으로 중창되었다.

충절의 인물, 김종서의 생애와 후대인의 기억

임선빈(한국학중앙연구원 전임연구원)

세종시 장군면

2012년 7월에 출범한 세종특별자치시에 장군면이 신설되었다. 면 이름에 '장군'이 사용된 것은 이곳이 "세종대왕 당시 6진을 개척한 김종서 장군의 출생지로, 김종서 장군의 묘소와 유형 장군의 사당이 있는 호국충절의 고장"이기 때문이라는 설명이다. 그런데 김종서는 원래 장군이 아니고 문무를 겸비한 선비로서, '공주의 남자'였다. 여기서 공주는 '公主'가 아니라, '公州'이다.

세종이 알아본 인물, 김종서

김종서(金宗瑞, 1383~1453)는 고려 우왕 9년에 아버지 김수(金陲)와 어머니 성주배씨 배규(裵規)의 딸 사이에서 3남 1녀 중 둘째 아들로 태어났다. 본관은 순천(順天), 자는 국경(國卿)이고, 호는 절재(節齋)이다. 탄생지는 공주 의당면(세종시 장군면) 월곡리 천태산 남쪽 끝자락에 있는 마을로, 조선시대에는 충청도 공주목 요당면 비계곡(비계리)이었다.

김종서 가문이 공주에서 살기 시작한 것은 김종서의 할아버지 김태영 때부터로 알려져 있다. 본래 전라도 순천에 거주하고 있었는데, 서울을 왕래하기가 힘들어 그 중간 정도에 집을 마련한 것이 공주 요당이라고 후손들은 설명한다. 전의에 인접한 요당에 터를 잡게 된 것은 아마 김태영 부인(김종서의 할머니)의 외할아버지가 전의 이씨 이자화(李子華)라는 사실과도 무관하지 않을 것이다.

김종서는 23세 때인 태종 5년(1405)에 과거에 급제하여 벼슬길에 나아갔다. 37세 때인 세종 원년(1419)에는 충청도에 행대감찰로 와서 감사와 수령의 빈민구제 상황을 조사하기도 했다. 그는 현장을 발로 뛰면서 굶주린 백성들의 상황을 치밀하게 조사하고 구제하였으며, 그 결과를 상세히 보고함으로써 관료로서의 기민하고 충성스런 행정력을 인정받게 되었다. 이후 사간원 정언·우헌납, 사헌부 지평, 이조 정랑, 의정부 사인, 사헌부 집의 등의 요직을 거쳤으며, 47세 때인 세종 11년(1429)부터는 승정원에 근무하면서 세종으로부터 깊은 신임을 받았다.

김종서는 51세 되던 세종 15년(1433년)에 이조 우참찬 겸 함길도관찰사가 되어 함경도지방을 다스렸다. 이후 세종 22년까지 함길도관찰사(2년)와 함길도

김종서의 집터(공주시 의당면 월곡리).

도절제사(5년)로 재임하면서 국경을 두만강까지 확보하려는 세종의 뜻에 따라 경원·종성·회령·경성·온성·부령 등 6진을 개척하였다.

58세인 세종 22년(1440) 12월에는 내직으로 들어와 형조판서에 임용되었고, 다음 해 11월에는 예조판서에 임용되어 7년간 재임하였다. 그는 판서로 재직하면서도 많은 업적을 남기고 있다. 특히 세종은 병조로 하여금 함길도의 군사 문제는 반드시 김종서와 상의하도록 하는 조처를 취하기도 했다. 세종 27년(1455, 63세)에는 예조판서로서 하삼도 도순찰사가 되어 목장을 순찰하여 하삼도 각지의 목장 적임지에 대해 아뢰었다.

64세인 세종 28년(1446)에는 의정부 우찬성으로 승진하였으며, 이후 지춘추관사로 『고려사』와 『고려사절요』의 편찬에 주도적으로 참여했다. 우찬성에 재직하면서 세종 29년(1447, 65세)에는 충청도 도순찰사가 되어 민정을 순시하고, 태안군 지령산에 봉화대를 쌓게 하기도 했다. 문종이 즉위하자, 1450년(68세) 8월에 의정부 좌찬성에 오르고, 지경연사와 지성균관사를 겸하였으며, 1451년(문종 1)에는 우의정에 올라 정국을 주도하였다. 또한 『세종실록』 편찬의 책임을 맡아 이를 완료했다. 문종이 2년 만에 승하하니 12세의 어린 나이에 왕위에 오른 단종을 지켜줄 인물은 바로 김종서였다. 그러나 수양대군의 정변으로 인해 71세의 나이로 격살(擊殺)당했다.

'큰 호랑이[大虎]'라고 불린 '문신 관료'

김종서는 흔히 '장군'으로 알려져 있다. 그러나 실제로 그는 1405년(태종 5)에 문과에 급제하여 벼슬길에 나아간 문신이다. 세종의 명을 받아 6진(六鎭)을 개척하는 등 북방의 강역을 넓히는 불후의 큰 업적을 쌓은 인물이지만, 그는 전투를 직접 지휘한 장군이 아니라, 군사문제에 해박한 전략가로서 문관 지휘관이었다. 김종서는 우락부락한 장군이 아니었다. 『실록』에도 몸집은 작고 술은 본디 전혀 마시지 못한다고 기록되어 있는 문신관료[儒臣]였다.

김종서는 지방의 하급 수령직에 있을 때에는 백성을 자애로 다스리는 목민관(牧民官)이었으며, 대간(臺諫)이나 승지(承旨)를 거쳐 추요직(樞要職)을 역임하면서는 강직하고 엄정하면서도 실무에 밝아, 당대 관료의 사표가 되었다. 그리하여 세종(世宗)·문종(文宗)·단종(端宗) 삼대의 절대적인 신임을 받아 왕정(王政)을 펴는데 멸사봉공하였고, 정승의 반열에 올라서는 더욱 국정의 중심인물이 되었다.

특히 당대 최고의 문신 학자군을 이룬 집현전 학사들을 지휘하여 『고려사』 편찬을 주도하였고, 『고려사절요』를 편수하는 책임을 맡는 등 뛰어난 문인 학자적 능력을 발휘한 전형적인 문관이면서도, 호방한 기개가 있고 지략에도 밝아 무인적인 기상을 아울러 갖추었던 드문 인물이다.

세종이 자신의 최측근으로서 승정원에 있는 김종서를 발탁하여 돌연 함길도관찰사로 보내고, 임기가 끝나자 다시 함길도절제사로 전보 발령한 까닭도 여기에 있었을 것이다. 이때 과연 김종서는 세종의 기대를 저버리지 않고 북방개척의 큰 공을 세웠다. 김종서가 지은 다음 시조에 그의 호방한 기상이 잘 드러나 있다.

삭풍은 나무 끝에 불고 명월은 눈 속에 찬데
만리변성(萬里邊城)에 일장검(一長劍) 짚고 서서
긴 파람 큰 한 소리에 거칠 것이 없어라.

김종서는 세종의 절대적인 신임하에 온갖 역경을 극복하고 여진을 정벌하며 두만강과 압록강을 국경으로 확정짓는 큰 공을 세우고, 내쳐 만주벌판까지 공략하여 북쪽 외환의 뿌리를 근본적으로 제거하려는 상세한 계책을 세웠으나, 다시 경사(京

『세종실록』 중 김종서에 대한 기록.

師)로 귀환케 된다. 오랑캐 정벌과 강역 확정을 위해 함길도에 머문 지 만 7년 만인 1440년(세종 22) 12월, 김종서의 나이 57세 때이다.

이때 김종서는 자신이 개척한 6진 지역을 감싸고 동북으로 흐르는 두만강의 넘실대는 푸른 물결을 굽어보면서 감개무량에 젖었다. 김종서는 북관에 부임하여서도 정무 처리에 매우 엄격하였다. 그런가 하면 변방에서 고생하는 장수와 병졸들의 사기를 북돋기 위해서 밤에는 큰 잔치를 베풀어 배불리 먹이면서 위로했다. 변방의 거친 풍토에 익숙해진 무관들은 문신인 김종서를 나약한 문관쯤으로 여기고 한동안 반발하며 얕보는 분위기가 있었다.

어느 날 밤 잔치 중에 화살이 날아와 술항아리를 맞췄다. 좌우가 모두 놀라 소란스러웠으나 김종서는 태연자약하여 말하기를, "간사한 무리들이 나를 시험하는 것 같은데, 저희들이 어찌할 수 있겠는가!" 하였다. 이를 보면 그는 곧 무관 못지않은 큰 담력의 소유자였음을 알 수 있다.

당시 사람들은 김종서를 지략이 많은 인물로 평가하면서 '큰 호랑이[大虎]'라고 불렀다. 따라서 수양대군(세조)은 정권을 장악하기 위해 김종서를 먼저 제거하였다. 그런데 세조조에 편찬된 『단종실록』에는 오히려 수양대군을 '큰 호랑이[大虎]'라고 지칭한 표현이 보인다. 혹시 어린 조카 단종의 왕위를 찬탈한 수양대군 세조가 당대의 영웅 김종서를 지칭할 때 사용되었던 '대호'라는 칭호까지도 그의 목숨과 함께 빼앗아간 것은 아닌지 모르겠다.

절의(節義)로 마감한 억울한 생애, 역적인가 충신인가

국왕과 신하와의 관계는 아무리 친밀하여도, 유교국가에서는 의리로 맺어지는 것을 이상(理想)으로 여긴다. 그리고 의리로 맺어져야만 국정의 대사(大事)를 함께 논의할 수 있다. 세종이 말년에 가서 국방의 중요사를 모두 김종서의 의견에 따르고 또 그에게 직접 임무를 맡긴 것이 그러한 예이다. 이와 같은 돈독한 군신 간의 관계는 세종의 뒤를 이은 문종 대 역시 그대로 이어진다. 아니

오히려 세종 대보다 더욱 김종서에 의지하는 폭이 확대되었다.

문종이 김종서를 절대적으로 신임하였던 사실은 사서(史書) 편찬을 김종서에게 일임한 데서도 짐작된다. 선왕 세종의 명을 받아 편찬 작업을 지휘해 왔던 기전체 『고려사』가 문종대에 완성되어 바쳐지는데, 이때 문종은 김종서의 건의를 받아들여 곧바로 『고려사절요』의 편찬을 명한다. 또한 『세종실록』 편찬의 책임을 맡아 완료하였다.

그러나 문종이 2년 만에 승하하니 12세의 어린 단종이 왕위에 올랐다. 어린 단종의 왕위를 지켜줄 인물은 바로 김종서였다. 수양대군은 한명회, 권람과 더불어 왕위를 탈취하려 하면서 오히려 안평대군이 왕위를 노리고 있으므로 이를 사전에 제거한다는 명분으로 김종서를 폭력으로 제거하였다. 1453년 수양대군은 무뢰배들을 대동하고 서대문 밖에 있었던 김종서의 집에 직접 찾아가서 철퇴로 때려죽이려고 하였다. 철퇴를 맞고서도 쉽게 죽을 수 없었던 김종서는 피를 흘리면서도 도성으로 들어가 어린 단종을 지키면서 사태를 수습하려고 했으나, 결국 이튿날 새벽에 정변을 일으킨 일당에 의해 참살당했다. 수양대군은 황보인 등 반대파들도 미리 작성한 살생부에 따라 궁궐에 불러 참살하였다. 이후 수양대군이 영의정을 거쳐 왕위에 오르는 것은 불을 보듯 뻔한 일이었다.

김종서는 수양대군의 계유정변으로 본인만 죽은 것이 아니라, 집안도 철저하게 파괴당했다. 김종서의 맏아들인 병조참의 김승규는 계유정변 당시 김종서의 서울 집인 현장에서 죽었다. 남아 있던 김종서의 가족들에 대한 처벌은 『대명률』의 '모반대역조(謀反大逆條)'가 준거가 되었다. 그리하여 정변이 발발한 지 이틀이 지나 수양대군은 주형(誅刑)을 받은 사람들의 아비와 자식으로 나이 16세 이상인 자는 영원히 변군 관노(官奴)에 부치고, 나이 15세 이하인 자 및 모녀·처첩·조손·형제·자매 또는 자식의 처첩은 영구히 외방 관노에 부치며, 백숙부와 형제의 아들은 외방에 안치토록 하고, 재산은 모두 적몰하도록 지시하였다.

정변이 일어난 지 한 달이 지나자 김승벽·김석대의 아들로 나이 16세 이상 된 자는 거제·남해·진도·제주 등의 관노로 영속시키고, 15세 이하는 그 어미에게 주어 기르게 하되, 장정이 된 후에 관노에 속하게 하였다. 그후 단종 2년 8월에는 김종서의 아들 김목대, 김승규의 아들 김조동·김수동 등도 법에 의한 처치를 지시하여 형장의 이슬로 사라졌고, 또한 김승벽의 아들 김석동은 그 나이 16세가 차기를 기다려서 전라도 극변의 관노로 영속시키도록 조치하였다.

김종서의 가족 가운데 여인들은 살려두었지만, 살아남은 가족들의 처지와 슬픔도 형언하기 어려운 것이었다. 품위를 지키며 곱게만 자랐을 정승의 며느리, 손녀들이 하루아침에 노비로 전락하여, 남편, 시아버지, 할아버지를 처참하게 죽이는 데 앞장섰던 인물들에게 선물로 주어졌다. 김승규의 아내 내은비, 딸 내은금, 첩의 딸 한금은 영의정 정인지에게 주어졌고, 김승규의 딸 숙희는 동지중추원사 강곤에게 주어졌으며, 김승벽의 아내 효의는 예조참판 홍윤성에게 주어졌다.

세조조에 수양대군을 왕으로 옹립한 무리들에 의해서 편찬된 『노산군일기』(『단종실록』)에는 김종서가 역적으로 기술되어 있다. 아마 그의 행적도 비행으로 과장되고 날조되어 기술될 수밖에 없었을 것이다. 반면에 수양대군이 일으킨 정변(쿠데타)은 계유정난(癸酉靖難)으로 미화되었다. '정난(靖難)'이란 나라가 처한 병란이나 위태로운 재난을 평정한다는 의미이다. 김종서를 제거하는 데 앞장섰던 무리들은 정난공신(靖難功臣)으로 책봉되어, 후손 대대로 정치적 경제적 사회적 특권을 누리게 되었다.

김종서는 문무를 겸비한 당대 제일의 명재상이며 역사가였다. 그의 참된

충신 김종서의 효자 김승규 정려(공주시 장기면 대교리 소재).

존재가 수양대군의 계유정변으로 인해 한동안 왜곡되었지만, 역사의 진실은 침묵으로 일관할 수 없었다. 즉 사림(士林)들은 이미 조선 전기부터 그의 충절을 높이 평가하고 있었고 조선 후기에 이르면 그의 충절이 조정으로부터 공인받기에 이른다.

영·정조에 이르면 김종서를 비롯한 황보인, 정분 등 삼상에 대한 선양이 본격적으로 이루어졌다. 먼저 1746년(영조 22) 12월 27일에 드디어 김종서를 비롯한 삼상의 관작이 추복되었다. 이어 6일이 지난 다음 해(영조 23년) 1월 2일에는 영의정 김재

생가터에 세워진 김종서 장군 유허비.

로의 차자에 의해, 황보인·김종서와 함께 죽은 여러 신하들도 복관함으로써, 김종서의 아들 김승규와 김승벽도 복관되었다.

김종서와 충청도의 각별한 인연

공주는 김종서가 태어난 곳이다. 『실록』의 여러 기사를 통해 확인해 보면, 공주에는 김종서의 집과 농장, 그리고 선대 묘소가 있었다. 1439년(세종 21)에 세종은 충청도관찰사에게 공주에 살면서 오랜 질병으로 고생하고 있는 김종서의 아내에게 어육(魚肉)의 종류는 다소를 논하지 말고 연속하여 주어 섭양하게 하라고 전지하였다. 당시 김종서는 함길도절제사로 멀리 떠나 있어서, 집안을 돌볼 겨를이 없었기 때문이었다. 1452년(단종 즉위년)에는 김종서가 좌의정이 되자 공주에 와서 조상의 무덤에 제사를 올렸다.

김종서는 죽은 후에도 공주에 묻혔다. 김종서의 묘역은 장기면(장군면) 대교리 밤실마을에 자리 잡고 있다. 김종서가 이곳에 묻힌 것에 대해 김승벽이 아버

지의 시신을 말에 싣고 고향 공주로 달려와 장사 지낸 후 다시 도주했다고 전해지고 있다.

한편, 김종서의 묘소가 대교리에 자리 잡게 된 것과 관련하여 애틋하고도 슬픈 이야기가 전해진다. 김종서 장군에게는 자식처럼 아끼고 사랑하는 말이 한 마리 있었는데, 1453년 수양대군이 김종서를 죽여 능지처참시키자 이 광경을 보고 있던 말이 갑자기 뛰어들어 김종서의 다리 한쪽을 물고 한양을 뛰쳐나와 김종서의 고향인 공주까지 쉬지 않고 달려와서 죽었다는 것이다. 이때 말이 몰고 온 한쪽 다리를 이곳에 묻었는데, 그후부터 마을 이름을 '한다리'라고 부르게 되었고, 그것이 변하여 '대교리(大橋里)'가 되었다는 전설이다.

김종서가 태어나 묻힌 공주의 역사에서 김종서의 행적은 한동안 지워져 있었다. 성종조에 편찬되고, 중종조에 신증된 『신증동국여지승람』의 공주목 인물조에는 김종서에 대한 기사가 실려 있지 않으며, 그후의 조선시대 읍지와 지리지에도 조선 말기까지 공주의 김종서나 그 가문에 대한 기록을 찾아볼 수 없다. 김종서의 학문적 역량이나 업적에 비추어보았을 때, 만약 김종서가 비운의 주인공으로 사라지지 않았다면, 아마 이러한 일은 없었을 것이다.

김종서의 묘가 있는 한다리 마을.

공주가 배출한 한 '영웅'이 수백 년 동안 공주의 역사에서 '망각'되어 있었던 것이다. 조선 중기 사림이 집권하는 조정에서 김종서에 대한 평가가 역적에서 충신으로 바뀌고, 조선 후기에 다시 그에 대한 신원운동이 이루어져 영·정조대에 이르면 본격적인 선양작업이 행해졌고, 이와 함께 그가 태어나고 묻힌 향리 공주에서도 그를 제향하는 요당서사와 숙모전이 등장하고 있다.

김종서를 제향하는 서원으로는 숙모전, 충렬사(함경도 종성), 요당서사, 겸천사(전남 순천) 등이 알려져 있다. 이 가운데 공주에는 숙모전이 있고, 요당서사가 있었다. 요당서사(蓼塘書祠)는 공주의 오룡골 남쪽 끝에 있는 욧골(蓼谷)마을에 있었던 사당으로 제향인물은 황보인(皇甫仁), 김종서, 정분(鄭苯) 등 모두 9명이었다. 공주시 반포면 학봉리 동학사 입구에는 단종의 영혼과 세조에게 항거한 충신·열사의 혼을 모신 숙모전이 있다. 김종서는 숙모전 동무에 배향되어 있다.

그런데 김종서에 대한 평가는 근래에 와서 또다시 굴절되었다. 원래 문과 출신으로 문신관료로 활동했고 당대를 대표할 만한 학자였음에도 불구하고, 20세기 후반 '장군의 시대'에는 단지 '육진을 개척한 김종서 장군'으로 자리매김 되었다. 조선 후기에 세워진 김종서에 대한 기념비인 묘비와 명정현판 등에서는 어디에서도 '장군'이라는 표현을 찾을 수 없으나, 1981년에 그의 생가터에 세워진 유허비는 '김종서장군유허비'이다.

역사 서술은 기억과 망각의 변증법에 의해 이루어진다. 과거의 사실 중에서 역사가에 의해 기억된 것은 역사화하지만 망각된 것은 사라지며, 때로는 한때 망각되었던 것이 후대인의 기억으로 되살아나 역사화하기도 한다. 공주에서의 절재 김종서에 대한 역사 서술도 망각의 역사에서 기억의 역사로 되살아난 전형적인 예라고 할 수 있다.

더군다나 이제 김종서는 공주의 인물만이 아니다. 세종시의 인물로 자리매김하여 '세종시 장군면'으로 새롭게 부활하고 있다.

민군일치와 의기로 치러낸 참혹한 전쟁 7년

곽호제 (청양대학교 교수)

임진왜란의 전황과 충남

'임진왜란(壬辰倭亂)'은 넓은 의미로는 1592년부터 1598년까지 일본군이 명(明)을 치기 위해 길을 빌려달라는 명분으로 조선을 침입하여 전개되었던 전란이다. 한편 좁은 의미로 1592년 침입하여 전개된 전란을 '임진왜란'이라 하고, 1597년 일본군이 재침(再侵)하여 전개되었던 전란을 '정유재란(丁酉再亂)'이라고 구분하기도 한다.

1592년 4월 14일 부산과 동래를 함락시킨 일본군은 서울을 향해 좌·중·우도의 3개로 나누어 진격하였다. 이중에서 충청도지역을 통과하는 일본군은 우도(右道)를 이용하여 동래-김해-성주-무계-금산(김천)-추풍령-영동-

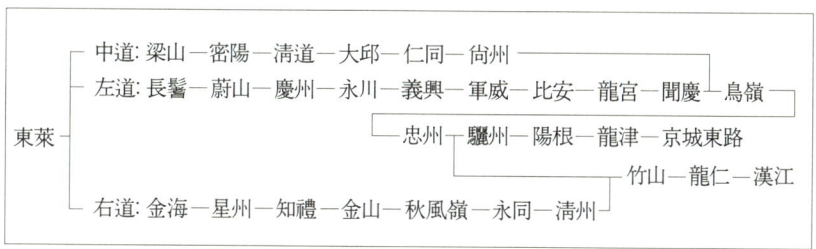

일본군의 북상 경로.

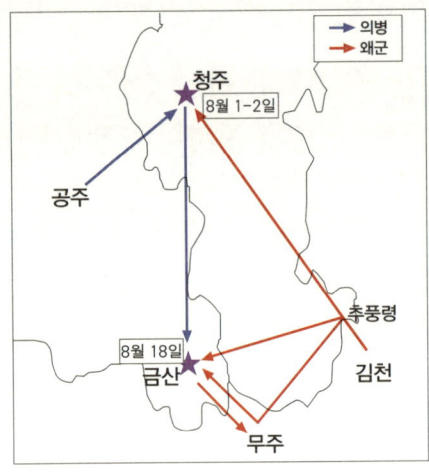

임진왜란 당시 충청도 전황도.

청주-경기도로 북상하였다.

일본군이 북상하던 전쟁 초기에 조선의 군대와 백성은 망풍와괴(望風瓦壞)하는 무력함을 보였으므로, 일본군은 별다른 큰 싸움이 없이 경상도와 충청도를 통과하여 불과 보름 만에 서울을 점령하였다. 그것은 조선이 당시 정치세력 간의 갈등으로 인한 정책의 부재에다가 왕조가 개창한 이후 200년간 큰 전쟁이 없었으므로 전쟁에 대한 경험과 준비가 소홀했던 반면, 일본군은 오랜 전국시대(戰國時代)를 지나면서 전투경험을 가질 수 있었고 병력의 수에서도 우세하였으며 계획적이고 조직적이었기 때문에 빚어진 결과라고 볼 수 있다.

일본군은 충청도를 통과하여 북상하면서도, 주요 거점에는 군대를 주둔시켜 병력을 이동시키고 군수물자를 확보하려는 작전을 수행하였다. 이러한 과정에서 청주(淸州)와 금산(錦山)은 충청도에서 가장 중요한 거점으로 일본군이 주둔하고 있었던 곳이다.

일본군은 장기적인 전쟁 수행을 위해 곡창지대인 전라도를 점령하여 군량을 공급할 계획을 가지고 있었다. 그리고 선발대가 북진하면서 점령한 이후에도 후속부대와 군수품 공급, 점령지의 민정(民政)을 위해 후방의 요지에 거점을 마련하여 군대를 주둔시켰다. 1592년 7월경의 충청도와 경상도 일부지역의 일본군 배치병력 현황은 다음의 표와 같다.

충청도 · 경상도의 일본군 배치병력 현황(1592년 7월)

지역		병력 수	주장	비고
충청도	청주 충주	7,000	하치스카 이에마사 (蜂須賀家政)	8. 1. 조헌·영규 의병부대가 청주성 탈환
충청도	금산	10,000	고바야카와 다카카게(小早川隆景)	이치대첩(권율), 제1차 금산성 전투(고경명), 제2차 금산성 전투(조헌, 영규) 이후 김천으로 퇴각
경상도	金山 (金泉)	2,500 800 900 200 300 160 4,860	다치바나 무네토라 (立花統虎) 다카하시 무네마스 (高橋統增) 지쿠시 히로카도 (筑紫廣門) 가스야 다케노리 (加須屋武則) 신조 나오사다 (新庄直定) 오타 가즈요시 (太田一吉)	
경상도	선산	1,000 400 1,400	미야베 나가히로 (宮部長熙) 가키야 쓰네후사 (垣屋恒總)	
경상도	상주	4,000	이나바 사다미치 (稻葉貞通)	

* 李炯錫, 『壬辰戰亂史』 別卷, 임진전란사간행위원회, 1974, 1721쪽.

경상도의 김천·개령과 충청도의 청주, 그리고 금산은 일본군이 점령하여 군대를 장기적으로 주둔시켰던 대표적인 거점이었다. 경상도 김천(金泉)은 경상도에서 추풍령(秋風嶺), 괘방령(掛榜嶺), 우두령(牛頭嶺)을 넘어 충청도로 들어오는 교통상의 요지에 위치하였다. 따라서 김천의 주변지역에는 일본군이 북진하면서 점령한 1592년 4월 말 이후부터 후퇴하여 남쪽으로 밀려났던 1594년 말까

금산 이치 전적지 전경.

지 일본군이 계속 주둔해 있었고, 이에 대응하여 관군과 의병이 곳곳에서 전투를 치렀다.

또한 금산은 무주와 더불어 일본군의 군량 공급지인 호남지방으로 들어가는 전초기지였다. 일본군은 전쟁을 주도적으로 진행하기 시작한 5월이 되면서 호남지방을 점령하려고 시도하였고, 그 경로도 각지에서 다양한 작전으로 전개되었다. 먼저 일본군은 남해안에서 직접 호남으로 상륙하려고 하였다. 그러나 이순신(李舜臣)이 5월 7일의 옥포해전을 비롯하여 17차례의 승첩을 거두면서 호남을 지켰다. 남해에서 호남 상륙이 막히자 6월 이후에는 내륙으로 진출하고자 하였다. 6월 말의 운암(雲巖) 전투와 초계진(草溪鎭) 전투, 7월 초의 진안(鎭安)의 웅치(熊峙) 전투, 금산의 이치(梨峙) 전투·제1차와 2차의 금산성 전투가 일본군의 호남진출을 저지한 전투였다.

특히 일본군이 금산에 다른 지역의 2~3배에 달하는 1만 명의 병력을 주둔시키면서 여러 차례의 전투를 시도한 것은 금산을 경유하여 호남 진출을 목표로 한 일본군의 계획이 확고했음을 말해 준다. 그러나 조헌과 영규가 이끌었던 제2차 금산성 전투 이후 일본군은 금산에서 더 이상 버티지 못하고 무주 쪽으로 퇴각하게 되었다.

임진·정유재란 당시 충남지역의 전투현황

연 월 일	전투지	장수 조선(명)	장수 왜	전투결과
1592. 7. 9~10.	금산(1차)	고경명(高敬命)	고바야카와 다카카게(小早川隆景)	고경명 전사
1592. 7. 20.	이치	권율(權慄)	고바야카와 다카카게(小早川隆景)	일본군 격퇴
1592. 8. 1.	청주	조헌(趙憲)·영규(靈圭)	하치스카 이에마사(蜂須賀家政)의 일부병력	청주 수복
1592. 8. 18.	금산(2차)	조헌(趙憲)·영규(靈圭)	고바야카와 다카카게(小早川隆景)	조헌 전사, 왜군 금산철수
1597. 9. 6~7.	직산	양호(楊鎬)·마귀(麻貴)	가토 기요마사(加藤淸正)·모리 히데모토(毛利秀元)·구로다 나가마사(黑田長政)	일본군 격퇴

일본군의 점령과 장기주둔이 조선의 백성들에게 미친 피해는 이루 말할 수 없이 컸다. 이 배경에는 전쟁의 피해 이전에 제도적 모순과 기강의 해이로 인해 이미 백성들이 피해를 입고 있던 상황이 있었다. 그 근본적인 이유는 세금 부담의 증가에 따르는 백성의 유망(流亡)으로 인하여 호구(戶口)와 군정(軍丁)이 감소한 것을 들 수 있다. 농민 의무병을 근간으로 하는 조선 전기의 군사체제는 유민(流民)이 발생하면서 체제를 유지할 수 없었고, 일본군이 당도하기도 전에 대부분의 군관들과 수령들이 도망할 수밖에 없는 상황에 이른 것이다.

당시에 충청도는 4곳의 목(牧)이 설치되어 있었는데, 목이 설치된 충주와 청주를 중심으로 한 충청좌도(忠淸左道)와 공주와 홍주를 중심으로 한 충청우도(忠淸右道)로 구분되었다. 이 구분은 대체로 현재의 충청북도와 충청남도로 구분된 것과 거의 일치한다. 일본군의 북상로가 충청좌도인 충주와 청주를 지났기 때문에 충청좌도는 직접적으로 많은 피해를 입을 수밖에 없었다. 그러나 충청우도는 일본군의 북상 경로에서 거리가 떨어져 있었으므로 직접적인 피해를 입지는 않았다.

현재의 충청남도지역인 충청우도는 일본군의 침입에서 제외되었지만 충청우도지역 사람들은 다른 지역의 일본군 주둔지, 또는 진격로를 공격하여 대항하였다. 의식(意識)이 있는 향촌의 유생(儒生) 및 승려, 그리고 극히 일부의 관리들은 의(義)를 부르짖고 그의 가족, 문인(門人), 고을의 장정들과 가동(家僮)까지도 모집하여 불의(不義)에 대응하기 위해 일어섰다. 이들이 거의(擧義)하여 일본군과 맞서서 죽음을 무릅쓰고 전투를 치름으로써 일본군을 격퇴할 수 있었던 것은 그들이 향촌사회에서 형성해 온 사회적 기반이 조성되어 있었기 때문이었다. 또한 충남 출신으로 타지에서 문무관으로 봉직하던 관리들도 피난하는 임금을 호종(扈從)하는가 하면 근무지 주변에서 일본군과 맞서 대응하였다. 한편 일본군과 대응과정에서 순절한 자의 미망인과 유가족들은 순절자와 함께 죽든지, 또는 따라서 죽은 경우가 많았다.

의병의 활약

16세기 이래 호서지역(湖西地域)은 사림(士林)의 새로운 근거지로 각광을 받았다. 특히 중종 때 실시된 현량과(賢良科) 급제자의 대부분이 경기도와 충청도 출신이었고, 정암 조광조(靜菴 趙光祖) 등과 밀착되어 개혁에 동조한 사림파 가운데 호서지역 출신이 많았다. 이들은 근기(近畿)의 율곡 이이(栗谷 李珥)와 우계 성혼(牛溪 成渾), 구봉 송익필(龜峰 宋翼弼)에서 토정 이지함(土亭 李之菡: 保寧), 서기

(徐起: 公州), 조헌(趙憲: 沃川)으로 연결되어 호서사림의 학통을 형성하였다.

호서의병의 주도층은 향촌에서 중망받는 사족(士族)들로서 조선 초기 이래 그 지역에서 세력기반을 확보해 온 계층들이었다. 즉 사림 가운데 명망 있는 자가 창의하여 문하(門下) 및 종유인(從遊人) 등의 호응을 얻은 다음, 그 호응자들이 다시 각각 지역의 향민들을 동원하는 형태로 전개되었다.

호서지역에서 학연(學緣)을 기반으로 의병의 규모를 확대시킨 대표적인 의병장은 조헌(1544~1592)이다. 조헌은 본래 김포에서 태어나서 16세기 기호 사림의 종장(宗匠)으로 파주에 살던 이이와 성혼의 문인이었다. 사림의 명망을 받던 조헌이 이들과 문인으로 연결된 계기는 선조 4년(1571) 조헌이 홍주교수(洪州敎授)로 있으면서 보령에 살던 이지함에게 가르침을 청한 것으로부터 비롯되었다. 이지함은 조헌의 학식이 높음을 알고 이이·성혼을 스승으로 섬길 것과, 송익필과 서기를 찾아뵐 것을 추천하였다. 그리고 이지함은 사람들에게 말하기를 "다만 여식(汝式: 趙憲의 字)이 나를 스승으로 하는 것을 알 뿐 여식이 진정 내 스승인 줄은 모른다"라고 할 정도로 조헌을 소중히 여겼다. 조헌이 선조 3년(1570) 파주교수(坡州敎授)로 부임하여 성혼에게 학문을 청하였을 때 성혼은 조헌을 외우(畏友)라 하였으나, 조헌은 성혼을 끝내 스승으로 섬겼다. 또한 이이를 평생 동안 존숭하면서 호(號)를 후율(後栗)이라고까지 하였다.

조헌 사당(금산군 복수면 곡남리).

조헌은 홍주교수를 지낸 이후 전라도사(全羅都事)와 보은현감 및 공주제독을 지냈다. 그는 위의 관직을 수행하면서 지역의 사림과 자제들을 교육하여 학문적 관련을 맺었고, 특히 공주에서는 학생들을 모집하여 선정의 법식대로 정성 껏 이끌었다. 조헌이 의병을 봉기할 때 (수년전 자신이 제독으로 봉직했던 공주의) 향교 에서 군대를 일으켰다는 사실도 의병진 구성원의 상당한 수가 그 지역의 학생 또는 이와 관련된 사람이었음을 추정할 수 있다. 조헌의 문집인『중봉집(重峰 集)』의「순절록(殉節錄)」에 수록된 141명의 인물 중 조헌의 문인으로 볼 수 있는 사람이 88명이다. 이들의 학문적 사승(師承)은 스승이 평소 교육한 바대로 의리 정신을 부르짖었을 때, 다수의 문생들이 동조하여 의병에 참여할 수 있는 계기 가 되었다.

이러한 사실을 의병의 출신지를 통해서 비교해 보자. 다음의 표에서 확인된 것과 같이 출신지를 알 수 있는 88명은 임란 이전에 조헌이 생활하였던 옥천· 영동·보은 출신과 교수 및 제독과 같은 교육 분야의 관직에 있었던 공주·홍 주·전라도 등의 출신들이었다. 이들의 대부분이 조헌과 학연을 통한 문생으 로 스승의 의병봉기에 참여하였음을 알 수 있다.

조헌 의병진의 출신지

출신지	청주목			공주목	홍주목	전라도	경상도	계
	옥천	보은	영동					
인원(명)	28	11	9	19	6	13	2	88
(%)	48(54.5%)			(21.6%)	(6.8%)	(14.8%)	(2.2 %)	(100%)

호서지역 각지의 의병장들이 기의(起義)했을 때, 넓게는 문인들의 학연(學緣) 과 좁게는 친·인척과 통혼권을 바탕으로 한 혈연이 의병을 봉기하고 활동할 수 있었던 기반이 되었다. 특히 호서의병의 문인관계는 조헌과 의병 주도층 사 이에 형성되어 있었으나, 혈연관계는 조헌과 의병 주도층 사이에는 아주 미약 하고 주로 주도층 상호 간에 형성되어 있었다. 호서의병 주도층을 성씨·본관

과 거주지별로 분류하여 다수순으로 정리하면 다음의 표와 같다. 이들 중 거주지가 충남지역으로 확인된 성씨는 공주의 만경 노씨와 충주 박씨가 각각 3명씩이고, 백천 조씨는 4명 중 조경남 1명이 홍주로 확인되었다. 그리고 풍천 임씨(정산), 면천 복씨(청양), 여주 이씨(홍주) 등이 각각 1명이었다.

조헌 의병진의 성씨 및 거주지

성씨·본관	거주지	의병 성명	인원
개성 김씨	옥천	김절(金節)·김노(金籙)·김약(金籥)·김전(金篆)·김성진(金聲振)	5
경주 김씨	보은	김성원(金聲遠)·김희철(金希哲)·김가권(金可權)·김함(金諴)	4
배천 조씨	옥천 영동 홍주 문경	조완기(趙完基) 조유(趙愈) 조경남(趙敬男) 조사안(趙師顔)	4
옥천 전씨	옥천	전승업(全承業)·전충남(全忠男)·전설(全渫)	3
하동 정씨	옥천	정주(鄭霔)·정립(鄭霅)·정홍적(鄭弘績)	3
선산 곽씨	옥천	곽자방(郭自防)·곽현(郭鉉)·곽숭인(郭崇仁)	3
밀양 박씨	영동	박정필(朴廷弼)·박정량(朴廷亮)·박정로(朴廷老)	3
만경 노씨	공주	노응환(盧應晥)·노응탁(盧應晫)·노응호(盧應晧)	3
충주 박씨	공주·영동	박광렬(朴光烈)·박사진(朴士振)·박사삼(朴事三)	3
풍천 임씨	정산	임정식(任廷式)	1
면천 복씨	청양	복응길(卜應吉)	1
여주 이씨	홍주	이광륜(李光輪)	1

임란 발발 이전에 조헌은 일본을 무도(無道)의 나라로 규정하고 일본 사신의 목을 벨 것을 주장하였다. 그리고 왜군의 침입을 예견하고 주변 사람들에게 대비책과 충의를 권장하였다. 그러나 조헌은 임란을 예견했으면서도 1592년

4월 14일 일본군의 부산 침입 후 20일이 지난 5월 3일에야 기의하게 되었다. 그 것은 4월 20일 부인 신씨(辛氏)의 장례를 간략하게 치르고 나서, 노모를 청주 선 유동에 피난시키고 돌아오던 중 이미 일본군이 보은과 청주를 점령했기 때문 에 지연된 것이었다. 여기에 임란 초기 대부분의 의병장이 관군과의 관계가 원 만하지 못했듯이 조헌도 충청도 순찰사 윤선각(尹先覺)과 갈등이 있었다. 결국 지역적 기반이 미약했던 조헌은 5월 3일 청주에서의 1차 기병에 실패하였다. 1 차 기병에 참여했던 이봉(李逢)과 이명백(李命白) 등은 7월에 경상도 상주에서 의 병활동을 주도하였다.

조헌의 실질적인 기병은 1차 기병인 5월 3일보다 1개월 후인 6월 초의 2차 기병이며, 이때에 보은 차령(車嶺)을 방어하였다. 그러나 3차 기병은 1000여 명 을 모병하였으나 의병의 부모와 처자를 가두는 안세헌(安世獻)의 작간(作奸)으

공주 향교. 조헌이 공주향교 제독관을 지내는 동안 인연을 맺은 유생들이 훗날 그의 창의에 호응하여 금산 전투 에 참여하였다(충남 유형문화재 제75호. 공주시 교동 소재).

금산 칠백의총. 사적 제105호(충남 금산군 금성면 의총리 소재).

로 실패로 돌아갔다. 토적을 위한 조헌의 본격적인 활동은 4차 기병이다. 4차 기병은 7월 4일 공주에서 깃발을 세우고 북을 치며 의병 1600여 명을 모은 것으로부터 시작되었다. 공주 사람들이 의병에 참여하기 시작한 것은 이때부터인데, 만경 노씨와 충주 박씨 이외에도 장덕개, 신난수, 노경우 등이 함께 참여하였다. 4차 기병에서는 모병 지역의 범위도 공주목을 포함하여 홍주목까지 확대되어 호서지역 대부분의 의병들은 이때부터 조헌을 따르게 되었고, 이들이 청주성 탈환과 금산성 전투의 주인공이 되었으나 대부분이 금산성 전투에서 순절하였다.

조헌 의병 현황

시기(1592년)	의병장	지역	인물	규모 및 성과
1592년 5월 3일	조헌(1차)	청주	이우(李瑀)·이봉(李逢)·김경백(金敬伯) 등	실패
6월 초	조헌(2차)	옥천	김절(金節)·김약(金箹)·박충검(朴忠儉) 등 윤선각(尹先覺)과 갈등	고을 백성 수백 명이 보은 방어
6월 중순~6월 말	조헌(3차)	공주·호우	전승업(全承業) 등 문인(門人), 윤선각(尹先覺) 방해	1000여 명. 안세헌의 작간으로 실패.
6월 말~7월 4일	조헌(4차)	홍주·공주·정산·온양	이광륜(李光輪)·장덕개(張德蓋)·신난수(申蘭秀)·고경우(高擎宇)·노이점(盧應晫) 등	1600여 명이 청주성 탈환 및 금산성 전투

갑사 표충원과 내부. 임진왜란 때에 승병을 이끌고 참전한 서산대사·사명대사·영규 대사 3인의 영정을 모시는 사우(1738년 창건되었음).

    조헌이 의병을 봉기할 때와 거의 비슷한 시기에 최초의 의승군으로 영규(靈圭)가 봉기하였다. 영규는 서산 대사 휴정의 제자로서 난이 일어나기 이전에 난이 있을 것을 예측하고 공주의 청련암(靑蓮庵)에서 선장(禪杖)을 가지고 연무하기를 즐겼다고 한다. 왜군의 침입 소식을 처음 듣고 여러 스님들과 갑사(岬寺) 절문 앞에 모여 도적을 칠 것을 의논하고 장차 출정할 것을 약속하였다. 영규가 의병을 일으킨 목적은 위국(爲國)에 있었다. 그가 승려의 신분으로 의병을 일으키면서 "한 그릇의 밥도 다 나라의 은혜이다"라고 외친 것에서 위기에 처한 나라를 구하겠다는 의지가 보인다. 영규가 의병을 봉기할 때 "우리들의 기의(起義)는 조정의 명령이 아니니 죽음을 두려워하는 자는 들어오지 말라"고 외쳤다. 영규가 승군을 봉기한 시기는 남방지역에서 의병이 활발히 전개되던 6월경으로 볼 수 있다. 신흠(申欽)이 영규의 기의를 남방의 초기 의병장들과 함께 거론한 것으로 보아 영규의 기의도 이와 비슷한 시기일 것으로 짐작되기 때문이다.

문무관료와 효열

충남 사람들은 의병 이외에도 문무관료로서 임금을 호종하거나 일본군과 대항하였다. 일본군과 대항했던 관리들은 대부분 일본군의 진격로에서 맞서 싸우다 희생되었다. 앞에서 언급한 의병을 제외한 이들의 행적에 대해 18세기 중엽에 관찬지리지로 간행된 『여지도서(輿地圖書)』에서 확인할 수 있는 내용을 다음의 표로 정리하였다.

임진왜란 당시 충남 출신의 충신

지역	인물	행적
공주	유형(柳珩)	김천일과 강화도에서 공을 세우고, 노량해전에서 순절
	정천경(鄭天卿)	명나라 장군 남방위, 임제와 공을 세움
	김해(金澥)	상주목사로서 임소에서 순절
회덕	연복(延福)	무과에 급제하여 첨정. 의병을 일으켜 일본군 격파
노성	윤창세(尹昌世)	의병 일으킬 때 '서멸차적 무부오왕(誓滅此賊 無負吾王; 왜적들을 격멸한 것을 맹세하고 우리 임금을 저버리지 말자)'의 여덟 자를 기에 걸고 일본군 격파. 군중에서 병사
	이해(李垓)	의병장을 따라 순절

보령	이지인(李志仁)	60세에 숙천부사로서 진주에서 두 형 경인, 덕인과 함께 순절
	김홍달(金弘達)	조방장으로 아우 홍선, 홍술과 함께 순절
해미	유지립(柳之立)	통곡하면서 행재소에 상소를 올림
	남유(南瑜)	나주목사로서 이순신과 함께 노량에서 순절
	정충신(鄭忠信)	17세에 일본군을 격파
면천	구덕령(具德岺)	신립을 따라 충주 달천에서 일본군 격파. 일본군이 비장(飛將)이라 부름
	이언우(李彦瑀)	여막을 지키다가 전쟁에 나가 용인에서 순절
	이의(李薿)	임진왜란 때 순절
부여	정득열(鄭得說)	사천현감으로 싸우다가 28세에 순절
	민여준(閔汝俊)	홍산에서 일어난 이몽학의 난 때 반란세력을 토벌
	유명(柳蓂)	홍산에서 일어난 이몽학의 난 때 다리를 부수고 강로(江路)를 막아 청난 3등 공신
한산	노정필(盧廷弼)	모친상을 당하였을 때 선조의 피난 소식을 듣고 병사 황진의 막하에 들어가 진주에서 순절
비인	구황(具滉)	정유재란 때 왜장 청정이 함경도를 침범하자 오촌권관으로 단천 쌍포에서 일본군 대파
아산	이순신(李舜臣)	전라좌수사로서 일본군을 섬멸하고 1593년 통제사, 1598년 적의 탄환에 순절
	한순(韓楯)	남평현감으로 500명의 군대를 이끌고 금산으로 향하여 양단산에서 전사
덕산	정견룡(鄭見龍)	북병사로서 일본군을 토벌하여 공을 세움
	유의신(柳義臣)	가덕포 앞바다에서 2~3차례 승첩을 올렸으나 적의 탄환을 맞아 군중에서 죽음
천안	장핵(張翮)	훈련정. 의병을 모집하여 죽산 진천 사이에서 크게 이겼으나 결국 적에 잡혀 죽음
목천	이난수(李鸞壽)	어려운 여건에서 행재소를 떠나지 않았으며, 모친의 병에 단지, 3년 여묘. 증효정려
	이여청(李汝淸)	조카 심언과 함께 의병을 봉기하여 공을 세움
	김시민(金時敏)	진주판관으로서 진주 싸움에서 순절
	이복장(李福長)	가동 수백을 이끌고 이웃에 격문을 전하여 의병봉기, 공을 세움

충남 출신의 문무관료로서 임진왜란 때 지휘관으로 활약하다가 순절한 대표적인 인물로는 이순신과 김시민을 들 수 있다. 아산 출신인 이순신은 전라좌수사에 이어 통제사로서 남해안에서 10여 차례 일본군의 호남 진출을 저지하였고, 정유재란 때 노량해전(露粱海戰)에서 순절하였다. 이때 유형(柳珩)과 남유(南瑜)가 이순신과 함께 노량에서 전사하였다. 그리고 목천 출신인 김시민은 진주판관으로서 진주성 전투에서 순절하였다.

한편 앞에서 설명한 의병에는 포함되지 않았지만, 의병을 봉기하여 대항했던 인물로는 회덕의 연복(延福), 노성의 윤창세(尹昌世)와 이해(李垓), 천안의 장핵(張翮), 목천의 이복장(李福長) 등이 있다. 이들의 구체적인 활동 내용은 확인할 수는 없으나, 의병을 일으켜 일본군에 대항했던 것으로 보인다.

그 밖에 이몽학(李夢鶴)의 난을 진압했던 인물들이 확인된다. 이몽학의 난은 수년간의 계속된 전쟁에 이어 겹친 흉년으로 민심이 흉흉하던 1596년 부여 홍산(鴻山)에서 이몽학이 모속관(募粟官)이었던 한현(韓絢)과 함께 일으킨 반란이었다. 반란세력은 청양, 대흥, 덕산까지 확대되었고 이어서 홍주성을 공격하려다 홍주목사 홍가신(洪可臣), 임득의(林得義) 등에 의해 진압되었다. 부여의 민여준(閔汝俊)과 유명(柳蓂)이 이몽학의 난을 진압하는 데 공을 세운 것으로 기록되어 있다. 홍주목사 홍가신과 임득의도 충남 출신인 것으로 확인되었지만, 『여지도서』에는 수록되지 않았다.

이상에서 살펴본 것과 같이 임진왜란 때 충남인들은 일본군에 대항하여 싸우다 순절함으로써 자신의 고향 또는 부임지에서 애국충절의 정신을 몸으로 실천한 사람들이다. 이들이 순절할 때 그의 아들과 동생, 그리고 부인들도 함께 피해를 입었거나 따라 죽음으로써 효(孝)·열(烈)·애(愛)를 드러내었다.

상주목사로 임소에서 순절한 공주 출신 김해(金澥)의 아들 김경원(金慶遠)은 부친을 구하면서 적을 꾸짖다가 순절하였고, 김해의 처 밀양 박씨는 남편의 부음을 듣고 9일간 단식하다가 따라 죽은 경우이다. 천안 출신 장핵(張翮)이 의병을 일으켜 죽산과 진천 사이에서 크게 이겼으나 결국 적에게 순절하자 그의 아들 장사일(張士逸)은 부친의 시신을 업고 돌아와 장례를 치르고 복수할 마음으로 상복을 입은 상태로 많은 일본군을 살해하였다.

그 밖에도 효자(孝子)로 부친이 일본군에 의해 위험한 상황에 이르자 부친을 대신하여 아들로서 죽음을 당한 회덕의 송경창(宋慶昌)과 연산의 이공겸(李公謙) 등이 있다. 그리고 열녀(烈女)로 일본군을 만나 대항하다가 자결(自決)하여 절개를 지킨 회덕의 박씨, 은진의 국씨(鞠氏)와 부군(夫君)이 일본군에 죽음을 당하면서 함께 현장에서 피살된 연산의 이공겸 처 민씨 등이 있다.

현충사.
충무공 이순신을 기리기 위해 1706년(숙종 32)에 창건하였다(충남 아산시 염치읍 백암리 소재).

임진왜란 당시 충남의 효자 · 충신 · 열부

지역	인물	행적
공주	김경원(金慶遠)	김해(金澥)의 아들로 부친을 구할 때 적을 꾸짖다가 순절
	박씨(朴氏)	남편(김해)의 부음을 듣고 9일을 단식하고 따라 죽음
회덕	송경창(宋慶昌)	일본군이 오자 부친을 보호하여 싸고 있다가 화를 입음
	박씨(朴氏)	사인 정선의 처. 정유재란 때 일본군을 만나 자결하여 절개를 지킴
은진	국씨(鞠氏)	생원(生員) 진진(陳璡)의 처. 정유재란 때 일본군이 접근하자 일본군을 돌로 침
연산	민흥기(閔興基)	정유재란 때 부친상을 당하여 신주를 모시고 노모와 함께 피난하면서도 의례를 다함
	이공겸(李公謙)	일본군이 부친에 칼을 대자 대신 죽으면서 부인도 화를 당하였으나 부친은 화를 면함
	민씨(閔氏)	이공겸의 처. 부군이 부친을 대신하여 부친의 위에서 죽자 민씨가 부군의 위에서 피살됨
보령	신여현(愼汝賢)	아우와 아들을 데리고 피난. 적을 만났을 때 사식(嗣息)을 구함
부여	장응기(張應起)	학관(學官)으로 정유재란 때 문묘의 위판을 보존하였다가 전쟁이 끝난 후 봉환
한산	노경인(盧敬仁)	정유재란 때 적을 만나 부친이 물에 투신하자, 경인과 모친이 이어서 투신
	김성(金聲)	정유재란 때 적을 만나자 모친을 업고 피난
아산	정씨(鄭氏)	정유재란 때 일본군에 포위되어 탈출하지 못하고 물에 몸을 던져 스스로 죽음
덕산	이씨(李氏)	정견룡의 처. 부군이 북병사에 오르자 부처가 떨어져 있으므로 상소하여 부군을 따름
천안	장사일(張士逸)	장핵의 아들. 부친이 순절한 날 시신을 업고 돌아와 복수할 뜻으로 일본군 다수를 죽임
	유연(柳淵)	유의신의 아들. 19세에 부친이 순절하자 반장하고 3년을 여묘하며 슬퍼하여 독신으로 삶

조선 전기 서해안 사람들의 삶과 그들의 기록

홍제연(충남역사문화연구원 선임연구원)

들판의 서쪽 끝은 바다에 이르고

　충청도는 바다에 접해 있다. 충청남도 열다섯 개 시·군 중 아산·당진·서산·태안·홍성·보령·서천 등 거의 절반이 서해 바다 연안지역이다. 복잡한 리아스식 해안의 곳곳에는 개펄이 발달되어 있고, 육지에서 멀지 않은 곳에는 섬이 많아 이 지역만의 독특한 생활문화가 형성되었다. 역사적으로는 고대사회에 중국과의 교통로로 신문물이 들어오는 창구였으며 남쪽 곡창지대에서 세곡을 싣고 서울로 향하는 조운선의 중요한 길목이었다. 조선 초기까지 선박을 노리는 왜구의 출몰에 섬 주민이 모두 피난을 떠나고 해안가 고을은 황폐해지기도 하였다. 고려 말부터 서울로 향하는 바닷길을 단축시키기 위한 운하 공사가 시도되면서 안면도가 육지에 연결된 곳에서 섬으로 변신하였으며 안면도를 비롯한 여러 섬과 곶은 국가에서 직접 말과 소나무를 키우는 장소로 활용되었다.

　조선시대에 서해에 접해 있는 여러 고을들은 행정적으로는 대부분 홍주목(지금의 홍성군)에 소속되어 있었다. 내륙지대가 공주목에 속해 있는 것과 구분하여 홍주목 고을을 대개 '내포'라고 칭하며 이 지역의 고유문화를 '내포문화'라 일컫는다. 최근 충청남도청이 홍성으로 이전하면서 이 일대의 행정구역을 '내포 신도시'로 칭한 것은 바로 여기에서 비롯된 것이다.

조선의 지역정보를 총망라한 지리지

조선 건국 후 군현제가 개편되면서 비로소 모든 읍에 수령이 파견되어 국가의 통치력이 모든 백성에게 미치기 시작했다. 바뀐 제도의 효율성을 극대화하고자 국가에서는 지방 실정을 파악하기 위해 애썼는데, 그 방법의 하나가 지리지(地理志)의 편찬이었다. 지리지는 각 군현의 연혁, 특산물, 성씨, 국가시설, 각종 통계 등을 동일한 항목하에 기록하는 것이다. 조선 초기에 『경상도지리지(慶尙道地理志)』, 『신찬팔도지리지(新撰八道地理志)』, 『세종실록지리지(世宗實錄地理志)』 등이 있고, 성종 대에 완성된 『동국여지승람(東國輿地勝覽)』은 조선 전기 지리

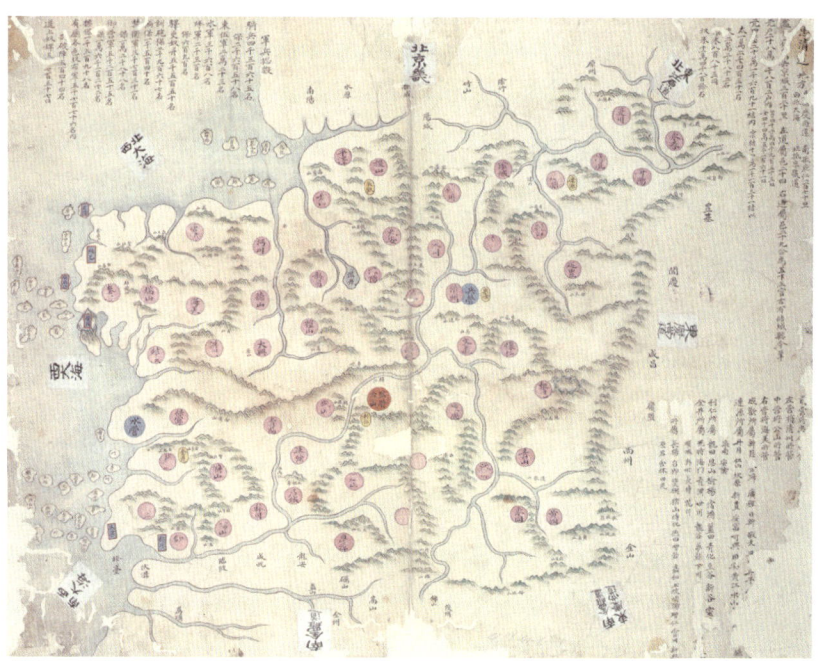

조선 후기 충청도 지도(해동지도).

지의 집성편이다. 그러나 이들은 전국 지리지였으므로 각 지역 상황을 상세히 파악하기에는 어려움이 있었다.

16세기 이후 조선 정계에서는 몇 차례의 사화를 거치며 등장한 '사림'이 정치의 주도권을 잡게 되었다. 지방 수령으로 임명된 사림계 인물은 민생을 안정시켜 자신들의 정치 이념을 실현하고자 그 기초 자료로서 지리지를 편찬하기 시작하였다. 1581년 윤두수(尹斗壽)가 연안읍지(延安邑誌)를 편찬하면서 "문란한 제도와 비리로 혼란한 사회질서를 바로잡고, 수령이 지방을 다스리는 데 효율적으로 사용되기를 바란다"라고 밝혔던 사실을 보면, 이 시기 사림파들이 원하고 있던 이상적인 향촌지배 방식이 어떤 것이었는지 짐작이 가능하다.

이렇게 편찬된 지리지는 국가가 주도한 것이 아니므로 '사찬읍지'라 칭한다. 지금까지 전해지는 16~17세기 사찬읍지의 대부분은 주로 경상도지역에 남아 있고 충청도는 공산지(公山誌: 공주), 홍산현지(鴻山縣誌: 부여), 충원지(忠原志: 충주), 홍양지(洪陽志: 홍성), 호산록(湖山錄: 서산) 등 5종이 간행된 것으로 알려져 있는데, 서산의 『호산록』을 제외한 4종은 모두 현전하지 않는다.

우리가 주목하는 『호산록』은 서산에 수령으로 파견되었던 고경명(高敬命, 1533~1592)의 독려에 의해 지역의 양반사족들이 주관하여 편찬한 것이다. 이 책의 구성은 『동국여지승람』을 모범으로 하면서 훨씬 더 다양한 항목이 포함되어 있다. 특히 바다에 접해 있는 서산의 특징이 드러나며, 이 지역에 살았던 사람들의 애환이 잘 나타나 있다. 기록을 남긴 이가 신분적으로 기득권을 가진 계층이었으므로 어촌 주민들의 삶을 구체적으로 묘사하는 데에는 한계가 있었겠지만 임진왜란을 전후한 시기 피폐해진 사회와 백성들의 고된 일상을 안타까운 시선으로 그려내고 있다. 『호산록』을 통해 1600년대 해안가 사람들의 생활 속으로 들어가보자.

해동지도(서산). 섬과 곶으로 이루어진 지형이 표현되어 있다.

서산 사람들의 기록 『호산록』

1582년 충청도 서산 고을에 고경명(高敬命, 1533~1592)이 수령으로 부임하였다. 고경명은 전라도 광주 출신이었으며 율곡 이이의 추천을 받았던 인물이다. 그는 서산에 온 후 서산의 양반 사족들과 더불어 어울렸는데, 함께 자제들을 시험하고 경서와 사기를 토론하며 강회가 끝나면 술자리를 마련하는 등 친근한 관계를 유지하였다. 훗날 임진왜란 중 고경명의 격문에 부응하여 서산의 사족들이 함께 전장으로 나아갔던 것은 이들의 각별한 관계를 보여주는 것이었다.

고경명은 특별히 교우를 나누었던 한영희(韓暎憙)와의 인연을 통해 그의 아들 한경춘(韓慶春)에게 서산의 읍지 편찬을 제안하게 되었다. 한경춘은 평소 고경명의 아들과 등산을 하기도 하고, 동몽교관으로 뽑혀 서산의 젊은 청년들을 가르쳤던 인물이다. 한경춘은 곧바로 편찬 작업을 시작하였지만 고경명 군수는 1년 만에 타지로 부임하였고, 1592년 임진왜란의 국가적인 혼란기를 맞이하

서산 관아의 아문 '서령군문'(서산시청 앞).

였으며, 본인이 『호산록』의 집필을 마치기도 전에 별세하였다. 그리고 그의 뒤를 이어 아들 한여현이 『호산록』을 마무리짓게 되었다.

『호산록』은 건(乾)·곤(坤) 2책으로 구성되었으며, 총 45항목의 주제로 1500년대부터 1600년대 초반까지의 서산지역 사회상을 상세하게 기록하고 있다. 책의 제목인 '호산'은 서산의 별호(別號)로 전해지는 지명이다.

조선 전기 기록으로서는 매우 드문 자료였던 『호산록』은 현대에 들어 언제부턴가 종적을 감추어버렸다. 일제강점기인 1926년에 편찬된 『서산군지』에는 분명 『호산록』이 언급되고 있었지만, 어디에서도 찾을 수가 없어 한동안 멸실된 기록물로 여겨져 왔다. 그러던 중 1992년에 서산의 향토사가 이은우 선생이 청주 한씨 후손 댁의 오래된 고서 더미 속에서 단일본 『호산록』을 발견함으로써 마침내 우리 앞에 그 모습을 드러내었다.

임진왜란 무렵의 서산

1592년 임진왜란이 발발하면서 남해를 통해 조선 땅에 들어온 왜군의 수는 20만에 이르렀고 7년간의 전쟁이 끝날 무렵 전 국토는 피폐해지고 인구는 크게 감소하였다. 서산지역은 전장은 아니었으므로 직접적인 피해는 없었으나 해로로 연결되는 해안은 전란의 와중에 매우 불안한 상태였다. 이웃 고을인 해미에서 현감 정명세(鄭名世)가 적군을 토벌하다 전사하였고 서산군수 박인룡(朴仁龍)은 혼란을 틈타 관곡(官穀)을 훔쳐내 배로 운반하여 마음대로 써먹는 일도 있었다.

서산의 시장[場市]도 임란 중에 읍성 내로 옮겨져 부패 관리의 표적이 되었다. 이전까지 서산, 태안, 해미의 주민들이 모이기 쉬운 장소에 장이 열렸는데 전란을 빌미로 성 안으로 이전되자 관리의 행패는 "차마 말할 수 없을 지경"이었다(『호산록』 장시조(場市條)).

『호산록』에서는 "갑오년(1594년) 창고가 모두 비고 개인이 모은 것도 모두다 떨어져 성문 안에서 사람들이 서로를 잡아먹을 정도였으며 시체가 산더미같이 쌓였다"라며 당시의 참혹한 상황을 기록하고 있다. 전쟁 중에 논밭을 제대로 경작할 수 없었던 데다 1594년부터 3년간 극심한 흉년으로 추수를 못 했기 때문이었다. 이런 와중에 왜란 초기에 하급관리란 자들은 묵은 토지를 농사 중인 것처럼 신고하고 땅주인에게 세금과 부역을 물려 제 뱃속을 채웠다. 이를 견디다 못한 사람들은 고향을 떠나 비참하게 떠돌이로 살 지경이었다. 1596년 서산군수로 부임한 이유록(李綏祿)이 이 사실을 조사하여 당장 하급관리들을 처단하고 세금을 면제해 주자 백성들이 길거리로 몰려나와 북 치며 춤을 추었다. 이유록 군수는 바닷가에 거주하는 사람들에게도 관심을 가졌다. 전란 중에도 어촌 주민들은 고기와 해산물을 채취해 관리들을 대접하는 큰 부담을 안고 있었다. 이 군수가 이것을 중지시키니 병란의 고통을 잊을 정도였다고 한다(『호산록』 고금토주조(古今土主條)).

서산에 부임한 관리들의 선정비(서산시 곳곳에 흩어져 있던 것을 시청 앞에 모아두었다).

한편, 임진왜란 중 1596년 충청도 일대에서는 이몽학의 난이 발생하여 반란군에 의해 여러 고을이 함락당하는 역모사건이 있었다. 이때 서산군수로 부임해 왔던 이충길(李忠吉)은 아우 3명을 반란군과 몰래 통하게 하고 이몽학이 대흥을 함락한 후 홍주로 진격할 수 있도록 도왔다. 이충길은 역적의 친인척이었으며, 반란군이 홍주로 움직이자 서산군수임에도 불구하고 군사를 발동하지 않은 채 성문을 닫고 관아에서 나가지 않았던 것이다.

전쟁의 비극은 왜군과의 충돌에서만 비롯되지 않았다. 백성이 어렵고 곤란한 처지에 놓인 것은 전쟁의 혼란을 기회로 여긴 부패 관리 때문이었고, 『호산록』의 편찬자는 이 점을 생생하게 기록함으로써 민생 안정이 수기치인(修己治人)에 있음을 강조하고자 하였다.

해산물 조달

서산은 충청도 태안반도의 동북쪽에 접한 군현으로 3면이 바다로 둘러싸여 있고, 곳곳에 개펄이 펼쳐진 전형적인 해변고을이었다. 이곳 사람들은 어살을 이용한 고기잡이, 개펄 해산물 채취 등으로 생업을 이어갔고, 소금 굽는 '염한(鹽漢)'도 살고 있었다. 당시 해산물 채취가 집중적으로 이뤄지던 곳은 서산 해안가의 대산(大山)·지곡(地谷)·문지고개(文智古介)·마산(馬山)·화변(禾邊) 등이었다. 이곳은 대부분 고려시대의 특수구역과 관련이 있다. 신라와 고려시대 서산 지역의 속현이었던 지곡폐현(地谷廢縣)을 비롯해 화변소(禾邊所)·대산곶(大山串: 助立部曲) 등이 동일한 지역이다. 즉 조선시대 이전부터 이곳 백성들이 어염을 생산 조달하는 역역(力役)을 부담하고 있었을 것으로 추측된다.

그렇다면 서산 사람들이 채취했던 해산물은 어떤 것들이 있었을까? 『신증동국여지승람』 서산군 토산조 목록을 보면 모시와 철을 제외하면 모두 물고기와 각종 해물, 소금 등이 기록되어 있다. 조선시대 서산 사람들이 국가에 납부하던 토산물이 바로 모시[苧], 쇠[鐵], 굴[石花], 청어(靑魚), 숭어[秀魚], 은어[銀口

魚], 농어[鱸魚], 오징어[烏賊魚], 전복[鰒], 조기[石首魚], 부레[魚鰾], 상어[鯊魚], 대하(大蝦), 자하(紫蝦), 조개[蛤], 낙지[絡締], 삼치[麻魚], 전어(錢魚), 해삼(海參), 조개살[江瑤柱], 산무애뱀[白花蛇], 준치[眞魚], 붕어[鯽魚], 게[蟹], 소금[鹽] 같은 것들이었다.

공식적으로 관에 납부해야 하는 것 말고도 관리가 챙기는 뇌물용이 많았던 듯하다. 어민들은 밭농사를 지으면서 해물 채취에 나섰는데, 농번기와 겨울철의 고생이 특히 혹독하였다. 가난한 백성은 얇은 홑옷을 입은 채 맨발로 언 개펄에 들어가 낙지와 석화를 잡아 관리들이 원하는 양을 채워야 했다.

어민들이 죽을 고생을 하여 관청에 헌납하고 나면 관리인은 점점 더 많은 해산물을 배정하고 겨울에 쓸 양이 부족하다며 혹독하게 볶아대 추위에도 쉬지 못하고 갯가로 나아갈 수밖에 없었다. 당시 서산의 어민들은 관청의 하인인 차사(差使)에게 바치는 해산물을 '인정 해산물(人情海産物)'이라 칭하고 반드시 넉넉히 구비해야 한다고 하였다. 만약 이것을 제대로 마련하지 못하면 차사는

서산시 지곡면 도성리의 해안.

관원을 들쑤셔 무고한 어민을 잡아 곤장을 때리도록 사주하는 일이 흔했다.

서산 하천은 바다로 흘러들었는데 민물과 바닷물이 만나는 지점에는 색다른 어물이 많았다. 동쪽에 흐르던 용유천의 하류에는 병영에서 겟살을 설치하고 붉은게를 잡아 진상품으로 활용하였다. 그런데 여기에서도 문제가 발생하였다. 겟살에서 일하는 백성을 가두고 때리며 몇 배씩 징수하는 데다 겟살 밖에서 게를 잡는 자가 있으면 그것도 병영의 몫이라며 고소해 괴롭히니 서산 사람들은 겟살 근처에 가는 것조차 꺼렸다. 1578년에 서산군수로 부임했던 정인귀는 병영 겟살을 감독하는 자의 폐단을 알자 즉시 잡아들였고, 백성들은 그의 선정을 칭송하며 목민관으로 잊지 않았다.

북쪽 하천인 성연천은 명천포를 지나 바다로 통하는 물길이었다. 갯가와 만나는 지점에 여울이 있어서 물고기 떼가 조수를 따라 들어왔다가 여울에 갇히면 마을 사람들이 이것을 잡아 부모를 봉양하고 찬으로 먹었는데 1600년대 초에는 이것마저도 관에서 수거하려고 지키는 사람을 배치하였다. 오죽하면 이 모습을 본 당대의 양반사족이 "이제 숲과 냇물까지 못 들어가게 금지하는 명령이 생기지 않겠느냐"며 한탄할 정도였다.

소금과 염한

조선 초기 소금의 생산과 유통은 엄격히 통제되었다. 『경국대전(經國大典)』의 규정에 의하면 소금제조 시설인 염분에 대해 각 도에서 대장을 만들어 관리하도록 하고 염창을 여러 고을에 두고 염세를 받아 옮기며, 곡식과 포목(布木)으로 바꾸어 군자에 보충하도록 하였다. 원칙적으로 염분은 관의 소유였으며 사염은 거의 관제염이었고 유통 역시 관에서 관장하였다.

서해안 일대는 소금생산에 적합한 지형을 갖추고 있었으므로 제염지가 곳곳에 형성되었다. 관리하기 쉬운 곳과 섬 지역에 제염지가 많이 조성되어 염전은 늘어나게 되었지만 그에 비해 제염에 종사하는 이들을 충당하는 것은 어려웠다. 소금을 굽는 일은 천역(賤役)이었고, 이 일을 하는 사람을 염한(鹽漢), 염간(鹽干), 염정(鹽丁) 등으로 칭하는데 신분적으로 양민(良民)임에도 백정만큼 천대를 받아 염한이 되기를 기피하는 경향이었다.『세종실록』을 보면 염한으로 장부에 등록되면 평생 소금을 굽게 될까 두려워하였다는 기록이 있다. 결국 그 수가 부족하다 보니 선군(船軍)이 동원되기도 하였다. 그 외에 주변지역에 거주하는 양민이나 천인도 징발되었다.

서산에서 거주하고 있던 염한들의 처지 역시 좋지 않았다. 고된 노역뿐만 아니라 1600년대 초 이들은 불합리한 세금징수에 시달리고 있었다. 임진왜란 이후 각처 염분이 반가량 황폐해진 상태에서 오히려 염세는 10배가 증가하였다. 중간관리들의 착복이 원인이었다. 관에서는 염분(鹽盆)을 설치한 호주(戶主)에게 더 많은 세금을 징수하여 왜란 전 소금 한 섬을 납입했다면 후에는 열 섬을 내도록 하고 일부를 챙겼다. 사적으로 소금을 무역하거나 장사하는 것을 금지하고는 염한이 저린 도어(刀魚) 한 마리를 구할 때 소금 한 말, 백미 한 말을 사겠다 하면 소금 20섬을 받아가도 그 일을 그만둘 수 없는 염한들은 힘겨운 삶을 이어가야 했다.

소금 제조방법은 염전을 갈아 만드는 경염(耕鹽)과 바닷물을 끓여 만드는 정염(井鹽)이 있는데 경염에 비해 정염은 수확량의 변동이 적어 국가는 정염으로 세금을 거두고자 했으나. 염한들은 경염을 선호하였다. 즉 날씨 탓을 들어 소금 생산량을 줄여 보고하고 나머지를 빼돌려 활용하기 위한 것이었다.

한편 관리들이 군대를 조련할 때 주민들에게 억지로 소금을 받아내기까지 하였다. 마을 색장(色掌)이라는 자와 지주들은 관리의 수족이 되어 앞장서서 침탈을 도와주는 형편이어서 고충은 더욱 가중되었다. 그런데 그중에서도 유독 대산(大山)과 지곡(智谷) 주민들의 피해가 가장 컸다. 이 지역이 사냥터로 유명하여, 관리와 품관(品官)의 왕래가 끊이지 않았기 때문이었다. 사냥 나온 관리는 주민들에게 식사를 제공받고 마태(馬太)·마죽, 어물과 소금을 마구 거두어갔다.

1600년대 시골양반의 역사의식

『호산록』은 1600년대 초 서산의 유력 사족이었던 청주 한씨 한경춘·한여현 부자가 편찬한 사찬읍지이다. 찬자는 역사의식에 입각하여 철저한 고증을 거쳐 당대 서산의 지역 사정을 낱낱이 기록하였다. 찬자 본인이 양반임에도 불구하고 사족을 현양하기만 한 것이 아니라 일반 백성의 삶에 관심을 갖고 이들의 이야기에 『호산록』의 많은 부분을 할애하였다. 그가 바라본 서산의 피폐한 실상은 정치질서의 문란, 관리의 부패, 국방의 허술함 등에서 유발된 것이었고 일반 민간인을 불안정한 사회의 피해자로 인식하였다.

조선 초기 충청도의 지역 사정을 보여주는 사료가 많지 않은 가운데, 『호산록』은 매우 희귀한 자료이다. 총 44개의 항목을 분석해 보면 임진왜란 무렵 서산에 거주하던 모든 신분층 내에서 과거의 질서가 무너지고 있는 모습이 보이는데 특히 해안가에 거주하던 어민과 염한의 삶은 참혹하기까지 하였다. 『호산록』의 찬자는 이런 상황을 기록했을 뿐만 아니라 이들을 구제하였던 수령의 이름을 밝혀 차후에 부임하는 군수를 경계하는 의도를 보이기도 하였다.

시골양반 한씨 부자의 30년간에 걸친 지역의 역사책은 찬자의 당당하면서도 두려움이 섞인 고백으로 마무리된다. 언젠가 이 책에 수록된 사람의 자손이 열람하고 자신을 책망할 수도 있겠으나 오히려 더 구체적으로 쓰지 못한 것을 걱정할 사람도 있을 것이니 후일에 군자의 의논이 있기를 기다린다는 것이다.

계룡산이 품은 다사다색(多寺多色)

이해준(공주대학교 사학과 교수)

계룡산은 충청도를 대표하는 산이라고 해도 과언이 아니다. 금강(錦江)이 충청인의 젖줄이라면, 계룡산은 어머니의 품이자 태반이다. 연달아 늘어진 산봉우리가 마치 닭의 볏과 같고, 봉우리를 따라 굼실거리는 산의 형상은 용과 같다. 그래서 붙여진 '계룡산(鷄龍山)'이라는 이름은 그 뜻만큼 신비롭다.

계룡산 높이 솟았는데
계룡산은 그 신령스러움으로 일찍부터 국가적인 제사를 지내던 명산이었다. 이 산은 이미 백제 때부터 '계룡(鷄龍)' 또는 '계람산(鷄藍山)'이라는 이름이 바다 건너 당나라에까지 알려졌다.

행정구역상 공주시에 주로 위치하면서 일부가 대전광역시와 논산시에 걸쳐 있는 계룡산은 국립공원으로 지정되어 있다. 산은 주봉인 상봉(천황봉, 845미터)을 비롯하여 연천봉(740미터), 삼불봉(750미터), 문필봉(796미터) 그리고 관음봉, 황적봉, 도덕봉, 신선봉 등 크고 작은 봉우리들로 이루어져 있는데, 봉우리 사이에는 7개의 계곡과 3개의 폭포가 운치를 더해 준다. 또한 골짜기에는 동학사, 갑사, 신원사 그리고 구룡사와 같은 유서 깊은 사찰들이 위치하고 있으며, 수

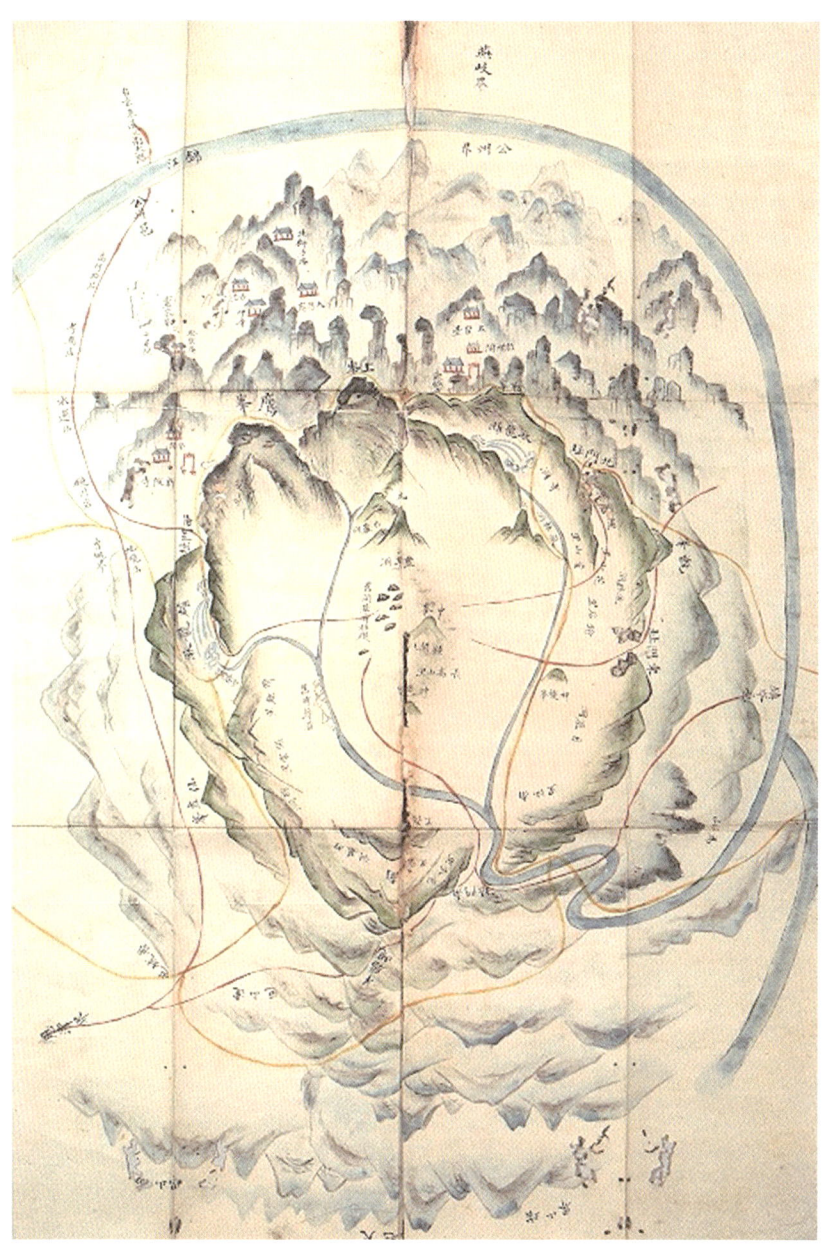

계룡산 고지도의 지형을 그린 회화식 지도 '계룡산 전도'.

백 년은 족히 넘었을 전설들에는 의자왕이나 태조 이성계와 같은 역사적 인물들이 등장한다. 그런가 하면 조선 개국 초에는 왕도(王都)의 후보지로 선택되었다가 건설이 중단된 바도 있었다. 이어 조선 후기에는 계룡산을 중심으로 도참설과 『정감록(鄭鑑錄)』이 널리 퍼졌고, 이는 신도안에 민간신앙과 신흥종교의 본산이 정착하는 계기를 마련하였다.

이중환(李重煥)은 『택리지』에서 "산 모양은 반드시 수려한 돌로 된 봉우리라야 아름답고 물도 또한 맑다. 또 반드시 강이나 바다가 서로 모이는 곳에 터가 되어야 큰 힘이 있다"라고 하였다. 그러고는 나라 안에 이러한 곳이 네 군데 있으니 개성의 오관산, 한양의 삼각산, 문화의 구월산, 그리고 계룡산을 꼽았다.

계룡산의 봉우리

또 조선 성종 때의 문장가 서거정(徐居正)은 「계룡산의 한가로운 구름(鷄嶽閑雲)」이라는 시에서

> 계룡산 높고 높아 푸른 층층 솟았는데
> 맑은 기운 굼실굼실 장백(長白)에서 달려왔네.
> 산에는 못이 있어 용이 살고
> 산에는 구름 있어 만물을 적셔주네.
> 내 일찍이 이 산속에서 놀아보았더니
> 신령스러움이 다른 산과 사뭇 달랐네.
> 구름 모여 비가 되어 천하를 적실제는
> 용은 구름을 부리고 구름은 용을 따르더라.

고 하여 절묘한 필치로 계룡산의 신비한 자태를 읊고 있다.

불교문화의 성지, 계룡산

계룡산은 일찍부터 산악신앙의 대상이었다. 그러면서 동시에 풍수도참설(風水圖讖說)과 불교문화가 개화한 특별한 지역이었다. 계룡산을 오르내린 사람들의 발자취는 산이 품고 있는 수많은 문화유적을 통해서도 확인할 수 있다. 그중에서도 불교문화 유적이야말로 오랜 역사와 전통을 자랑한다. 예를 들어 신원사(新元寺) 경내와 상신리 구룡사지(九龍寺址)에서는 백제 연화문 와당편이 발굴되었다. 역시 백제 때부터 이 일대에 불교가 전래되고 공주로 천도 이후 좀더 넓은 신앙층을 형성하면서 계룡산에도 불교 사원이 들어서기 시작했을 것으로 생각된다.

계룡산을 오르는 사람들은 대부분 갑사와 동학사, 그리고 신원사를 찾는다. 그런데 이들은 모두 같은 산에 기대어 자리하고 있음에도 서로 각기 다른

향기를 가지고 있다. 갑사 골짜기에서 느낄 수 있는 체취와 신원사로 들어서는 길에 베어나오는 숨소리, 그리고 무심코 지나쳤던 동학사의 여러 단면들은 같지만 어딘가 모르게 다른 개성이 있는 것이다.

계룡산이 불교 성지로서 그 성격이 더욱 분명하게 부각되는 것은 통일신라 때이다. 이 시기 계룡산에서 가장 번창한 사원은 갑사(甲寺)로, 삼국통일 이후에는 특히 화엄종 사찰로 이름이 높았다. 갑사가 계룡산의 여러 절 가운데 웅천주(熊川州)에 가장 근접해 있으며, 신라통합운동의 사상적 기반이 되었던 화엄종 사찰이었다는 점은 사찰의 번영이 중앙교단으로부터의 일정한 뒷받침이 있었으리라는 것을 암시한다. 높이 15미터의 철당간은 바로 당시 갑사의 위용을 보여주는 대표적인 유물이다.

갑사 철당간. 통일신라 시대 중기에 세워진 것으로 신성한 수미산과 사찰이 시작된다는 경계를 알린다.

계룡산 서남쪽 신원사의 정경은 갑사와는 또 다르다. 신원사도 분명히 불교사찰이지만, 이곳 일대에서 보이는 당굿판의 생기와 중악단(中嶽壇) 등 무속적인 모습은 불교문화와 일정한 거리가 있다. 신원사는 계룡산의 어떤 사찰보다 특히 무속과 민간신앙의 성격이 강한 것이다.

그렇다면 계룡산 동쪽의 동학사 골짜기에는 과연 어떤 특징이 있을까? 동학사는 현재 전국적인 비구니 수련사찰이다. 또한 대전과 가까워

숫용추를 찾아 기도하는 사람들(1970년대).

도심의 등산객들이 많이 찾는 명소이다. 그런데 동학사 경내에서는 전통사찰의 모습 외에도 홍살문과 숙모전(肅慕殿), 삼은각(三隱閣)이라는 유교 유적이 공존하고 있다. 사찰 속의 유교 유적은 동학사의 역사가 일찍부터 유교문화와 공생(共生)해 왔음을 말해 준다.

계룡산의 수수께끼 구룡사

이 외에도 계룡산을 한 번 더 자세히 들여다보면 구룡사도 있고 청량사(清凉寺)도 있다. 그 밖에 산속 부속 암자들은 그 수를 다 헤아리기 어려울 정도로 많다. 15세기의 지리서 『동국여지승람』과 같은 문헌기록에는 당시 계룡산에 등라사(藤羅寺), 가섭암(迦葉庵), 율사(栗寺), 중심사(中心寺), 상원사(上院寺) 등의 사찰이 있었던 것으로 되어 있다.

앞서 언급한 계룡산의 대표적인 사찰들과는 달리, 구룡사를 아는 사람은 그리 많지 않다. 구룡사는 통일신라부터 고려 때까지 번성한 곳으로, 갑사의

신원사 대웅전.
651년(의자왕 11)에 창건된
신원사의 대웅전은
유형문화재 제80호이다.

동학사 전경. 신라의 상원조사가 계룡산에 암자를 짓고 수도하다 입적한 뒤, 그 제자인 회의화상이 724년(신라 성덕왕 23)에 건립한 사찰이다.

구룡사지 당간지주.

반대편에 해당하는 계룡산 동북편 기슭(반포면 상신리)에 있었다.

이 절은 신라를 거쳐 고려시대에까지 크게 번성하였는데 사역(寺域)의 규모 면에서 계룡산 최대의 사원으로 꼽힌다. 그러나 화려했던 과거에 비해 지금은 통일신라시대의 것으로 보이는 당간지주만이 홀로 서 있어 허전하다.

게다가 이처럼 큰 사역공간을 갖춘 구룡사에 대해서는 현재 아무런 기록 자료를 찾을 수 없어, 사찰의 역사 중 많은 부분이 수수께끼이다. 때문에 더 많은 것이 궁금하다. 왜 이처럼 큰 사찰이 이 같은 골짜기에 조영되었으며, 후대에 전승되지 못하였을까?

심지어 이 절터는 '구룡사(九龍寺)'라는 이름조차 분명하지 않다. 그 규모의 거대함에도 불구하고 『신증동국여지승람』과 같은 국가기록에 명칭조차 나오지 않고 있으며, 다만 절터에서 출토된 '구룡사' 명문와를 근거로 부르는 이름일 뿐이다. 한편 1957년에 간행된 『공주군지』에서는 이 절터를 '중심사(中心寺)'의 터로 추정하기도 하였고, 1990년 사역발굴조사에서는 '수석사(水夕寺)'라 씌어진 명문(銘文) 기와가 발견되기도 하였다. 발굴조사의 결과에 의하면 '구룡사'는 통일신라 때 창사되어 고려시대에 번창하고, 조선 초에 이르러 폐사된 것으로 확인된다. 그러나 인근 도요지에서 제작된 분청사기편이 다수 확인되고 있어, 대략 16세기까지는 절이 일정한 기능을 수행한 것으로 보인다. 아마도 사찰은 임진왜란기 계룡산까지 밀려들어온 왜군에 의해 소실되었을 가능성도 있다.

백제계 고려시대 석탑, 청량사지 오뉘탑

동학사에서 시작하여 계룡산을 오르다 보면 석탑 2기를 만나게 된다. 바로 이곳에서 '청량(淸凉)'이라 쓰여진 와편이 출토되었다. 이 청량사지에 나란히 서 있는 2기의 석탑은 대략 조성시기가 12세기에서 13세기 정도로 비정되는데, 그 조형 양식이 백제탑 형식이라는 점 때문에 일찍부터 주목되었다. 사람들은 이 두 탑을 남매탑 또는 오뉘탑이나 자매탑으로 부른다.

이 탑에는 특별히 한 스님과 처녀가 남매의 의를 맺은 재미난 전설이 전해 내려오는데, 그 주인공이 바로 통일신라 716년(성덕왕 15) 당나라에서 입국한 상원 화상(相願和尙)이라고 이야기하는 이들도 있다. 전설의 대략은 다음과 같다.

> 백제가 망하자 한 왕족이 이곳에서 스님이 되어 토굴을 만들고 수도생활을 하고 있었다. 어느 날 토굴 밖에서 갑자기 이상한 소리가 나기에 수행을 멈추고 나가 봤더니, 큰 호랑이 한 마리가 입을 쩍 벌리고는 앉아 있는 것이었다. 스님은 두려움을 무릅쓰고 호랑이 입속으로 가까이 다가갔다. 질끈 감았던 눈을 뜨고 목구멍 안을 살펴보니 커다란 뼈가 걸려 호랑이를 괴롭게 하고 있었던 것이다. 스님이 서둘러 호랑이 입속에 손을 넣어 목구멍의 뼈를 빼주니, 그때서야 호랑이도 제대로 숨을 쉬면서 머리를 몇 번 숙이고는 어디론가 사라졌다.
>
> 그런데 그 이튿날 밤, 역시 또 굴 밖에서 이상한 소리가 들렸다. 스님이 다시 밖으로 나가보니 호랑이가 돼지 한 마리를 잡아온 것이다. 그리고 호랑이는 스님을 물끄러미 바라보더니 또 어딘가로 사라졌다.
>
> 며칠 후 눈이 펑펑 쏟아지는 날 밤이었다. 굴 밖에서 들리는 부스럭거리는 소리에 스님이 밖으로 나가보았다. 그런데 이번에는 호랑이가 젊은 여자를 물어다 놓고 가버리는 것이었다. 놀란 스님이 여인에게 사연을 물어보니, 여인은 경상도 상주 사람인데 신방을 차린 첫날밤, 잠깐 바람을 쐬러 밖에 나왔다가 호랑이를 만났다는 것이다. 그러나 산 아래로 돌아가는 길은 무릎까지 쌓인 눈으로 흔적조차 찾을 수

없는 밤이었다.

세월은 흘러 꽃이 피는 봄이 오고, 여자는 그때서야 집으로 돌아갈 수 있었다. 그러나 소식도 없이 몇 달 만에 돌아온 딸을 가족들이 반갑게 맞이할 수만은 없었다. 스님이 겨우 사정을 이야기하고 여인의 아버지에게 간절히 부탁하여 여인이 가족과 함께 살 수 있도록 허락을 받았다.

하지만 그녀는 다른 남자에게 다시 시집가기로 한 전날 밤 홀연히 집을 떠나 계룡산으로 들어가 스님을 찾았다. 그리고는 결국 머리를 깎고 비구니의 길을 택했다. 스님이 염불을 외우면 여인도 염불을 외우며 수행했고, 오랜 시간이 지나자 훌륭한 스님으로 추앙을 받기에 이르렀다. 훗날 세상을 떠난 그들의 몸에서는 사리가 나왔는데, 신도들이 이를 모아 석탑을 세워주었다.

청량사지 남매탑.

한편 이 석탑들은 이러한 설화와 함께 또 다른 측면에서 우리의 관심을 주목시켰다. 이중 5층탑의 양식이 부여 정림사지 오층석탑을 계승한 백제계 양식이라는 점 때문에서다. 우리에게 널리 알려진 석가탑의 전설이라든지, 신라 황룡사 구층목탑을 건립할 때 선덕여왕이 백제의 아비지(阿非知)를 초빙하였던 것, 그리고 바다 건너 일본의 사원건립에도 백제의 기술자들이 파견된 역사적 사실에서 보듯, 백제의 불교미술과 건축기술은 수준 높은

제3장 조선시대 : 역사의 강물은 도도히 흐르고 241

전통을 지니고 있었다. 바로 그러한 백제의 양식을 이 석탑이 고려시대에 이르러 계승하였다는 것이다.

이 탑과 비슷하게 백제계 석탑양식을 계승한 고려시대 석탑들은 백제의 옛 영토였던 충남과 전라남북도 일대에 넓게 분포되어 있는 것으로 알려진다. 백제의 고도(古都)였던 부여의 장하리 3층석탑, 무량사 5층석탑이 대표적이며 백제의 제3왕도로 일컬어지는 익산에 있는 왕궁리 5층석탑이 그러하다. 이 밖에도 서천 비인, 김제 귀신사를 비롯하여, 옥구, 정읍, 남원, 담양, 곡성과 진도, 강진 등에도 산포해 있다.

그렇다면 이처럼 백제계 석탑의 양식을 이은 많은 석탑들이 고려시기에, 그것도 백제의 옛터에서 지속적으로 건립되는 것은 우리에게 무엇을 알려주고 있는 것일까? 더욱이 청량사지가 자리한 계룡산 기슭의 절터에서는 그 의미가 더욱 각별할 수 있다. 왜 이 시기 계룡산 사람들은 백제의 옛 모습을 본뜬 석탑을 조성했는가 하는 역사문화적 배경에 더욱 관심이 쏠아지는 것이다.

잘 알려져 있듯 백제는 나당연합군의 기습을 받아 멸망하였다. 멸망 후 격렬했던 부흥운동은 문화적 선진을 자부했던 백제민들의 신라에 대한 마지막 자존심 회복운동이었다. 아쉬움을 남긴 채 이제 나라의 멸망은 기정사실이 되었고, 신라인에 의한 백제 사람들의 차별대우가 현실적으로 나타나자 그러한 울분은 기회가 있을 때마다 새로운 모습으로 재현되었다. 그리고 이 같은 역사와 문화의 계승의식은 대개 유형의 유물, 유적을 통하여 나타나기도 하고, 때로는 무형의 의식과 정신으로 잠재되어 오랜 역사성을 갖기도 한다. 계룡산의 남매탑을 이 같은 의식에서 보면 우리는 사라진 백제의 또 다른 모습과 정신사적 맥락을 보완할 수 있을 것이다.

고왕암과 마명암

그 밖에도 계룡산의 불교 유적에 대한 지표 조사 결과에 의하면 계룡산에는 이름을 알 수 없는 많은 절터가 산재해 있다. 계룡산의 절들은 전란 시에 때때로 큰 피해를 입기도 하였다. 몽골군의 침략이나 임진왜란 시 왜군의 침략 등이 그것이다. 이 같은 전란이나 혹은 민간 반란에 의하여 한때 사세가 위축되기도 하지만, 계룡산의 불교문화의 중심적 기능은 지금까지 여전히 계승되고 있다.

고왕암. 백제가 망했을 때 태자 부여륭이 은거하였다는 암자이다.

계룡산이 전란기의 피란처 역할을 하였던 첫 번째 사건은 아마도 백제 멸망을 전후한 대당항전기의 일일 것이다. 660년(의자왕 20) 나당연합군의 대공세로 사비성 함락이 목전에 다다르자 의자왕은 태자와 함께 옛 도읍 웅진으로 몸을 피하였다. 그러나 의자왕은 사비 함락 이후 웅진에 진입한 소정방의 당나라 군에 항복하고 말았는데, 이때에 태자 부여륭(扶餘隆) 일행은 계룡산에 은거하고 있었다고 전한다. 계룡산은 백제 도성 인근에서는 가장 험난한 산곡을 형성하고 있기 때문에, 난리를 당한 많은 백제인이 전란을 피해 계룡산에 몸을 숨겼다. 부여에서 올라온 백제의 왕족 일행도 계룡산에 들어가 일시적으로 난리를 피하는 한편 때를 보아 나라를 재건하고자 했을지도 모르는 일이다.

백제 최후의 그날, 태자 일행이 계룡산으로 피해 왔다는 것은 역사 기록에서 확인되지 않는다. 그러나 이미 계룡산에서는 오래전부터 입에서 입으로 전해 내려오던 이야기이다. 계룡산의 암자 중 고왕암(古王庵)은 바로 이 부여륭이 몸을 피해 은신해 있었다는 연유로 '고왕(古王)'이라는 이름을 갖게 되었고, 마명암(馬鳴庵)은 신라군에게 포로로 끌려가는 부여륭을 바라보던 애마(愛馬)가 이 암자에서 '슬피 울다가 죽었다(哀鳴而死)'고 하여 붙여진 칭호이다.

영규 대사와 계룡산 승병의 창의(倡義)

계룡산에서는 임진왜란 때 왜적의 침입에 맞서 승병이 일어나기도 하였다. 임진왜란 발발 직후 갑사의 부속 암자인 청련암(靑蓮庵)의 승려 영규(靈圭)를 중심으로 500의 승병(僧兵)이 궐기한 것이었다. 이들 승병군은 호서의병장 조헌(趙憲)의 부대와 합류하여 1592년 8월 청주성 수복 전투에 참여하여 성을 탈환하였고, 승세를 타고 금산까지 진출하였다. 당시 금산에는 호남지역으로 진군하려던 왜군 고바야가와(小早川) 부대 2만 군이 주둔하고 있었는데, 영규의 승병 부대는 조헌과 함께 금산성 10리 밖인 연곤평에서 싸워 대부분이 장렬하게 전사였다. 때문에 금산의 칠백의총(七百義塚)에 잠들어 있는 전사자 중 상당수는 영규 휘하의 계룡산 승병들이다. 한편 영규 대사는 금산 전투에서 중상을 입고 그의 고향인 계룡면 월암리까지 가까스로 돌아왔으나, 곧 세상을 떠나고 말았다. 월암리의 국도변에는 그 충절을 기리는 충절 정려비가 세워져 있다.

영규대사 추모제와 표충원.

중악단이 말하는 것

신라 오악(五嶽) 신앙에 의한 국가제사의 전통은 고려-조선조에도 이어졌다. 태조 이성계는 계룡산에 호국백(護國伯)이라는 작호를 내리기도 하였다. 조선 초기의 지리지 『동국여지승람』에서도 계룡산 제사를 '계룡산사(鷄龍山祠)'라는 항목에서 기록하고 있으며, 고대 이래 계룡산신에 대한 제사처가 '공주 남쪽 40리'라 하여 오늘날 신원사에 해당됨도 알 수 있다. 그리고 그 전통은 신원사 중악단으로 이어져 여전히 우리에게 전해지고 있다.

신원사 경내에 있는 중악단은 계룡산 신당을 국가적인 품격에 맞게 격상시킨 명칭이다. 이렇게 계룡산 신당이 다시 한 번 주목받게 된 것은 한말 고종과 명성황후에 의해서였다. 중악단은 1879년(고종 16) 명성황후에 의해 대대적인 중수가 이루어졌는데, 이때 중악단으로 개칭했다고 한다. 원래 '신원사(神院寺)'로 불리던 사찰이 '신원사(新元寺)'로 개칭된 것도 이때부터이다. 황제가 된 고종이

신원사 중악단. 왕실 주도로 건축되어 궁전 건축 양식 및 수법을 부분적으로 수용하였다. 조선 말기의 빼어난 건축물로 꼽히며 건축사적 가치가 크다.

계룡신사(鷄龍神祠)의 격을 올려 중악단으로 개칭하고 위엄 있게 중수하는 한편, "새로운 제국의 기원을 연다"는 의미에서 개명하게 된 것이다.

　계룡산에는 이 외에도 이름을 알 수 없는 많은 절터가 산재하여 있다. 이 절들은 전란을 맞아 큰 피해를 입기도 했는데, 몽골군의 침략이나 임진왜란 당시 왜군의 침략 등이 그러하다. 이처럼 계룡산은 오랜 역사적 굴곡을 묵묵히 감내하면서, 그 수려한 산세만큼 충청지역의 정신사를 형성했던 명산이다. 대개 계룡산의 특별한 문화적 기능은 국가적 제사처, 불교문화 성지, 풍수도참 신앙 등으로 요약된다. 이중 계룡산의 다양한 불교문화는 지금까지 여전히 계승되고 있으며, 우리나라 정신문화의 소중한 원천으로 자리 잡기에 이르렀다. 이러한 의미에서 계룡산은 과거의 역사임과 동시에, 미래의 대망과 염원을 거는 공간이다.

충청도의 진상품

임선빈(한국학중앙연구원 전임연구원)

진상이란

진상이란 국왕에 대한 지방관의 예헌(禮獻)으로 관내의 토산품을 상납하는 제도다. 조선시대에는 각 도의 관찰사(감사), 병마절도사(병사), 수군절도사(수사) 등의 지방장관이 국가적인 제사를 진행하는 기관에 철 따라 새로 나오는 제물을 바치거나 왕실에 예물을 바쳤다. 우리나라의 국왕에게 바치는 것은 진상(進上), 중국의 황제에게 바치는 것은 진헌(進獻)이라고 구별하기도 하고, 대전(국왕)과 왕비전에 바치는 물품은 진상이라 일컫고, 나머지 각전(各殿)에 바치는 물품은 공상(供上)이라 일컬어 구분하기도 하였으나, 일반적으로 이를 모두 합하여 진상이라고 하였다.

조선시대 진상의 종류에는 식료품을 왕실에 공상하는 물선진상(物膳進上), 명일 혹은 국왕 행차 시에 병기·기구 등 방물을 공상하는 방물진상(方物進上), 국가의 각종 제사에 소용되는 제물을 상납하는 제향·천신진상(祭享薦新進上), 각종 의료기관에 향약(鄕藥)을 납부하는 약재진상(藥材進上), 응방에 매(鷹子)를 납부하는 응자진상(鷹子進上) 등으로 나뉘고, 그 밖에 임시로 바치는 별진상(別進上), 개별적으로 바치는 사헌(私獻) 등이 있었다. 그런데 여러 가지 진상 가운데 물품의 종류가 가장 잡다하고 또 바치는 횟수가 번다하여 백성들에게 큰 고통을 준 것은 물선(物膳)이었으므로, 당시 진상이라고 하면 대체로 물선을 먼저 생각하였다.

• 물선진상

물선진상은 왕실에 바치는 식료품으로 감사, 병사·수사 등 지방장관이 바쳤다. 조선 초의 기록을 보면, 국왕·왕비·왕세자·전왕(前王)·전왕비 등이 그 대상이었다. 처음에는 지방관이 임의로 징수했으나, 1419년(세종 1) 각 지방의 수령을 차사원(差使員)으로 삼아 정해진 날짜에 그 물목의 송장(送狀)과 물선을 사옹방에 바치도록 규정했다. 물선진상은 정기적인 물선진상(삭망진상朔望進上)과 부정기적인 물선진상으로 구분된다.

정기적인 물선진상은 매월 행해지므로 월선(月膳) 혹은 진선(進膳)이라고도 일컬었다. 각 도 관찰사 및 병사·수사들의 멀고 가까운 거리에 따라 월 2회, 월 1회, 격월 1회 등 그 횟수에 차이가 있었다. 물선진상의 절차는 각 지방관아의 군수·현감 등 수령을 차사원(差使員)으로 임명하여 물목을 적은 선장(膳狀)을 가지고 가서 물선은 예조의 점검 아래 사용원에 상납하고, 선장은 승정원에 바쳤다. 물선의 종류는 각 지방의 산과 바다에서 난 좋은 식료품을 위주로 하고 그 밖에 기구·장식품 등이 첨가되어 있었다. 물선은 모두 감영, 병영·수영에서 마련한 것이라고 하지만 실제 조달은 지역의 각 고을에 나누어 배정하여 거두었다.

부정기적인 물선진상은 별선(別膳), 일차물선(日次物膳), 도계진상(到界進上), 과체진상(瓜遞進上)이 있다. 별선은 별진선(別進膳), 무시진상(無時進上)이라고도 하였는데, 지방관이 임의로 소관 경내에서 진귀한 특산물을 바치는 경우와 국왕이나 왕실의 명령에 따라 상납하는 경우가 있었다. 일차물선은 경기도에서만 행해진 것으로, 경기도 관찰사는 도내의 각 관·포에 각각 분정하고 기일을 정하여 토산 어물을 감영에 납입케 하여 사옹원에 바쳤다. 일차물선은 7일에 한 차례씩 바치는 대일차(大日次)와 날마다 바치는 소일차(小日次)가 있었다. 도계진상은 관찰사, 병사·수사가 부임지에 도착한 날에 예장과 함께 사은의 예물로 바치는 것이다. 과체진상은 감사, 병·수사 등의 지방관이 임기를 마치고 돌아갈 때 사은의 뜻으로 바치는 것이다.

- 방물진상

방물진상(方物進上)은 명일 혹은 국왕 행차 시에 병기 기구 등 방물을 공상하는 것으로서 명일방물(名日方物), 행행방물(行幸方物), 강무방물(講武方物) 등이 있었다.

명일방물은 국왕 탄신을 경축하는 성절(聖節)과 동지(冬至), 정조(正朝)의 세 명절과 왕비 탄신일·인일(음력 정월 초이렛날)·입춘·단오·유두·추석 등의 명절에 하례를 펴고 지방특산물을 방물로 바쳤다. 명절 하례는 2품 이상의 지방관이 국왕·왕비·왕세자뿐 아니라 전왕이 계실 경우에는 전왕에게도 함께 바치다가 세조 때에 이르러 성절·동지·정조의 세 명절 이외에는 국왕에게만 바치도록 조처되었다. 물선진상이 식료품 위주인 데 대하여 명일방물은 병기를 위주로 모피·기구·가구·백포(白布) 그리고 산해진미를 바쳤으며, 제주목에서는 말을 바쳤다.

행행방물은 국왕이 궁궐 밖으로 거둥할 때 지방관이 문안과 함께 토산물을 헌납한 것을 말한다. 국왕의 거둥은 주로 왕릉에 친히 제사 지내거나 강무·수렵을 하기 위한 일이 많았다. 거둥할 때는 길 양쪽의 지방관에 한한 것이 아니라, 멀리 타도의 관찰사, 병사·수사 및 수령까지도 문안하였다.

강무방물은 국왕 감독하에 행하는 강무 때에 지방관이 문안과 함께 토산물을 헌납한 것을 말한다. 강무는 춘추 2회에 걸쳐 안으로 국왕이 친히 통괄하여 감독하고, 밖으로 지방의 군병이 행하는 국가적 행사로 제정되는데, 국왕의 강무에는 관찰사, 병사·수사가 차사원을 보내어 문안하고 방물을 헌납하였다. 강무방물은 매년 2회의 진상으로 정하고, 왕이 세자를 동반하여 강무를 행할지라도 국왕에게만 진상하게 하였다. 뒤에는 강무가 있거나 없거나 춘추 2회로 방물을 바치게 하였다.

• 제향 · 천신진상

제향·천신진상은 시절제사(천신)를 비롯하여 왕실의 각종 제사에 필요한 물품을 바치는 것이다. 원래 제사에 필요한 물품은 중앙의 각 기관에 맡겨져 있었다. 예를 들면 양이나 돼지는 전농시·내자시·전구서, 채소류는 침장고, 과실류는 상림원이나 혜민서·양현고·내자시 등이 맡아서 진상하도록 되어 있었다. 그러나 담당 관청이 마련할 수 없는 것은 지방 각 관에 나누어 바치도록 했다.

• 약재진상

약재진상은 관찰사의 책임하에 왕실 의료업무를 전담하는 내의원에 상납되어 왕실 어약에 사용되고, 혹은 왕이 조신에게 하사하기도 하였다. 약재진상은 월령으로서 그 품목과 수량이 정해져 있었으며, 내시부에서 내의원에 차정된 환관이 관장하였다. 반면에 공물약재는 지방 군현에서 중앙 의료기관인 전의감·혜민국·제생원 등에 상납되어 의료용으로 사용되고, 혹은 일반에 판매되기도 하였다. 정부 의료기관에서 사용하는 향약재는 공물로서 지방관아에 나누어 배정하여 상납케 하였고, 왕실의 어약으로 사용할 것은 특별히 진상이라 하여 공물 외로 상납케 하였다.

• 응자진상

응자진상(일명 응방진상鷹坊進上)은 각 감영과 병영·수영에서 매를 사육 또는 생포하여 응방에 바치는 것을 말한다. 매 사냥은 고려 이래 국왕이나 지배층

사회에서 널리 행해졌는데, 조선시대에도 고려의 제도를 답습하여 왕실 직속으로 응방을 설치하고, 여기에서 사냥한 생치(生雉)를 종묘·별묘의 천신제물로 사용하였다. 조선 초기에는 매의 진상이 매의 주산지인 평안·함경·황해·강원도 등 이북지역에 국한되었으나, 세종 때 명나라에 대한 금은 세공(歲貢)이 면제되는 대신 매의 진헌이 시작되어 그 진상지역이 전국적으로 확대되었다. 따라서 산출되지 않는 지역의 민호는 무납가(貿納價)를 바치는 등 새로운 부담이 늘어나기도 하였다. 매(鷹子)의 종류로 이름이 드러난 것은 첫째 송골(松鶻), 둘째 토골(兎鶻, 堆困), 셋째 아골(鴉鶻)이고, 이 세 가지 매 속에서 잡교(雜交)하여 낳은 것을 서골(庶鶻)이라 하였다.

• 별례진상

조선시대에는 상례(常例)의 진상 이외에 별례진상(別例進上)이란 것도 있었다. 별례진상에는 두 가지가 있으니, 그 하나는 국왕의 하명에 의하여 바치는 경우이고, 다른 하나는 하명의 유무를 불문하고 감사, 병사·수사가 특수한 새로운 산물을 바치는 경우이다. 예컨대 세종 때 함경도관찰사에게 공물과는 별도로, 신세포(神稅布)의 수입으로 갑산군에서 초피(貂皮)를 매입하여 별례진상으로 상납케 하고 있으며, 왕명이 없어도 진기한 특산물로서 바치는 것으로는 주옥 등을 들 수 있다. 상례의 진상은 모두 공안·횡간(貢案·橫看)에 수록되었으나 별례진상은 이 규정 이외에 별도 수입이었다.

조선 후기 충청도의 진상품

진상은 왕에 대한 예헌의 의미를 지니고 있었고, 또 방납인들의 이권이 개입되어 쉽사리 개선되지 못하였다. 그러나 조선 후기에는 대동법이 실시되면서 토지 1결당 쌀 12말[斗]씩을 징수하여 각 도와 군현에서 매년 상납하던 진상물의 일부를 대동저치미로 구입하였으므로, 조선 전기의 진상물목이 크게 변화하였다. 그런데 대동법이 시행되었다고 해서 모든 진상이 대동세로 징수된 것은 아니었다. 천신(薦新)·약재(藥材)·삭선(朔膳)·명일물선방물(名日物膳方物)·인삼 진상은 여전히 현물로 상납되었다.

충청도의 경우에도 조선 후기에는 진상품목이 대폭 감소하고 있다. 1776년에 정조가 각종 공선 진상품의 물품 및 수량과 진상방법을 감축, 개정하여 관계기관과 8도에 반포한 책인『공선정례(貢膳定例)』에서는 충청도의 진상물목으로 명일물선과 삭선에 생전복[생복生鰒], 생돼지[생저生猪], 껍질이 있는 생전복[유갑생복有匣生鰒], 황조기[황석수어黃石首魚], 올홍시[조홍시자早紅柿子], 생송이버섯[생송용生松茸] 등이 있다. 진상 횟수는 명일물선은 동지 납월 탄일이지만, 삭선의 경우에는 매월 진상하는 것이 아니고, 정월·4월·8월·9월로 대폭 감소되어 있다.

『공선정례』에 수록되어 있는 충청도 진상품

구분	시기	진상품목	대전(大殿)	왕대비전	혜경궁	중궁전	세자궁
명일물선	동지	생전복	300개	250개	200개		
	납월	생돼지	2마리	1마리	1마리	1마리	1마리
	탄일	생전복	300개	250개	200개		
삭선	정월	껍질이 있는 생전복	300개	250개	?	150개	150개
	4월	황조기	3말(斗)	3말	?	2말	2말
	8월	올홍시	100개	100개	80개	70개	70개
		생송이버섯	150본(本)	100본	100본	70본	70본
	9월	올홍시	100개	100개	80개	70개	70개
		생전복	300개	250개	200개	150개	150개

1790년경에 편찬된『공주감영읍지』의 진공조에 의하면, 당시 충청도관찰사의 도계진상과 방물진상, 물선진상, 약재진상 등의 물품과 진상시기, 진상품

의 마련 절차 등을 알 수 있다.

먼저 충청도관찰사는 부임하면서 도계진상(到界進上)을 하였다. 진상품의 내역은 노루 생고기[生獐] 5마리, 살아 있는 꿩[活雉] 50마리, 편포[片脯] 21개, 말린 숭어[乾秀魚] 39미, 말린 조기[乾石魚] 45속, 저린 웅어[葦魚食鹽] 15말, 저린 숭어[秀魚食鹽] 10말, 저린 전어[錢魚食鹽] 5말, 잣[柏子] 18말, 꿀[淸蜜] 4말, 석이버섯[石耳] 8근이었다. 이 진상품의 조달은 다음과 같이 각 고을에 나누어 배정하여 마련하였다.

『공주감영읍지』에 수록되어 있는 충청도 도계 진상품과 분정 고을

품목	수량	나누어 배정한 고을
노루 생고기	5마리	충주, 청주, 공주, 홍주, 목천 등(5고을) *雉로 대봉
살아 있는 꿩	50마리	문의, 영동, 청양, 괴산, 전의, 청풍, 진잠, 음성, 회인, 연풍, 단양, 영춘, 온양, 정산, 신창 등 (15고을) *生雉로 대봉
말린 육포	21개	홍주, 연산, 예산, 청안, 제천, 대흥, 회덕 등(7고을)
말린 숭어	39미	임천, 은진, 천안, 직산, 보령, 서천, 한산, 덕산, 아산, 결성, 태안, 남포 등(12고을)
말린 조기	45속	은진, 부여, 홍산, 천안, 직산, 보령, 석성, 서천, 덕산, 해미, 비인, 평택 등(12고을)
저린 웅어	15말	임천, 은진, 석성, 한산 등(4고을)
저린 숭어	10말	서산, 부여, 당진, 면천 등(4고을)
저린 전어	5말	보령, 당진, 해미, 남포 등(4고을)
잣	18말	옥천, 보은, 황간, 청산 등(4고을)
꿀	4말	청주, 충주, 진천, 문의, 제천, 청풍, 황간, 청산, 회인, 연풍, 단양, 영춘, 연기 등(13고을)
석이버섯	8근	충주, 제천, 청풍, 단양, 영춘 등(5고을)

충청도관찰사 재임 중에는 정월 초하루[正朝], 4월, 단오, 8월, 9월, 동지, 납육(臘肉) 등의 진상이 있었으며, 이 외에도 대전 탄일, 왕대비전 탄일, 혜경궁 탄

일 등에 진상하였고, 별진하(別進賀)가 있었다. 진상품의 마련과 진상절차는 품목과 시기에 따라 달랐다. 예를 들어 정월 초하루의 진상품 가운데 화룡묵(畫龍墨)은 감영의 묵고(墨庫)에서 제작하여 준비하였고, 흑각궁(黑角弓)·적마전(狄磨箭)·편전(片箭)·대전(大箭)·통아(筒兒)·궁대통개(弓俗筒箇)·조총(鳥銃)·전자(剪子)·소성(梳省) 등은 병영에서 제작하여 납품하였으며, 생전복[生鰒]은 홍주 서산 태안 보령 결성 비인 남포 등 7고을에 나누어 배정(分定)하여 감영의 감독하에 진상하였다.

『공주감영읍지』에 수록되어 있는 충청도 방물진상과 물선진상

구분	방물진상	물선진상
정월 초하루	화룡묵 33홀, 흑각궁 2장, 적마전 1부, 편전 1부, 대전 1부, 통아 1개, 궁대통개 4부, 조총 1병, 전자 5파, 소성 22교, 인도 1병	생전복 900개
4월 삭선		황조기 10말
단오	유둔 15장, 유석 43장	
8월 삭선		올홍시 350개, 천신 522개, 송이버섯 420근
9월 삭선		올홍시 350개, 생전복 900개
동지	화룡묵 35홀, 흑각 2장, 적마전 1부, 대전 1부, 통아 2개, 편전 2부, 조총 1병, 궁대통개 4부, 전자 8파, 인도 5병	생전복 750개
납육		생돼지 5마리
대전 탄일	화룡묵 55홀, 흑각궁 2장, 적마전 2부, 편전 2부, 통아 2개, 조총 1병, 궁대통개 7부, 전자 12파, 인도 6병/황모 20조, 유석 27장, 녹피 1령, 장피 1령	생전복 750개

왕대비전 탄일			생전복 250개
혜경궁 탄일			생전복 200개
별진하	화룡묵 35홀, 흑각궁 2장, 대전 1부, 적마전 1부, 편전 2부, 통아 2개, 궁대통개 3부, 조총 1병, 전자 8파, 인도 5병, 녹피 1령		생노루 6마리, 살아 있는 꿩 52마리, 말린 꿩고기 57마리, 말린 조기 105속, 말린 숭어 57미, 호도 7말, 대추 7말

충청도관찰사의 약재진상은 정월·2월·3월·4월·5월·6월·7월·8월·9월·10월에 있었다. 진상품은 도내의 각 고을에 분정하여 조달하였으며, 감영에서 직접 감독하여 검사한 내용을 봉하고 도장을 찍었다(監封). 월령별 약재진상의 물품과 수량은 다음과 같다.

『공주감영읍지』에 수록되어 있는 충청도 약재진상

	진상물품과 수량
정월령	모향(茅香) 15근, 궁궁(芎藭) 1근, 청밀(淸蜜) 3두, 백급(白芨) 5근, 태수(胎水) 3승
2월령	창출(蒼朮) 14근, 백출(白朮) 2근 10량, 황기(黃芪) 3근, 적작약(赤芍藥) 12근, 진교(秦艽) 2근, 방풍(防風) 4근 10량, 백작약(白灼藥) 3근, 길경(吉更) 6근, 시호(柴胡) 4근 10량, 천문동(天門冬) 6근+3근(별정), 황백피(黃栢皮) 14근, 전호(前胡) 4근+6근(별정), 황금(黃芩) 4근+6근(별정), 백급(白芨) 9근+3근(별정), 맥문동(麥門冬) 3근, 박하(薄荷) 20근, 초룡담(草龍膽) 2근, 백부자(白附子) 2근, 모향(茅香) 20근, 택사(澤瀉) 7근, 남칠(藍柒) 1근, 백모근(白茅根) 1근, 담죽엽(淡竹葉) 5근
3월령	고삼(苦蔘) 5근, 택란(澤蘭) 10량, 백부자(白附子) 2근, 궁궁(芎藭) 2근
4월령	초룡담(草龍膽) 2근, 하고초(夏枯草) 5량, 학슬(鶴蝨) 5량, 초오두(草烏頭) 10량, 활석(滑石) 60근,
5월령	행인(杏仁) 3근, 정력자(葶藶子) 10량, 금은화(金銀花) 3근, 담수(膽酥) 5전, 하마(蝦蟆) 5개
6월령	안식향(安息香) 7근, 욱리인(郁李仁) 5근, 건칠(乾漆) 8량, 청상자(靑箱子) 7량, 욱리근(郁李根) 4량, 모근(茅根) 3근, 박하(薄荷) 6근, 선복화(旋覆花) 10량, 청밀(淸蜜) 3두, 태수(胎水) 3근, 백급(白芨) 5근

7월령	호유자(胡荽子) 1근, 호로파(胡蘆芭) 10량, 담죽엽(淡竹葉) 7량, 도인(桃仁) 2근
8월령	택사(澤瀉) 5근, 저실(楮實) 9량, 만형자(蔓荊子) 2근
9월령	방풍(防風) 2근, 당귀(當歸) 4근, 황기(黃芪) 3근, 창출(蒼朮) 4근, 전호(前胡) 2근, 토사자(兎絲子) 4근, 대조(大棗), 모과(木果) 150개, 백국화(白菊花) 1량, 천문동(天門冬) 3근, 백급(白芨) 5근, 금은화(金銀花) 2근+3근, 맥문동(麥門冬) 5근, 백작약(白灼藥) 5근, 박하(薄荷) 11근, 초룡담(草龍膽) 3근, 모향(茅香) 40근, 택사(澤瀉) 8근, 산약(山藥) 7근, 오미자(五味子) 4승, 청밀(淸蜜) 5두, 비자(榧子) 10량, 목단피(牧丹皮) 6근, 구판(龜板) 5개
10월령	오가피(五加皮) 4근 10량, 위령선(威靈仙) 3근, 여로(藜蘆) 5량, 청밀(淸蜜) 2두
별정	백청(白淸)

충청도의 진상에 얽힌 이야기

『조선왕조실록』에서는 충청도의 진상과 관련된 다양한 이야기를 찾아볼 수 있다. 이 가운데 몇 건을 소개하면 다음과 같다.

• 도루묵의 진상

1496년(연산군 2)의 실록기사에 의하면, 충청도 역마(驛馬)가 조잔(凋殘)해지는 폐단을 거론하면서 그 이유를 도루묵의 진상에서 찾고 있다. 당시 생물(生物)을 진상할 때에는 도루묵[銀口魚] 같은 것이 10여 개만 되어도 반드시 상등 말에 얼음꾼[氷丁]까지 실려서 뭉그러지지 않도록 길을 평상시의 배나 빨리 달려 몰아가므로, 이로 인하여 말이 병들거나 죽어버려 말 한 마리의 값이 무명 100여 필까지 이르러 빈한한 역리(驛吏)로서 갑자기 마련할 수가 없어 가산을 탕진하게 되어 역로(驛路)가 다 조잔해졌다고 하였다. 그리하여 만일 도루묵이 경기(京畿) 부근에서 나지 않는다면 진상하는 일을 폐할 수 없지만, 서울 부근의 여러 냇물에서도 이 고기가 많이 나고 있으니, 먼 도에서 나는 고기는 소금에 절여 상납하여 역로의 폐단을 덜게 하자고 아뢰고 있다. 그러나 연산군은 민폐가 된다고는 하지만, 위로 삼전(三殿)이 계시니 내 몸을 위하는 것이 아니라고 하면서 들어 주지 않고 있다. 아마 한강에서 잡히는 도루묵보다 금강에서 잡히는 도루묵의 맛이 훨씬 좋았던 것이 아닐까 추측된다(『연산군일기』 권20, 연산군 2년 12월 갑신조).

• 천신진상품 고니를 잡기 어려워 기러기나 꿩으로 대신하다

종묘에 천신하는 생물 가운데 고니[天鵝]는 잡기가 어려워 값이 매우 비쌌으나, 태조 이성계가 잡숫던 것이라 함부로 폐할 수 없었다. 그러나 흉년으로 인하여 민폐가 심할 경우에는 기러기나 꿩으로 대신하기도 하였다. 1652년(효종 3)에는 선혜청(宣惠廳)에서 김육(金堉)이, 홍청도(洪淸道: 충청도)에서 태묘에 천신할 고니를 얻기가 가장 어려우므로 기러기로 대신한 것은 실로 존양(存羊)의 뜻입니다마는 또한 정성으로 섬기는 도리가 아니니 기러기도 아울러 없애기를 아뢰었다. 그러나 전 영의정 이경석이 "만약 양(羊)을 아끼느냐 예(禮)를 아끼느냐 하는 것을 가지고 그 경중을 따져보면, 대봉(代封)하는 기러기까지 없애는 것은 폐단을 없애자는 뜻에서는 절실하지만 예에 있어서는 옳지 않은 것입니다"라고 주장하여 그대로 존속시켰다.

또한 1682년(숙종 8)에는 종묘에 천신(薦新)하는 고니는 잡기가 매우 어려워 값이 매우 비싸기 때문에 지난날 산 기러기를 대신 바친 예가 있었으니, 산 꿩으로 대신하게 하기를 청하였다. 숙종은 제향(祭享)과 관계되는 일이므로 여러 대신들에게 문의하였는데, 대신들이 모두 말하기를, "고니는 태조 대왕께서 옛날에 잡수셨던 것이므로, 우선은 대신 바치게 하는 것을 허락하더라도, 불가불 풍년을 기다려 다시 복구하여야 할 것입니다"라고 하여 받아들여졌다.

이와 같이 희귀한 진상물을 비슷한 것으로 대체하는 사례로는, 1548년(명종 3)에 제향에 쓰는 물건은 대용할 수 없지만, 탄일과 정조의 진상에 한해서 산 사슴을 노루로 바꾼 예도 있다(『효종실록』 권9, 효종 3년 12월 임자조, 『숙종실록』 권13, 숙종 8년 12월 계미조, 『명종실록』 권8, 명종 3년 10월 경술조).

• 마늘은 조선시대에도 충청도 진상품이 최고

1504년(연산군 10)에 충청도와 전라도에서 진상한 마늘에 대해 비교한 기사가 있다. 연산군은 당시 전라감사 김영정(金永貞)이 진상[封進]한 마늘순을 다시 내려 보냈다. "충청도에서 진상한 것은 잎이 길고 새로 캔 것 같으나 지금 전라도에서 진상한 것은 겨우 순이 나고 또 썩어 진상하기에 합당하지 않으니, 생마늘을 그대로 그려 전라감사에게 유시하기를 '지금 마늘 길이가 이와 같은데 겨우 순이 난 것을 진상하였으니, 어쩐 일이냐? 도회관(都會官) 및 진상한 각 고을을 아울러 조사해서 급히 아뢰도록 하라'고 하였다." 오늘날 충남 서산의 육쪽마늘이 유명한데, 충청도의 마늘은 이미 조선시대부터 그 명성이 자자했나 보다(『연산군일기』 권52, 연산군 10년 4월 계묘조).

• 생전복, 올홍시, 송이버섯도 충청도 진상품이 으뜸

대동법이 실시되고 공선정례가 마련된 정조조에 호서에서 바치는 삭선(朔膳)은 모두 경청(京廳)에서 대신 바치지만, 진하(陳賀) 때 쓰는 음식 재료만은 충청도에서 봉해 올렸다. 1791년(정조 15)에 정조가 "진하가 얼마나 성대한 일인가. 그러나 음식 재료의 문제로 우리 백성에게 폐단을 끼치는 것은 경사를 함께 나누는 뜻이 아니다. 묘당에 물어보도록 하라"고 전교하였다.

이에 대해 비변사에서 "주원(廚院)의 음식 재료 공납 규정을 자세히 살펴보니, 여러 가지 명색 가운데 삭선조(朔膳條)에, 1월에는 껍질이 있는 생전복이 있고 4월에는 황조기가 있고 8월에는 올홍시와 생송이버섯이 있고 9월에는 올홍시와 생전복이 있으며, 물선조(物膳條)에는 탄신일과 동지(冬至)에 모두 생전복이 있습니다. 그런데 생전복과 올홍시는 토산품일 뿐만 아니라, 위에 올려 보낼 때 거리도 가장 가깝고 더욱이 본도의 생전복은 여러 도 가운데서도 맛이 가장 좋다는 평이 있으며, 올홍시와 송이도 그와 같은 경우로서 서울의 저자에서는 구할 수 없는 것들입니다. 이 세 가지는 전례대로 거행하소서. 황조기에 대해서는 본디 소소한 것이라서 또한 규례를 고칠 필요가 없지만 다만 생각건대 성상의 뜻이 오로지 온 나라를 동원하여 한 사람을 봉양하지 않겠다는 데 있기 때문에 묘당의 신하로서는 그저 그 미덕을 받들 따름입니다. 그 값을 쌀로 대신 받는 것으로 규정을 정하는 대상에 붙이게 하소서. 나아가 도계진상(到界進上)은 수십 년 만에 한 번이나 있는 일이지만 물건 종류 가운데 산 노루 2마리가 있습니다. 이번에 규정을 고친 뒤에 다른 도에는 산 노루에 대한 명목이 모두 없어졌는데 본도에만 군살로 남아 있습니다. 이 종목도 영구히 다른 것으로 대신 봉해 올리라는 뜻을 주원과 해당 관청 및 해당 도에 분부하시기를 청합니다"라고 아뢰었다.

　다시 정조는 이에 대해 "호서지방에서는 생 꿩을 산 채로 잡아서 보내기 때문에 봉하여 올린 뒤에는 매번 산 것을 놓아준 선왕의 거룩하신 덕을 본받아 곧바로 대궐 숲에 놓아준다. 그러면 날아갔다가 다시 모이고 한참 뒤에 자유롭게 날아가버리는데, 이것이 곧 궁중의 고사가 되었다. 쓸모도 없으면서 폐단만 생기는 것이 사실 그와 같았으니, 앞으로는 도계진상에서 생 꿩을 제외시키고 영구히 그대로 따르도록 하라. 편포(片脯)는 우금(牛禁)이 매우 엄격하여 비록 크고 작은 연회에서도 특별한 음식 재료로 쓰이는 짐승 이외에는 옛 규례에 쇠고기를 쓰지 못하게 되어 있으니, 설사 감영 부근의 푸줏간에서 쇠고기를 올리는 일이 있다 하더라도 이것이 곧 법이 시행되지 않는 이유가 위에서부터 범하기 때문이라는 경우와 근사하지 않겠는가. 편포도 역시 다른 물건으로 때에 따라 대신 바치게 하라"고 전교하였다(『정조실록』 권32, 정조 15년 6월 기사조).

・안면도 섬 주민을 울린 생전복 진상과 정조의 백성 사랑

　1799년(정조 23)에 충청도 암행어사 신현(申絢)이 복명하면서 있었던 이야기이다. 신현이 "충청도 수군절도사 구명원(具明遠)은 송금(松禁)이 자못 해이하였습니다"라고 아뢰자, 병조판서 김문순(金文淳)이 구명원을 무겁게 추고하기를 청

하였다. 이에 정조가 다음과 같이 전교하였다.

"지난번에 심환지(沈煥之) 판부사(判府事)의 말을 들으니, 안면도(安眠島)의 온 백성들이 수영(水營)의 침학에 고생을 하고 있으며 소속된 각 섬들까지 모두 그 피해를 입고 있는데 빙자하는 단서는 진상에 쓸 생전복[生鰒]이 가장 심하다고 하였다. 몇 년 전부터 전복을 진상하는 일을 얼마나 많이 면제하고 줄여주었는데 감히 이 조목에 대해 농간을 부린단 말인가. 진상용 전복을 퇴짜 놓는 일로 지난해에는 섬 백성이 비속(裨屬)에게 곤장을 맞고 죽은 자까지 있다고 하였다. 그 곡절에 대해서 묘당이 해당 수사에게 엄하게 공문을 보내 추문하고 사실대로 비변사에 보고하게 한 뒤에 초기(草記)를 올렸다.

올해에는 해당 수사는 전복이라는 이름을 가진 것들은 한 개나 반 개라도 봉진하지 말라. 이러한데도 이른바 영속(營屬)이라고 하는 자들이 각 섬 근처에 출몰하면서 예전대로 토색질을 하다가 장차 내려갈 암행어사에게 적발된다면, 단속하지 못한 해당 수사는 의금부로 잡아다가 조율하여 금고(禁錮)의 벌을 내릴 것이다. 이런 내용으로 감사와 수사에게 엄하게 신칙하라. 현임 수사의 죄는 예사롭게 파직하고 잡아다가 논죄해 처리해서는 안 되겠다. 그로 하여금 속죄할 방도를 강구하도록 하라."(『정조실록』권51, 정조 23년 5월 병인조)

충신, 효자와 열녀 이야기

이해준(공주대학교 사학과 교수)

충·효·열 삼강의 의미

동양의 전통사상 가운데 충(忠)·효(孝)·열(烈)은 유교사회의 중요한 덕목이었다. 충·효·열은 부자(父子)·군신(君臣)·부부(夫婦)관계의 근본을 일컫는 것으로서 이들의 관계는 군위신강(君爲臣綱)·부위자강(父爲子綱)·부위부강(夫爲婦綱)의 삼강(三綱)으로 규정되었다. 여기에서 강(綱)이란 그물의 코를 꿰는 '벼리'를 뜻하는 것으로 임금[君]·부모[父]·지아비[夫]는 벼리가 되고, 신하[臣]·자녀[子]·지어미[婦]는 그물코가 된다는 의미를 지니는 것이다.

인간 사회를 유지시키는 윤리의 기본이 되는 삼강의 이념 중에서도 가장 핵심적인 윤리는 바로 부모 자식 간의 '효'였다. 부모 자식 간의 '효'가 확대되어 '충'으로 나아갈 수 있다고 보았던 것이다.

현대를 사는 우리들 모두가 '효'가 무엇인지 알고 있다. 하지만 그것을 딱 부러지게 설명할 수 있는 사람이 얼마나 될까. 지금으로부터 약 2500년 전 사람인 공자(孔子)는 공경하는 마음을 품는 것, 부모에게 걱정을 끼쳐드리지 않는 것, 그리고 돌아가신 후 상례와 장례를 바르게 하는 것이라 하였다. 그리고 맹자는 효를 백행(百行)의 근본으로 보았으며, 제왕의 도(道)라는 것도 바로 '효'라

하였을 만큼 '효'를 중요하게 여겼다.

　우리나라에서 충·효·열 삼강에 대한 관념이 형성된 것은 유교가 수용되어 정착된 후대에 이르러서였겠지만, 충신이나 효자에 대한 칭송을 공론화하고 그들에 대해 국가에서 포상을 내려주는 것은 고대부터 있었다. 삼국시대에 전쟁에 나가 공을 세운 인물에게 상이 주어졌고 충신으로 관직을 내려주기도 하였다.

신라 효자 향덕

　국가에서 효자에게 포상을 내렸던 최초의 기록은 삼국시대의 역사를 기록한 『삼국사기』, 『삼국유사』에 보인다. 신라 경덕왕 14년(755) 웅천주 판적향(현재의 충남 공주)에 사는 향덕(向德)이란 효자의 이야기이다.

　당시 전국적으로 지독한 흉년이 들어 사람들은 굶주리고 전염병까지 돌아 고통을 겪고 있었다. 가난하게 살았던 향덕은 부모님이 오랫동안 굶은 끝에 병들어 죽을 지경에 이르자 옆에서 정성껏 간호하느라 옷을 갈아입지도 못하였다. 향덕은 어머니의 종기를 입으로 빨아내 고통을 덜어드리는 등 애를 썼지만 병은 차도가 없었고 끼니를 이을 양식조차 없어 그저 죽을 날만 기다리는 형편이었다.

효자 향덕 비(공주시 소학동 소재).

　어느 날 부모님의 병에는 사람의 살을 먹어야 좋아진다는 이야기를 듣게 되었고, 마침내 자신의 넓적다리 살을 베어 국을 끓여드리니 부모님은 점차 회복하였다. 추운 겨울이었지만 다리의 상처가 아물

기도 전에 집 앞의 하천에 들어가 고기를 잡으려는데 물가의 얼음이 상처를 건드려 붉은 핏물이 냇가를 따라 흘렀다. 훗날 이 지역 사람들은 이 하천이 피로 물들었다 하여 '혈흔천(血痕川)'이라 부르며 지금까지 애절한 효자의 마음을 기억하고 있다.

향덕의 효행은 널리 알려져 경덕왕도 그 사실을 알게 되었다. 그리하여 그에게 집과 곡식, 그리고 땅까지 주었고, 마을에 비석을 세워 그의 행적을 기록하도록 하였다. 지금도 충남 공주시 소학동에 가면 당시에 만들어진 효행비가 남아 있다.

효자에게 상을 내리다

효를 행하는 것은 개인의 사적인 행동이지만 유교사상이 국가의 통치 이데올로기가 되면서 정책적으로 권장되기 시작하였다. 앞서 설명하였듯이 효자가 충신이 된다는 의식이 뿌리내렸고 국왕은 효자를 찾아내 포상을 내리는 것을 중요한 국가 시책으로 강조하였다.

고려시대의 역사서를 보면 이미 충·효·열 인물을 포상하였다는 기록이 많이 있다. 조선이 건국된 후에는 태조가 삼강 인물에 대한 포상 제도를 공식화하면서 『경국대전(經國大典)』에 관련 규정이 수록되었다. 한문(漢文)을 모르는 백성을 위하여 한글과 그림으로 구성된 『삼강행실도』를 펴내고, 나라 곳곳에서 삼강을 실천한 인물을 찾아내 상을 내리는 등 국가적 차원에서 삼강윤리의 보급이 줄기차게 진행되었다.

조선시대에 삼강인물을 포상하는 정책을 살펴보면 국가가 이 문제를 굉장히 중요하게 여겼음을 알 수 있다. 우선, 왕이 즉위하면 반드시 충신·효자·의부·절부에 대해 각 지방에서 보고를 하도록 하여 그 대상자를 포상하였다. 또한 지방의 수령이 맡은 임무 중 삼강 인물을 찾아 보고하는 것은 매우 중요한 일이었다. 만약 삼강의 행실이 있는 인물을 천거하지 않거나, 반대로 거짓 천거

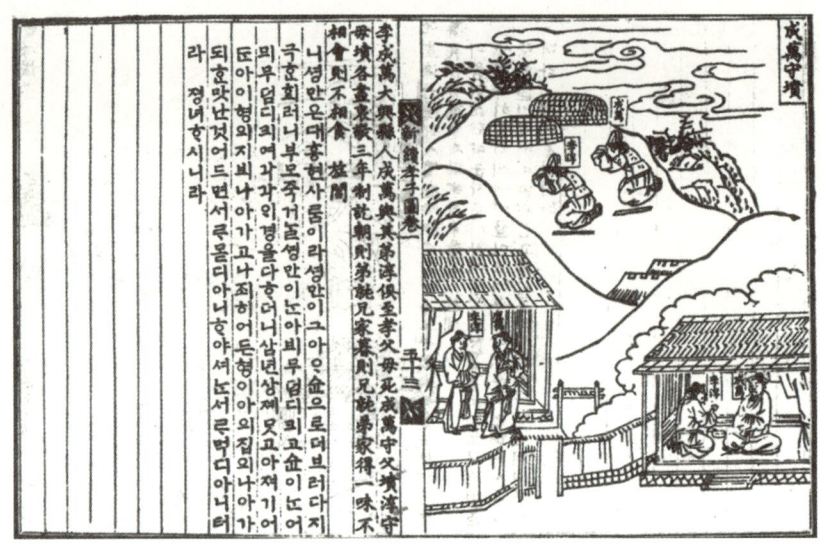

「삼강행실도」 일부. 1431년(세종 13) 왕명으로 편찬된 책. 충신·효자·열녀 각 35명씩 총 105명의 이야기와 그림을 기록한 책이다.

를 하였을 경우에는 엄격하게 추국하여 직책에서 물러나도록 할 정도였다.

포상정책뿐만 아니라 불충·불효에 대해서는 매우 강력한 조치를 취하였다. 이른바 '강상(綱常)의 변'이라 하여 불충·불효는 개인의 죄 이상으로 치부하였다. 인간사회의 가장 중요한 가치를 거스른 죄는 혼자만의 죄가 아니라는 것이었다. 당사자에 대한 처벌은 물론이고 그가 속해 있는 지역사회 전체에 죄를 물었다. 즉, 지금으로 치면 죄인의 출신지를 시·군에서 면 단위로 격하시키고, 군청을 없애버리는 식이었다. 이 형벌은 거의 10여 년 간 긴 세월이 지나야만 씻겨졌다.

대국민 교육자료

고려 말 충목왕 때 『효행록(孝行錄)』이 발간되었다. 고려의 대학자 이제현(李齊賢)과 권근(權近)의 서문·발문이 있고, 효행의 실천에 관한 그림과 짧은 글귀가 들어갔다. 이 글을 아이들에게 노래로 불러 외우도록 하여 효도를 고취하는 자료로 삼았다. 조선 건국 후에는 더 적극적인 정책이 시행되면서 모범이 될 만한 충·효·열 인물의 행적을 모아 만든 『삼강행실도(三綱行實圖)』가 발간되었다. 이것은 세종 대에 자식이 아버지를 죽인 범죄 사건이 계기가 되었다. 세종 10년(1428) 진주(晉州)에 사는 김화(金禾)가 아버지를 살해한 사건이 벌어지자 강상죄(綱常罪)로 엄벌하자는 주장이 논의되었는데 이때 세종은 엄벌에 앞서 세상에 효행의 풍습을 널리 알릴 수 있는 서적을 간행 배포하는 것이 좋겠다 하여 이 책을 발간케 했던 것이다.

『삼강행실도』의 속편은 1514년(중종 9)과 1617년(광해군 9), 1797년(정조 21)에도 각각 간행되었다. 광해군 대의 『동국신속삼강행실도』는 특히 한글로 된 풀이를 덧붙여 많은 백성이 읽을 수 있도록 하였고, 임진왜란 발발 이래의 효자와 충신, 열녀 등의 사실을 수록함으로써 황폐해진 민심을 격려하고자 하였다.

이와 같은 삼강행실 관련 책자 편찬 외에 각 고을의 지리지와 읍지에도 충·효·열 인물을 수록하였는데 1700년대 중반에 편찬된 『여지도서』의 인물조에는 삼강인물이 4000명이 넘게 등재되었다. 이후 일제강점기까지 발간된 읍지와 군지 등 지방 기록에 삼강인물이 중요하게 다루어졌다.

충·효·열 인물에게 내려진 포상

주의 깊은 사람이라면 시골의 한적한 도로변이나 마을 입구에 세워진 한두 칸짜리 기와지붕 건물을 본 기억이 있을 것이다. 그것이 효자문·열녀문이라는

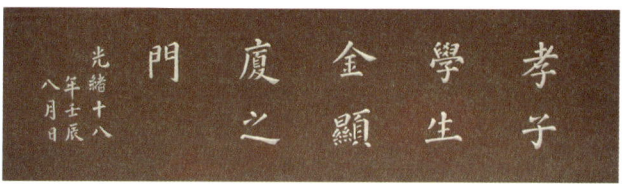

명정현판.

△ 양천 허씨 정려(논산시 연산면 고정리).
◁ 초가 정려.

사실을 아는 이들이 적지 않겠지만, 왜 그와 같은 기념물을 세운 것인지 설명해 주는 안내판은 흔치 않다. 효자문·열녀문이라 불리는 이 문화재의 정확한 명칭은 '정려', '정문'이다. 이것은 충신·효자·열녀에게 내려진 국가의 포상이며, 여러 가지 포상 종류 중 최고 단계의 것이었다.

그렇다면 포상의 종류는 어떤 것이 있었을까. 유형별로 나누어 보면 정문류(旌門類)·상직류(賞職類)·복호류(復戶類)·상물류(賞物類)가 있다. 삼강의 행적이 뛰어난 경우 국가는 정려 건립을 결정하는 명정(命旌)을 내려주게 된다. 이 정려는 예조와 의정부의 심사를 거쳐 국왕의 재가를 받아 시행하는 복잡한 과정을 거치도록 되어 있었다. '정려'는 한자의 뜻만으로 보면 깃발을 세우는 것 정도로 해석이 되며 이것은 중국의 옛 제도에서 기원한 단어라 할 수 있다. 우리나라에서는 보통 기다란 나무 현판에 아무개의 정려라는 사실과 연월을 적어 대문 위에 걸기도 하고, 사람들이 많이 다니는 길가에 한 칸짜리 작은 건물을 세우고 그 안에 걸어두기도 하였다.

정려가 최고의 포상인 이유는 정려와 함께 또 다른 여러 가지가 주어졌기 때문이었다. 즉 상직, 복호, 상물이 동시에 수반되었다. 상직이란 관직이나 품계를 하사해 주는 것이고, 복호는 요역의 부담을 면제 또는 감면해 주는 것, 그리고 상물은 의복이나 물건 음식 등을 상으로 내리는 것이다. 노비나 백정 등의 천민이 삼강행실로 포상을 받을 경우 신분상승이 이루어지기도 하였다. 집안에서 효자가 나오면 명예만 주어지는 것이 아니라 벼슬이나 경제적인 보상이 함께 따라왔으니 많은 사람이 정려를 받기 위하여 노력할 수밖에 없었다.

역사상 포상정책은 정책적으로 활용되기도 하였다. 연산군 다음으로 즉위한 중종은 그동안 폭정에 시달렸던 백성을 안정시키기 위해 전국의 충신·효자·열부를 찾아내어 포상하였고, 임진왜란 이후에도 역시 같은 의도로 추진되었다. 심지어 자연재해가 심하면 원혼을 달래기 위해 포상정책을 행하기도 하였다.

한편, 17세기 이후에는 문벌의식이 강화되면서 집안의 현조(顯祖)를 내세우고자 수십 년 아니 수백 년 전에 살았던 조상 중에 충신·효자·열녀를 찾아내 상소를 올려 정려를 받으려는 움직임이 흔해지기도 하였다.

형님 먼저 아우 먼저

1980년대에 모 식품회사에서는 '형님 먼저 아우 먼저'라는 광고를 내세워 기업 이미지를 높인 적이 있다. TV 광고에서는 라면 한 그릇을 형제가 서로 나눠 먹으려는 따뜻한 우애를 보여줬고, 제품의 포장지에는 우리에게 익히 알려진 우애 좋은 형제 이야기의 그림을 담았다. 그 이야기는 농사를 지어 먹고 살던 형제가 추수 후 자기보다 더 형편이 어려울 것 같은 형제를 위해 한밤중에 몰래 볏단을 가져다주었는데, 알고 보니 서로가 서로에게 같은 마음으로 계속 볏단을 전해 주었다는 것이다. 1970년대 초등학교 교과서에도 수록되어 어린이 교육에 활용되기도 하였다.

의좋은 형제 이야기의 유래는 충남 예산군 대흥면에서 시작되었다. 대흥면사무소 앞에는 오래된 비석을 보호하는 작은 정려각이 있다. 이 비석을 대흥 사람들은 '의좋은 형제비'라 불러왔

이성만 형제 우애비(충남 예산군 대흥면 동서리 소재).

다. 정확하게는 '예산 이성만 형제 효제비'로, 비문은 많이 마멸된 상태이지만 대강의 내용을 보면 "조선 세종 대에 충청도 대흥호장 이성만과 이순 등이 부모가 살아생전에 기쁨으로 봉양하고 봄가을 맞난 반찬을 대접하였으며, 돌아가시자 형은 어머니의 산소를 지키고 아우는 아버지의 산소를 지켰다. 또 아침에는 형이 아우집에 이르고 저녁에는 아우가 형의 집에 가서 조석으로 음식을 나누었다……"는 것이다. 이러한 효행과 우애가 널리 알려져 조정에까지 보고가 되었고 세종이 이들에게 정려를 내렸다. 그리고 비석은 그로부터 80년이 지난 1497년(연산군 3)에 세워졌다.

포상을 받는 방법

충·효·열의 행적을 실천한 인물에 대한 국가의 포장이 결정되기까지는 매우 복잡한 절차와 과정이 필요했다. 특별한 경우를 제외하면 수십 년 혹은 자손 대대로 여러 대에 걸쳐 계속 청원을 올려야 성사되는 경우가 많았다.

정려 건립과 관련된 고문서를 보면, 수십 년에 걸쳐 작성된 수십 장의 문서가 발견되는 사례가 많다. 만일 집안에서 효자로 유명한 몇대조 할아버지의 정려를 세워야 한다는 공론이 형성되면, 우선 뜻을 같이 하는 수십 수백 명의 사람들로부터 동조를 얻어 그들의 이름과 서명이 들어 있는 청원서를 작성해야 한다. 처음에는 고을의 수령에게 상소를 올린다. 수령이 인정해 줄 때까지 올리고 또 올려 마침내 통과하게 되면 다음은 오늘날 도지사에 해당하는 관찰사에게 올리는 문서를 만든다. 관찰사에게 어렵게 허락을 받게 되면 관찰사는 예조에 공문을 보내고, 예조에서는 전국 각지에서 추천된 인물을 추려내 포상의 단계를 정하여 왕에게 보고하게 된다. 그리고 최종적으로 왕의 허락을 받아야

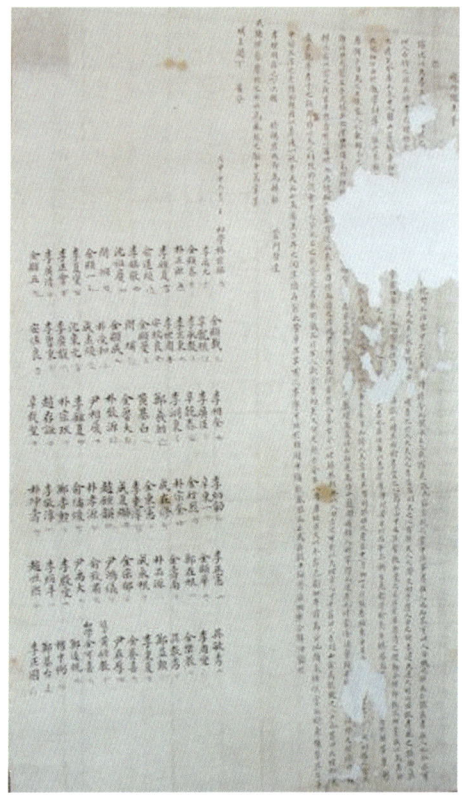

정려를 내려줄 것을 청하는 상소문.
앞에는 효자의 행적을 쓰고, 뒷부분에 뜻을
함께하는 수많은 사람의 이름을 적는다.

만 포상이 이루어졌다. 그 과정이 때로는 몇 년 안에 마무리되기도 했지만, 수십 년 이상이 걸려 한 세대 안에 이루어내지 못하는 경우도 있었다.

정려는 그 집안을 명예롭게 해주는 상징이었으므로, 이름난 양반가에서는 여러 명이 대를 이어 정려를 받는 경우도 있었고, 또 정려를 받기 위해 수십 년에 걸쳐 부단한 노력을 하는 집안도 많았다. 특히 조선 후기에 이르러 딸보다는 아들을, 아들 중에서도 맏아들을 우대하는 경향이 나타나고, 같은 성씨끼리 촌락을 이루어 살아가는 동족마을이 발달하며 문벌의식이 높아지는 과정에서 효자문을 세우는 일도 가문을 빛내는 주요 활동으로 여겨지게 되었다. 그리하여 100여 년 전에 사망한 사람의 효자문[旌閭]이 뒤늦게 세워지는 현상도 나타났다.

천안, 삼남의 관문이 되어

김연미(충남역사문화연구원 연구원)

삼남대로의 분기점, 천안삼거리

천안삼거리는 예로부터 삼남(충청도, 전라도, 경상도)으로 가는 대로의 분기점으로, 고려시대 이후 삼남의 관문으로 일컬어져 왔다.

조선 후기의 판소리「춘향전」에도 등장할 정도로 오래전부터 유명하였는데, 어사가 된 이몽룡이 서울을 떠나 남원으로 내려가는 노정을 살펴보면, "……천안삼거리 숙소하고, 도리티 얼른 넘어 김제역마 갈아타고, 덕평, 원터, 활원, 광정리며 모란[毛老院] 금강 얼른 건너 공주감영 들어가서……"라는 구절이 있다. 이몽룡은 성환역과 신은역을 지나 천안삼거리에서 유숙하고, 김제역(세종시 소정면 대곡리 역말)에서 역마를 갈아탔음을 알 수 있다.

조선시대 한양에서 내려오는 큰길이 천안에 이르러 두 갈래로 갈라지는데, 하나는 병천을 거쳐 청주를 지나 문경새재를 넘어 상주―영동―김천을 지나 대구감영―경주―동래로 통하는 길이고, 다른 하나는 공주를 거쳐 논산―전주―해남으로 통하는 대로이다. 물론 한양에서 영남으로 갈 때는 남한강을 따라 충주를 경유하고 조령(鳥嶺)을 넘는 길이 주로 이용되었다. 하지만 경기 일원에서 영·호남으로 갈 때는 대부분 천안을 경유해야만 했다. 성환역을 통해 직산

역로와 천안삼거리(1872년 지도). 천안 삼거리는 한양과 삼남지방을 연결하는 교통의 요로였다(점선 안쪽이 천안삼거리).

(稷山)으로 들어서면 천안삼거리에 이르게 된다. 이곳에서 서쪽으로 방향을 잡고 차령(車嶺)을 넘으면 공주와 호남지역으로 가게 되고, 동쪽으로 가면 청주를 거쳐 추풍령을 넘어 경상도로 향하게 된다. 또한 내포(內浦)지역으로 갈 때에도 천안을 지나 아산 방면으로 가야만 했다.

이처럼 천안삼거리는 한양과 삼남지방을 연결하는 중요한 교통의 요지로서, 예로부터 많은 사람과 물자가 왕래하였고, 이로 인해 재미있는 전설과 민요가 생겨나기도 하였다.

조선시대 천안의 역원과 천안삼거리

예로부터 도로는 국가의 정책 수행에 중요거점을 연결한 전국적인 연결망으로서 국가 운영의 기본 동맥이었다. 또한 사람과 물자의 이동을 통하여 인적·물적 교류는 물론이고 중앙과 지방의 문화가 서로 전달되는 중요한 역할을 담당하여 온 중요한 매개체였다.

조선시대 전국의 도로는 한양(漢陽)을 중심으로 지역의 중요성에 따라 대로(大路)·중로(中路)·소로(小路)로 구분되어 연결되어 있었다. 조선 후기 지리지에 나타난 대로의 기록을 통해 전국 각지로 연결된 도로의 현황을 살펴보면 다음과 같다.

조선 후기 지리지에 나타난 대로

지리지명 대로번호	도로고 (1770년)	동국문헌비고 (1770년)	동국지도 (18세기 초)	대동지지 (1866년)	증보문헌비고 (1908년 최종수정)
제1대로	의주로	의주로	의주로	의주	의주로
제2대로	경흥로	경흥서수라	경흥로	경흥	서수라
제3대로	평해로	평해로	평해로	평해	평해로
제4대로	동래로	부산	동래로	동래	부산
제5대로	제주로	통영	통영로	봉화	통영
제6대로	강화로	통영일로	제주로	강화	통영일로
제7대로	-	제주	강화로	수원별	제주
제8대로	-	충청수영	-	해남	충청수영
제9대로	-	강화	-	충청수영	강화
제10대로	-	-	-	통영별로	-

이들 지리지 중 김정호가 1861년 제작, 1866년 보완한 것으로 알려진 『대동지지(大東地志)』 정리고(程里考)가 대로의 수가 10개로 가장 많고 자세하다. 이 가운데 천안삼거리를 지나는 도로는 일명 호남대로라 하여 해남의 전라우수영에 이르는 남지해남팔대로(南至海南八大路)와 통영에 이르는 서지통영별로십대로(西至統營別路十大路)이다.

- 8. 남지해남팔대로(南至海南八大路) 970리: 한성-수원-소사점-천안-은진-삼례역-정읍-장성-나주-해남-우수영
- 10. 서지통영별로십대로(西至統營別路十大路) 980리: 한성-수원-소사점-천안-은진-삼례역-전주-남원-함양-진주-고성-통영

도로교통과 관련하여 조선시대에는 국가에서 직접 관리하던 역로(驛路)가 있었고, 역마다 관리와 마필 등이 배속되어 중앙과 지방 간의 연락업무를 지원하였다. 관찰사나 수령이 부임하고 이임하는 길 또한 역로를 통해서 이루어졌다. 특히 천안삼거리는 한양에서 삼남으로 내려갈 때 꼭 거쳐야 하는 분기점 중 하나로 통행량이 많았고, 주변에는 여행객들의 편의를 도모하기 위한 역(驛)과 숙식을 제공하는 원(院)과 주막이 발달하였다. 따라서 호남대로상에 위치한 천안삼거리 주변의 역로와 주요 역원을 살펴볼 필요가 있다.

천안삼거리 일대의 주요 역원 및 유적

대상 유적	현재의 위치	비고
성환역(成歡驛)	천안시 서북구 성환읍 성월리	조선시대 충청도에 있던 6개 찰방역 중 하나. 신은(新恩)·김제(金蹄)·광정(廣程)·단평(丹平)·일신(日新)·경천(敬天)·유구(維鳩)·평천(平川)·금사(金沙)·장명(長命)·연춘(延春 또는 迎春) 등 11개 역을 관할함.
수헐원(愁歇院)	천안시 직산면 수헐리 시름새	
직산현 문루 [湖西界首衙門]	천안시 직산면 군동리	조선시대 관청을 드나들던 문루. 충청도관찰사가 이곳에서 업무의 인수와 인계를 하였으며, 호서계수아문(湖西界首衙門)이라는 편액이 걸려 있다.
신은역(新恩驛)	천안시 동남구 신부동 역말	세조가 신은역에 이르러 사냥하고, 저녁에 온양 행궁에 머물렀다는 기록이 있음(세조 14년).
삼기원(三岐院)	천안시 삼용동	천안삼거리 옆에 위치. 구성초등학교 국도변 마을과 거리를 원거리라 함.
천안삼거리	천안시 삼용동	우리나라 삼남대로의 분기점.
김제역(金蹄驛)	세종시 소정면 대곡리 역말	

 이 가운데 천안삼거리와 삼기원은 천안시 삼용동에 있으며, 삼거리 방죽에서 서쪽으로 500미터 정도 대전으로 가는 국도변에 위치한다. '삼거리'라는 명칭이 정확히 언제부터 사용되었는가는 확인하기 어렵지만,『신증동국여지승람』에 천안의 역원 중 "삼기원(三岐院)이 고을 남쪽 6리에 있다"고 되어 있고, 조선 후기의 지리지인『여지도서』제언조에 '삼기제언(三岐堤堰)'이 기록되어 있으며, 1872년의 천안군 지방지도에 삼기제(三岐堤)와 삼기리(三岐里)가 확인되는 것으로 미루어 이미 삼거리를 일컫는 '삼기(三岐)'라는 표현이 조선 초부터 일반적

천안삼거리의 옛 모습(1970년대).

으로 사용되고 있었음을 짐작할 수 있다.

    천안삼거리의 정확한 위치에 대해서는 현재까지 논란이 있다. 이는 삼거리라는 지명 자체가 어느 특정 지점을 가리키기보다는 여러 갈래의 길로 나뉘는 일대를 칭하기 때문이다. 또한 일제강점기에 신작로 공사로 인한 도로의 변형도 삼거리의 위치 비정에 혼란을 주는 요인 중 하나이다. 현재까지 제기된 주장으로는 ①천안삼거리 초등학교의 뒤편이라는 견해(오세창) ②"천안역에서 5리쯤에 있다"는 견해(노자영, 「천안삼거리 능수버들」, 『삼천리 강산』, 1964). ③삼룡동 325-8번지 원삼거리(『천안문화』 12호, 천안문화원, 1991) 등이 있는데, 현재 천안박물관과 거북바위가 있는 ③의 위치로 보는 견해가 유력시되는 분위기다.

천안삼거리 관련 전설과 민요

    삼남대로의 분기점이었던 천안삼거리는 많은 사람이 왕래하던 교통의 요지로, 갖가지 전설과 민요가 생겨나기도 하였다.

삼거리 공원의 삼층석탑과 능수버들. 옛날 우리나라 삼남대로의 분기점이 있던 자리에 조성된 공원이다. 이 곳에 유봉서와 어린 딸 능소의 이야기에 얽힌 능수버들이 있다.

대표적인 설화는 유봉서와 어린 딸 능소와 관련된 이야기이다. 조선시대 경상도에 살던 유봉서라는 홀아비가 변방의 군사로 차출되었는데, 하는 수 없이 어린 딸 능소를 삼거리 주막에 맡기고 가게 되었다. 유봉서는 버들가지 하나를 길가에 심으면서, 딸에게 "이 나무가 무성히 자라서 잎이 피면 돌아오겠다"는 약속을 하고 떠났다. 오랜 세월이 지나 버드나무가 자라 아름드리 나무가 되자 전장으로 떠난 유봉서가 돌아와 장성한 딸 능소를 만나게 되었다는 이야기이다.

다른 하나는 전라도 선비 박현수와 능소에 관한 이야기이다. 전라도 선비 박현수가 과거를 보기 위해 한양으로 가던 길에 삼거리 주막에서 하룻밤을 묵게 되었다. 이때 만난 어여쁜 기생 능소와 백년가약을 맺었는데, 박현수가 장원급제하여 돌아오자 흥이 난 능소가 가야금을 타면서 흥타령을 읊조렸다는 내용이다.

경우에 따라서는 유봉서와 박현수 이야기가 혼합되어 전하기도 하고, 능소가 아버지(혹은 박현수)를 만나지 못해 기다림에 지쳐 쓰러진 자리에 능수버들이 자라났다는 식의 변형된 이야기들도 전해진다.

대표적인 민요로 「천안삼거리」라고도 불리는 「흥타령」이 있다. 노래 가사의 첫머리가 '천안삼거리'로 시작된 때문에 '천안삼거리'라고도 불린다. "천안삼거리 흥, 능수야 버들은 흥, 제멋에 겨워서, 휘늘어졌구나 흥……"으로 시작하는 이 민요는 흥겨운 가락과 노랫말로 인해 전국적으로도 널리 불렸으며, 현재 초등학교와 중학교의 음악교과서에도 실려 있다.

천안삼거리 흥
능수야 버들은 흥
제멋에 겨워서
휘늘어졌구나 흥

에루화 좋다 흥
성화가 났구나 흥

세상만사를 흥
생각을 하며는 흥
인생의 부귀영화가
꿈이로구나

에루화 좋다 흥
성화가 났구나 흥

은하작교가 홍
꽝 무너졌으니 홍
건너갈 길이
막연이로구나 홍

에루화 좋다 홍
성화가 났구나 홍

공산자규는 홍
무심히 울어도 홍
그리운 회포는
저절로 나누나

에루화 좋다 홍
성화가 났구나 홍

   천안시에서는 이「홍타령」을 주제로 매년 '천안「홍타령」축제'를 개최하고 있으며, 최근에는 천안지역 예술단체인 (사)아라라예술원에서 유봉서와 능소 이야기, 박현수와 능소의 러브스토리와「홍타령」을 모티프로 뮤지컬「삼거리 연가」를 제작하여 무대에 올리기도 하였다.

조선 후기 충청도의 천주교

김정환 (내포교회사연구소 소장)

내포와 진산에서 시작된 천주교

조선 후기 천주교의 수용은 중국을 통해 전해 오는 서양 문물에 대한 관심과 이를 통해 조선사회가 변모되기를 바라는 사람들에 의해 주도되었다. 처음에는 서양의 학문과 기술에 관심을 갖던 이들이 점차 천주교 신앙을 받아들이는 단계로 나아갔다. 이로 인해 1784년 조선에 처음으로 천주교 신자들의 공동체가 형성되어 지금까지 끊임없이 전해지고 있다. 조선 사람들이 스스로 받아들인 이 새로운 종교는 수용되자마자 충청도의 내포와 진산에 전해져 전역으로 확산되었다.

흔히 '내포지방'으로 불리는 내포(內浦)는, 좁은 의미로는 당진시와 예산군의 경계가 되는 삽교천과 그 주변을 일컫고, 넓은 의미로는 충청남도의 서북부 지역 전체를 가리킨다. 내포의 중심이 되는 삽교천 주변에 위치한 여사울(예산군 신암면 신종리) 출신의 이존창이 1784년 세례를 받고 첫 신자가 됨으로써 충청도에 천주교의 역사가 본격적으로 시작되었다.

내포지방 천주교의 특징은 일반 양민들이 중심이 되어 실천적인 신앙공동체가 형성되었다는 점이다. 부유한 양민 신자들이 먼저 자신이 가진 것을 나누

여사울에 있는 이존창 생가터(1934년 촬영). X표가 있는 초가집이 그가 태어난 곳이다.

고 선행을 실천함으로써 신자공동체를 넘어 지역사회 전반에 영향을 미쳤고 이로 인해 하층민으로까지 널리 전파되었다. 이렇게 형성된 내포의 천주교회는 조선 후기 내내 가장 탄탄한 공동체로서 천주교회 발전의 한 축이 되었다.

내포에 이어 또 하나의 신자공동체가 금산군에 속한 진산에서도 형성되었다. 금산군은 조선시대에는 전라도에 속해 있었으나 1963년의 행정구역 개편에 따라 충청남도에 편입되었다. 진산의 첫 신자로 꼽히는 윤지충이 1787년 세례를 받고 고향에서 가족들과 주변 사람들에게 선교함으로써 충청도 천주교회의 또 한 축이 형성되었다.

수용과 배척 사이에서

중국을 통해 들어온 서양 선교사들의 책을 통해 조선에 알려진 천주교는 신자들이 생겨나기 이전부터 수용과 배척 사이에 논란이 많았다. 천주교의 가르침이 조선의 유교사회 안에 받아들여지기 어려운 면들이 있었고, 서양에서 전해져 온 종교가 갖는 풍습의 차이, 천주교를 받아들인 계층에 대한 정치적 반발 등 다양한 요소들이 문제가 되었다. 이런 가운데에 첫발을 내디딘 천주교는 1791년 전라도 진산에서 윤지충의 제사 거부 사건이 일어남으로써 공공연한 박해의 대상이 되었다.

조선 후기의 천주교회는 유교에서 행하는 제사를 조상신을 공경하는 우상숭배로 이해하였기 때문에 제사를 금지하였다. 1791년 윤지충의 어머니가 사망하였는데 평소 그녀는 자신이 죽거든 천주교의 가르침에 따라 제사를 지내지 말라고 당부하였다. 이에 따라 아들 윤지충은 어머니의 장례는 정중하게 치렀으나 제례를 행하지는 않았다. 이것은 윤지충이 조문도 받지 않고 어머니의 시체를 버렸다는 소문으로 번져 윤지충이 처형되는 계기가 되었다. 진산사건, 혹은 신해박해로 불리는 이 사건으로 인하여 천주교에 대한 탄압이 가시화되었다. 진산사건 이후 충청도의 각 지역에서 박해가 일어나면서 천주교 신자들은 더 이상 드러내놓고 신앙생활을 할 수 없게 되었다.

박해를 받으며 성장하다

진산사건에도 불구하고 정조 임금 때에는 박해가 크게 확대되지 않았다. 천주교 박해가 정치적으로 이용되어 당파 간의 싸움으로 번지는 것을 경계하였기 때문이다. 그러나 1800년에 정조가 사망하고 열한 살의 순조 임금이 즉위한 이후 양상이 달라졌다. 어린 임금을 대신해 나라를 다스리게 된 정순왕후와 그 주변의 인물들에 의해 천주교 박해가 본격적으로 시작되었다. 이렇게 시작된 박해는 조선이 서양에 문호를 개방할 때까지 무수히 많았다. 그중 정부에서 주도한 신유(1801), 기해(1839), 병오(1846), 병인(1866)박해를 천주교 4대 박해라고 한다. 이 박해들은 전국적인 것이어서 충청도의 천주교회 역시 직접적인 영향을 받았다.

• 신유박해

공식적으로 신유박해는 1801년 1월 10일(음) 내려진 천주교 금지령으로 시작하여 12월 22일(음)에 막을 내렸지만 그 이전과 이후에도 박해의 여파는 계속되었다. 신유박해의 특징 중 하나는 지도자 역할을 하는 신자들을 주요 대상으로 했다는 점이다. 이에 따라 내포지방에서는 충청도 최초의 신자이며 지도자인 이존창이 체포되어 사형선고를 받은 후 공주 황새바위에서 처형되었다. 여자 지도자로는 덕산 출신의 강완숙(골롬바)이 체포되어 서울 서소문 밖에서 순교하였다.

신유박해를 전후하여 충청도 출신이거나 이곳에 거주하던 신자들 중 체포되어 순교한 사람은 이름이 밝혀진 이가 남자 65명, 여자 8명이다. 정부 차원에서 일으킨 이 첫 번째 박해는 여러 가지로 영향을 미쳤다. 천주교 박해의 법적인 근거가 생김으로써 언제든지 천주교 신자들을 체포하여 신앙을 버리지 않으

황새바위의 경당(공주시 산성동). 이 곳은 충청감영이 있던 곳이기도 하다. 천주교 순교자 248명이 감영으로 끌려와 모진 고초를 겪다가 순교했다.

면 처형할 수 있게 되었다. 한편 이 박해로 천주교 신자들이 전국으로 흩어져 확산되는 계기가 되었다. 신자들이 많고 활동이 왕성하던 내포의 신자들이 충청도뿐 아니라 전국으로 피난하여 살게 됨으로써 그동안 신자들이 없던 지역에도 천주교가 전파되었다.

• 프랑스 선교사들의 입국

이제 막 걸음마를 시작한 천주교는 신유박해로 큰 타격을 받아 거의 붕괴 상태에 이르렀다. 이런 가운데 몇몇 신자들이 1811년부터 천주교를 다시 일으키려는 재건운동을 시작하였다. 그들은 중국 북경에 있는 서양 선교사들과 연락을 재개하고 로마 교황청에도 편지를 보내어 조선에 선교사를 보내주기를 청하였다. 이 청원에 따라 교황청은 1831년 조선을 독립된 교구(敎區: 천주교의 지역별 단위)로 설정하고 프랑스 선교사들을 보내주기로 약속하였다.

오랜 준비 끝에 1836년부터 차례로 모방 신부, 샤스탕 신부, 앵베르 주교 등 세 명의 선교사가 조선에 입국하였다. 이들이 조선에 입국하여 제일 먼저 한 일은 조선인 성직자들을 양성하는 일이었다. 프랑스 선교사들은 생김새가 다르고, 언어적·문화적 차이에서 오는 선교의 어려움을 미리 예상하였기 때문에 현지인 성직자를 양성하는 것을 시급하고도 중요한 과제로 여겼다. 따라서 선교사들은 최방제, 최양업, 김대건을 선발하여 자유롭게 공부할 수 있는 중국 마카오로 파견하였다. 선발된 3명 중 2명은 충청도 출신으로 김대건은 솔뫼(당진시 우강면 송산리), 최양업은 청양 다락골(청양군 화성면 농암리)이 고향이다. 이들은 각각 첫 번째와 두 번째로 조선인 사제가 되어 천주교가 성장하는 데 공헌하였다.

• 연속된 두 박해로 정체되다

신유박해(1801) 이후 지역적인 박해가 자주 있었으나 조선정부는 전반적으로 천주교에 큰 관심을 두지 않았다. 그사이 프랑스 선교사들이 입국하고 새로운 지도층이 형성되어 활동한 결과 신자가 1만여 명을 헤아릴 정도로 증가하였다. 이러한 가운데 기해년(1839)과 병오년(1846)에 연이어 박해가 일어났다.

기해박해가 시작되면서 프랑스 선교사 중에는 앵베르 주교가 먼저 체포되었다. 그는 박해의 확산을 막고 신자들의 피해를 줄이기 위해 동료 선교사들에게 자수를 권고하는 편지를 보냈다. 충청도의 청양 다락골에 숨어 있던 모방, 샤스탕 신부는 9월 6일 홍주(홍성)에서 자수하여 서울로 이송되어 9월 21일 한강 새남터에서 처형되었다.

기해박해로 서울에서는 200여 명, 충청도와 전라도에서는 각각 100여 명, 강원도와 경상도에서도 많은 신자가 체포되었다. 기해박해 순교자들의 행적을 기록한 책인 『기해일기』에 따르면 54명의 신자가 처형되었고, 감옥에서 죽은 이들이 60명이었다. 중국 마카오에 머물던 충청도 출신의 김대건과 최양업은 기해박해 기간에도 공부를 계속할 수 있었다. 그 결과 김대건은 1845년 8월 17일 상해 연안 김가항(金家港) 성당에서 사제품을 받아 첫 조선인 신부가 되었다.

김대건 동상(당진시 우강면 송산리). 우리나라 최초의 신부인 김대건은 1848년 9월 16일 새남터에서 순교하였다.

기해박해 후 7년이 지난 1846년에 발생한 병오박해는 충청도 출신의 김대건 신부와 관련되어 있다. 기해박해 이후 국경 검문이 강화되어 프랑스 선교사들이 육로를 통해 조선에 들어오는 것이 불가능해지자 김대건 신부는 배를 이용하여 입국하는 방법을 모색하였다. 1846년 김대건은 선교사들의 입국을 위해 작성한 편지와 지도를 전달하고자 황해도의 순위도에 갔다가 포졸들에게 체포되어 9월 16일에 한강 새남터에서 처형되었다. 이로 인해 또 한 차례 박해가 일어났다. 기해박해와 병오박해 동안 충청도 출신으로 순교한 사람들 중 이름이 밝혀진 이는 남자 27명, 여자 6명이다.

• 교세가 절정에 달하다

병오박해 이후 병인박해(1866)가 일어나기 전까지는 천주교가 박해 속에서도 잠시 평온을 누리며 성장한 시기였다. 이 기간에 모두 17명의 프랑스 선교사가 조선에서 활동하였다. 1849년 4월 15일 중국에서 사제품을 받고 입국한 최양업 신부는 두 번째 조선인 사제로서의 장점을 살려 1861년 사망할 때까지 충청도를 포함하여 전국을 돌며 큰 활약을 하였다. 그가 남긴 편지 중에는 진밭들(금산군 진산면 두지리)에서 세례를 베풀던 중 포졸들의 급습을 받아 피난하는 극적인 장면도 생생하게 기록되어 있다.

갈매못 성지(보령시 오천면 영보리). 병인박해 때 체포된 프랑스 선교사 다블뤼 주교, 오메트르 신부 등이 처형된 순교지.

철종 임금(1849년 즉위) 때에는 천주교 탄압이 완화된 상태였다. 철종의 경우 신유박해 때 그의 할아버지 은언군이 천주교와 연루되어 처형되었고, 할머니 송마리아와 큰어머니 신마리아가 순교한 내력이 있어 천주교에 적대적이지 않았다. 게다가 그간의 박해를 허락한 임금들이 일찍 죽거나 자손이 없자 철종 때에 이르러서는 천주교를 박해하는 것이 좋지 않다는 의견이 나오기도 한 상태였다.

고종 임금(1864년 즉위) 초기에도 평온은 계속되었을 뿐만 아니라 박해의 종결도 기대해 볼 만하였다. 고종의 유모인 박마르타가 열심한 신자였고, 고종의 어머니 민씨 부인은 천주교 기도문과 교리문답을 배웠을 뿐만 아니라 고종이 즉위하자 조선에 있는 프랑스 주교에게 감사의 미사도 봉헌한 바 있었다. 실권자인 흥선대원군 역시 초기에는 선교사들이 조선에서 활동하는 것을 알고 있으면서도 적대시하지 않았다. 이러한 가운데 천주교는 크게 성장하여 1865년에는 2만 3000여 명의 신자를 헤아리게 되었다.

신자들이 증가하고 선교사들이 계속 입국함에 따라 1861년 10월에는 조선을 7개의 구역으로 나누어 담당 선교사를 임명하였다.

조선 천주교회의 관할구역(1861)

관할구역	담당자
서울	베르뇌 주교(교구장)
홍주(상부 내포)	다블뤼 주교(부교구장)
충청도 서부(하부 내포)	랑드르 신부
충청도 동북부	리델 신부
중부(공주와 인근지역)	조안노 신부
경상도 서북부	페롱 신부
경상도 서부	칼레 신부

표에서 보듯이 1861년을 기준으로 7개의 관할구역 중 홍주(상부 내포), 충청도 서부(하부 내포), 충청도 동북부, 중부(공주와 인근지역) 4곳이 충청도에 거점을 두고 있어 중심 역할을 하였다. 이와 더불어 1840년대 중반 이후 선교사들이 바닷길을 통해 조선에 입국함으로써 충청도는 더욱 주목을 받았다. 그들은 내포지방에 있는 신리(당진군 합덕읍)로 입국하여 은신처로 삼았다. 당시 신리는 조선에서 가장 큰 신자 마을로 400여 명의 주민이 모두 신자들로 구성된 마을이었다.

가장 큰 박해로 무너지고 다시 일어서다
• 병인박해로 무너지다

병인박해(1866)는 그간의 박해들과 달리 단기간에 끝난 것이 아니라 1866년에 시작하여 대원군이 실각하는 1873년까지 계속된 혹독한 박해였다. 박해가

합덕 신리공소(충남 당진군 합덕읍 소재). 다블뤼 안(安) 주교가 제5대 조선교구장으로 사목 활동을 하면서 조선 천주교회 순교사를 편찬한 곳이다.

장기화되고 규모가 커진 데에는 조선의 천주교 배척의식 외에도 다른 외적인 요인들이 개입되어 박해의 성격까지도 바꾸어놓았기 때문이다. 병인양요(1866)와 충청도 내포에서 발생한 덕산 남연군묘 사건(1868)이 대표적 사례이다.

1864년 2월(음) 러시아인들이 두만강 근처에 나타나 조선에 통상을 요구하자 조선은 불안에 휩싸였다. 이때 천주교 신자인 홍봉주(토마스), 남종삼(요한)이 프랑스의 힘을 빌려 이를 물리치자는 방안을 대원군에게 건의하였다. 그들은 조선에서 활동 중인 프랑스 선교사 베르뇌 주교에게 중재 역할을 맡길 것을 제안했고 대원군은 처음에는 이를 받아들였다. 그후 베르뇌 주교는 대원군을 만나기 위해 상경하였으나 아무런 접촉도 가지지 못했고 오히려 반대세력을 자극하여 천주교 박해를 부추기는 결과로 이어졌다. 1866년 2월 베르뇌 주교와 홍봉주의 체포령으로 박해가 시작되어 조선에 거주하던 프랑스 선교사들과 수많은 신자들의 순교로 이어졌다.

병인박해는 병인양요라는 불행한 사건을 불러왔다. 병인양요는 프랑스 함대가 1866년 조선을 침략한 사건으로 선교사들의 처형에 따른 외교적 대응, 프랑스의 식민정책과 종교정책이 원인이 되어 발생하였다. 병인박해로 12명의 프랑스 선교사 중 9명이 체포되자 살아남은 페롱, 칼레, 리델 신부는 프랑스 극동 함대의 힘을 빌려 이 박해를 막아보고자 하였다. 충청도 아산의 한 포구를 통해 조선을 탈출한 리델 신부가 중국 천진(天津)으로 가서 프랑스 함대 사령관에게 선교사들의 학살 소식을 전하자 그가 함대를 이끌고 조선 원정에 나선 것이 병인양요의 시작이다.

프랑스 함대는 1866년 10월 7척의 군함을 이끌고 원정을 단행했다. 한강 봉쇄를 선언한 그들은 10월 16일에 강화도를 점령하였으나 정족산성에서의 패배로 원정은 실패로 끝났다. 이로 인해 조선은 서양에 대한 빗장을 거는 쇄국정치를 더욱 강화하였고 조선 신자들이 프랑스 함대에 협조한 사실이 드러나면서 박해는 더욱 심해져 신자가 많이 거주하던 충청도에서 박해는 더욱 가

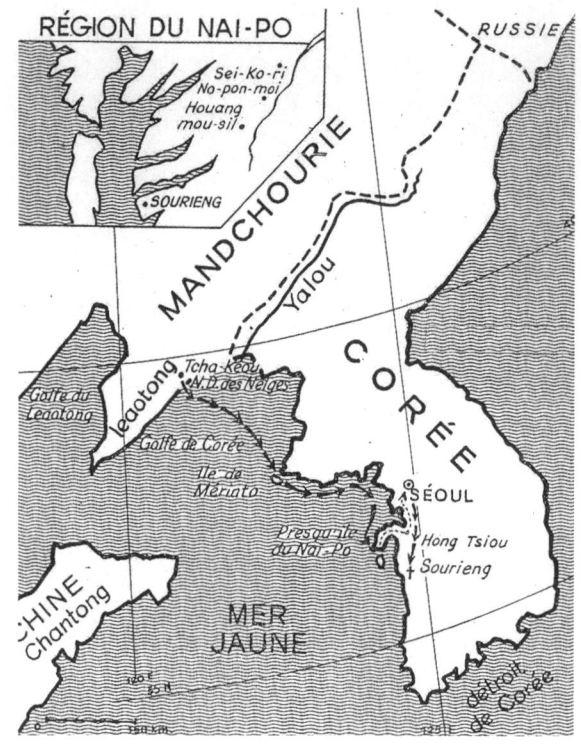

조선 후기 프랑스 선교사들의 항로도. 요동반도를 출발한 프랑스 선교사들이 내포지방으로 입국하는 항로를 그린 지도. 위쪽 상단에 별도로 내포지방을 표시하였는데 신리 인근의 세거리, 높은뫼, 황무실 등이 기록되어 있다.
(『Un Témoin du Christ Luc-Martin Huin』, p.75)

중되었다.

　병인양요 2년 후인 1868년 충청도 내포의 덕산에서는 큰 사건이 발생하였다. 오페르트 도굴사건, 혹은 덕산 남연군묘 사건으로 불리는 이 사건은 독일 상인 오페르트에 의해 자행된 것으로 조선에서 탈출한 프랑스 선교사 페롱 신부의 부추김으로 시작되었다. 선교사들의 죽음과 조선 신자들의 처지를 안타깝게 여겼던 페롱 신부가 북경 주재 프랑스 공사에게 조선을 재차 원정할 것을 주장하였으나 받아들여지지 않자 오페르트에게 접근했던 것이다.

　오페르트가 남긴 글에 의하면 페롱 신부와 조선인 신자들이 홍선대원군의 아버지인 남연군의 묘를 파헤쳐 그 소장품을 가지고 대원군과 통상 개방을 흥정하자고 제안했다고 한다. 오페르트의 선박이 덕산 구만포(예산군 고덕면 구만리)

로 상륙하여 벌인 이 사건은 조선 사람들이 서양인들을 야만인으로 확신하는 결정적인 단서가 되었고 대원군은 그해 10월 천주교 신자라면 남녀노소를 불문하고 누구나 처형하라고 명령하였다.

병인양요와 오페르트 도굴사건으로 조선 천주교회는 재기불능의 상태로 파괴되었다. 특히 오페르트가 남연군묘로 가기 위해 지나간 내포의 중심 삽교천 인근에 있는 신자 마을들은 철저한 박해를 받았다. 조선에서 가장 큰 신자 마을이었던 신리는 모두 죽음을 당하거나 피난하여 한 명의 신자도 살지 않는 마을로 변해 버릴 정도였다.

• 조선의 개항으로 다시 일어서다

1873년 흥선대원군이 통치를 그만둔 후에도 병인박해의 영향은 여전하였다. 국경 수비가 강화되고 신자들과 연락이 두절되어 선교사들은 다시 입국할

남연군 묘(예산군 덕산면). 흥선대원군 아버지의 묘로 오페르트 도굴 미수사건이 벌어짐.

제3장 조선시대 : 역사의 강물은 도도히 흐르고

합덕 성당(당진시 합덕읍 합덕리). 1890년에 세워진 충청도 최초의 성당.

기회를 얻기가 힘들었다. 1876년에 이르러서야 블랑 신부, 드게트 신부가 조선 신자들의 도움을 받아 입국할 수 있었다. 1877년에는 리델 주교, 두세 신부, 로베르 신부가 차례로 입국하였다.

대원군이 물러난 후 조선정부는 언제까지나 쇄국정책으로 일관할 수 없다는 것을 점차 깨달았다. 조선은 이 시기에 이르러 급격한 대외적 변화를 겪으면서 점차 외국과 통상조약을 맺으며 개방의 길로 들어섰다. 미국과의 수교(1882), 제물포 개항(1883), 러시아 수교(1884), 이탈리아 수교(1884), 프랑스 수교(1886)가 차례로 이어졌다.

개방과 더불어 박해의 영향이 점차 사라지면서 병인박해로 철저히 파괴되었던 내포지방에 신자들이 다시 모여들기 시작하였다. 신자들이 늘어나자 1890년 충청도 최초의 성당으로 합덕성당(당진시 합덕읍 합덕리)과 공세리성당(아산시 인주면 공세리)이 동시에 설립되어 충청도 천주교의 구심점이 되었다. 신앙의 자유가 확대되면서 다른 지역에도 중심이 되는 성당들이 생겨나 1897년 공주성당(공주시 중동), 1901년 금사리성당(부여군 구룡면 금사리), 1908년 서산성당(서산시 동문동)이 차례로 설립되었다.

조선 후기 충청도에 수용된 천주교는 개방성과 중심성을 특징으로 꼽을 수 있다. 내포지방을 중심으로 신분과 계층에 관계없이 폭넓게 받아들여진 천주교는 일찍부터 여러 곳에 큰 신자공동체를 형성하였다. 이것은 충청도가 가지는 지리적 조건과 맞물려 조선의 천주교회를 이끌어가는 중심적 역할로 이어졌다. 오늘날 내포지방에 한국의 전체 평균보다 높은 비율로 신자들이 거주하고, 성당과 천주교 관련 사적지들이 밀집되어 자리를 잡아 천주교문화를 형성하는 것은 조선 후기에 이루어진 역사적 사실들에 기인한다.

4장

근대의 물결과 독립운동의 봉화

우리나라 근대의 여명은 1894년 공주 우금치에서부터 치솟은 민족자주를 향한 동학 농민혁명의 불길로부터 밝았다. 혁명의 봉화가 일단 스러지고 민족의 운명이 일제강점의 내리막으로 치닫자 충남인들은 항일의병 운동으로 저항했다. 한편 일제의 무단통치에 맞선 만세운동은 1919년 4월 병천 아우내 장터의 함성을 통해 전국으로 퍼져나갔다. 전통과 근대, 민족자주와 일제강점의 길목에서 충남이 갖는 역사적 의의는 특별하다.

우금치에 치솟았던 동학농민혁명의 불길

신영우(충북대학교 사학과 교수)

충남 일대의 동학농민혁명 이해

1924년 4월에 발간된 『개벽』 46호에 충남지역에서 겪은 역대 전란에 관한 글이 나온다. 충남은 전라도와 경상도에서 서울로 오가는 요충이 되고 황해에 접해서 일본·중국과 항로가 열려 있는 중요한 지역이라고 했다. 또 여러 곳에 평야가 펼쳐져 농업생산이 풍부하고 인구도 많아서 전쟁을 하기에 적당한 곳이라고 하였다. 조선왕조에서 벌어진 주요 전란으로 임진왜란의 소사 전투와 이몽학의 홍주 공격, 그리고 갑오년의 청일전쟁과 동학농민군의 봉기를 들었다.

이 전란에 관한 기록에서 꼭 30년 전에 일어났던 갑오년의 전란을 정리한 내용은 높이 평가할 만하다. 충남지역에서 있었던 갑오년의 여러 사건들은 최근까지 발굴한 사료를 통해 상세히 알 수 있게 되었지만, 당시 이런 수준의 파악은 놀라운 일이라고 말할 수 있다. 실제 경험했거나 보고 들은 사실이 토대가 되지 않았으면 그렇게 파악하기는 어려웠을 것이다.

동학농민혁명은 전국에서 벌어진 커다란 사건이었다. 그러나 많은 사람이 전라도에서 일어난 일로 알고 있다. 더 정확하게 말하면 봉기의 계기가 된 고부항쟁과 전라도지역에서의 전개, 그리고 지도자 전봉준을 중심으로 도식화해서 인식하고 있다. 반면에 각 지역에서 일어난 일들은 그 지역에서조차 거의 알려지지 않고 있다. 또 알고 있었다고 하더라도 단편적으로 전해졌고, 더구나 그 의미와 중요성에 대해서는 잘 모르고 있는 형편이다.

충남지역은 어떠할까? 현재 역사교육을 받은 사람들도 오히려 1924년 『개벽』지에 실린 기사보다도 전체를 파악하는 인식이 떨어지는 것이 아닌가 생각된다. 우금치 전투와 홍주성 전투 정도만 알려졌지 다른 지역에 관한 내용은 잘 모르고 있다.

동학농민혁명에 관한 설명을 충남지역에 한정해서 하는 것은 한계가 있다. 전체의 상황을 드러내지 못하는 결과가 되기 쉽기 때문이다. 하지만 지역 상황을 소개하지 않고 전국에서 일어난 사건으로만 설명이 그친다면 그 역시 적절한 이해라고 볼 수 없다. 더구나 2차 봉기의 가장 큰 전투인 우금치 전투의 구체적인 상황도 잘 알려져 있지 않다.

여기에서는 충남지역을 중심으로 1894년 동학농민혁명의 상황을 살펴보겠다. 청일전쟁의 첫 전투였던 풍도해전과 성환 전투를 설명하고, 각 권역으로 나누어 동학농민혁명의 주요한 상황만 소개하려고 한다. 그리고 우금치 전투의 전개 과정을 약술하여 그 전모를 간략히 그려볼 것이다.

용어는 명확히 할 필요가 있다. 무장봉기한 동학도들과 이에 가세한 농민들은 동학농민군으로 불러야 하고, 북접교단이 기포령을 내린 후 보은에 집결했던 세력은 북접농민군, 전봉준이 지휘했던 세력은 남접농민군으로 불러야 한다. 봉기 이전의 동학도들은 당시 동도나 동학도라고 불렸다.

동학농민군의 1차 봉기와 청일 간의 풍도해전 · 성환 전투

1894년의 동학농민혁명은 전라도 고부민의 항쟁에서 비롯되었다. 1차 봉기도 전라도 여러 군현에서 합세한 동학 조직이 고부민의 봉기에 참여하면서 시작되었다. 이때 회덕에서도 봉기가 일어났다. 충청도에도 전봉준·김개남·손화

중과 기맥을 통하던 서장옥 계통의 동학지도자들이 있었는데 회덕 일대에서만 호응한 것이다.

충청감사 조병호는 4월 9일 회덕에서 받은 보고를 토대로 급보를 조정에 올렸다. "동도 몇천 명이 어젯밤에 관아를 점거하고 군기를 빼앗아갔다"는 것이다. 감영의 장교는 상세한 사정을 파악하고 있었다. 그들은 공주의 사오와 감송에 모여서 회덕을 격파하고 진잠으로 갔다고 했다. 공주가 1차 봉기의 주요 무대였다는 내용이었다.

이때 동학 조직은 여러 명의 접주를 거느린 대접주를 중심으로 집결지에 모이거나 읍내의 관아를 들이쳐서 무기를 확보하였다. 회덕과 진잠에서 수천 명을 헤아리는 동학도들이 무장활동을 했다면 말단 접에서만 움직인 것이 아니었다. 공주나 회덕 등에 거점을 둔 대접주 조직이 나선 것이다.

충남에서 동학도들이 집단으로 활동한 곳은 여러 곳이었다. 면천에 귀양살이를 하고 있던 운양 김윤식은 4월 8일 동학도 100여 명이 함께 모여 숙박하고 다음 날 개심사를 향해서 이동했다는 상황을 전하고 있다. 이때는 양호초토사 홍계훈이 왕명을 받아 군대를 거느리고 남하하던 시기였다.

전라도에서는 동학농민군이 4월 7일 황토현에서 감영군과 접전하여 승리하였다. 충청도에서도 동학 조직에 농민들이 합세하면서 사태가 점점 심각해졌다.

6월 14일 새 충청감사 이헌영은 고종에게 사은숙배(謝恩肅拜: 임금의 은혜에 감사하며 절을 올리는 일)를 하는 자리에서 충청도의 사정이 심각하다고 말하고 있다. 비록 읍내 관아가 침범된 곳은 회덕과 진잠 두 곳이었지만 다른 군현도 마찬가지라고 하였다. 작년 봄 보은에서 열린 동학집회 이후 무리가 모였다가 흩어지는 것을 수시로 하고 있다고 했다.

고종과 충청감사가 생각한 봉기의 원인은 조세 문제였다. 그것도 삼정에서 발생하는 폐단은 거론하지 않았고 각종 잡세가 과중하다고 해서 그 혁파를 논하였다. 고종은 충청도 토호의 패습을 지적하였다. "근래에 토호들의 횡포가 호서지역에서 매우 심하니, 또한 그들을 반드시 조사하여 그러한 패습을 응징해야 한다"고 하였다.

신임감사 이헌영의 부임 직후인 6월 하순에 상황이 급변하였다. 상상하지 못한 큰 사건이 터진 것이다. 서울에서 일본군이 경복궁을 기습 점령해서 고종을 인질로 삼았다. 또 청군과 일본군이 충청도에서 전투를 벌여서 그 화가 주민에게 직접 미쳐왔다.

고종은 동학농민군 진압을 위해 청나라에 군대 파병을 요청하였다. 이홍장은 5월 1일(양력 6월 4일) 직예 제독 섭지초와 태원총병 섭사성에게 육군 2500명을 거느리고 가도록 했다. 이틀 후 섭사성은 마보군(馬步軍) 선발대와 함께 아산 백석포에 상륙했다. 9일에는 섭지초가 1500명의 청군과 함께 아산에 도착했다.

그렇지만 청군은 전라도로 내려갈 수 없었다. 일본군이 뒤따라 파병되었기 때문이다. 청군은 성환역 일대에서 진을 치고 대비하였다. 성환은 교통의 요지였다.

갑신정변 때 청군에 밀려 퇴각했던 일본은 청과 결전에 대비해서 10년간 군사력을 키워왔다. 이때를 전쟁 기회로 본 것이다. 그래서 대본영 전시체제로 개편하고 혼성 9여단을 조선에 파견하였다. 조선정부는 철병을 요구했으나 서울로 들어온 일본군은 6월 21일(양력 7월 23일) 새벽 경복궁을 기습해서 점거하였다. 그리고 조일동맹을 강제로 맺고 청과의 전쟁에 지원을 강요하였다.

청일 간의 전쟁은 6월 23일 풍도 앞바다의 해전으로 시작되었다. 일본 연합함대의 기습 공격을 받고 청 군함 제원호와 광을호는 퇴각하였다. 영국 깃발을 단 수송선인 고승호는 격침되었고, 조강호는 태안 해변에서 나포되었다. 광을호에서 빠져나온 청군 100여 명은 태안으로 올라와 구조되었으나 고승호에 타고 있었던 1100여 청군은 대부분 수장되었다.

일본군 혼성 9여단 병력은 6월 27일(양력 7월 29일) 성환에 내려와 청군을 야간 기습하였다. 이 기습에 패배한 청군은 공주로 가서 수습한 뒤 29일 연기 방향으로 행군하여 청주와 충주를 거쳐 춘천을 지나 평양으로 북상하였다.

청일전쟁의 해전과 육전은 충남지역에서 시작되었다. 여러 군현이 전란에 휩싸였다. 서산·해미·홍주·덕산·예산 등의 읍은 태안에서 온 청군과 성환 싸움에 져서 흩어진 병사들이 흘러 들어와서 마을을 약탈하여 백성들이 놀라서 피신하였다. 일본군은 군수물자를 운반하기 위해 조선인 인부와 말을 징발하였다. 백석포에 적치했던 청군의 군수물자는 일본군이 노획해서 인천병참부로 가져갔다.

일본군의 경복궁 침범과 성환 등지에서 벌인 전투에 즉각 대응한 것은 동학도들이었다. 7월 3일 이인역에 동학도들이 모여서 대응 방안을 논의하였고, 이어 서천과 청양에서도 읍내에 들어가는 소란이 일어났다. 나라가 위기에 직면하자 동학도들이 앞장서게 된 것이다.

충남 일대 동학농민군의 권역별 주요 전투

청은 북양함대의 지원이 가능하고 국경과 가까운 평양에 증원군을 집결시켰다. 방어에 유리한 평양성을 반격의 거점으로 삼은 것이다. 성환 전투에서 패했던 섭지초가 청군을 총지휘해서 결전에 대비하였다. 일본군은 청군을 공격하기 위해 5사단에 이어 3사단을 증파하고 1군사령부를 신설하여 야마가타 아리토모 대장이 지휘하도록 했다. 8월 16일(양력 9월 15일) 시작된 평양 전투는 일본군이 승리하였다. 황해해전에서도 일본 해군이 북양함대에 큰 피해를 입혔다. 이어 일본군이 여순의 청군 요새를 공격한 시기는 10월 하순이었다.

이 기간에 전라도 일대에서 집강소를 통한 폐정개혁을 하고 있던 전봉준은 재봉기를 결정하지 못했다. 청일 간의 전쟁 결과를 보고 판단하기로 한 것이다. 그러나 동학 조직에 반일세력이 결집하였다. 동학교단 인근 조직까지 항일

전쟁을 준비해 나갔다.

동학농민군은 전체가 일사불란한 지휘체계를 갖지 못했다. 동학 교주 최시형은 교단 내에 권위를 가지고 있었지만 주요 결정은 대접주와 논의해서 내렸다. 무장봉기의 지도자였던 전봉준·김개남 등 전라도의 남접계통은 독자적으로 활동하였다. 충남의 다른 대접주 조직은 교단과 긴밀히 연락하고 있었다.

충남지역의 동학 조직은 다음과 같이 몇 개의 권역으로 나누어 정리할 수 있다. ①공주·진잠 일대 ②회덕·연기 일대 ③목천·직산·천안 일대 ④내포 일대 ⑤논산·서천·부여 일대 ⑥금산·진산 일대이다.

• 공주 · 진잠 일대

충남 동학의 주요 활동지가 공주였다. 교조신원을 위한 집회가 처음 공주에서 열릴 정도였다. 공주감영의 영리 출신인 임기준이 동학도를 이끌었는데, 7월에 들어오면 감사 이헌영도 임기준을 불러들여 동학도들이 관아의 지시에 따르도록 타이르고 있다.

공주 일대의 동학 조직은 매우 적극성을 띠었다. 7월 3일 감영에서 가까운 이인에서 동학도들이 취회하였다. 경복궁 침범 사실이 전해지면서 보은 일대의 동학도들이 일본군을 물리치기 위해 창의를 결의했는데 이 시기에 집회를 한 동학도들은 같은 생각이었다.

8월 초에는 1만여 명이 정안면 궁원에 모여 창의를 하였다. 공주의 동학 조직은 우금치 전투가 벌어지기 전까지 공주 일대에서 모이고 흩어지기를 계속하면서 세력을 불려나갔다.

동학농민군의 가장 큰 전투인 우금치 전투에서 공주의 동학 조직이 중요한 역할을 했을 것으로 보인다. 이인과 노성에서 벌어진 전투는 물론 대교 전투에서도 참여했을 것이지만 자료가 없기 때문에 구체적인 사실은 잘 알 수가 없다.

• 회덕·연기 일대

회덕의 동학 조직은 대접주 강건회가 이끄는 강력한 조직을 갖고 있었다. 2차 봉기 후 회덕의 북접농민군은 관군과 정면으로 충돌하게 된다. 10월 3일 청주병영 영관 염도희가 병정 일대를 거느리고 공주목에 속한 대전평을 지나갈 때 강건회가 지휘하는 북접농민군이 공격해서 73명 장졸 전원을 살해하였다. 1894년 관군이 입은 가장 큰 피해였다.

동학 교단이 기포령(起包令)을 내려서 보은·영동 일대에 집결한 북접농민군은 2대로 나뉘었다. 1대는 통령 손병희의 지휘 아래 공주로 출발했고, 1대는 강건회가 지휘해서 동학의 근거지인 보은 일대를 지키는 임무를 맡았다.

미나미 고시로 소좌가 지휘하는 일본군 후비보병 제19대대의 중로군은 청주성에서 강건회의 북접농민군에 대한 정보를 얻고 이를 공격하려고 하였다. 일본군 중로군은 대대본부와 1개 중대병력에 불과했지만 신식무기로 무장하고 있었고, 교도중대 병력 316명을 배속받고 있었기 때문에 그 규모도 적지 않았다. 여기에 청주병영에서도 100명이 가세하였다.

10월 26일(양력 11월 23일) 강건회의 북접농민군은 문의 지명에서 일본군 중로군을 맞아서 싸웠다. 미나미 소좌의 전투보고서를 보면 북접농민군의 전력은 약하지 않았다. 산 위에서 본군과 좌익군·우익군으로 나누어 진을 친 것을 보면 병법을 아는 지휘자가 있었다. 전투가 벌어졌을 때 사격도 번갈아하면서 집단으로 이동하기도 했다. 또 추격에 대비해서 지뢰를 매설해 놓기도 했다.

문의 전투 후 미나미 소좌는 공주로 가는 것을 포기하였다. 공주에서 긴급 구원요청을 받고도 갈 수 없었던 것은 1만여 명의 북접농민군이 문의에 있으면 배후가 차단될 것이라고 생각했기 때문이다. 그래서 공주 우금치 전투에 중로군은 참여하지 못하게 된다.

문의에서 6일간 지체하면서 마침내 10월 29일 옥천 증약역에서 강건회군을 만나 격파할 수 있었다. 이 증약 전투 후 강건회의 북접농민군은 예봉이 꺾였고, 그 이후 세력이 약화되었다.

• 목천·직산·천안 일대

천안·목천·직산은 동학의 오랜 근거지로 1894년에도 동학세력이 성했다. 1883년 동학 경전인 『동경대전』 목판본을 펴낸 곳이 목천이었다. 풍도와 성환에서 벌어진 청일전쟁의 상황을 잘 알면서도 동학 조직은 무장봉기를 준비하였다.

천안에서는 8월 12일(양력 9월 11일) 대낮에 동학도들이 일본인 6명을 처형하는 일이 벌어졌다. 15일에는 600여 명이 모여서 '천지신명에게 맹세하는 제사'를 지내고 그 사실을 일본 영사관 근처에 방을 붙여서 알렸다. 경복궁 침범과 내정간섭에 분노한 동학도들이 "조선에서 물러나라"고 경고한 것이었다. 일본 공사관은 순사를 파견해서 사실을 조사하고, 일본인 처형의 책임자 김경선·조명운을 추적해서 10월 말 이들을 붙잡아간다.

목천 일대의 동학농민군은 여러 군현의 관아를 들이쳐서 무기와 식량을 빼앗아 세성산에 비축하였다. 목천 세성산은 동학농민군이 서울로 올라갈 때 병참 지원을 위해 거점으로 활용할 수 있는 곳이었다. 그러나 이두황이 지휘하는 장위영 병대가 공격해서 무기와 화약 등 모든 비축물자를 몰수하였다.

• 내포 일대

태안·서산·해미·예산·덕산·홍주 등지는 1894년 가장 치열하게 동학농민군이 봉기했던 지역이었다. 풍도 앞바다의 청일해전과 성환 전투의 결과를 직접 목격한 곳이기도 했다.

일본군의 행패에 관한 아산현감의 보고를 보면 그 상황을 알 수 있다. "지난 6월 27일 오시 무렵 몇천 명인지 알 수 없는 일본군이 각각 총과 칼을 가지고 …… 일시에 갑자기 빠르게 진격하기도 하고, 혹은 객사에 주둔하거나, 혹은 사면으로 산판에 주둔하면서 사직을 불태웠습니다. 이어서 인가와 각각의 관청건물 등에 들어가 남아 있는 돈과 곡식 및 여러 물건들을 모두 빼앗아갔으며, 각종 장부들도 모두 불에 타고 찢겼습니다. 도로의 민가와 의복, 그릇, 여러 물건들이 부서지고 찢겼고, 뒤져서 가져간 것이 그 수를 알 수 없으며, 위협하고 능멸한 것은 이루 말할 수 없을 정도입니다."

동학 조직의 중심은 덕포의 박인호와 예포의 박희인이었다. 내포 일대의 접주들은 유명해서 관리들이 상세히 파악하고 있었다. 홍주의 김영필·정대철, 덕산의 이춘실, 대흥의 유치교, 보령의 이원백, 남포의 추용성, 정산의 김기창, 면천의 이창구 등이다.

2차봉기 후 가장 극적인 사건은 태안과 서산에서 일어났다. 태안과 서산의 지방관이 동학도의 활동을 금지하려다가 살해되는 사건이 벌어진 것이다.

내포지역 동학농민군의 봉기는 격렬하였다. 또한 진압군도 강력하게 대응하였다. 일본군 후비보병 제19대대의 서로군이 지대를 아산·예산·면천·덕산·홍주를 순회시켜서 동학농민군을 제압하려고 하였다. 그러나 오히려 10월 24일 덕산 승전곡에서는 동학농민군의 공세에 밀려서 황급히 홍주성으로 퇴각하였다. 홍주성은 목사 이승우가 민보군을 결성하여 인근까지 영향을 주었다.

내포 농민군은 합세해서 홍주성을 공격하였다. 공주공방전을 가장 강력하게 지원하는 방법이 일본군과 경군의 배후가 되는 홍주성을 공격하는 것이었다. 10월 28일 밤 내포 농민군은 홍주성을 공격했으나 일본군이 가세한 수비군에게 패배하였다. 그 이후 내포의 동학농민군은 일본군과 경군의 진압에 철저히 궤멸된다.

내포의 동학농민군을 진압하기 위한 증원병은 인천에 있던 일본군 후비보병 제6연대 제6중대였다. 이 6중대는 매우 잔혹하게 진압했다. 해미·서산·태안과 홍주에서 수많은 동학농민군을 체포했는데 총대로 타살하는 등 살해 방식도 잔인하였다.

11월에 들어와서는 이두황이 지휘하는 장위영 병대가 다시 온양·예산·해미·홍주를 순회하면서 동학농민군을 체포해서 처형하였다. 동학농민군이 재집결했던 해미에서는 이두황이 새벽 기습을 감행해서 많은 희생자가 나오기도 했다. 이 전투 후 내포 일대에서 조직적으로 항거하는 것이 불가능하였다. 많은 사람이 천안 광덕산 등 오지에서 피신생활을 했다.

• 논산 · 연산 · 서천 일대

남부에 위치한 논산과 서천 등지는 인접한 전라도지역에서 동학농민군이 경계를 넘어 들어와서 활동을 하였다. 임천에서는 전라도 함열의 성당에 근거를 둔 남접농민군이 읍내 관아에 들어와 머물면서 화승총과 말 그리고 돈과 곡식을 빼앗아갔다. 본래 동학 접 조직은 지역 조직이 아니라 인맥으로 연결된 조직이기 때문에 도의 경계를 넘어서는 활동이 충청도와 경상도, 전라도와 경상도 접경 군현에서도 나타나고 있었다.

부여와 정산에서 7월 초에 동학도들이 활발히 활동하는 모습이 나타난다. 그 형태는 크게 두 가지로 볼 수 있다. 하나는 무기와 곡식을 확보하는 활동이다. 일본군과 맞서 싸우려는 무장 강화가 목적이었다. 가을로 갈수록 많은 사람을 합류시켜 세력을 키우려는 노력이 더해진다. 또 하나는 동학 조직에 의지해서 지난날 참을 수밖에 없었던 토호들의 평민 침학에 대해 집단 보복하는 행위였다.

전봉준이 재봉기를 결정하고 삼례에 집결했던 남접농민군이 행군해 오면서 논산은 공주를 공격하기 위한 중간 집결지 역할을 하게 된다. 각지에서 가세하는 사람들이 몰려왔고, 군량 등 물자를 비축하였다. 손병희가 지휘하는 북접농민군 원정군도 공주대교 전투 직후 논산에 와서 합류하였다.

우금치 전투가 벌어진 이후에 논산과 연산은 전투지로 변한다. 먼저 11월 14일에 연산 전투가 벌어졌다. 미나미 소좌가 지휘하는 후비보병 제19대대 중로군이 금산을 거쳐 연산에 들어왔다. 그 정보를 듣고 논산에 재집결했던 남북접농민군이 연산으로 가서 공격을 시도한 것이 연산 전투이다. 이 전투는 읍내 관아 앞에 있는 고지를 점거한 남·북접농민군과 관아에 있던 일본군 간 원거리 총격전으로 시작되었다. 공격군은 4시간이나 맞서 항전하였으나 일본군이 정면에서 치고 올라오고 또 은진으로 파견되었던 일본군 지대가 돌아와서 협공을 하자 결국 많은 희생자를 남기고 퇴각하지 않을 수 없었다.

논산 전투는 공주 우금치를 방어했던 일본군 후비보병 제19대대 서로군과 경군이 추격해 와서 벌어진 전투였다. 일본군과 통위영 병대가 논산 소토산을 기습하였고, 이두황이 거느린 장위영 병대도 진압에 합세하였다. 논산에서 밀려난 남·북접농민군은 은진 황화대에서 저항하다가 전주 쪽으로 후퇴하였다.

• 금산·진산 일대

금산의 동학 조직은 청산·옥천·황간·영동·연산·고산·진산 등 여러 군현의 동학도들과 함께 활동하였다. 이 지역에서 활동하던 대접주 조재벽이 여러 군현에 조직을 가지고 있었거나 몇 개의 대접주 조직이 연합해서 봉기하였을 것이다.

금산은 교주 최시형이 있던 옥천과 보은에 가까운 지역이었다. 금산의 동학도들은 보은 교단과 왕래가 많지만 1894년 봉기 시에는 교단보다 남접과 동일한 보조를 취하였다. 그것은 대접주 조재벽이 교단을 정치 활동 중심으로 이끌어가려고 했던 서장옥 문하에서 입도하여 남접 계통의 지도자들과 노선을 같이했기 때문으로 보인다.

금산은 한 군현으로서는 1894년에 가장 호된 피해를 입은 지역이다. 3월에 동학농민군이 관아를 점거해서 향리의 집을 불태웠다. 그러자 금산의 행상 김한석·김치홍 등이 민보군을 조직하여 반격하여 읍내를 수복하였다.

6월에는 진산의 동학농민군이 읍내에 들어가 민가 200여 호를 불태우면서 민보군에게 보복을 가하였다. 7월에는 정숙조·정지환·정두섭 등이 읍내를 중심으로 민보군을 조직해서 진산의 동학농민군을 공격하였다.

10월에는 김개남이 이끄는 남접농민군이 금산을 점령했다. 이때 민보군 지도자들은 호되게 보복당하였다. 10월 하순에는 일본군 후비보병 제19대대 중로군 지대가 금산에 들어와서 동학농민군을 제압하였다.

이처럼 읍내가 여러 차례 점거되고 보복된 지역은 금산이 유일하였다. 동학농민군의 점거와 민보군과 일본군의 탈환이 반복되면서 읍내는 폐허가 되었다.

공주 우금치 전투

전봉준의 남접농민군이 공주성 공격을 사방에 알리면서 논산에 10여 일 지체했을 때 충청감사 박제순은 방어군을 모으기 위해 진력하였다. 당시 공주성은 대규모 공격을 막을 만한 무력이 없었기 때문에 전봉준이 전격 진군했으면 무혈점령이 가능하였다. 그러나 북상 결정을 늦게 내린 까닭에 박제순은 방어책을 세울 시간을 확보할 수 있었다.

남·북접 연합농민군이 공주 부근 경천에 접근했을 때 경군은 그 수를 '몇만 명'으로 기록했다. 이런 대군은 은밀한 기동이 불가능했다. 좁은 길을 행군할 때는 수십 리에 걸친 행렬이 이어졌다. 깃발을 높이 들고 군량을 우마에 싣고 다녔기 때문에 원거리에서도 파악할 수 있었다.

충청감사 박제순은 10월 16일 전봉준의 동참 요구 서한을 받았다. "일본 오랑캐가 분란을 야기하고 군대를 출동하여 우리 임금을 핍박하고 우리 백성을 뒤흔들어놓았으니, 죽음으로써 의를 함께하자"는 것이었다. 이는 공주 점거를 위한 최후통첩이었다.

박제순은 경군 각 병대를 공주로 빨리 오도록 재촉하였다. 양호도순무영 선봉 이규태와 청주 인근에 있던 장위영과 경리청 병대에게 공주로 오도록 하였다. 다음에는 외무대신 김윤식에게 급보를 보내서 이노우에 일본공사에게 일본군의 파견을 요청하였다.

이규태가 이끄는 통위영을 비롯해서 안성군수 홍운섭의 경리청 우1소대, 영관 구상조의 경리청 좌1소대, 대관 백락완의 경리청 좌2소대, 서산군수 성하영의 경리청 중2소대가 공주로 집결하였다. 중로군과 동행한 교도중대와 이두황의 장위영 병대를 제외한 경군 전 부대가 집결한 것이다.

10월 24일에는 모리오 마사이치 대위가 지휘하는 후비보병 제19대대 서로군이 공주에 들어왔다. 모리오 대위는 긴급 상황을 듣고

공주에 있는 동학혁명군위령탑. 1894년 동학농민군이 조선 관군과 일본군을 상대로 가장 치열하게 격전을 벌인 장소이다.

청주에 있던 대대장 미나미 소좌에게 구원을 요청하였다. 하지만 중로군은 문의에서 대규모 북접농민군과 조우하여 당장 공주로 갈 형편이 못되었다.

공주공방전은 대교에서 시작하였다. 손병희의 북접농민군은 전봉준의 계책에 따라 북문 밖에 매복하였다가 협공하기 위해 10월 23일 대교로 들어갔다. 이 정보를 듣고 안성군수 홍운섭은 새벽에 강을 건너 대교로 접근하여 정면 공격을 시도하였다. 홍운섭은 "몰래 배후에서 먼저 숲에 있는 적들을 습격하고 조금 뒤에 총을 쏘면서 산을 내려가 넓은 들판의 적들과 서로 마주쳤다. 그 숲과 산기슭을 빼앗으려 서로 총을 쏘면서 반나절을 대치하였다"고 보고했다.

대교의 북접농민군은 경리청 병대가 강력히 공격해 오자 후퇴하지 않을 수 없었다. 산과 고개를 넘어 급히 뒤로 물러났지만 경리청 병정들은 45리를 뒤쫓

아가서 반나절을 서로 싸웠다. 결국 북접농민군은 처음 계획을 버리고 전봉준과 합류하였다.

공주 남쪽은 높은 산들이 가로막고, 동쪽과 북쪽은 금강이 흐르고 있기 때문에 우금치가 주공(主攻) 방향이 되었다. 남접농민군은 경천에서 효포로 올라가는 길을 맡았고, 북접농민군은 이인에서 봉황산으로 올라가는 길을 맡았다.

공주공방전은 이인 전투, 효포 전투, 우금치 전투 3차례에 걸쳐 벌어졌다. 일본군은 남접농민군이 주둔한 곳에는 약 2만 명이 있고, 북접농민군이 주둔한 곳에는 약 1만 명이 있다고 추산하였다. 첫 전투는 북접농민군이 맡았던 이인에서 벌어졌다.

10월 23일 서산군수 성하영이 이인으로 행군하였다. 북접농민군 주둔지에는 "깃발들을 수풀과 같이 꽂아놓았고 보루에는 적병이 가득하였다". 성하영

우금치 전적지. 공주에서 부여로 넘어가는 견준산 기슭 40번 국도변에 우금치고개가 있다.

이 옥녀봉에 진을 친 북접농민군을 공격하자 회선포를 쏘면서 대항하여 탄환이 비 오듯 쏟아졌다. 성하영의 경리청 병대는 남쪽 기슭을 둘러싸고 공격했고, 일본군이 따라와 북쪽 야산으로 올라가서 호응하였다. 구완회의 감영군은 남월촌을 거쳐 큰길을 따라 들어왔다.

삼면에서 협공하자 북접농민군은 '수십 명'이 쓰러진 뒤 후퇴해서 취병산으로 올라갔다. 24일까지 이틀간 싸움이 벌어졌다. 이인역에 들어간 관군은 북접농민군의 대포를 노획해서 발사해 보았다. 이 소리가 들리자 박제순은 공주성이 공격받는 것으로 생각하고 깃발을 흔들어서 이인에 나가 있던 병대를 불러들였다.

관군은 성내로 회군했으나 곧 불만을 나타냈다. 군사를 모르는 감사가 헛소문을 듣고 일선에 나간 병대를 회군시켰다는 것이다. 북접농민군은 그 틈을 타서 요지가 되는 전방의 작은 산을 점령하였다.

효포 전투는 10월 25일 새벽에 벌어졌다. 전봉준이 지휘하는 남접농민군이 효포로 진군하자 경군이 앞길을 막아섰다. 서쪽에 주둔했던 북접농민군도 호응해서 경천과 이인에서 북상하는 길목이 전장터가 되었다.

남·북접농민군의 진군 기세는 대단하였다. 동학기록이나 경군기록은 "논산에서 공주까지 산과 들에 사람이 꽉 들어찼다"거나 "벌 떼처럼" "밀물이 넘치는 것처럼" 왔다고 했다. 한 사료는 다음과 같이 표현하였다.

"호남·호서·경기·강원·영남 등 각지의 의군들은 차례로 행진하여 공주성을 향하여 들어간다. 좌편으로는 이인 역말로 들어가고 우편으로는 노성읍을 거쳐 무너미고개를 넘어 효포길로 들어섰다. 의군의 형세는 참 굉장하였었다. 두 길로 들어가는 군사는 논산서 공주까지 만산편야에 사람 천지가 되고 말았다."

주공은 효포에서 공주로 들어가는 능치였다. 능암산과 봉화산 사이에 있는 능치를 넘으면 새말을 거쳐 성내로 들어가게 된다. 일본군은 냉천 뒷산에 있는 동학도 약 3000명이 능치와 월성산에 있는 관군과 교전했다고 하였다.

효포 전투는 하루 만에 끝이 났다. 남·북접농민군은 많은 희생자를 내고 후퇴하지 않을 수 없었다. 경천에 재집결해서 다시 공세를 준비하였다. 그 기간은 10월 26일부터 11월 8일까지 12일에 걸쳤다.

전봉준은 11월 8일(양력 12월 4일) 우금치를 총공격하기로 결정하였다. 그러나 그 시기가 너무 늦었다. 공격군은 한겨울에 우금치의 방어군을 올려다보고 공격해야 했다. 경군과 일본군의 방어는 용이하였다. 우금치 일대의 숲은 나뭇잎이 다 떨어져서 몸을 숨길 데가 없었다. 경군과 일본군은 고지 위에 매복하고 기다렸다.

남·북접농민군은 대단한 기세로 공격하였다. 동쪽의 판치에서 서쪽의 봉황산에 이르기까지 공격선은 넓었다. 11월 9일 진압군의 기록에 처절한 상황이 드러난다. "몇만 명 되는 비류의 무리가 40~50리를 연이어 에워싸서 길이 있으면 빼앗고 높은 봉우리는 다투어 차지하여 동쪽에서 소리 지르다가 서쪽으로 달아나고 왼쪽에서 번쩍 하다가 오른쪽에서 튀어나오면서 깃발을 흔들고 북을 치며 죽을 각오로 먼저 산에 올라왔다."

이인에 주둔한 북접농민군의 공세도 적극적이었다. 서산군수 성하영은 "비류 몇만 명이 논산의 직행로에서 고개를 넘어 공격해 오고 또 몇만 명은 오실산 길을 따라 우리의 뒤를 끊어 포위하고 있다"고 보고하였다.

모리오 대위는 이인의 경리영병을 우금치로 퇴각시켰다. 우금치 서남 양쪽의 공격이 위태롭기 때문에 이동시켰다고 했다. 서산군수 성하영, 경리청 대관 윤영성, 그리고 일본군 분대병력도 합세하였다.

죽음을 무릅쓰고 우금치 정상으로 돌격하던 남접농민군 정예들이 산봉우리에 진을 친 일본군에 접근하다가 많은 수가 쓰러졌다. 그래도 공격 기세는 수그러들지 않았다. "사시(10시)쯤부터 비로소 총을 쏘아 섬멸하였는데, 일본

병사가 앞의 봉우리 위에 진을 일렬로 벌리고 있다가 한꺼번에 포를 수십 차례 쏘아서 적을 많이 섬멸하자 감히 가까이 침범하지 못하였지만 아직도 적병은 많고 우리 군사는 적은 형세"였으며, "미시(2시)쯤에 이르러서도 격퇴하지 못할" 정도였다.

봉황산 후면에는 북접농민군이 올라갔다. 하고개를 목표로 접근한 것이다. 우금치 정면을 공격하던 전봉준은 "이차접전 후 만여 명 군병을 점고한즉 남은 자가 불과 삼천여 명이요 그후 또 이차접전 후 점고한즉 불과 오백여 명"이라고 했다. 모두 4차례 공격했고 그 결과는 커다란 패배였다는 말이다.

우금치 전투의 희생자

공주공방전에서 벌어진 3개의 전투 중 가장 치열한 전투가 우금치 전투였다. 공격을 했던 남·북접농민군이나 방어를 했던 경군과 일본군의 기록에서도 우금치 전투를 가장 크고 중요한 전투로 표현하고 있다. 그래서 공주공방전은 우금치 전투로 알려지게 되는 것이다.

우금치 전투는 비정상적인 전투였다. 대규모 병력이 동원된 전투에서는 양편이 총에 맞아 전사자가 나는 것이 당연한 것이지만 전사자는 공격군에서만 나왔다. 경군은 세 사람이 부상을 당했고, 일본군은 한 사람만 부상당했다. 물론 전사자는 한 사람도 나오지 않았다.

공주공방전에서 희생된 남·북접농민군의 사상자 수는 정확히 알 수 없다. 그것도 일방적으로 사살당한 것이었다. 부상자도 많았을 것으로 보인다. 후손들도 부상했다고 전해들은 사람이 있는데 그들 중 귀가한 사람은 없었다.

일본군이 소비한 탄약만 1차보고에 500발, 2차보고에 2000발이었다. 뒤에 전과를 자랑하면서 백발백중이었다고 한 것을 보면 그 대략을 알 수 있다. 일본군보다 수가 훨씬 많았던 경군 통위영과 경리청 병대는 탄환을 다 소비해서 긴급히 보충을 받아야 했다.

전투가 종료되면 전과를 확인하려고 전사자를 헤아리는 것이 관행인데 일본군은 공주에서 며칠간 머물러 있었으면서도 우금치에서 희생당한 사람들의 수를 세지 않았다. 그것은 공주감영이나 관군도 마찬가지였다. 다만 진압군이 남긴 기록에는 매우 많은 사람이 살해되었다거나 눈에 보이는 것이 온통 시신들뿐이라는 등 막연한 표현을 하고 있다.

당진 소난지도 의병

김상기(충남대학교 국사학과 교수)

소난지도에 의병총 건립되다

충남 당진시 석문면 난지도리 소난지 산21번지의 둠바벌 바닷가에 의병의 유골을 합장한 의병총이 있다. 1905년 을사늑약의 체결로 국권을 일제에게 빼앗기자 경기도 수원에서 홍일초를 중심으로 의병을 일으켜 항일투쟁을 벌였다. 100여 명에 달하는 의병들은 일본군에 쫓겨 충남 당진으로 건너와 소난지도에 집결하여 재기를 도모했다. 이 정보를 탐지한 일본군의 기습공격에 의병은 최후의 한 사람까지 장렬하게 산화하였다.

그후 전설처럼 구전되던 의병들의 피맺힌 항쟁사는 잊힌 상태였고, 격전지 바닷가에는 바닷물에 씻겨 봉분은 없어지고 유골이 뒹굴고 있었다. 간혹 지각 없는 주민들이 유골이 약재가 된다는 미신 때문에 의총을 발굴해 유골을 가져간 흔적이 남아 있었다.

이 의병총의 한 맺힌 역사가 빛을 보게 된 것은 1970년부터다. 당시 의병총이 멸실되어 가는 것을 안타까워하던 석문중학교 신이균 이사장과 김부영 교장이 현지를 답사하였다. 이들은 1973년 의병총을 보수 정화하여 석문중학교 학생들로 하여금 선열의 얼과 애향심을 고취하는 정신도량으로 삼고자 하였다. 1974년부터는 당시 목격자 조예원과 주민 최을용 등의 증언을 청취하고 문헌조사에 착수하였다. 1982년 6월에는 충청남도 지사가 찬(撰)한 원문으로 비문을 새겼으며, 그해 8월에 당진군수와 국회의원 등 지역의 유지들이 참석한 가운데 의병총비 제막식을 거행하였다. 이후 매년 현충일에 지역 유지와 주민들이 모여 추모식을 거행하여 의병의 혼을 기리고 있다.

증언을 통해 본 의병총

그동안 의병총의 역사적 사실을 알 수 있게 된 것은 이날의 의병항쟁을 직접 목격한 주민의 증언이 있었기 때문이었다. 바로 1974년 신양웅이 면담한 조예원(1893~1980)의 증언이 그것이다.

조예원은 석문면 교로리 검은들마을에 거주하였는데, 이곳은 소난지도가 바라보이는 마을이다. 조예원은 소난지도 앞바다인 도비도에서 일을 하다가 격전 상황을 직접 목격했다고 한다. 1908년 당시 16세였던 조예원은 소난지도 의병항쟁에 대하여 목격한 바를 다음과 같이 증언하였다.

신양웅: 의병에 대해서 얘기 좀 해주세요.

조예원: 무신년(1908년, 필자) 이월 열이튿날 밤인디.

신양웅: 낮이 아니고 밤여요?

조예원: 밤에 시작해 가지고 의병들은 식전에 죽었어. 식전에 날샌 뒤 가이(개-필자) 쏘듯 했어. 그러니깨 13일 식전에 죽었어. 12일 밤에 시작해 가지구.

신양웅: 그 대장이 누구신지 아세요?

조예원: 대장이……. 홍가, 홍가여.

신양웅: 홍가요?

조예원: 응.

신양웅: 그런데 정주원 씨라고 하는 사람도 있고, 최일초 씨라고 하는 분도 있

거든요.

조예원: 정주원 씨는 아녀. 정주원 씨는 그뒤 끌려갔지.

신양웅: 예?

조예원: 그뒤로 끌려갔어.

신양웅: 그분 그럼 어디에 있죠?

조예원: 당진 관료가 아들이지.

신양웅: 최지원 씨는 아전이었구요?

조예원: 그래 관료 아들이었지. 홍일초…….

신양웅: 홍일초요? 최일초가 아니라?

조예원: 거기 가서 죽은 건 홍일초여.

신양웅: 홍일초요.

조예원: 홍일초도 당진 관료가 아들여.

신양웅: 그럼, 거기서 죽은 분이 몇 분이나 돼요?

조예원: 많지. 이쪽 그물에도 송장이 밀리고……. 아마 50~60명 죽은 거여.

신양웅: 어떤 사람들은 100여 명 죽었다고 하던데요? 자세히 좀 이야기해 주십시오.

조예원: 100명인지는 모르고, 50~60명인지도 모르고 말여…….

신양웅: 그때 경험담 좀 말씀해 주십시오.

조예원: 수효는 얼마가 죽었는지 모르는디……. 그러니께 2월 12일날 그물 놓으러 갔으니깨. 밤중 깊은디 말여 총소리가 나. 총소리가 나는디 주내미를……. 주내미를 네 번 다녔어. 네 번을 다녔는디. 총소리가 탕탕 하더니, 날 샌 뒤 그쳐, 그치더니, 어떻게 되는고 하니, 나무 싣는 배로 말여 목선 나무 싣는 배로 일병들이 왔는디, 그 의병은 약철이 떨어질 건 생각하지 않고, 자꾸 배에서 내려오지 못하게 총을 들이 놓아 쏘았어. 그래 약철이 떨어진다다 일병은 나온단 말여. 배에서. 그래서 파리 잡듯 했어. 그래서 날 새니까 모두 인저 작은 난지도가 가시덤불투성이니깨 사람 하나 숨

을 디 없지 않은개배.

신양웅: 그렇죠.

조예원: 날 새니깨 그러니깨 강변으로 모두 헤어졌는디. 쫓아가며 다질렀더구먼 그려. 그래서 송장이 이 다리길 그물에도 밀리고 다리길 조방골에도 의병 송장 여럿 묻었지. 그물에 밀려서.

신양웅: 조방골에도요.

조예원: 그래가지고 홍일초는 죽지 않고 살아서 왔어. 그 대장은. 이제 모두 죽게 되니깨 그 낭떠러지에서 내려 뛰었더구먼그려. 총 맞아 죽느니 여기서 죽는다고 허다가 낭떠러지 중간에 걸쳤어. 걸쳐서 일병들이 못 봐서 살아왔어. 허리 부러져 왔어, 그래서 어느덧 그냥 당진으로 걸어갔어.

신양웅: 그러므로 홍일초는 살았군요.

조예원: 홍일초 대장은 살아서 갔어.(후략)

-신양웅 선생과 조예원 씨와의 대화(1974년 신양웅 녹음)

이 증언에서 조예원은 소난지도 전투는 무신년(1908년) 2월 12일(음력) 밤부터 13일 아침까지 있었으며, 대장은 홍일초라고 하였다. 또한 의병은 배를 타고 소난지도에 들어오는 일본군을 향하여 집중 사격하였으나 일본군은 배에다 소나무를 가득 실어 의병의 총격을 피했다고 한다.* 그리고 일본군들은 탄환이 떨어진 의병 오륙십 명을 죽였다는 것이다.

한편 이곳 주민인 최을용 씨의 증언으로는 일본군이 배를 타고 들어와 소

* 강진선 씨(1922년생, 당진군 고대면 당진포리 2구 439번지 거주)의 증언에 따르면, 경찰대가 탈취한 배는 돛대가 3개인 목선으로, 엽송나무를 가득 싣고 인천으로 출항할 예정이었다. 강진선 씨는 이 내용을 사종숙인 강구월금(姜九月金) 씨로부터 들었는데 강구월금 씨는 이 배의 '건배임자(명목상의 주인)'였다고 한다.(2003년 10월 31일 증언)

△ 소난지도 의병총 전경.
◁ 소난지도 의병 150여 명의 유골이 묻힌 의병총.

난지도 앞 우무도에 나무를 싣고 떠 있는 난지도 배에 와서 숨는 것을 보고 총격전이 벌어졌다고 한다. 의병들은 무조건 일본군이 숨어 있는 배에다 집중 사격을 하여 상륙을 저지했는데 실탄이 떨어져서 사격을 못 하니까 이튿날 일본군들이 상륙하여 공격하자 섬 동쪽 딴 섬까지 쫓겨가 거기에서 최후를 마쳤다 한다. 그리고 의병의 시신 일부는 바닷물에 떠내려갔고, 나머지는 섬 주민들이 모아 둠바벌에 묻고 봉분을 만들었는데 바닷물에 씻겨 봉분도 없어졌고 군데군데 유골을 파간 흔적이 남아 있다고 한다.

또한 소난지도 주민들 사이에 전해지는 이야기로는 온종일 총소리와 비명이 들렸고 화약 연기가 섬을 뒤덮었으며, 이에 놀란 어떤 부인은 아기를 업고 피난 간다는 것이 급해서 베개를 업고 갔다가 젖을 주려고 보니 아기가 없었다고 했다. 또한 당시 배를 가지고 다니던 장고항 거주자 김증삼은 소난지도에 있다가 전투가 벌어지니까 날씨가 춥고 바닷물이 차가운 데도 소난지도에서 대난지도로 수영을 해갔다고 하며 대난지도 민가에선 장독이 소난지도에서 쏜 유탄에 맞아 깨지기도 했다고 한다.*

이상과 같은 증언을 통해, 소난지도 의병항쟁은 경기도에서 활약하다가 일본군에 쫓겨온 홍일초 의병부대가 당시 화력이 강한 신식무기와 훈련을 받은 일본군에게 전멸당한 사건임을 알 수 있다.

일본경찰대의 정보 보고서

소난지도 의병에 대한 문헌 조사는 조예원의 증언을 토대로 이루어졌다. 우선 국사편찬위원회에서 펴낸 『한국독립운동사자료』(의병편 1~12)에 들어 있는 『폭도에 관한 편책』을 검토하였다.** 의병에 관한 한 가장 자세한 기록이기 때문이다. 아쉽게도 국사편찬위원회에서 번역한 이 책에서는 관련 기록을 찾을 수 없었다. 다행히 국가기록원에 보관되어 있는 원문을 조사한 결과 소난지도 의병항쟁에 관한 자세한 기록이 있음을 확인할 수 있었다.

국가기록원 소장의 『폭도에 관한 편책』 원본에 의하면, 홍성경찰분서에서는 소난지도에 의병대가 있다는 보고를 받고 3월 13일 일본인 순사 7명과 한인 순사 8명 등 15명으로 편성된 경찰대를 아가츠마 다카하치(上妻孝八)의 인솔 하에 당진지역으로 파견하였다. 이들은 소난지도가 의병의 근거지임을 확인하고 3월 15일 아침 6시부터 배를 타고 소난지도로 들어가 의병과 총격전을 벌인 것이다.

이처럼 위 자료를 통하여 소난지도 의병과 홍성에서 파견된 일본경찰대의

---

* 신양웅, 「증언을 통해 본 소난지도 의병항쟁」, 『당진 소난지도 의병의 역사적 재조명』, 충남대 충청문화연구소, 2003, 18~19쪽.
** 『폭도에 관한 편책』은 내부의 경무국에서 펴낸 의병 탄압 기록으로, 일본헌병·순사 등이 지방에서 의병을 진압하고 그 사항을 경무국에 올린 보고서류를 편책한 자료집으로 한말 의병 연구에 귀중한 자료집이다. 원 자료는 국사편찬위원회와 국가기록원에 소장되어 있으며, 마이크로필름도 있다.

소난지도 의병이 일제 경찰에 맞서 끝까지 저항한 돌각 주변.

총격전이 1908년 3월 15일 새벽 6시부터 벌어졌음을 소상하게 알 수 있다. 3월 15일은 음력으로는 2월 13일에 해당하니 조예원 씨의 증언은 상당히 사실에 가까운 생생한 증언이었음을 알 수 있다. 조예원은 2월 12일 밤중 깊은 때부터 총격전이 시작되어 날이 샌 뒤 그쳤다고 하였는데, 이는 그날 새벽에 있었던 총격전을 밤중에 있었던 것으로 기억한 때문이 아닌가 한다.

이 전투 상황에 대하여 홍주경찰분서장 이와사키 요시키(岩崎良材)는 전투가 있은 지 5일 후인 3월 20일 소난지도에서의 전투결과를 경무국장 마츠이 시게루(松井茂)에게 상세히 보고하였다.*

이에 따르면, 홍성을 출발한 일본경찰대는 당진군 고산면 해창(고대면 당진포리 해창)에서 주민의 배 1척을 빌려 15일 아침 6시 소난지도 앞에 도착하여 포구에 정박해 있는 의병 측의 배 2척을 확인하고 사복을 입은 순사로 하여금 정찰을 시켰다. 의병 측에서 이를 미리 탐지하고 섬의 민가에 숨어서 배를 향해 발포하여 한인 순사 나춘삼(羅春三)에게 중상을 입혔다. 경찰대는 7시경에 상륙을 강행하여 마을 뒤쪽의 고지(b)를 차지하였다. 그리고 민가를 향하여 총격을

---

* 『폭도에 관한 편책』, 홍경비(洪警秘) 제143호의 3(1908년 3월 20일), 「홍주분서장 보고」.

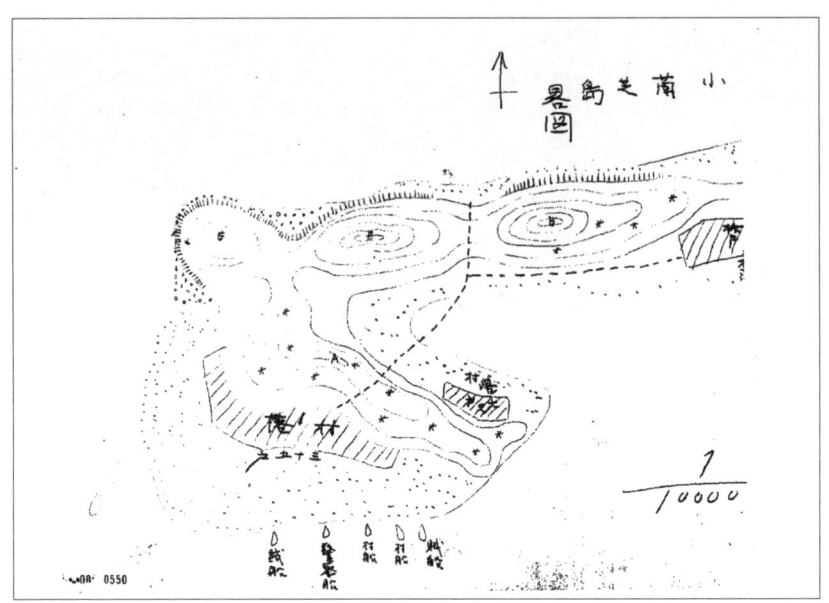

소난지도 의병 전투상황도.

가하자 의병은 서쪽의 고지로 근거지를 옮겨 항쟁하게 되었다. 경찰대는 위 전투상황도에 표시된 A, B 두 지역으로 나누어 의병의 근거지인 고지(전투상황도의 'a' 표시 지역)를 향해 포화를 퍼부었다. 11시경에 이르러 의병의 응전이 그쳤는데, 아마도 이때 의병 측은 탄환이 고갈되어 가는 형세였던 것이 아닌가 한다. 의병들은 일본경찰대의 공격에 고지 뒤쪽의 절벽 아래로 뛰어내려 섬의 동남쪽으로 피하면서 경찰대와 수십 차례 접전하였으나 동남쪽의 돌각 지점(c)에서 의병 22명이 전사하고 말았다. 오후 1시부터 경찰대는 섬 전체를 다시 수색하였는데 북쪽의 동굴 속에서 의병의 맹렬한 사격이 있었으나 이 접전에서도 의병 5명이 전사하였다. 의병은 계속 추격을 당하여 오전에 크게 피해를 입은 돌각 지점에서 14명이 또다시 전사했다. 오후 3시경 전투는 끝났고 대장 홍원식(洪元植)과 선봉장 박원석(朴元石)을 비롯하여 총 41명이 전사하고 9명이 부상을 입고 체포되면서 의병은 궤멸하고 말았다. 기타 의병 50명 내외가 바다에 투신하여 행방불명되었다고 보고되고 있다. 그리고 이들 역시 죽음을 면할 수 없었을 것으로 판단하고 있다. 이로 보아 소난지도에는 100명에 달하는 의병이 주둔하고 있었음을 알 수 있다. 일본의 보고서에는 41명이 전사된 것으로 기록되어 있으나 실제로는 100명 가까운 의병이 거의 전사했다고 보아야 할 것이다.˙

소난지도 의병의 역사적 의의

그동안 구전으로만 내려오던 당진의 소난지도 의병의 구체상을 일본경찰대의 보고서 등 관련 자료의 발굴로 실증하게 되었다. 당진의 소난지도는 1900년 이후 활빈당의 일종인 수적(水賊)의 근거지 중 한 곳이었다. 1905년 이후 의병의 활동이 활발해지고 수적이 의병화하면서 소난지도는 의병의 근거지로 탈바꿈하였다. 의병들은 소난지도를 근거지로 하여 배를 이용하여 경기도 수원 일대와 충남의 당진 일대를 오가며 활동하였다. 수원 출신의 홍원식(일명 홍일초) 의병이 그중 대표적이다.

소난지도 의병과 일본경찰대의 전투는 1908년 3월 15일 일어났다. 홍주경찰서에서 파견된 일본경찰대는 3월 15일 오전 6시경 탈취한 한인 어선을 몰고 소난지도 앞의 우무도에서 소난지도 상륙을 시도하였다. 의병은 경찰대를 향해 1시간여 사격을 가하여 한인 순사 1명에게 중상을 입혔다. 그러나 우세한 화력으로 공격해 오는 경찰대의 상륙을 막을 수 없었다. 경찰대는 마을 뒤편의 언덕에 올라가 민가에 있는 의병진을 향해 공격하여 의병은 서쪽의 주봉으로 진영을 옮겼다. 경찰대는 두 갈래로 병력을 나누어 주봉을 향해 화력을 퍼부었다. 결국 의병은 화력의 열세를 극복하지 못하고 동쪽의 해안 끝까지 밀렸으며 그곳에서 36명의 희생자를 내고 말았다. 섬의 북쪽에 있는 동굴 속에서 항쟁하던 의병 5명도 전사하였다. 행방불명된 의병도 50명에 달한다. 일본경찰대는

˙ 김상기, 「1908년 당진 소난지도 의병의 항일전」, 『한국근현대사연구』 28, 2004.

의병으로부터 노획한 다수의 식량에 석유를 끼얹고 소각하는 만행도 저질렀다. 의병장 홍원식은 중상을 입은 채 숨어 있다가 섬을 빠져나와 고향인 화성군 제암리로 돌아갔다. 그리고 1910년대 구국동지회를 조직하여 항일투쟁을 전개하였으며, 1919년 3·1운동을 주도하였다. 그러나 천인공노할 일제의 만행인 제암리교회 사건에서 부인 김씨와 함께 순사하였다. 일본경찰대는 부상당한 포로 의병을 선원과 함께 배에 붙들어 매고 학살한 것으로 보인다.

소난지도 의병은 다음과 같은 여러 면에서 역사적 의의를 찾을 수 있다.

우선, 소난지도 의병의 구체적인 역사적 사실을 복원할 수 있게 되었다는 점에서 의의를 찾을 수 있겠다. 구전으로만 내려오던 홍원식 의병장 휘하 이름 없는 의병들의 항전과 희생이 소난지도에서 있었음을 역사적으로 실증할 수 있게 되었다.

둘째, 소난지도가 1906년 이후 내포지역에서 의병 활동의 주요한 근거지였음을 알 수 있게 되었다.

셋째, 소난지도 인근의 해상이 의병활동의 주 무대였음을 처음으로 확인할 수 있게 되었다. 의병들은 소난지도를 근거지로 하여 인근의 당진·서산·태안 등 내포지역은 물론, 화성과 수원 등 경기지역에까지 해상으로 이동하면서 의병투쟁을 전개한 것이다.

넷째, 의병장 홍원식이 소난지도 전투에서 중상을 입고 탈출한 후, 고향으로 돌아가 1910년대 항일운동을 재개하고, 역사적인 3·1운동을 주도하였으며, 제암리교회에서 부인과 함께 순국한 사실을 확인할 수 있게 되었다.

다섯째, 일본경찰대의 의병에 대한 잔학상을 확인할 수 있다. 심지어는 선원과 부상당한 의병까지 살육하는 학살행위를 했던 것이다.

역사 속에서 사라질 뻔했던 소난지도 의병사가 되살아나게 되었다. 역사는 비록 굴곡이 있더라도 결코 사라지지 않는다는 교훈을 다시 한 번 인식하게 된 점에서 의의가 크다고 하겠다.

논산 강경포구와 강경포구 사람들의 삶

정을경(충남역사문화연구원 연구원)

강경은 근대에 크게 성장한 근대도시이다. 따라서 강경은 우리나라 근대사의 흔적을 가장 많이 갖고 있는 도시 중 하나라고 하겠다. 현재까지도 근대와 현대의 도시 모습이 교차한다는 점에서 강경은 중요한 도시인 것이다. 오래전부터 강경은 포구로 유명했기 때문에 '강경'이라는 지명보다는 '강경포'라고 불렸다. 강경은 군산과 부여, 공주를 지나던 금강의 뱃길 한가운데에 위치했기 때문에 서해안 뱃길의 주요 중심지 역할을 했다. 강경을 끼고 흐르는 금강은 큰 줄기의 하류에 해당했기 때문에 강폭이 넓었고, 이러한 영향으로 채운산의 옥녀봉 근처에서 터를 잡고 있던 상인들을 비롯하여 농어민, 또한 포구를 중심으로 각지에서 몰려들던 객주들로 강경은 늘 문전성시를 이루었다. 특히 조기를 실은 배가 들어오는 날은 인산인해를 이룰 정도로 왁자지껄한 곳으로 변하기 일쑤였다고 한다.

강경포구의 상업활동은 이미 조선 중기 무렵부터 활발하게 전개되었다. 제주를 비롯하여 중국과 일본의 무역선들이 장사를 하기 위해 빈번하게 드나든 것이다. 전국 곳곳에서 모인 장사꾼들로 17세기 말경 강경천 주변에 하시장이 개설되어 4일과 9일에 장이 열리다가 1870년경, 옥녀봉 동쪽 기슭에 상시장

강경포구(논산시지편찬위원회, 『논산시지』, 2005). 금강 본류와 접하고 여러 지류와 이어져 해상교통과 내륙교통의 중심지로서 번성했다.

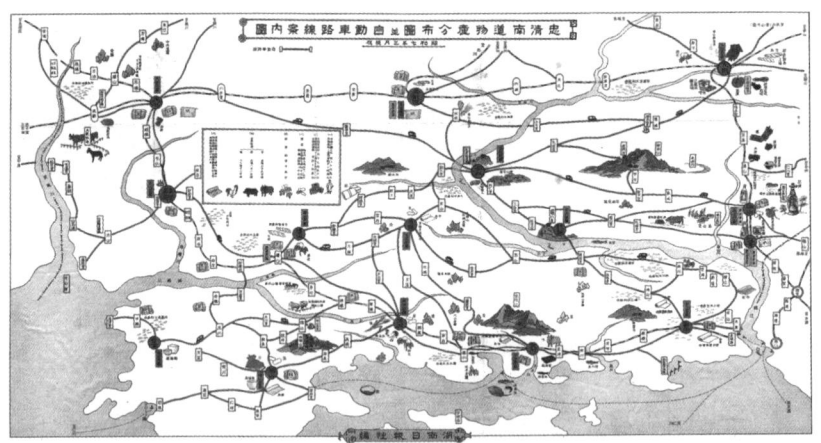

강경 뱃길(논산시지편찬위원회, 『논산시지』, 2005). 군산, 강경, 부여, 공주로 이어지고 있다.

이 설시되면서 하시장은 '9'가 들어간 날(9, 19일, 29일)마다, 상시장은 '4'가 들어간 날(4, 14, 24일)마다 열렸다. 그리고 당시 하시장에서는 수산물이, 상시장에서는 곡물 등의 농산물이 주로 거래되었다. 이렇게 상시장이 개장된 이후로 강경은 본격적으로 상업도시의 모습을 갖추기 시작하였고, 결국 조선 후기에는 대구시장과 평양시장을 이어 우리나라의 3대 시장으로 이름을 날리기 시작하였다. 특히 강경포구를 중심으로 도시화가 급격하게 진행되면서 새우젓 가게를 비롯하여 정미소, 술집, 요정, 극장들이 급속하게 들어오게 되었다. 이러한 지리적인 요소뿐 아니라 환경적인 요소들로 인하여 강경포구에 살던 당시의 주민들은 상업과 밀접한 연관관계를 갖고 생활을 영위했다.

18세기 이후부터 20세기까지 상업 유통의 중심지였던 강경의 상업과 관련한 강경포구 주민들의 생활방식은 객주(客主)를 중심으로 한 위탁판매 행위였다. 이곳의 마지막 객주는 윤경달, 최병국, 양복만, 유영규 등 10여 명으로, 이들이 강경시장의 상권을 거머쥐고 있었다고 전해진다. 이들은 주로 타 지역의 선장과 연계되어 거래를 성사시켰다. 일단 거래가 성립되면 수년을 두고 지속적인 관련을 맺었으므로 이들 간에는 군건한 믿음이 형성되어 있었다. 물론 일부의 선장은 미리 돈을 받아 챙기고 강경이 아닌 다른 지역으로 들어가는 일도 있었다고 하지만 대개의 경우 객주와 선장이 연계되어 거래했던 것이 일반적이었다.

강경포구의 어업은 주로 강경읍의 서창리와 황산리를 중심으로 이루어졌다. 강경은 내륙으로 깊숙이 들어가 있었기 때문에 어업이 발달할 수 있는 환경이 좋지 않았다. 특히나 서창리는 강경포구의 명성을 고스란히 간직한 곳으로, 수많은 배들이 하역을 위해 들어오던 중심 마을이었다. 이러한 환경 때문에 어

옛 강경 중심가(1920년대). (논산시지편찬위원회, 「논산시지」, 2005)

업보다는 상업이 발달했고, 서창리의 주민들은 어업보다는 상업 활동을 훨씬 많이 영위하고 있었다.

반면 황산리는 강경포구의 초입 마을로, 황산대교 바로 옆에 위치하고 있다. 지금은 비닐하우스와 풀만이 무성한 황산대교 아래가 예전에는 중선이 드나들던 큰 포구였다. 황산리는 포구의 중심에 위치하지 않았기 때문에 상업에 종사하는 주민들이 적은 편이었다. 때문에 다른 주민들은 어업에 종사하는 다양한 모습을 보였다. 황산리는 1, 2, 3리로 나뉘어 있는데, 1리는 농업지역이었고, 2리는 현재 시장이 형성된 지역이다. 2리 역시 1리와 마찬가지로 어업에 종사하는 이들은 적었다. 또한 3리는 강변에 위치한 마을이었기 때문에 어업에 종사하는 주민이 비교적 많았다. 현재도 어업이 중단된 지 30여 년이 되었지만 옛 추억을 기리며 강경포구를 찾는 이들을 위해 강변에서 어물과 관련한 식당업에 종사하는 주민들이 많음을 확인할 수 있다.

강경 중앙시장(1920년대). 평양·대구의 시장과 함께 조선 3대 시장이라는 말이 무색하지 않을 만큼 북적이는 모습이다.

1923년 강경시장 및 부근 주요시장의 1년간 거래액 비교(단위: 원)

구분 시장명	1년 거래액						개시일
	농산물	수산물	직물	축류	기타	합계	
공주시장	72,300	24,920	55,000	99,900	34,280	286,400	1, 6
대전시장	102,550	68,400	64,580	69,580	67,080	371,840	1, 6
논산시장	148,027	19,324	8,924	146,470	144,170	466,915	3, 8
강경시장	183,000	23,000	214,000	8,700	85,000	513,700	4, 9
강경어채시장	0	235,123	0	0	0	235,123	수시

* 朝鮮總督府, 「시가지의 상권」, 1923.

위의 표는 1923년 강경시장 및 부근 주요시장의 1년간 거래액을 비교한 것이다. 1923년에 전국의 시장 중 50만 원 이상의 거래액을 나타낸 시장은 38개소였는데 강경시장의 거래액은 24번째로 많았다. 그러나 강경시장은 농산물의 경우, 인근의 다른 시장보다 단연 거래액이 높음을 볼 수 있다. 또한 강경은 보통의 정기시장 외에 어채시장이 별도로 열려 상업도시의 면모를 유지했다. 한편 직물이 다른 지역에 비해 월등히 많았던 것도 확인할 수 있다. 이는 다른 지역이 군산, 인천 등지에서 직물이 이입되는 편이었으나 강경은 일본의 미곡수송선을 이용하여 직수입을 했기 때문에 원가가 저렴하여 거래액이 많았던 것으로 판단된다. 특히 주목할 수치는 강경시장과 강경어채시장의 수산물 거래액이다. 다른 시장과는 비교할 수 없을 정도로 독점하는 경향을 나타냈음을 확인할 수 있다. 따라서 이 표를 통해서도 당시 강경포구의 주민들은 주로 농업과 어업에 종사했음을 확인할 수 있지만, 무엇보다 수산업에 종사하는 인구가 월등하게 높았음을 알 수 있다.

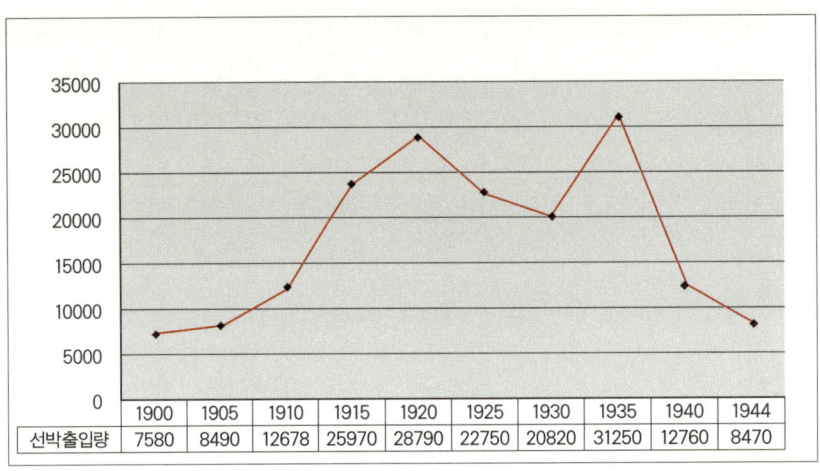

연도별 강경의 선박 출입량 변화

* 강경 어협, 『강경어협지』, 1970.

위의 도표는 연도별로 강경에 출입했던 선박의 양을 살펴볼 수 있는 그래프이다. 선박의 출입량은 물량과 밀접하게 연관되어 있기 때문에 중요한 지표이다. 이 도표를 통해 강경은 1900년 이후부터 1920년까지 내지수운과 해운을 잇는 연계항으로 번성했음을 알 수 있다. 이후 철도와 도로의 발달로 강경의 경제가 농산물과 직물류 그리고 수산물류로 줄어들면서 선박의 출입량은 하강 곡선을 그리고 있는 점도 확인할 수 있다. 1935년 상승은 이 시기 식량 공출의 증가 때문으로 파악된다. 여기에 사주(砂洲) 현상으로 하상이 높아져 1935년 이후 선박의 출입량이 급격한 감소 추세를 보이고 있다. 반면 1920년 대전-강경 간 주요역 화물 발착량을 조사한 바에 따르면 강경이 6322톤인 데 비해 논산은 7616톤에 달해 철도 화물은 논산이 더 많았다는 사실도 알 수 있다.*

위에서 살펴본 대로, 여러 도표와 그래프들을 통해 강경포구의 상업활동은 당시 강경포구 거주 주민들의 삶을 엿볼 수 있는 지표가 된다. 분명한 점은 동

* 충청남도, 『충남산업지』, 1921.

시대를 살던 타 지역 주민들과 달리 강경포구에서는 농업보다 수산업을 비롯한 직물업과 같은 상업활동을 통해 삶을 영위해 나가는 주민이 많았다는 것이다. 이는 환경적인 영향 때문에 신문물을 받아들인다는 점에서, 혹은 매일 똑같은 삶을 살던 농촌 주민들에 비하면 훨씬 부유하고 활력 넘치는 삶을 살 수 있다는 긍정적인 측면이 있었다. 그러나 1920년대 후반이 되면서 강경포구의 환경은 주민들의 삶을 억압하고 착취하게 되는 결정적인 요소로 작용하게 된다는 사실도 확인할 수 있다.

일제는 무엇보다도 제일 먼저 강경포구를 '수탈의 관문'으로 삼았다. 그리하여 강경읍내에 5개의 대형 도정공장을 세웠고, 논산 및 강경평야는 물론 중부지방과 호남평야에서 거두어들인 미곡을 집하해서 도정한 후 일본으로 보냈다. 일제는 강제착취라는 인상을 흐리기 위해 강경에서 1차 도정을 한 다음, 선편을 군산으로 보내 다시 대형화물선으로 옮겨 싣는 등 치밀하게 수탈행위를 벌였다. 이와 같이 강경을 쌀의 집산지로 육성할 필요성이 높아졌으므로 강경을 중점적으로 개발하였고, 각종 시가지 확충사업을 추진하였다. 이에 따라, 강경은 전성시대에 비하면, 상품의 집산범위가 크게 축소되기는 했지만, 쌀의 집산과 수산물의 거래를 중심으로 면모를 유지하고 있었다.

또한 강경천의 제방공사는 1922년 5월에 착공하여 1924년 11월에 완공하였는데, 공사비는 총 13만 3525원이 소요되었다. 강경의 논산천과 강경천에 제방을 쌓은 큰 이유 중 하나는 논산평야에서 나오는 쌀을 일본에 반출하기 위해서는 논산평야와 가장 인접한 강경포구를 통해서만 가능했기 때문이었다. 따라서 이를 위해서는 강경의 홍수 피해 예방이 필수적이었다.

1926년 우리나라의 쌀 생산량은 총 1497만 섬이었는데, 일제는 그중 36.3퍼센트인 544만 섬을 자기 나라로 수탈해 갔다. 544만 섬 가운데 25.2퍼센트에 해당하는 137만 3000섬은 금강수로의 강경을 통해 군산에서 선적하여 일본으로 수송되었다. 1930년대에 들어서면서 그 수탈이 더욱 심해져서, 1933년에는 우리나라 쌀 생산량 1630만 섬 가운데 50퍼센트가 넘는 870만 섬을 수탈해 갔다. 강경의 선박 출입량을 살펴봐도, 1935년이 3만 1250척의 선박이 드나들었을 정도로 절정기였음을 확인할 수 있다. 이때 출입한 선박은 1935년까지는 범선이 주축을 이루었고, 1940년부터 1955년까지는 범선과 동력선 혼합 형태를 이루었다. 1960년 이후부터는 거의 동력선으로 그 양상이 바뀌게 되었다. 그러나 이미 발달된 철도와 도로교통 등의 영향을 받을 뿐만 아니라, 더욱이 토사 퇴적으로 인하여 하상이 높아져, 1935년 이후 하선의 출입률은 급격히 감소하는 추세를 보였다.

1938년 충남지역 매매고 100만 원 이상 시장(단위: 원)

시장명	매매고					
	농산물	수산물	직물	축류	기타	합계
대전시장	572,834	204,720	91,572	-	144,389	1,013,515
공주시장	1,283,512	122,650	132,580	165,414	124,852	1,829,008
강경시장	1,213,000	208,000	227,000	12,000	225,000	1,885,000
논산시장	203,600	241,000	263,150	257,800	429,600	1,395,450
예산시장	298,750	89,430	585,590	270,944	745,900	1,990,614
천안시장	1,270,000	76,000	310,000	185,000	613,000	2,454,000

* 문정창, 『조선의 시장』, 1941.

위의 표를 통해서도 1930년대 후반, 강경시장의 쇠퇴를 수치화한 결과가 확인된다. 이 표에 따르면 1938년 매매고 100만 원 이상의 거래액을 기록한 전국의 81개 시장 중 강경시장은 27번째로 점차 그 위상이 축소되었음을 알 수 있다. 반면 철도가 개설된 후부터 천안시장이 비약적인 발전을 하였고 예산시장도 강경시장을 능가하였다. 강경은 충남 내에서도 3위로 떨어져 금강수운의 쇠퇴를 말해 주고 있다. 그러나 강경시장과 논산시장을 모두 논산의 상권이라고 본다면 여전히 논산은 충남지역의 경제 중심도시의 위상을 지니고 있었다. 또한 하구언이 막히기 이전인 1970년대까지만 해도 강경에는 간간이 배들이 왕래했다. 상업세력이 쇠퇴하기는 했지만 그나마 명맥은 유지하고 있었던 셈이다. 군산이 포구로서의 입지가 증대되면서 상대적으로 정박비용이 많이 드는 강경항을 기피하기 시작했다. 군산은 입항과 출항이 비교적 자유로웠으나, 강경은 물때를 맞추어 들어와도 하루가 지나야 나갈 수 있었으므로 부대비용이 적지 않게 소요되었기 때문이다. 일단 물건이 하역되면서 곧 서울·대전·대구 등지로 물건을 실어 날랐다. 예전에는 보부상(褓負商)이 이고지고 날랐으나, 1900년대 이후로 교통수단을 이용했다. 강경포구가 가장 바빴던 시기는 음력 2~3월까지의 조기 황금어장이 형성된 때였다. 그즈음이 되면 연락부절(連絡不絶)로 상선이 드나들었다고 한다.

이러한 일제의 노골적인 수탈뿐 아니라 환경적인 영향도 강경이 쇠퇴하게 된 큰 원인이었다. 1899년에는 군산이 개항되면서 강경은 군산과 역할을 나누면서 금강의 아래로는 군산을 이어주고, 위로는 부여와 공주·부강 등을 뱃길로 연결해 주는 금강의 중심 역할을 하게 되었다. 그러나 1905년에 부설된 경부선과 1914년에 부설된 호남선으로 강경은 번성과 쇠락의 기운을 동시에 맞게 되었다. 1911년 7월 11일 호남선의 대전-강경 구간이 먼저 개통되면서 강경역이 세워졌고 강경역 주변은 새로운 중심가로 부상하게 되었다.

강경포구와 강경역의 역할은 매우 달랐다. 포구는 기존에 이미 형성된 재래시장의 중심 역할을 그대로 소화하고 있었으며, 역은 근대화의 출발점으로서 근대화와 도시화를 진행하는 중심지가 되었던 것이다. 그러나 이러한 근대화의 출발점이었던 강경역은 한국전쟁으로 소실되었고, 현재 모습의 강경역은 1987년 9월 28일에 준공된 것이다. 이렇듯 1911년의 호남선 개통은 점차 확대되어, 1912년에는 강경에서 이리를 경유, 군산으로 이어지는 구간이 개통되었고, 2년 뒤인 1914년 1월 11일에는 목포를 기착으로 하는 나머지 구간도 모두 개통되었다.

이렇듯 몇 년 사이에 개통된 철도의 길은 기존의 금강의 뱃길과는 경쟁할 수 없을 정도로 급격하게 생명력을 얻었다. 처음 얼마 동안은 금강 뱃길과 철도 양면에서 군산항과 결합될 수 있었기 때문에 기존 시장의 생명력을 유지할 수 있었지만, 1911년에 공주와 논산을 경유하는 경성—전주—목포 간 큰 도로가 개통되면서 강경은 도로, 철로, 뱃길의 삼박자가 모두 갖추어지게 되었다. 이러한 삼박자는 일본의 침탈을 가속화하는 계기가 되어버리기도 했다. 충청도와 내륙지방의 쌀, 면화는 뱃길과 철길을 통해서 신속하게 일본으로 실려나가게 되었는데, 이로써 강경은 일제의 농어물 수탈 전진기지로 탈바꿈되어 갔다. 더불어 1914년에는 논산, 1921년에는 대전에 각각 기존의 행정권과 은행권을 빼앗기면서 급격히 쇠락의 길로 들어서게 되었다. 그러나 이러한 상황과는 대조되게 1930년 4월 1일에 강경은 면에서 읍으로 승격되었다. 당시 논산이 읍으로 승격되는 시기가 1938년 10월이었다는 점을 감안할 때 강경이 읍으로 승격되는 것은 매우 빨랐다고 할 수 있다.

일제강점기 행정구역 개편과 도청 이전

도면회 (대전대학교 역사문화학과 교수)

군(郡)의 통폐합

1910년 8월 한국을 병탄한 일본은 조선총독부를 설치하고 지방제도 구조를 대폭 뜯어고쳤다. 한성과 13도 11부 317군으로 구성되어 있던 행정구역을 13도 12부 317군으로 바꾸었다. 각 도 관찰사의 호칭을 도장관(道長官)으로 바꾸고 도장관 산하에 장관관방과 내무부·재무부를 두었다. 각 군의 군수는 모두 조선인으로 임명하되 오늘날의 시장에 해당하는 부윤은 모두 일본인으로 임명하였다.

경성·부산·인천·목포·군산 등 12개 부는 물론이고 진해·나남·강경·대전 등 일본 거류민 자치 조직이 설치된 지역에는 조선식 동리명과 함께 혼마치(本町)·사이와이초(幸町)·고토부키초(壽町)·메이지초(明治町) 등 일본식 동리명을 붙였다. 종래에는 군 단위 아래 행정구역 명칭을 '면'·'사'·'방'·'부'·'단' 등 지방에 따라 달리 불러왔는데, 이들 명칭을 '면(面)'으로 통일하고 면에는 도장관이 임명하는 면장을 두었다.

이후 총독부는 토지조사사업 및 지방 행정을 재정적으로 안정시키기 위하여 각 행정구역을 통폐합하고 경계를 명확하게 획정한다는 방침하에 동리 이상 면·군을 통폐합하는 작업을 시작하였다. 이 작업은 총독의 지시로 1년간의 준비를 거쳐 1914년 3~4월에 일괄으로 실시되었다. 각 면의 보고를 기초로 하여 군수가 정리 계획을 작성하고 토지조사국 출장원과 협의한 것을 도의 내무부에서 수집·발송하면, 총독부 지방국에서 총괄 정리하는 방식으로 진행되었다.

총독부는 이러한 군·면 통폐합의 목적이 행정구역의 지리적 불균등성과 조세 부담의 불균등 문제를 해결하는 한편 행정상의 편의, 재정 경비 절감을 꾀하는 데 있다고 하였다. 계획안에서 1개 군의 규모는 면적 약 40방리(方里: 640 km^2) 인구 10만 명 정도로 하고, 그 이하 규모의 군은 인접 군에 병합시키기로 하였다. 면의 규모는 면적 약 4방리(64km^2), 호수 800호를 최저 기준으로 하여 이에 달하지 않는 곳은 다른 면에 병합시키기로 하였다.

행정구역 통폐합은 1914년 3월 1일부터 시작하여 단기간에 완료되었다. 군의 통폐합은 이미 3월 초에 완료되었으며 군청 건물도 이전할 것은 이전하고 신설할 것은 신설하여 모두 사무를 개시하였다. 그 결과 조선의 행정구역은 1914년 4월 1일 현재 317개 군에서 220개 군으로, 면은 4336개에서 2522개로 통폐합되었으며, 동리는 6만 1473개에서 5만 8467개로 감소되었다.

이러한 통폐합은 기존의 행정구역에서 생활하던 지방관 이하 조선인들 생활에 큰 변화를 불러일으켰다. 다른 동리로 소속이 바뀐 마을도 있고, 다른 면으로 소속이 바뀐 동리도 생겼다. 게다가 2~3개 군을 하나의 군으로 통폐합하였으니 과거의 군청 소재지의 민인은 새로운 군청 소재지가 생기는 데 대해 불만을 품지 않을 수 없었다. 그럼에도 불구하고 총독부는 "단지 2~3개 지방만이 이 행정구역 개정에 대해 불만을 품고 당국에 진정했을 뿐, 조선 전체에 이의가 없는 듯하다"라고 군폐합의 경위를 자화자찬하였다.

물론, 행정구역의 통폐합은 근대적 행정과 재판, 조세제도의 실시를 위하여 필히 거쳐야 했을 '근대적 개혁'이었다. 그러나 조선총독부가 주도한 군·면 통폐합은 근대적 개혁의 성격도 띠고 있었지만, 조선인에 대한 차별 대우를 포함한 데다가 매우 강압적으로 실시되었다.

충청남도는 이 통폐합으로 인하여 다음과 같이 평택군이 경기도 진위군으로 소속을 바꾸고, 총 37개 군 중 무려 23개 군이 14개 군으로 통폐합되었다. 여기서 주목되는 점은 홍성군, 대전군, 논산군이 새로 만들어지고 군청 소재지도 바뀌었다는 점이다.

충청남도 군 통폐합 상황

개정 전 군명	개정 전 면수	변동 대상 관할구역	개정 후 군명	개정 후 면수	군청 위치
공주군	21	(현내면, 양야리면, 명탄면 및 삼기면의 노은리, 행단리, 기양동, 송당리, 봉산동, 평촌리, 송현리, 화옥리, 성전동, 왕암리, 서근소리, 이산동, 도잠리, 유정리, 덕암리, 유계리, 도산동, 진의동, 종촌리, 창동, 반탄면 서원리, 정곡리 일부)를 제외한 공주군 전체	공주군	13	공주
홍주군	20	(얼방면, 홍구향면, 화성면, 상전면)을 제외한 홍주군 전체	홍성군	11	홍주
결성군	10	폐지			
보령군	7	①청소면 내 옹암리, 음촌, 양촌, 청촌 ②위 지역을 제외한 보령군 전체	보령군	10	보령
남포군	9	폐지			
오천군	4	①아래 지역을 제외한 오천군 전체 ②하남면 내 연도리, 개야도리, 죽도리, 하서면의 어청도리	전북 옥구군 이속		
서천군	11	서천군 전체	서천군	13	서천
한산군	9	폐지			
비인군	6	폐지			
서산군	16	서산군 전체	서산군	20	서산
태안군	13	폐지			
해미군	9	폐지			

당진군	8	당진군 전체	당진군	10	당진
면천군	21	폐지			
예산군	10	예산군 전체	예산군	12	예산
덕산군	11	폐지			
대흥군	8	폐지			
아산군	12	아산군 전체	아산군	12	아산
온양군	9	폐지			
신창군	7	폐지			
천안군	11	천안군 전체	천안군	14	천안
목천군	9	폐지			
직산군	9	폐지			
은진군	15	은진군 전체	논산군	15	논산
연산군	11	연산군 전체			
노성군	11	소사면을 제외한 노성군 전체			
석성군	9	①원북면, 정지면, 삼산면, 병촌면, 우곤면			
부여군	10	②현내면, 북면, 증산면, 비당면 도성면 구룡리, 공동면 금강리를 제외한 부여군 전체	부여군	16	부여
임천군	20	폐지			
홍산군	9	폐지			
청양군	9	청양군 전체	청양군	10	청양
정산군	8	폐지			
홍주군 얼방면, 홍구향면, 화성면, 상전면					
부여군 도성면 구룡리, 공동면 금강리					
회덕군	13	회덕군 전체	대전군	13	대전
진잠군	5	진잠군 전체			
공주군 현내면					
연기군	7	연기군 전체	연기군	7	조치원
전의군	7	전의군 전체			
공주군 양야리면, 명탄면 및 삼기면의 노은리, 행단리, 기양동, 송당리, 봉산동, 평촌리, 송현리, 화옥리, 성전동, 왕암리, 서근소리, 이산동, 도잠리, 유정리, 덕암리, 유계리, 도산동, 진의동, 종촌리, 창동					
평택군	6	폐지	경기도 진위군 이속		

* 대정2년 12월 29일 조선총독부령 제111호「도의 위치.관할구역 및 부군의 명칭.위치.관할구역」,(『매일신보』대정 2년 12월 29일 호외) 및 조선총독부,『조선휘보』대정 5년 12월1일, 34~46쪽.

홍주군과 결성군은 통폐합되면서 각 군에서 한 글자씩 따서 홍성군으로 이름을 바꾸었다. 통폐합 뒤에도 '홍주'라는 원래 군 이름을 쓸 수 있었지만, 그 경우 일본어 발음으로 '공주'와 똑같이 '코슈'로 발음되어 공주와 혼동을 피하기 위해 '홍성'으로 바꾸었다.

대전군과 논산군은 대전면·논산면이라는 새로운 군청 소재지를 건설하기 위하여 명칭을 새로 만들었다. 연기군은 전의군 전체를 통합한 데다가 공주군 4개 면까지 이속시켜 면적이 확대되고 군청 소재지는 기차역이 있는 조치원으로 이전되었다.

그러나 총독부가 자화자찬하듯이 군·면 통폐합이 순조롭게 진행되지는 않았다. 통폐합안이 발표된 직후부터 보령군·태안군·논산군 등 3개 군에서 이의가 제기되었는데, 이를 발의한 주체는 조선인이 아니라 일본인들이었다.

보령군은 보령군·오천군·남포군의 각각 일부를 잘라서 통폐합한 것인데, 군청은 보령읍에 두지 않고 대천으로 신축 이전한다는 계획을 세웠다. 이에 대해 보령읍 거주 일본인 가네마루(金丸宇四三) 외 2명이 진정서를 제출하였다. 보령읍이 수백 년 동안 군청 소재지로 아무 탈 없이 존속해 왔는데, 보령읍에서 겨우 8킬로미터밖에 안 떨어진 대천으로 군청을 이전한다는 것은 이해가 되지 않는다고 하였다. 또 대천 거주 일본인은 모두 상업을 목적으로 하고 상업으로 생계를 꾸리려고 이주해 온 자들로서 군청이 있건 없건 전혀 개의하지 않는 사람들이다. 반면, 보령 읍내 조선인 대부분은 수백 년 동안 군청과 경찰서 덕분에 먹고 사는 사람들이므로 군청과 경찰서가 이전하면 그들 조선인을 상대로 하는 일본 거류민 15호 40여 명은 생계를 이어나갈 길이 없게 된다고 하였다. 게다가 대천은 디스토마 등 전염병이 돌고, 대천 상류가 우기에 범람하여 홍수 위험이 있는 지역이므로 군청을 옮겨가는 것이 위험하다는 경고까지 하였다. 그러나 이에 대하여 총독부는 홍수 위험과 전염병에 대한 조사 결과 별 문제가 없다는 것을 확인하고 당초의 안을 관철시켜 나갔다.

태안군을 폐지하여 서산군으로 흡수 통합하는 안에 대해 태안군민들은 태안군을 존치시켜 달라는 청원을 올렸다. 그러나 이 청원은 일본 거류민이 아니라 조선인이 올렸기 때문인지 "논의할 만한 가치가 없으니 이러한 뜻으로 깨우치는 답신을 보내도록 하라"는 문건 하나로 기각되고 말았다.

총독부가 가장 곤란을 겪었던 지역은 논산군이었다. 논산군은 강경읍이 속해 있던 은진군과 논산군 및 노성군과 석성군 일부 면을 통합하여 만들었다. 그런데 군청 소재지를 논산으로 결정함으로써 강경 거류 일본인들의 집단 반발을 불러일으켜 1915년까지 진정되지 않았다. 사건은 위 4개 군을 통폐합하여 신설한 군의 명칭을 논산군으로, 군청 소재지를 논산으로 정한 데서 비롯되었다.

1914년 1월 2일 일본인 거류민을 중심으로 조직된 강경번영회 관계자 수십 명은 충남도청과 총독부에 진정서를 제출하고 총독에게도 호소문을 보내 군청 이전을 막고 군의 명칭을 '강경군'으로 바꾸려 하였다. 이들 일본인 거류민이 내세운 명분은 다음과 같다. ①강경은 상업 중심지로서 상품 거래액이 충남 제일인 반면, 논산의 물자 집산액은 강경의 28퍼센트에 불과하다. ②강경은 농업 중심지이다. 동양척식주식회사 및 일본인 지주들이 강경을 본거지로 하여 농사 경영하는 토지 면적과 논산을 본거지로 하는 그것을 비교하면 100대 7의 비율로 논산은 거의 상대가 되지 않는다. ③강경은 금융 중심지이다. 한호농공은행과 한일은행 지점 등 금융기관의 작년 말 대부금액은 99만 9897원, 예금액은 13만 6370원인 반면, 논산은 대부 금액 14만 6681원, 예금액 3926원에 불과하다. ④강경은 교통의 중심지다. 충남의 관문으로 전라북도와 접경하고 조선 5대강의 하나인 금강을 끼고 있어 수운에 편리하며, 호남선 철도와 연결되고 각 지역과의 도로망 역시 사통팔달되어 있다.

마지막으로 이들은 과거의 관례를 들고 있다. 즉, 1910년 전후 강경·논산 지방을 관할할 재판소를 연산군에 설치하려고 했으나 다수 주민이 강경에 설치하는 것이 편리하다고 주장함으로써 이를 변경한 적이 있다. 또 은진군청도 원래 은진읍에 있었으나 다수 주민의 희망을 받아들여 강경으로 옮겼던 사례가 있다고 하였다.

이들은 근 2개월 동안 집회를 개최하고 진정서를 제출하는 등의 운동을 벌였으나 충청남도의 도장관과 경무부장, 논산군수 등의 협박과 회유에 의하여 좌절하고 말았다. 이후 강경읍민은 1923년에도 또 논산군청을 강경으로 옮겨 달라는 청원운동을 벌였으나 총독부에 의하여 기각되었다.

이에 반하여 대전군의 설치는 반발을 받지 않았다. 대전군은 회덕군·진잠군과 공주군 일부를 통합하여 만들어졌다. 통감부 시기부터 대전역 근처에 거주하던 일본인들은 회덕군 군청을 회덕읍에서 지금의 대전역 부근으로 이전하려는 움직임을 보였다. 이에 현재의 대전시 인동지역에 거주하던 조선인들의 격렬한 반발로 인하여 1910년 11월 대전역과 대전시장의 중간인 현재의 원동지역으로 군청을 옮겼다.

또 1908년 1월 이 지역의 일본인·조선인 유지들은 호남선 설치 계획을 예측하여 대전후원회를 조직하고 1909년 7월 '삼남철도기성회준비위원회'를 개최하여 호남선 분기점을 대전역에 유치하기 위해 철도국 및 통감부에 진정하였다. 결국 호남선 분기점이 대전으로 결정되고 호남선 철도공사가 1913년 10월에 완공됨으로써 대전역 부근으로 일본인·조선인이 더욱 급속히 유입되었다. 이후 대전역을 중심으로 시가지가 확대되고 1914년 대전군이 만들어질 때 대전면에 군청이 설치되었다. 이후 3년 지난 1917년 현재 대전면의 인구는 이전의 대읍이었던 강경·공주 등을 훨씬 앞질러 충남 제1의 도시로 발돋움하였다.

충남도청의 이전

1589년 충청감영이 충주에서 공주로 옮겨온 이후부터 1896년 충청도가 충북과 충남으로 나뉠 때까지 공주에는 공주·홍주·충주·청주 등 4개 목(牧)과

50여 개의 군현을 통괄하는 충청감영이 있었다. 1896년 8도제가 폐지되고 13도제로 바뀐 이후에도 충청감영은 충남도청으로 이름만 바뀌었을 뿐, 여전히 공주에 소재하고 있었다. 이처럼 공주는 충남의 행정수도였을 뿐 아니라 규모 면에서도 최대의 군이었으며, 교통과 상업의 중심 도시였다.

그러나 1905년 경부선, 1914년 호남선의 완성으로 한국에 X자형 종관철도망이 건설되고 그 교차점에 위치한 대전은 신흥 상업도시로 급속하게 성장하였다. 1914년 회덕군 산내면 및 외남면 일부를 통합하여 대전면을 신설한 이래 인구는 폭발적인 증가 추세를 보여 1932년경 대전 인구는 공주 인구의 거의 3배에 이르렀다.

1910년 일본의 한국 병탄 이전부터 충남도청을 교통이 편리한 대전으로 이전해야 한다는 여론이 주로 대전 거류 일본인들에 의해 대두되었으나 당시 대전은 인구도 얼마 안 되고 도시 기반시설도 발달하지 않아 시기상조로 판단되었다. 그러나 1924년 말 경남도청이 진주민들의 격렬한 반대에도 불구하고 부산으로 이전되자 '개발 정보'에 밝은 사람들은 충남도청이 언젠가는 공주에서

대전으로 이전하기 전의 충남도청 정문(공주, 1932).

대전으로 옮겨갈 것을 예상하고 토지 투기에 열을 올리기 시작하였다.

이후 총독부에서 충남북을 합병한 후 조치원에 도청을 설치하거나 충남도청을 대전으로 옮길 것이라는 소문이 신문을 통해 유포되기 시작하였다. 1928년 2월경 총독부 고위층으로부터 충남도청 이전설이 새어나오자 대전의 유지들은 1930년 11월 8일 대전금융조합에서 '도청 이전 대전기성회'를 조직한 뒤 도청 유치 운동을 활발하게 전개하기 시작하였다. 같은 시기 천안과 조치원 등에서도 도청 유치 운동이 본격화하였다. 도청 이전 명분으로 각 도시들이 내건 취지는 다음과 같다. 대전은 교통이 편리하고 발전 가능성이 큰 신흥도시라는 점을 내세웠고, 조치원은 충남북을 합병하여 그 중심지인 조치원에 충청도청을 세우면 여러모로 개발 이익이 있을 것이라고 하였다. 천안은 충남 서북부 장항선이 통과하는 9개 군 지역의 중심지라는 점을 내세웠다.

그러나 1931년 1월 13일 총독부는 내무국장 명의로 충남도청을 대전으로 이전한다는 사실을 확정 공표하였다. 도청을 옮기는 사유로, 공주는 교통이 불편하여 행정 중심지로 적당치 않다는 점과 도청 청사가 낡고 협소하여 민중의 편익을 도모하기 어렵다는 점을 들었다. 이와 동시에 공주지역 유지들을 불러 간담회를 개최하는 등 적극적으로 회유 또는 협박하였다.

이 같은 사태에 직면하여 역대 충남의 중심지이고 도청 소재지였던 공주에서는 도청 이전 반대운동이 격렬하게 일어났다. 반대운동을 주도한 조직은 공주공영회, 공주시민회 같은 유지단체들이었다. 공주공영회는 1925년경부터 반대운동을 주도해 오다가 1929년 1월 조직 형태를 '시민대회'로 바꾼 뒤 해산하였고, 공주시민회는 조선인과 일본인이 합동으로 만든 유지단체로 1930년대 후반까지 유지되었다.

공주 유지들은 1930년 '공주시민회'를 재정비한 후 3천여 원의 운동자금을 마련하는 등 반대운동에 박차를 가하였다. 이들은 1월 3일 도지사 관저 앞에서 500여 명이 참여한 가운데 군중시위를 전개하고 30여 명 규모의 진정위원단을 총독부까지 파견하는 등 '도청 사수'를 위한 활동을 개시하였다. 1월 16일에는 공주시민대회에서 "공주는 1400년의 역사를 가진 도 정치의 중심지로서, 더구나 일본인·조선인 1만 3천 명을 포용한 충남도 유일의 조선인 도시이다. 그런데 대전과 같이 일본인을 주로 하는 신도시에 도청을 이전함은 총독정치의 원래 취지에 반하고 우리 의지에 반하는 것"이라는 내용의 결의를 채택하고 조선인·일본인 동수로 40명의 실행위원을 선출하였다. 이들은 대부분 읍내 시장에서 장사하던 조선인·일본인 상인과 대지주, 즉 '읍내 유지'들이었다. 이들은 일본 도쿄의 제국의회까지 찾아가 로비 활동을 전개하는 한편, 진정위원을 서울로 파견하여 총독부 당국에 호소하거나 충남도청 앞에서 격렬한 항의 시위를 전개하였다.

이 같은 여론을 받아들여 일본 본토의 집권 민정당은 중의원에서 1931년

충남도청사 상량식(대전, 1931). 공주사람들의 격렬한 반대를 무릅쓰고 단행된 도청 이전. 대전 충남도청 80년 역사의 화려한 막이 이때 올랐다.

충남도청 대전 이전을 경축하는 대전시민 추계운동회(1931).

2월 초 충남도청 이전에 대해 반대한다는 결정을 내려 사태가 공주 유지 측에 유리하게 전개되는 듯하였다. 그러나 총독부 측은 중의원 결정을 뒤집기 위하여 귀족원을 상대로 로비 활동을 벌임과 동시에 충남도평의회를 소집하여 충남도민의 절대 다수가 도청 이전의 필요성을 인정하고 있다는 내용의 건의문을 채택하게 하였다.

그리하여 귀족원은 1931년 3월 13일 중의원 결의를 무시하고 총독부의 도청 이전안을 지지하는 결의를 채택하였다. 이처럼 사태가 반전되자 공주 시민들은 3월 11일부터 13일까지 횃불시위, 투석전 등을 감행하였으나 경찰의 강경 진압에 의해 50여 명이 구금당하고 말았다.

도청 이전 반대운동이 실패로 끝나자 공주 유지들은 시민대회를 새로 조직하고 도청 이전 대가로 23개 조항의 보상 요구안을 제기하였다. 이에 대해 총독부는 1933년의 금강교 가설, 1933년 공주농업학교 개교, 1938년 사범학교 설립, 재판소·잠종시험소 등 각종 부속기관의 대전 이전 잠시 보류 등 겨우 4가지만 들어주었을 뿐이다.

한편, 고다마(兒玉) 총독부 정무총감이 귀족원 결의를 바탕으로 하여 도청 이전 사실을 확정 공포하자 대전 시민들은 조선인·일본인 가릴 것 없이 환호하였다. 대전 유지들은 1931년 4월 5일 '도청 이전 대전기성회'를 해체하고 새로 150명의 유지를 중심으로 '도청 이전 촉진회'를 조직하여 도청 이전에 뒤따를 개발 이익을 챙기는 데 부심하였다. 1931년 6월 9일에 있었던 청사 건축공사 입찰에서는 스즈키 쿠미(須須木組)가 낙찰받는 행운을 얻었다. 그런데 이 회사의 대표 스즈키는 일찍이 1929년 12월 야마나시(山梨) 총독에게 '충남도청 이전'을 위해 거액의 뇌물을 제공한 혐의로 구설수에 올랐던 인물로서 '도청 이전 대전기성회'의 간사장을 맡았던 인물이었다. 그는 이 입찰에서 공사비 예정가의 반 정도밖에 안 되는 16만 7400원을 써넣어 낙찰을 받았다.

충남도청은 1931년 6월 20일에 착공하여 1932년 9월경 지상 2층, 지하 1층, 연건평 1451평의 규모로 완공되었다. 이것이 현존하는 충남도청 청사이다. 완공 이후 충남도는 9월 24일부터 이사를 시작하여 10월 1일부터 신청사에서 업무를 개시하였다. 충남도는 그해 10월 14일 우가키(宇垣) 조선총독과 500여 명의 내빈이 참여한 가운데 '충남도청 이전 축하식'을 거행하였다. 대전역 앞부터 새 도청까지 7천여 명의 학생·시민들이 축하 행진을 벌이고 1천여 명이 축하 연회에 참석하는 성황을 이루었다. 야간에는 집집마다 수만 개의 축하 등불을 내걸고 5천여 명의 군중들이 가장행렬과 촌극, 농악, 제등행렬을 벌여 거리마다 인산인해를 이루었다. 10월 13~15일에는 대전 신미구락부(辛未俱樂部)가 주최한 전도(全道)명창대회, 10월 23일에는 시민대운동회가 열렸다. 반면, 도청을 빼앗긴 공주에서는 9월 17일 조촐한 석별연이 열렸을 뿐이다. 이렇게 해서 '조선인의 도시'인 공주의 시대가 끝나고 '일본인의 도시'인 대전의 시대가 시작되었다.

독립을 향한 아우내의 함성

이정은(대한민국역사문화원 원장)

아우내 장터 만세운동

1919년 4월 1일 병천 아우내 장마당은 다른 날보다 더 일찍부터 북적였다. 병천면은 물론이고, 서쪽의 천안 목천 북면 방면, 남쪽의 성남 수신 및 연기 방면, 동쪽의 이동면, 진천 등 각 방면에서 아우내 장으로 사람들이 모여들고 있었다. 오후 1시가 가까워오면서 온 장마당이 약 3000명이나 하얗게 모여 발 디딜 틈이 없었다.

그 자리에 이화여자고등보통학교 1학년생 유관순이 옷 속에 자신이 만든 태극기들을 감추고 있었다. 유관순뿐만 아니라 아버지 유중권, 어머니 이소제, 유관순이 사는 지령리의 감리교회 교사인 숙부 유중무와 지령리 온 동네 사람이 다 나와 있었다. 지령리가 거사의 총본부 격이었기 때문이었다. 다른 동리에서도 거의 마찬가지였다. 이렇게 주변 각지에서 사람들이 모여든 데에는 그날이 아우내 장날이기도 했지만, 유관순이 각 마을을 다니며 서울에서 참여하고 목격한 독립운동 소식을 전하며 이날 모이도록 권유한 숨은 노력 덕분도 컸다.

성남면과 수신면 사람들은 자기 마을에서 독자적으로 만세시위를 하다 지령리 본부와 연락이 되어 연합시위를 벌이고자 나왔다. 아우내 장터로 들어오는 세 방향의 길목에서는 책임을 맡은 사람들이 장터로 들어오는 사람들에게 태극기를 나누어주고 있었다. 태극기는 유관순과 지령리 사람들이 만든 것이었다.

오후 1시 대형 태극기를 장대에 매달아 장마당 한가운데 세우니 바람에 힘차게 펄럭이기 시작했다. 군중 속에서 "와!" 하는 외마디 감탄사가 흘러나왔다. 10년 만에 보는 태극기였다. 지령리 교회 속장 조인원(조병옥 박사 부친)이 싸전 앞에 쌓아놓은 쌀가마니 위에 올라갔다. 그는 목청을 가다듬고 힘차게 낭독을 시작했다.

"선언서. 오등은 자에 아 조선의 독립국임과 조선인의 자유민임을 선언하노라……."

많은 장꾼들이 와글와글 북적거리다 찬물을 끼얹은 듯 조용해졌다. 조인원이 "최후의 일인, 최후의 일각까지 민족의 정당한 요구를 쾌히 발표하라. …… 오인의 주장과 태도로 하여금 어디까지든지 광명정대하게 하라"는 공약 삼장까지 낭독을 마치고 "대한 독립 만세!"를 선창했다. 온 군중이 목이 터져라 "대한 독립 만세!"를 외쳤다. 그 소리는 천둥소리가 되어 산천을 뒤흔들며 메아리쳤다.

시위행진이 시작되었다. 유관순은 아버지와 숙부, 조인원 아저씨 등의 지도자들과 함께 장대에 매단 큰 태극기를 들고 시위대열 앞에 섰다. 장터에서 50보, 약 30미터 떨어진 가까운 거리에 헌병주재소가 있었다. 주재소장 고야마(小山)는 헌병 상등병[溱相部]과 보조원 1명을 이끌고 현장으로 출동하면서 보조원 정수영, 맹성호에게 발포준비를 시켰다.

수천 군중이 목청껏 만세를 부르며 헌병주재소로 향해 오자 고야마는 칼을 빼들며 명령했다. "베어라!"

김상헌(金相憲)의 가슴에 일본 헌병의 칼이 꽂혔다. 군중들은 김상헌이 쓰러지자 흥분하여 헌병들을 향해 압박해 갔다. 고야마는 헌병조원들에게 "철수,

철수! 주재소로!" 하며 철수를 명령했다. 피를 본 시위군중이 주재소로 압박해 나아가며 자칫 격화될 조짐을 보이자 조인원이 외쳤다.

"사람을 상하게 하지 맙시다! 일본 사람 한 사람을 죽인다고 안 될 것이 되며, 죽이지 않는다고 될 것이 안 되는 것은 아니니 살생일랑 맙시다!"

이렇게 하여 민족대표 선언서에 "일체의 행동은 가장 질서를 존중하여 우리의 주장과 태도가 어디까지나 밝고 정당하게 하라"고 한 높은 수준의 비폭력 운동에 부응하려고 했다.

헌병이 달려와 선두에서 시위 군중을 이끌던 유관순이 들고 있는 태극기의 작대기를 쳐서 부러뜨리고 총검으로 옆구리를 찔렀다. 고야마 소장은 피를 흘리는 유관순의 머리채를 잡고 질질 끌고 가면서 발로 차고 때렸다. 유중권과 이소제가 딸아이의 그런 모습을 보자 뒤좇아가며 "만세!", "만세!" 하고 절규하

아우내 3·1운동 기념비.

였다. 헌병 하나가 유중권의 옆구리와 머리를 총검으로 찔렀다. 이 바람에 유관순이 풀려났다. 숙부 유중무는 피 흘리는 형 유중권을 업고 유관순과 조인원 등 40여 대원과 함께 주재소로 밀고 들어갔다. "사람을 살려내라!"

헌병이 다시 총을 겨누자 유관순이 외쳤다. "제 나라를 찾으려고 정당한 일을 했는데 어째서 군기(軍器: 무기)를 사용하여 내 민족을 죽이느냐!" 조인원은 총을 겨누고 있는 소장 앞에 옷고름을 풀어 헤치며, "쏠 테면 쏴봐라! 쏴, 이 살인마야!" 하며 달려들었다. 헌병의 총에서 다시 불이 뿜어져 나왔다. 조인원은 총소리에 놀라 흩어지는 군중들을 보고 다시 한 번 외쳤다. "대한 독립 만세! 대한 독립 만세!"

이에 군중들이 다시 돌아와서 우렁찬 소리로 대한 독립 만세를 일제히 외쳤다. 그러자 일제 헌병이 조인원을 향하여 방아쇠를 당겼다. 총알은 조인원의 심장 옆 반치 거리를 꿰뚫고 들어갔고, 그는 다시 총검에 왼팔을 찔려 피를 흘리며 쓰러졌다.

오후 4시경 천안철도엄호대의 키네(甲) 대위 이하 6명이 자동차를 타고 병천으로 급히 달려왔다. 지원병의 무차별 발포로 다시 많은 사상자가 발생했다. 김구응이 대열의 선두에서 총탄을 뚫고 나아가다 일본 헌병이 쏜 총에 정면으로 맞고 쓰러졌다. 그러자 헌병들이 우르르 달려들어 총개머리판과 총검으로 김구응의 두개골을 박살냈다. 아들이 일본군에게 무참하게 살해당했다는 소식을 들은 김구응의 어머니 최정철(崔貞徹) 여사가 달려왔다. 그녀는 아들의 시신 주변에 둘러선 일본 헌병의 멱살을 잡아 흔들며 절규했다. "내 나라를 찾겠다고 만세를 부른 것도 죄가 되느냐? 당장 내 아들 살려내라!" 일본 헌병은 인정사정없이 눈앞의 최정철 여사에게도 총을 쏘아 쓰러뜨리고, 총검으로 마구 찔러 어머니와 아들이 한자리에서 참혹하게 숨졌다.

일본군의 총격과 총검에 19명이 목숨을 잃고 수십 명이 부상을 입었다. 사망자 중에는 유관순의 아버지와 함께 어머니도 있었다. 졸지에 유관순은 고아가 되었다. 군중은 흩어져 몸을 숨겼다. 유관순도 아버지 어머니 시신 앞에서 몸을 숨기라는 이웃의 강력한 권고를 듣고 몸을 피했다. 유관순이 정확히 언제 체포되었는지는 알려져 있지 않다. 다만 피신하여 다른 지역에서 시위운동을 계속하다 동생들이 걱정되어 집에 왔다 붙잡혔다는 기사가 있다.

법정 및 감옥 안에서의 투쟁과 순국

공주재판소의 1심 재판에서 격렬한 법정 공방이 있었다. 유관순은 주장하였다. "제 나라를 되찾으려고 정당한 일을 했는데 어째서 군기를 사용하여 내 민족을 죽이느냐?" "죄가 있다면 불법적으로 남의 나라를 빼앗은 일본에 있는 것이 아니냐?" 17세 소녀라고 보기에는 너무나 논리정연하고 당당한 유관순의 주장에 일본 재판관은 특히 격분하였다.

공주지방법원은 유관순, 유중무, 조인원 세 사람에게 징역 5년을 언도하였다. 3·1운동의 민족대표 손병희 선생도 징역 3년이었던 것을 보면 평화적인 시위로 유관순이 받은 5년형은 매우 중형이 아닐 수 없었다.

아우내 만세시위 주도자들은 서울복심법원에 공소를 제기하였다. 당시 조인원은 56세, 숙부 유중무는 45세였으나 17세 소녀 유관순이 항소심 판결문 제1피고로 언급되고 있는 것에서 유관순의 활약이 중요했음을 말해 준다.

총독부 판사들이 3·1운동 시위자들의 항소를 거의 대부분 기각했던 것에 반하여, 1919년 6월 30일 경성복심법원 형사부 재판장 조선총독부 판사 쓰카하라 도모타로(塚原友太郎)는 공주법원이 내렸던 판결이 지나치게 과중한 징벌이라며 공소 이유를 인정하고 유관순 등에게 징역 3년을 언도하였다. 다른 사람들은 다시 최종심인 고등법원에 상고하였다. 그러나 유관순은 "삼천리 강산이 어디인들 감옥이 아니겠습니까" 하며 상고를 포기했다.

서대문 감옥에 수감된 유관순은 계속하여 독립 만세를 부르다 많은 고문을 당했다. 함께 수감되어 있던 이화학당 박인덕 교사의 만류로 그후로 잠잠해 있다가 1920년 3월 1일 3·1운동 1주년을 맞자 유관순은 또다시 감옥 안에서 독립 만세를 선도하였다. 이때 다시 많은 고문을 받아 방광이 파열되었다. 일제 당국은 치료를 거부하고 방치하였다. 감옥 안에서 함께 옥살이를 했던 어윤희 여사는 유관순이 배고픔, 외로움, 동생들에 대한 걱정으로 슬퍼했으며, 고문과 상처의 후유증으로 고통을 받았다고 증언했다. 이화학당 교사들과 오빠가 마지막 면회했을 때는 살이 썩어가고 있었다. 마침내 유관순은 1920년 9월 28일 서대문 감옥 안에서 숨졌다. 서대문 감옥의 제8호 감방에서 같이 수감생활을 하며 유관순을 지켜본 어윤희 여사는 유관순에 대해 이렇게 말했다. "그 안에서 관순이가 모든 사람에게 순진한 마음으로 대하면서 일했습니다. 모자 같은 것을 뜨고 셔츠 같은 것을 뜨고 너무 충직스럽게……. 하나를 뜨더라도 성의껏 일을 해서 모든 사람에게 신임을 받았습니다. 어린애가 무슨 일이든지 충직하고 책임감이 강하여 그와 같은 사람을 다시 보지 못했습니다."

매봉산 정상에 세워진 유관순 열사 봉화탑 전경.

유관순의 출생과 성장

유관순은 1902년 12월 17일 충남 천안군 이동면 용두리 속칭 지렁이골이라 하는 지령리에서 유중권과 이소제 사이에 둘째 딸로 태어났다. 아시아에 전쟁의 먹구름과 혁명의 소용돌이가 밀려오고 있던 때였고, 대한제국은 망국을 향해 내리막길을 치닫고 있었다. 일본은 한반도를 두고 벌인 청일전쟁에서 승리하고 곧바로 러시아와의 일전을 준비하며 한국의 숨통을 죄어오고 있었다. 마침내 유관순이 두 살 때 러일전쟁이 터졌다. 러시아를 꺾고 일본이 승리하자 세계는 놀랐고 일본의 기세는 하늘을 찔렀다. 일본은 대한제국을 군대로 강압하여 외교권을 빼앗고 보호국으로 만들었다. 독도를 강탈한 것은 이렇게 외교권을 빼앗은 직후였다.

나라 운명이 망국으로 치닫던 1905~1910년 기간은 국민들이 극도의 불안을 느끼던 시기였다. 시국의 불안은 국민들로 하여금 안전을 찾아 서양 선교사들이 세운 교회 문을 두드리게 했다. 내세의 구원보다 현세의 구원이 더 급했던 면이 컸다. 개신교가 급속히 퍼져나갔다. 지령리에도 감리교회가 들어와 거의 온 마을이 개종했다. 500년 유교국가 조선에서, 유교적 전통을 지키기 위해 수많은 천주교인을 처형했던 조선에서 일어난 놀라운 현상이었다.

유관순의 집안은 고흥 유씨 검상공파로 조선 중기의 유명한 학자이자 고위관료인 유몽인을 배출한 명문 집안이었다. 이후 정쟁에 휘말려 멸문의 위기를 겪은 후 한 갈래는 경기도 가평과 강원도 춘천으로, 다른 한 갈래인 유관순 집안은 목천에 정착하게 되었다. 이 두 갈래의 집안에서 가평에서는 한말 의병운동의 중심적 지도자 유인석 의병장이, 충남 천안(목천)에서는 3·1운동의 대표적 열사인 유관순이 나온 것이 이채롭다. 아버지 유중권은 이런 집안 전통과 장자로서의 책임 때문에 기독교로 개종하지 않았으나, 동생과 자녀들의 개종과 신식교육을 허용했다. 동생 유중무는 지령리 교회 지도자였다.

이리하여 유관순은 기독교와 신식교육 속에서 자라나게 되었다. 일찍 개명한 지령리에서 지령리 교회 속장 조인원의 장남인 조병옥이 1906년에 외국 선교사들이 세운 공주 영명학교에 진학한 것을 시작으로 이 동리 자녀들의 신식 교육이 비롯되었다. 조병옥은 평양 숭실학교를 거쳐 1914년 미국 유학을 떠났다. 그는 컬럼비아 대학교 경제학 박사가 되어 광복 이후 중요한 국가 지도자가 되었다.

감리교회는 지령리, 장명리 등지에 있었고, 천안 읍내에서는 오히려 10여 년 늦은 1917년에야 서게 되었다. 변경에서 먼저 시작되었던 것이다. 병천에는 구세군 교회도 들어와 있었다. 이들 교회와 지역사회에서 1907년경부터 시작된 전국적인 교육구국운동에 발맞추어 여러 신식학교들이 설립되었다.

1907년 일본에 진 나라 빚 1300만 원을 국민들이 술 담배 끊어 모은 돈으로 갚자고 한 국채보상운동이 전국에서 들불처럼 일어났을 때 지령리에서는 '충남 목천 이동면 대지령 야소교당'이란 이름으로 82명이 모금한 21원 5전을 헌금했다. 쌀 한 가마 반쯤에 해당되는 돈이었다.

유관순 생가 전경(천안시 동남구 병천면 소재).

지령리는 충청남·북도와 경기도의 삼각 경계지역에 산악으로 연결되어 있어 이 시기 의병들의 출몰이 잦았다. 1907년 8월 대한제국 군대가 일제에 의해 해산되면서 일부 해산군인들이 의병에 참여하자 목천군에 보관되어 있던 무기류 등 군사물자를 일본군이 수거해 갔다. 의병들이 탈취하지 못하게 하기 위함이었다. 의병들은 녹이 슨 각양각색의 화승총이나 조악한 사냥총으로 무장하고 일제의 철도, 수비대 등을 공격했다. 일본군은 의병을 탄압하면서 의병에 협력하거나 숙식의 편의를 제공한 마을을 불태우는 등의 만행을 저질렀다. 그 와중에서 국채보상운동의 중심에 섰던 16칸짜리 지령리 교회당도 일본군에 의해 전소되었다.

1910년 8월 22일 병합조약에 반대하는 학부대신 이용식을 일본에 보내버리고 총리대신 이완용이 전권위원으로서 조중응과 함께 일본 통감 관저로 가 전문 8조로 된 합병조약에 조인했다.

500년 역사의 조선을 이은 대한제국은 이렇게 일제의 간교한 술책과 강압, 이완용을 비롯한 몇몇 대신들의 배신으로 허무하게 막을 내렸다. 2천만 국민은 하루아침에 일본의 노예가 되었다.

한국을 통치하기 위해 일본은 조선총독부를 설치하고, 육군대장 출신 총독을 임명하였다. 총독에게는 한국의 행정권한과 함께 한국 주둔 육해군을 지휘·통솔하며, 필요에 따라서는 만주와 러시아 연해주까지 군대를 파견할 수 있는 권한도 부여했다. 경찰업무는 헌병대사령관이 지휘 감독하는 헌병경찰제를 시행하며, 첩보수집, 의병탄압, 산림감시, 어업단속, 징세원조 등 지방사무에 광범위하게 관여하면서 한국 민중의 생사여탈권을 쥐었다. 3개월 이하의 징역 또는 100원 이하의 벌금 또는 과료의 형에 대해서는 재판절차를 거치지 않고 경찰서장 또는 헌병대장이 즉결처분할 수 있었다. 1911년에 1만 8100여 건이던 즉결처분이 1918년에는 8만 2100여 건으로 4.5배나 급격히 증가한 데서 이 악형이 얼마나 광범위하게 활용되었는지 알 수 있다.

이화학당 유학

1919년 3월 1일 3·1독립 만세시위가 일어났을 때 유관순은 한 달 후에 2학년이 될 이화여자고등보통학교 1학년이었다. 유관순은 공주 감리교회의 제이 해먼드 샤프 부인의 추천으로 이화학당 교비생(장학생)으로 기숙사생활을 하며 학업을 하고 있었다. 사촌언니 유예도도 1년 먼저 이화학당에서 공부하던 중이었다. 그 집안 두 자매를 이화학당에서 공부하도록 주선한 샤프 여사는 여성교육에 대한 신념이 대단했다. 이들 자매는 샤프 여사의 눈에 한국의 여성 지도자감으로 생각되었던 것으로 보인다. 유관순은 이화학당에 가기 전에 샤프 여사의 손에 이끌려 공주 영명여학교에서도 수학했다.

이화학당에서 유관순은 8명이 함께 쓰는 기숙사 방에서 사촌언니 예도와 한 방에서 생활했다. 유관순은 규칙에 따라 아침 7시에 기상 종소리를 듣고 일어나 누구보다도 솔선해 방을 쓸고 닦아 깨끗이 하려고 노력했다. 8시에 종소리가 울리면 식당에서 아침밥을 먹고, 수업은 8시 20분에 시작되어 오후 4시까지 계속됐다. 오후 5시에는 저녁식사를 했고, 7시에 기도회를 열었으며, 저녁 9시에는 등불을 끄고 잠자리에 들었다. 자리에 누우면 교사들이 자리옷을 입고 누웠는지 조사를 했다. 식사는 식당에서 했으나, 설거지는 학생들이 조를 짜서 교대로 했다.

토요일과 일요일에는 수업이 없어 유관순을 비롯한 학생들은 학습 부담에서 벗어나 잠시 해방감을 맛보곤 했다. 유관순은 보통과 3학년에 들어갔기 때문에 산술 같은 경우 덧셈, 뺄셈, 곱셈과 나눗셈, 그리고 주산을 배웠고, 4학년에 가서 소수와 분수, 주산을 배웠다. 고등과 과목들은 유관순에게 어려운 것이 많았다. 일본어, 조선어, 영어, 성경, 한문, 수학, 기초과학, 생리학, 위생학, 체육, 가사, 지리역사, 합창, 토론 등을 배워야 했다.

일요일이 되면 유관순을 비롯한 전교생은 단정한 옷차림으로 교정의 샛문을 통해 정동교회로 갔다. 정동교회는 담 하나를 사이에 두고 붙어 있었다.

3·1운동의 발발과 서울시위 참여

1919년 3월 1일 서울 종로 인사동의 유명한 요리점 태화관에서 천도교·기독교·불교 지도자로 구성된 민족대표들이 모였다. 이곳에서 일본의 속박의 사슬을 끊고 조선의 독립과 조선인의 자주민임을 선포하는 선언서가 발표되었다. 이 거사는 약 4개월 전 제1차 세계대전이 끝나는 시점에서 국내외에서 계획되었다. 프랑스 파리에서는 전후문제를 의논하는 파리강화회의가 열리고 있었다. 10년간 갖은 어려움 속에서 결정적 기회가 오기를 기다려왔던 국내외 독립운동 지도자들은 그 기회가 왔다고 생각했다. 한국의 독립문제를 파리강화회의의 의제로 부각시키기 위해 상해의 신한청년단에서 김규식 등 대표단을 파리로 파견하는 동시에, 국제사회에 자주독립의 민족적 의사를 표명할 방법으로서 대중시위운동을 계획하고 국내외 동포사회와 도쿄의 유학생 단체에 밀사를 파견했다. 그 결과 일본 도쿄에서 2월 8일 유학생들의 2·8독립선언이 있었다.

일본보다 더 엄격한 통제하에서 자유로운 단체결성과 집회에 제약이 더 컸던 국내에서는 오직 종교단체와 학생들만 조직적으로 활용할 수 있었다. 천도교 인쇄소에서 비밀리에 인쇄된 2만 매 이상의 선언서가 종교단체와 학생들을 통해 사전에 전국에 전달되었다. 서울의 선언서 발표를 기다려 전국에서 동시다발의 독립의사를 표명하도록 한 것이었다. 이와 함께 3월 1일에는 「조선독립신문」이라는 전단신문이 1만 매 발행되어 독립선언 소식과 함께 민족대표의 뜻을 받들어 전 국민이 궐기할 것을 촉구하였다.

태화관의 민족대표들은 독립선언 후 바로 일본경찰에 붙잡혀 갔다. 운동의 지휘부가 사라졌다. 독립운동의 지속 여부는 민족적 각성과 자유에 대한 책임을 자각한 개개인의 양심과 의로운 열정에 맡겨졌다. 3·1운동은 한민족이 자유로운 국민국가의 주권자로서 기꺼이 그 책임을 받아들이고 희생할 준비가 되었음을 전 세계에 보여주었다.

파고다 공원에 모였던 학생과 시민들은 별도의 선언서 낭독을 한 후 "대한 독립 만세!"를 부르며 시가행진을 시작했다. 청년 학생들과 시민들의 만세시위가 정동 덕수궁 뒤편에 있는 이화학당의 교문 앞에 이르러 이화학당 학생들의 참여를 촉구했을 때 이화 학생들은 기숙사에서 교문으로 쏟아져 나갔다. 그러나 교문은 굳게 잠기고, 프라이 교장과 교직원들은 학생들을 막았다.

학생들이 소리쳤다. "선생님! 이건 우리의 조국입니다! 우린 우리나라를 위해 나가려는 겁니다. 비켜주십시오." 그러나 프라이 교장은 완강했다. "나는 책임을 버릴 수 없습니다. 학생들, 나가려거든 내 시체를 넘어서 교문을 나가시오!"

유관순은 네 명의 친구들과 뒷담을 넘어 거리로 나갔다. 시위군중 속에서 "대한 독립 만세!"를 목이 터져라 외쳤다. 저녁에 유관순은 무사히 학교로 돌아왔다. 몸은 솜처럼 피곤했지만 해방의 공간에서 맛본 감동으로 그날 밤 잠을 잘 이루지 못했다.

3월 5일 남대문역(현 서울역) 앞에서 학생단 주도하에 수만의 학생, 시민들의 제2차 대규모 시위운동이 있었다. 유관순은 이때에도 참여했다가 붙잡혀 경무총감부에 구금되었다. 다행히 이화학당 당국이 경무총감부와 교섭하여 다른 학생들과 같이 풀려날 수 있었다. 이후 학교가 휴교하여 3월 13일 사촌언니 예도와 충남에 사는 친구들과 함께 천안으로 가는 기차를 탔다. 고향으로 가는 기차 안에서도 유관순은 "칙칙폭폭" 하는 기차 소리조차 "대한 독립, 대한 독립" 하는 소리로 들린다고 할 정도였다. 이처럼 오로지 나라의 독립을 생각하는 모습을 당시의 친구 이정수 스님이 증언했다.

이튿날 고향 동리에서 약 10킬로미터 떨어진 목천보통학교에서 200여 학생들의 만세시위가 있었으나 곧 일본 헌병대에 의해 저지되었다. 천안의 다른 지역, 무엇보다 고향 동리에서는 잠잠했다. 유관순은 서울 시위 소식을 전하며 부형들을 설득했다. 아버지 유중권, 숙부 유중무, 동네 어른 조인원 등이 나섰다. 이들은 음력으로 3월 1일이 되는 4월 1일 병천(아우내) 장날을 기해 만세시위를 일으키기로 했다.

유관순은 키가 컸고, 머리에 수건을 쓰고 다니면 군경의 의심을 피할 수 있었기 때문에 인근지역을 돌며 유림대표와 큰 가문의 어른들을 찾아다니며 시위운동에 나설 것을 적극 설득하였다. 또한 마을 사람들과 함께 시위운동에 쓸 태극기를 만들었다. 3월 31일 밤 인근 각지의 지사들에게 다음 날의 거사를 알리기 위해 유관순은 집 뒤 매봉산에 올라가 횃불을 올렸다. 각지 마을의 산봉우리에서 이에 호응하는 횃불들이 타올랐다. 4월 1일의 아우내 만세시위는 이렇게 막이 올랐다.

3·1운동의 주역 유관순은 일제의 식민지배 속에서 자란 신세대로서 식민지 교육에도 불구하고 한국 근대사에서 진정한 민족적 정체성과 자존감을 가진 새로운 세대의 등장을 상징했다. 또한 3·1운동은 세계사적 전환의 한 변곡점이었다. 세계사는 이 시기로부터 약소국의 독립이라는 거대한 흐름을 시작하여 오늘날 200여 독립국가 시대를 여는 서막을 장식했다.

근대화와 노동운동의 새벽

김도형(독립기념관 한국독립운동사연구소 선임연구위원)

1910년대 노동운동의 성격

　임금노동자들이 등장하기 시작한 것은 18세기 중엽 광산업 부문에서부터였다. 금(金)의 채굴이 성행하면서 금광에는 임금노동자가 나타났고, 어업·유기제조업·야철수공업 등의 분야에서도 이와 같은 형태의 임금노동자들이 활발하게 나타났다. 1876년 개항과 더불어 각 개항장을 중심으로 부두노동자가 등장하였는데 1910년경 전국 부두노동자수는 8000~9000명에 달했다. 그렇지만 개항장이 없었던 충남지역에는 대규모의 부두노동자는 없었고, 강경 등의 내륙지역 포구를 중심으로 하역노동자들이 성장하고 있었다.
　한말 노동자들은 대부분 부두와 철도 등 기관시설에서 부대적인 노동을 하는 자유노동자들이었다. 그후 외국자본이 투입되면서 한국에 가공업이 점차 발달함에 따라 공장노동자도 나타났다. 1910년 일제에 강점당한 이후 한국인 노동자들은 저임금과 열악한 노동조건하에서 가혹한 착취를 당하였으며, 또한 민족적 차별을 받으며 일본인 노동자의 반 정도 되는 임금을 받으며 일을 해야만 했다. 그럼에도 불구하고 일제의 무단통치하에서 정치적 결사의 자유가 없었기 때문에 한국인 노동자들은 자신들의 권익을 위한 노동운동을 마음대로 전개할 수가 없었다.

1919년 3·1운동 이전까지는 충남지역에서 별다른 노동단체나 노동쟁의가 일어나지 않은 것 같다. 1910년대 중반 100여 명의 하역노동자들로 강경노동조합이 결성되었고, 1918년에는 183명의 노동자들로 조직된 '조치원노동계'와 33명의 노동자로 결성된 '논산공화운반계'라는 노동단체가 있었다. 이들의 구체적인 조직과 활동상에 대해서는 전혀 알려져 있지 않지만 대개 그 성격이 자유노동자들의 단체임에 분명하다.

한편, 3·1운동에 참여하여 체포된 사람들 중에 노동자층은 약 11퍼센트였다. 당시 농민이 대부분을 차지하였던 직업별 인구 구성을 볼 때 상대적으로 높은 참가율이라고 할 수 있다. 3·1운동 당시 노동자들은 1919년 3월 4일 평안도 선천에서 시작하여 전국적으로 파업을 실시하고 만세시위운동에 참여하였고, 충남에서도 3월 28일 직산 금광의 노동자들이 시위운동을 하였으며, 4월 1일에는 아산의 금광노동자들이 시위운동을 전개하였다.

3·1운동 이후 노동쟁의 건수가 증가하였고 1920년에는 전국적으로 노동조합이 속속 결성되었다. 충남지역은 농업이 주된 산업이었기 때문에 노동계층이 발달할 수 있는 입지적 조건을 갖추지는 못하였다.

1920년대 노동운동의 전개

3·1운동 이후 노동운동을 포함한 각종 사회운동이 크게 앙양되어 가면서 1920년 전반기 전국 각지에 수많은 노동단체들이 조직되었다. 1925년 말 당시 전국의 노동단체 수는 128개였으며, 충남에도 11개의 노동단체가 결성되어 있었다. 1920년대에 들어 사회주의사상이 보급되면서 광범한 노동자·농민 및 인텔리층에 급속히 퍼져나갔다. 이 시기 사상단체들의 주 활동은 노동자들을 조직하는 것이었다. 물론 노동운동과 농민운동이 분화되지 않은 상황에서, 농민들도 노동자로 간주되었던 시기이기 때문에 농민과 노동자를 분리해서 생각

하는 것은 쉽지 않았다. 이른바 '노동회' 등 노동단체를 표방하였지만 소작운동 및 노동운동이 구별되지는 않았다.

널리 알려진 바와 같이 1920년 4월 우리나라 최초의 대중적 노동단체인 '조선노동공제회'가 조직되었다. 노동공제회는 선진적 노동자들과 노동운동에 관심을 가진 지식층에 의하여 발기되었다. 노동자들의 친목과 상호부조뿐만 아니라 노동자들의 계급의식을 제고하여 노동자 결속을 지향한 노동자 조직이었다. 이에 따라 전국 각 지역에 노동공제회의 지부가 결성되기 시작하였는데, 1920년 5월 평양지회와 대구지회를 위시하여 각지에 지회가 설립되었다.

충남지역에서는 최초로 조선노동공제회 예산지회가 1920년 7월 21일 300여 명의 회원이 모여 발회를 갖고 창립되었다. 이날 발회식에서는 서울 본회에서 내려온 회장 박중화의 취지 설명이 있었고, 규칙을 통과시킨 후 지회장에 서정섭, 의사장에 유진상, 총간사에 홍정식을 선출하였다. 예산지회의 창립 이후 8월 15일에는 아산군에서 신창지회의 발회식이 거행되었다. 임시회장 김학우의 사회로 제반사항을 결의한 후 서울본회 회장 박중화의 주지 설명이 있었다. 그후 공주지회가 1920년 가을경에 창립되어, 1922년 8월 25일에 개최된 백광흠·신백우 등의 강연회에는 1000여 명이 참석하기도 하였다. 이처럼 충남지역에는 예산·신창·공주 등지에 조선노동공제회 지회가 설립되었지만 활발한 활동을 전개하지는 못하였다. 다른 지방에 비하여 아직까지 노동운동이 전개될 만큼 노동자층이 형성되어 있지 못하였기 때문이었다.

조선노동공제회 예산지회 창립 기사(『동아일보』 1920년 7월 26일자). 조선노동공제회는 1920년 조직된 최초의 전국적인 노동운동단체이다.

조선노동공제회가 창립된 직후인 1920년 2월 서울에서 김광제 등이 중심이 되어 '노동대회'라는 단체를 조직하였다. '노동대회'는 "땀 흘리는 노동자들의 인격 향상과 상식 발달을 도모함을 목적"으로 한다고 하였지만 노동운동에는 그다지 큰 영향을 주지는 못하였다. 이 단체 역시 노동자들의 상호부조와 의식 발달을 투쟁 목표로 규정한 노동단체였고, 개성·평양·광주·신의주·청주·원산·연백·마산 등에 지방조직을 가지고 있었다. 충남에서는 부여군에 '노동대회 태양리 지부'가 1920년 8월 12일 창립되었으나 뚜렷한 활동상이 나타나지는 않는다.

1920년대 초반 전국 최대의 노동운동 조직인 조선노동공제회는 간부진의 검거와 사상적 대립이 격화되면서 1922년 가을 지도부의 분열이 수습할 수 없는 상태에 이르게 된다. 노동공제회가 해체된 후 1922년 10월 여러 노동단체 대표들이 각 노조를 독립시켜 그것을 연맹의 형태로 결합하는 조선노동연맹회 준비회가 결성되었다. 조선노동연맹회가 조직되고 나서 1923년경부터 국내 각지에서 직업별 노동조합 결성을 위한 투쟁이 활발하게 전개되었다. 그후 서울청년회 계열의 '조선노농대회준비회'와 화요회·북성회 계열의 '조선노동연맹회'가 합작하여 1924년 4월 167단체 대표 204명이 출석한 가운데 '조선노농총동맹'을 결성하였다. 하지만 1920년대 전반기 노동자 조직은 중앙 조직과 지방 조직 간 유대관계가 긴밀히 유지되지 못하였으며, 노동조합이 주체가 되지 못한 자연발생적 쟁의가 지배적일 만큼 조직역량과 투쟁지도력이 극히 미약하였

조치원역 운송인부 동맹파업 기사(「중외일보」 1929년 10월 7일자).

다. 또한 노동·농민운동이 미분리 상태에 있었을 정도로 초기적 성격을 크게 탈피하지 못하였다.

　1925년 4월 조선공산당이 창건되면서 조선노농총동맹을 비롯한 합법적인 노동자·농민단체에 대한 영향력을 강화하며 노동운동은 더욱 급속하게 발전하였다. 1927년 9월 노동·농민단체가 분리되어 전국의 노동단체를 거의 총망라한 '조선노동총동맹'이 탄생되어, 156개의 단체와 2만 638명의 회원을 확보하였다. 그리고 직업별·지역별 노동조합 연맹체 등으로 발전하여 갔다. 1920년대 충남지방의 노동단체 존재 양상을 정리하면 다음과 같다.

1920년대 충남지역 노동단체

단체명	소재지	창립일
강경노동조합	논산군 강경읍	1910년대 중반
논산노동친목회	논산군 논산읍	1919. 4. 15.
논산 임양노동수양회	논산군 임양면	1920. 9. 30.
논산용우친목회	논산군 논산읍	1922. 10. 15.
조치원 노동조합	조치원	1922. 3. 3.
대전노동회	대전	1922. 12. 10.
웅천노동협회	보령군 웅천면	미상
논산 임양노동수양회	논산군 양촌면 임양리	1924. 9. 30.
강경 신문배달부조합	논산군 강경읍	1925. 5. 12.
공주 노동협성회	공주	1925. 8.
대전 배달인조합	대전	1925. 10. 15.
강경 고용인친목회	논산군 강경읍	1925. 5.
논산 고용인친목회	논산군 논산읍	1926. 1. 28.
연산노동회	논산군 연산면	1925. 6. 1.
공주 고용인회	공주	1925. 8. 26.

홍성노동조합	홍성군 홍성읍	1927. 3. 8.
대전 직공동맹	대전	1927. 4. 1.
대전노동조합	대전	1927. 9. 29.
해미노동조합	서산군 해미읍	1927. 10. 26.
부강노동조합	연기군	1927. 11.
논산노동조합	논산	1929. 3.

표에서 보는 바와 같이, 1920년대까지 충남지방의 노동단체 결성은 다른 지역에 비하여 매우 빈약한 편이었다. 그리고 지역적으로도 대전과 논산에 집중되었고, 그 외의 지역에서는 특별히 노동단체의 결성이 거의 없었다고 보아도 좋다. 대전은 일본인들이 정착하기 시작하면서 형성된 도시로 1922년 자유노동자들을 중심으로 '대전노동회'가 결성되었다. '대전노동회'는 이후 '대전노농조합'으로 발전하다가 전국적으로 노동운동과 농민운동이 분립되면서 1927년 9월 29일 '노동조합'이 되었다. 또한 대전에는 1927년 4월 공장 직공들이 "우리는 견고한 단체하에서 호상부조"한다는 것을 강령으로 내걸고 '직공동맹'이 창립되었다.

대전과 더불어 충남지역의 노동단체들은 대개가 논산지역에 집중되었다. 3·1운동 이후인 1919년 4월 15일 최원섭 등이 '논산노동친목회'를 설립하였고, 이는 각 노동단체를 연합한 '논산노동단체연합회'로 계승되었으며, 1929년 7개의 논산지역 노동단체는 '논산노동조합'으로 통합되었다. '논산노동친목회' 통합 이후 논산지역을 대표하는 노동단체로 발전하여 1931년에는 조합원 수가 500명에 달하였다. 또한 1922년 논산지역에서는 고용인들로 구성된 '논산용우친목회(論山傭友親睦會)'가 결성되었는데, 용우친목회는 정기적으로 월례회를 개최하여 회원들에게 사회운동에 대한 관심을 고조시켰으며, 회원의 권익신장을 도모하고 빈민구호사업과 회원의 교양 함양을 위한 노동야학도 운영하였다.

한편, 강경지방은 조선시대 이래로 물화유통의 중심지였고, 개항 후 유통경제의 발달과 더불어 포구를 중심으로 육운과 해운을 연결하는 역할을 하였다. 따라서 이곳에 발달된 상업 조직들에 여러 종류의 노동자들이 모여들면서 노동단체가 만들어졌다. 1910년대 중반에 결성된 '강경노동조합'은 하역노동자들의 동업자 조직에 가깝다고 할 수 있다. 1925년 1월 '강경노동조합'은 2층짜리 사무실을 지을 정도로 규모가 대단했고, 조합원은 2000~3000명에 달하였다고 한다. 강경노동조합원들은 포구에서 유통되는 하루 200여 척의 선박에

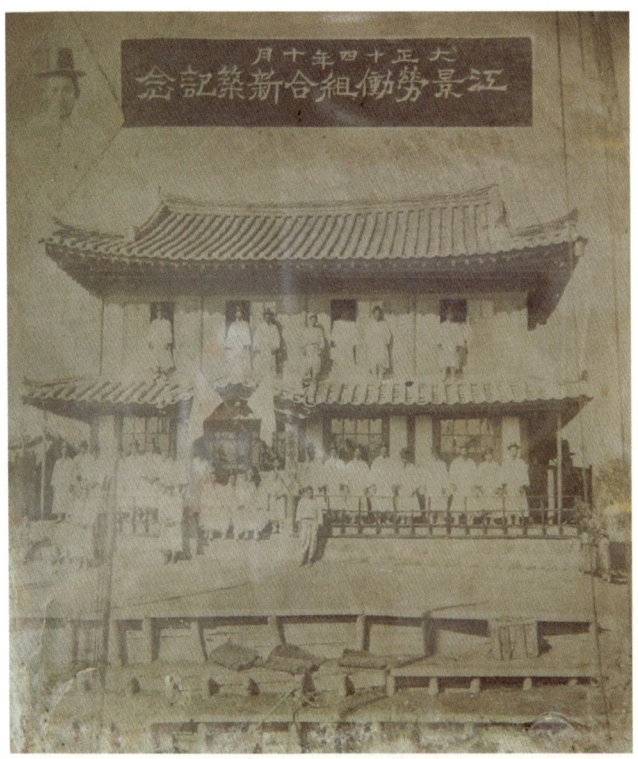

강경노동조합건물 신축기념(1925년). 1925년 강경노동조합 초대 조합장이었던 정홍섭이 중심이 되어 지은 건물. 현재는 2층 일부가 무너져 내려 일본 목구조 양식을 띤 1층만 남아 있다.

서 하역작업을 처리하는 등 막강한 영향을 발휘하였다. 그렇지만 조합장이 사용자 측이었기 때문에 노사가 대립하는 양상은 거의 없었고, 노동자들 간의 집단적인 대립양상을 나타내기도 하였다.

또한 논산과 강경에는 각종 상점들이 늘어나면서 점원들로 구성된 '고용인친목회'가 조직되어 야학을 운영하고 강연회를 개최하는 등 활발한 활동을 벌였다. 1925년 5월 강경 '고용인친목회'가 조선일보사 강경지국에서 일제경찰의 경계 속에 창립되었는데, 창립총회에서 '국제노동자 만세', '무산자사 만세' 등의 구호를 제창하여 경찰로부터 집회금지를 당하기도 하였다. 그리고 1926년 1월 논산읍에서도 강경과 마찬가지로 '고용인친목회'가 조직되어 활동하였다.

1920년대 초중반까지 노동운동과 농민운동이 분리되지 않았기 때문에 노동운동은 농민운동의 부속적인 것으로 인식되었다. 충남에서도 노동운동과 농민운동을 함께 표방하는 단체나 조직이 결성될 수밖에 없었다. 공주지역의 경우에도 1925년 청년회 혁신운동의 출현과 동시에 1925년 8월 "소작상조, 산업장려, 근검저축 및 호상친목"의 4대 강령을 내건 '노농협성회'가 발기되었다. 그후 '노농협성회'의 총립총회는 일제경찰의 방해로 무기한 연기되다가 1927년 3월 5일 정식으로 창립하게 되었다. 그런데 '노농'이라는 두 글자가 불온하다고 하는 일제의 압력에 따라 '노동협성회'로 단체명을 변경하였고 경찰의 집요한 방해로 특별한 활동을 전개하지 못하였다.

1930년대 노동운동과 그 양상

충남지방에는 1920년부터 1926년까지 20여 개의 노동단체들이 결성되어 활동하고 있었다. 이들 노동단체들이 충남지방에서 노동운동을 어떻게 추동하였는가에 대해 살펴보자. 다음은 일제하 충남지역 노동쟁의 건수와 참가인원이다.

일제하 충남지역 노동쟁의 건수 및 참가인원

연도	전국 건수	전국 참가인원	충청남도 건수	충청남도 참가인원
1920	81	4,599		
1921	36	3,403	2	159
1922	46	1,799	2	46
1923	72	6,041		
1924	45	6,751	2	39
1925	55	5,700		
1926	81	5,984	6	235
1927	94	10,523	3	404
1928	119	7,759	8	513
1929	102	8,293	12	1,088
1930	160	18,972	12	1,760
1931	201	17,114	15	3,442
1932	152	14,824	23	2,692
1933	176	13,835	20	1,670
1934	199	13,098	12	1,106
1935	170	12,187	15	1,897
1936	138	8,248	20	1,582
1937	99	9,146	5	145
1938	90	6,929	4	715

* 朝鮮總督府 警務局, 『最近に於ける朝鮮治安狀況』, 1938, 85~87쪽.

　표에서 보는 바와 같이, 1920년대 중반까지 충남지방에서는 별다른 노동쟁의가 발생하지 않았다. 신문에 나타난 자료에 의하면, 1925년 8월 공주에서 일제경찰의 노동쟁의 탄압에 항의하여 50여 명의 노동자들이 경찰서에 쇄도하였고, 1926년 4월에는 공주의 인쇄공들이 동맹파업을 단행하였다. 그 외 1925년 12월에는 연기군 조치원 매가리 인부 수백 명이 임금인상을 요구하며 동맹파업을 단행한 일이 있었다.

이처럼 미약하던 충남지방에서의 노동운동은 1929년을 계기로 급증하게 된다. 1929년 세계대공황과 1930년 미증유의 농업공황이 연달아 일어나면서 경제 전반에 걸쳐 공황이 발생하였으며 이에 따라 노동운동도 활발하게 전개되었다. 또한 이때부터 노동운동은 기존의 합법적 노동조합운동보다는 지하의 비합법적 노동조합운동 양상을 띠며 전국적으로 일어나게 되었다. "농촌으로! 공장으로!"의 구호가 보편화하면서 대중운동 조직은 대부분 적색노동조합운동으로 통합되어 갔다. 일제의 부정확한 통계에 따르더라도, 1930년대 전반기 적색노동조합 조직 사건으로 검거된 사례가 70여 건에 이르고, 그 관련자 1759명이 투옥되었다.

충남지방에서는 1930년대 들어 앞의 표에 나타난 바와 같이 노동쟁의 건수도 증가하였지만, 노동쟁의 참여자도 급격하게 늘었다. 특히 쟁의 참여자는 전국적 쟁의 참가인원 추이와 비교하여 볼 때 상대적으로 매우 급격하게 늘었다. 전국 노동쟁의 건수와 참가인원을 비교해 보면, 1건당 노동쟁의 참가인원은 1930년의 경우 전국 118명에 비하여 충남은 146명이었고, 1931년에는 전국 85명에 비하여 충남은 229명, 1932년에는 전국 97명에 비하여 충남은 117명, 1933년에는 전국 78명에 비하여 충남은 83명, 1934년에는 전국 65명에 비하여 충남은 92명, 1935년에는 전국 71명에 비하여 충남은 126명이었다. 이와 같이 노동쟁의 건당 참가인원을 전국적 추이와 비교할 때 충남지방은 다른 곳에 비하여 건수는 비록 적었지만 참가인원은 훨씬 많았다는 것을 알 수 있다. 달리 말하면 충남의 노동쟁의는 전국적 추이와 비교하여 볼 때 대규모의 쟁의가 많았다는 것이다.

아무튼 1930년대 이후 충남지방에서는 대규모 노동쟁의가 급증하고 있었음이 확인된다. 대규모 노동쟁의가 발생하는 원인은 결국 대규모 노동장이 존재하였기 때문인데, 1930년대 충남지방에서 발발하였던 대표적인 노동쟁의로는 일본 독점자본인 군시제사(郡是製絲) 대전공장의 동맹파업을 들 수가 있다. 1930년대 들어 방직과 제사 부문 공장에서는 낮은 임금의 여성노동과 아동노동을 대량으로 채용하여 미증유의 착취가 감행되고 있었다. 일본인 방직·제사 부문 기업주들은 일급제를 제대로 적용하지 않았고 능률본위제로 함으로써 미성년노동과 여성노동을 이중으로 착취하였다.

1932년 11월에 전개된 군시제사 대전공장 노동자들의 파업은 방직·제사 부문 노동자들의 대규모적 진출의 신호탄이 되었다. 1932년 5월 결성된 충남전위동맹을 중심으로 활동하던 대전지역 운동가들은 군시제사 노동자를 규합하려고 하였다. 군시제사는 낮은 임금과 장시간 노동, 열악한 식사 등 노동조건이 매우 나빴을 뿐만 아니라 한국인 노동자를 차별대우하는 대표적인 회사였다. 노동자들의 불만이 극도에 달한 기회를 포착한 대전지역 운동가들은 그해 11월 7일을 계기로 총파업을 단행하였다. 이 파업은 처음부터 격렬한 폭동적 성격을 띠었다. 파업 전날인 11월 6일 노동자들은 악질 일본인 기숙사 감독을 집단적으로 응징하였다. 파업노동자들은 노동시간 단축, 차별대우 철폐,

충남 유일의 대규모 산업시설이던 군시제사 대전공장(1931년).

임금인상, 식사조건 개선, 일본인 기숙사 감독 배척 등의 요구를 내걸고 파업을 단행하였던 것이다. 특히, 군시제사 노동자들의 "한국인에 대한 차별과 해고 반대" 등과 같은 구호는 1930년 전반기 제사업 노동쟁의 과정에서는 유일하게 제기된 요구사항이었다.

일본인 기업주는 한국인 노동자들의 이 같은 요구사항을 거절하였을 뿐만 아니라 일제경찰을 동원하여 파업 주동자들을 검거하기 시작하였다. 이에 노동자들은 피검자들의 석방을 위한 시위를 벌였으며, 피검자들이 석방되자 재차 파업을 단행하였다. 이렇게 되자 파업투쟁의 주도적인 역할을 한 남성노동자 50명이 해고당하였고, 여성노동자들은 합숙소에 억류되어 출입을 못 하게 되었다. 군시제사 회사에서는 경찰을 동원하여 주동자를 검거하였으며, 노동자들을 위협 기만하는 각개격파의 전술을 폈다. 일본인 기업주 측의 교묘한 술책에 맞서 노동자들은 7일간의 치열한 투쟁을 벌였다. 그리고 회사 측이 모든 요구조건을 수용함으로써 노동자들의 승리로 끝을 맺게 되었다. 동맹파업이 끝난 후에도 노동자들은 피검자들의 석방과 일제경찰의 비행을 규탄하는 항의 시위를 계속적으로 전개하였다.

군시제사 대전공장 노동자 파업은 단결된 노동자들의 위력을 과시하여 이후 우리나라 노동운동 발전에 커다란 영향을 주었다. 예를 들면, 군시제사 청주공장, 예산의 충남제사, 전주의 편창제사(片倉製絲), 전북제사, 군시제사 전주공장 등에서 노동운동이 나타날 수 있게 하였다. 군시제사 대전공장 동맹파업 이후 1934년 3월 조치원에 소재한 백정제사(白井製絲) 공장노동자 170여 명이 동맹파업을 하였으며, 1935년 8월과 1936년 8월 군시제사 대전공장에서 두 차례 더 노동쟁의가 발생하였다. 1935년 8월에는 예산군에 소재한 충남제사 공장 여직공 300여 명이 동맹파업을 단행하였다.

한편, 일제강점기 충남지방에서는 광산개발이 활발하게 이루어지고 있었다. 앞에서 잠시 언급한 바와 같이 직산금광과 같은 금광은 '골드러시' 붐을 조성했다. 하지만 조악한 시설과 환경으로 말미암아 광산개발에 많은 사고가 일어났고, 광산노동자에 대한 일본인 소유자나 공사 감독관의 횡포도 수시로 자행되었다.

이러한 열악한 환경과 처우에 반발하는 동맹파업도 발발하였다. 대표적인 파업은 1933년 5월 1일에 발생한 홍성군 '결성금광' 동맹파업이다. '결성금광'은 경남철도 부사장인 일본인이 경영하였는데 시설에 위험요인이 많았다. 그런데 광부 한 명이 채광 도중 책반이 떨어져 현장에서 즉사하는 사고가 일어났다. 이를 목격한 광부 70여 명이 조의를 표하기 위해 작업을 중지하였고, 이에 감독관이 일당지급을 보류하자 광원들은 곤봉과 장작을 들고 기계공장을 습격하여 감독관을 난타한 것이다. 그 결과 7명의 광부들이 폭력행위죄로 공판에 회부되었다.

결성금광과 더불어 충남지방에서 광산지역 노동쟁의가 전개된 곳은 홍성군 광천읍 '황보광산'이다. '황보광산'은 광업면적이 60만 평이 넘으며 광부들이 1500여 명으로 남부지방에서 생산량이 가장 컸던 광산이다. 1933년 9월 '황보금광'의 시설물이 붕괴되어 광부 한 명이 즉사하는 사고가 있었고, 1934년에

예산 충남제사 여직공 동맹파업
(『동아일보』, 1935년 8월 31일자).

홍성군 결성금광 광부 동맹파업
(『동아일보』, 1933년 5월 10일자).

는 일본인 감독관이 광원들에게 권총을 난사하여 2명이 절명하는 황당한 사건이 벌어졌다. 이 때문에 200여 명의 광원들은 동맹파업으로 항쟁하면서 감독관 처단을 요구하였다.

항일 대열의 선두에 선 학생들

정내수(충남역사문화연구원 연구위원)

일제강점기의 민족운동은 3·1운동, 노동·농민운동, 항일학생운동, 독립군의 무장투쟁 등 다양한 형태로 전개되었다. 일반적으로 3·1운동이나 독립군의 무장투쟁에 관한 내용과 사례는 비교적 많이 알려져 있다. 그렇지만 항일학생운동에 관해서는 일반인에게 그다지 알려져 있지 않고, 일반인의 관심도 적은 편이다.

항일학생운동은 일제에 의하여 국권이 박탈당하고 민족의 독립이 상실되었던 시기에 이를 회복하기 위하여 전개한 운동으로, 일본에 대한 저항의식에서 출발하여 반일(反日)·배일(排日) 민족운동의 형태로 전개되었다.

항일학생운동은 3·1운동 당시의 만세시위를 비롯하여 동맹휴학·비밀결사·농촌계몽활동 등 매우 다양한 방법으로 전개되었다. 여기에서는 1920년대와 1930년대를 중심으로 충남지방에서 전개되었던 동맹휴학과 비밀결사운동 가운데 대표적인 사례를 소개하겠다.

식민지 교육정책

1910년 8월 22일 일제는 '한일합방조약'을 체결하여 조선은 일제의 식민지로 전락하였다. 그리고 일제는 조선총독부를 설치하고 헌병경찰에 의한 무단통치를 실시하여 우리 민족을 억압하고 조선인을 일본인화하고자 하였다. 이 시기의 조선인에 대한 교육정책은 충량(忠良)한 국민의 육성, 시세(時勢)와 민도(民度)에 맞는 교육의 실시, 즉 동화교육·노예교육에 목적을 두고 있었다.

이와 같은 교육 방침 아래 1911년 8월 제1차 조선교육령이 제정되었다. 이 교육령에서 가장 역점을 두었던 것은 일본어 보급과 실업교육의 치중이었다. 이는 조선인을 우민화(愚民化)하여 충량한 제국 신민과 저급한 실용적인 근로인, 하급관리 및 사무원의 양성이 목적이었다.

그러나 1919년 3·1운동이 일어나자 조선총독부는 만세운동의 가장 큰 원인을 우리 민족의 독립 욕구에 있다고 보고 이를 제거하기 위하여 1922년 2월 '제2차 조선교육령'을 공포하였다. 그리하여 민족말살의 식민지 교육정책은 더욱 강화되었고, 이는 항일학생운동의 직접적인 동기가 되었다.

제2차 조선교육령은 외형상 일본식 학제의 채택으로 '내선공학(內鮮共學)'과 '일시동인(一視同仁)' 등을 내세워 표면상 민족차별 교육을 없앤다고 하였으나, 실제로는 민족말살을 위한 동화교육에 주력하는 것이었다.

제3차 조선교육령(1938)과 제4차 조선교육령(1943) 시기는 민족말살기이다. 이 기간에 일제는 중국침략전쟁과 태평양전쟁을 도발하고, 조선을 병참기지화하여 인적·물적 자원을 공급하는 기지로 삼고자 하였다. 이러한 배경으로 1938년에 개정된 제3차 조선교육령은 일제의 황국신민화 정책을 위하여 이전까지 필수과목이던 조선어를 수의과목(隨意科目)으로 돌려 그해 4월부터는 조선어를 가르치지 못하게 하여 조선어는 우리나라 각 학교의 교과목에서 자취를 감추게 되었다.

제3차 조선교육령의 골자는 조선의 일본화를 위한 수단으로 '내선일체(內鮮一體)'를 앞세워 조선을 전쟁도구화하는 것이다. 학교명을 일본인 학교와 동일하게 개칭하고, 일본어와 일본역사 등의 교과를 강화하는 교육내용을 담고 있다. 당시 일제가 전쟁을 도발하면서 조선을 병참기지로 만들고 전장에 조선인을 동원하기 위해서는 내선일체라는 명분을 내세울 수밖에 없었던 것이다. 그리하여 일제는 전쟁 수행을 위한 전시동원태세를 조선에도 적용하여 조선의 청년들과 학생들을 그들의 침략전쟁에 동원하였다.

1943년 3월 제4차 조선교육령을 공포한 일제는 모든 교육에 군사교육, 노무교육을 대폭 주입시키고 수업연한을 단축하여 학생들을 전시동원할 수 있는 체제를 마련하였다. 즉 소학교를 국민학교로 개칭하고, 중등학교의 수업연한을 5년에서 4년으로 단축하였다. 특히 고등교육기관을 전시체제로 개편하고, 이공계는 확대하면서 문과계를 축소·조정하였다. 또한 조선총독부는 그들의 식민지화 교육에 장애가 되는 사립학교에 대한 탄압책으로 민족주의 교육을 실시하던 사립학교를 공립학교로 강제 개편하였으며, 기독교 계통의 학교들은 폐교시켰다.

일제강점기 충남지방의 학교현황을 보면, 제1차 조선교육령이 공포된

1930년대 공주고등보통학교 전경. 현재의 공주고등학교로 1922년에 개교하여 교육의 도시 공주를 대표하는 학교로 발돋움했다.

1911년의 통계에 보통학교 18개교, 각종 사립학교 48개교, 그리고 농업계 실업학교가 1개교였다. 그러다가 제2차 조선교육령이 공포된 1922년에 보통학교가 77개교, 사립학교 10개교, 중학교 1개교, 고등보통학교 1개교, 고등여학교 1개교, 사범학교 1개교, 농업계 실업학교 1개교, 상업계 실업학교 1개교, 보습학교 1개교가 되었다.

제2차 조선교육령이 발표된 1922년부터 보통학교가 크게 증가하여 1930년에는 131개교, 1940년에는 191개교까지 늘어났다. 그리고 공립실업학교로는 충남공립농업학교(1922년 4월 공주에서 예산으로 이전)와 1920년에 신설된 강경공립상업학교, 그리고 1933년도에 설립된 공주농업학교가 있었다.

이에 비하면 충남지방의 중등교육기관은 증설이 전혀 이루어지지 않았다. 일본인 교육을 위해 1918년 설립된 대전중학교와 1919년에 설립된 대전고등여학교 및 1928년에 설립된 공주고등여학교를 제외하면, 고등보통학교로는 유일하게 1922년에 공주고등보통학교가 설립되었고, 같은 해에 충청남도 공립사범학교가 설립되어 운영되다가 1930년도에 폐지되었다.

항일학생운동

• 동맹휴학

1920년부터 1930년대 초반까지 충남지방의 동맹휴학은 어느 특정 지방을 중심으로 발생하였던 것이 아니라 전 지역에서 발생하였다. 중등 이상의 학교가 분포되어 있는 공주와 대전뿐만이 아니라, 논산·부여·연기·청양·예산·당진·홍성군 등 충남의 전 지역에서 동맹휴학이 발생하였다.

이러한 현상은 1920년부터 1930년대 초반까지 동맹휴학이 조선인 학생들 사이에서 가장 보편적인 항일학생운동의 형태로 자리하고 있었음을 보여주는 예이다. 그리고 충남지방의 동맹휴학은 중등 이상의 학교보다 중등 이하의 보통학교와 실업학교에서 많이 발생하였다.

충남지방에서 발생한 동맹휴학의 연도별 현황은 다음과 같다.

충남지방 연도별 동맹휴학 발생현황

연도	발생 건수	학교별 발생현황	동맹휴학의 원인 및 학생 측 요구사항	동맹휴학의 결과
1921	1	대전공립간이상공학교(초등)	전문지식이 있는 교사, 학교 설비 요구 (학교승격문제)	4명 퇴학, 4명 유기정학
1922	1	대전공립보통학교(초등)	일본인 교사 배척	일본인 교사 전출
1923	2	청양 화성공립보통학교(초등)	민족차별 일본인 교장 배척	8명 정학, 교장 전임
		강경공립상업학교(중등)	민족차별 일본인 교사 배척	미확인
1924	3	공주사립영명여학교(초등)	교장 불신임, 학교 설비요구	학생 일부 자퇴
		공주유구공립보통학교(초등)	민족차별과 비교육적 태도 일본인 교장 배척	미확인
		예산공립농업학교(중등)	학년연장(학교승격 문제)	미확인
1925	1	논산 양촌공립보통학교(초등)	학생구타 일본인 교사 배척	3명 무기정학, 2명 유기정학
1926	3	청양공립보통학교(초등)	불성실한 일본인 교장 배척	5명 퇴학, 1명 무기정학
		예산공립농업학교(중등)	불성실한 일본인 교사 배척	7명 퇴학, 92명 정학
		공주공립고등보통학교(중등)	순종 인산일	
1927	2	조치원공립농업보습학교(초등)	비교육적 태도의 일본인 교사·교장 배척	5명 퇴학
		공주공립고등보통학교(중등)	민족차별·구타 교장 배척	11명 퇴학
1928	2	당진 신평공립보통학교(초등)	구타 일본인 교장 배척	미확인
		홍성공립공업전수학교(중등)	학교승격	미확인

연도	건수	학교	요구사항/내용	결과
1929	2	공주영명학교(중등)	광주 학생에 대한 동정, 일본인 교사 배척 등 9개 요구조항	7명 검거
		공주공립고등보통학교(중등)	조선인 학생차별 금지, 교우 회의 자치, 조선어잡지 확충	6명 검거
1930	11	대전상업보습학교(초등) 2회	전국 구속학생 석방·복교, 조선총독의 폭정반대, 학생교우회 자치권 요구	4명 무기정학, 5명 유기정학, 2명 근신
			전임교장 채용, 학년제 승격	5명 검거, 5명 유기정학
		대전제2공립보통학교(초등)	시위운동계획 사전 발각	9명 검거
		부여공립농업보습학교(초등)	항일격문 살포	1명 무기정학, 2명 근신
		예산대흥공립보통학교(초등)	백지동맹	4명 검거
		당진석문공립보통학교(초등)	만세시위계획 사전 발각	2명 구속
		광천공립보통학교(초등)	미확인	미확인
		조치원농업보습학교(초등)	시위운동계획 사전 발각	3명 검거 (퇴학)
		예산공립농업학교(중등)	동맹휴학계획 사전 발각	10명 검거
		공주영명학교(중등)	일본인 교사배척 등 7개 요구 조항	3명 퇴학, 6명 무기정학
		홍성공립공업전수학교(중등)	광주학생 석방	3명 퇴학, 4명 근신
합계	28	초등: 공립보통학교 11, (12) 사립여학교 1 초등실업: 공립간이상공학교 1, (5) 공립농업보습학교 2, 공립상업보습학교 2 중등실업: 공립농업학교 3, 공립(6) 상업학교 1, 공립공업전수학교 2 중등: 공립고등보통학교 3, (5) 사립영명학교 2	민족감정·민족차별 및 일본인 교사, 교장 배척 22 (광주학생운동 영향 11건 포함) 학교·학년제 승격 4 학교설비 1 미확인 1	

앞에 정리된 28건 동맹휴학의 내용을 모두 소개하기에는 지면이 부족하여 대표적인 사례를 소개하겠다.

일제강점기 충남 유일의 조선인 중등교육기관인 공주고등보통학교(公州高等普通學校, 현 공주고)에서는 1926년, 1927년, 1929년 세 차례의 동맹휴학이 전개되었다.

1926년 4월 26일 순종(純宗)이 승하하자 3·1운동 이후 쌓인 민족 감정과 망국의 서러움을 견디지 못하여 공주고보 학생들은 운동장에 모여서 전교생이 참여할 것을 다짐하고, 수업거부와 인산일에 공산성 쌍수정에서 북쪽을 향하여 망곡(望哭)할 것을 결의하였다. 그리하여 6월 10일에 전교생이 서울을 향하여 절을 올리고 망곡하면서 민족의 자주와 독립을 염원하였다.

1927년 7월 2일에 조선인을 무시하는 일본인 교장을 배척하여 동맹휴학이 발생하였다. 사건의 발단은 4학년 학생 이철하(李哲夏)가 6월 26일 밤 학교 교장에게 심하게 구타를 당하고 퇴학까지 당한 것이었다. 이철하는 학생들에게 조선인을 모욕하는 언사를 일삼았던 교장의 언사에 분개해 오다가 교장에게 반성을 촉구하는 서신을 보냈다. 이런 이철하의 저항에 교장은 이철하의 학부형을 소환한 자리에서 학생을 구타한 후 퇴학시키는 보복조치를 취하였던 것이다.

이러한 교장의 폭행에 공주고보 4학년생 50여 명은 7월 2일에 결속하여 동맹휴학을 단행하였는데, 교장의 온당하지 못한 처사에 크게 분개하여 교장을 배척하는 것 외에도 여러 조건을 요구하였다. 4학년생 일동의 동맹휴학은 더욱 확대되어 3학년생 80여 명이 휴학을 결의하였고, 2학년생 90여 명도 7월 3일 동맹휴학을 단행하기로 결의하였으며, 1학년까지 동맹휴학을 전개할 기세를 보였다. 이에 학부형 측에서도 대책을 강구하고자 학생과 협의하여 학생의 요구는 학부형이 책임지고 관철시켜 주기로 하고 학생들을 등교시켰다. 학부형 측에서는 학교 당국자와 학생 측에 희생자를 내지 않을 것을 교섭하였으나, 학교 당국에서는 7월 6일 4학년생 2명을 동맹휴학의 선동자로 퇴학 처분을 내리는 등 7월 11일까지 11명의 학생에게 퇴학 처분을 내렸다.

그리고 1929년 광주학생운동의 소식을 접한 공주고보 학생들은 12월 2일부터 4학년·3학년·2학년 학생 일동 200명이 총 결속하여 일본인 교사배척과 민족차별에 대항하는 동맹휴학을 단행하기도 하였다.

동맹휴학 기사(「동아일보」, 1927년 7월 3일자).　　동맹휴학 기사(「동아일보」, 1929년 12월 4일자).

충남지방에서 전개된 28건의 동맹휴학 발생 원인을 살펴보면, 첫째, 민족감정 및 민족 차별 13건, 둘째, 교사의 자질 부족과 불성실한 태도 및 비교육적 행위 9건, 셋째, 학교승격 및 전문지식의 교사 요구 4건, 넷째, 학교 설비 개선 요구 1건 및 내용 미확인 1건 등 네 가지로 분류할 수 있다.

동맹휴학의 원인은 주로 민족감정 및 민족차별(13건), 일본인 교사의 자질 문제(9건) 등과 같은 항일적인 요소에서 발생했음을 알 수 있다. 이에 해당하는 사례는 전체 28건의 동맹휴학 중 22건이다. 그리고 학교승격 및 전문지식의 교사요구(4건), 학교 설비 개선요구(1건)는 조선의 교육여건이 매우 열악한 상황이라는 점과 교육의 수준도 저급한 실업교육의 차원에 머물고 있다는 점을 그대로 보여주는 사례이다. 따라서 이러한 교육현실에 항거한 동맹휴학은 일제의 식민지 교육과 열악한 교육환경에 저항하는 의미로 볼 수 있다.

이상의 내용을 종합하면 민족차별교육과 일본인 교사의 자질문제 및 불성실한 태도로 인한 배척, 그리고 식민지 교육에 항거하는 내용의 동맹휴학이 조사된 28건 중에서 27건으로 96.4퍼센트에 해당된다. 따라서 1920년부터 1930년대 초반까지 충남지방의 동맹휴학은 대부분 항일 민족적인 성격을 띠고 있다고 해도 과언이 아니다.

• 비밀결사운동

충남지방에서 전개된 비밀결사운동은 3개 학교에서 그 사례가 확인된다.

첫 번째는 예산농업학교의 비밀결사운동이다. 이 운동은 1932년 5월 1일 예산농업학교 학생들의 비밀결사 조직으로 시작되었다. 비밀결사 조직 후 학생들은 독서회 활동, 에스페란토어 보급 활동, 동맹휴교 주도 활동, 반대투쟁 등을 주도하였다.

예산농업학교의 비밀결사는 사회과학연구 및 동맹휴교 등을 통하여 농촌현장 진출을 위한 사상적·이론적 준비를 마친 뒤 졸업이나 제적과 동시에 현

1930년대 공주고등보통학교 운동회.

장에 진출하였다. 이러한 비밀결사는 식민지 노예교육에 대항한 민족적 색채를 띠었으며, 또한 농촌현장 진출을 위한 준비활동으로 졸업선배들과의 접촉을 통해 현장지식을 익히는 노력을 진행한 점이 주목된다.

공주고등보통학교에서는 '명랑(明朗)클럽'이라는 비밀결사가 확인된다. 1936년 3월 중순 2학년 학생 6명이 조직을 결성하고 항일운동의 주자로 발족하였다. 회원들은 조직의 사명과 취지를 은폐하기 위하여 명칭을 '명랑'으로 정하고, 대외적으로는 상호 간에 명랑한 학구생활을 위함이라고 하였다. 그렇지만 명랑클럽의 본래 취지는 황국신민화정책으로 인한 일본어 사용과 신사참배를 배격하고 항일민족의식을 드높이며, 야학을 개설하여 민족의 우·매함을 일깨워주는 것 등을 골자로 하였다.

비밀결사 조직 이후 1939년 10월까지 명랑클럽 회원들의 활동내용을 보면, 첫째, 민족차별을 하는 교사에 대한 습격·투석 폭행활동, 둘째, 각종 전승축제 행사 불참 및 행사에 이용되는 현수막과 자재 파손, 셋째, 신사 조기참배 집단 불참 및 교련교육 집단 거부, 넷째, 하기방학 동안 야학을 개설하여 농민들을 교육하고 계몽하는 활동, 다섯째, 무궁화 식수 장려와 미신타파, 도박금지, 반상차별 배격 등의 계몽운동을 전개하였다.

이렇게 활동을 전개하던 명랑클럽 회원들은 1939년 11월 졸업을 앞둔 시점에서 만주지역에서 무장투쟁을 전개하던 독립군과 상해 임시정부 등에 합류하여 본격적인 독립운동을 전개하고자 하였다. 그러나 회원들의 노력에도 불구하고 상해 임시정부와의 연결은 실패로 돌아갔고, 일본경찰에게 추적을 당해 체포되어 옥고를 치렀다.

다음으로 대전에서 확인되는 비밀결사 조직은 대전중학교의 '선우회(鮮友會)'이다. 대전중학교는 1911년 일본인을 교육하기 위하여 설립한 학교로 일제강점기에는 재학생의 대부분이 일본인 학생들이었다. 따라서 대전중학교에 재학 중인 조선인 학생들은 일본인 학생들 틈에 끼여 차별대우를 받거나 모욕적인 언사를 들을 수밖에 없었다. 실력에서는 결코 일본인 학생들에게 뒤지지 않았지만, 진학이나 사회 진출에 심한 차별대우를 받았다. 따라서 조선인 학생들은 민족운동에 관심을 갖고 어려운 여건 속에서 민족운동에 가담하였다.

그러한 움직임의 모체가 된 것이 선우회였다. 선우회는 1922년 7월 10일에 조직되었는데, 조직의 목적은 조선인 학생들의 상호친목과 상부상조, 민족의식의 각성을 촉구하는 데 있었다. 친목적인 모임이라고 하지만 민족적 색채를 띠었기 때문에 학교당국이나 외부의 눈을 피해 한 달에 한 번씩 토론회를 열었다. 1926년 학교당국에 발각되어 해산하였으나 비밀리에 계속 모임을 가졌으며, 1928년에는 '조선인학생회'로 명칭을 변경하였다.

선우회 출신 인사들은 1920년대 말경부터 일본인이 경영하는 대전군시제사공장(大田郡是製絲工場) 안에 공장반을 조직하여 활동을 전개하던 중, 1932년 11월 7일에 공장에서 파업이 일어나자 전단을 만들어 살포하는 등 동조적인 활동을 전개하여 동맹파업에 참여하였다. 그러나 파업에 관계된 배후인물이 체포됨으로써 결국 연루자들은 옥고를 치렀다.

맺음말

금강의 물줄기와 서해가 엮어낸 문화

이해준(공주대학교 사학과 교수)

충청의 자연과 충청인의 기질

충청도는 금강이 젖줄처럼 내륙 사이를 가로지르며 만들어 놓은 산지와 그 사이사이에 알맞게 발달한 평야로 아름답고 살기 좋은 자연조건을 갖추고 있다. 큰 강이나 큰 산이 없어 홍수나 기근, 자연재해도 다른 지역에 비하여 적었다. 그런가 하면 서해와 연결된 해안지대는 충남에 또 다른 풍요를 가져다주는 천혜의 자연조건이다.

이와 같이 먹을 것이 많고 살기 좋은 땅은 이 지역 사람들에게 여유로운 삶과 심성을 부여했다. 그리하여 지금도 충청도사람 하면 '순하고 온화한 사람들', '정이 많은 사람들'로 통칭하는 데 이견이 없다. 이러한 충청도 사람의 인성은 바로 풍요롭고 살기 좋은 자연환경에서 배태된 것이다.

요즈음 곳곳에서 청정한 자연과 생태보존, 환경친화적 삶 등 자연과의 조화가 강조되고 있다. 그러나 이미 충청도에는 21세기의 화두인 이러한 '자연과 함께하는' 문화전통이 면면히 이어져왔다. 당연한 일들을 이제야 되새긴다는 점도 있지만, 환경친화적인 삶의 강조는 참으로 반갑고 다행스러우며 자못 기대를 갖게 한다. 다만 이러한 일련의 움직임 속에서 '사람들의 숨소리'와 '곰삭은 이야기들'이 가장 중시되고 기본이 되어야 함을 잊지 말아야 할 것이다. 우리가 충청남도의 문화를 살펴볼 때에도 금강 유역의 문화에 이어져 내려오는 '자연과 사람' '사람과 사람'이 만나서 이루어낸 문화를 놓치지 말아야 할 이유가 거기에 있는 것이다.

살기 좋은 자연환경과 풍요로운 물산을 배경으로 충남지역에는 선사시대 이래로 문화가 꽃을 피웠다. 금강 유역을 기반으로 발달했던 선사·고대의 다양한 문화들은 뒤이은 백제문화의 발달로 이어진다. 그런가 하면 이 지역을 대표하는 백제문화는 충청도 사람의 온화한 품성과 이미지에 섬세한 기교가 덧붙여져 격조 있는 조화를 이루며, 근엄함보다는 고졸한 품격을 유지하면서 절제된 단순미로 자연을 닮은 모습을 보이고 있다.

'백제적'인, '백제를 닮은' 사람들

백제 토기에서 보이듯이 백제문화는 전체적으로 온화한 느낌이지만 모두 섬세한 기교로 마무리까지 완벽하게 정리되고 다듬어졌다. 질박함이 물씬 풍기는 토기, 화려하지 않지만 격조 있는 품격을 가진 기와무늬, 근엄하기보다는 고졸한 불상, 목조건물을 연상케 하는 숙련된 기법과 절제된 단순미를 가진 석탑 등이 모두 그러하고, 무령왕릉의 부장 유물과 부여에서 출토된 금동대향로에 이르면 화려한 문화예술의 경지를 접하게 된다.

백제문화는 개방성과 다양성에서 신라나 고구려의 문화를 능가한다. 또한 미술사가들은 선진성과 빼어난 예술성을 백제의 특징으로 꼽는다. 중국 남조와의 교류 및 문화 수용, 일본에의 문화 전파 능력, 삼국통일 이후 신라 예술에 기여한 백제 장인의 숨결이 그것을 잘 말해주고 있다. 삼국 중에서 백제가 금석문이나 공예품에 장인의 이름을 특히 많이 밝히고 있는데, 이 점도 예술인에 대한 특별대우와 그 지위를 짐작케 하는 대목이다.

백제는 고구려와 같은 뿌리를 가지고 있지만 고대국가로 발전하는 과정에서 가장 먼저 맞부딪쳤고, 신라와는 초기에 동맹국으로 우의를 다지다가 한강 유역의 점거를 둘러싸고 동맹이 파기되면서 멸망에 이를 때까지 계속 투쟁했다. 이와 같이 삼국은 각각의 영역과 문화기반을 가지고 경쟁하였고 여러 가지 형태의 문화적 영향을 미쳤다. 따라서 백제문화의 성격도 삼국의 문화적 관계, 즉 한국 고대문화를 구성하는 3분의 1인 보편성과 연관성 속에서 이해되어야 할 것이다.

한편 백제문화는 '바다와 강을 이용할 줄 안 사람들의 문화'라고 해도 좋을 듯하다. 바다와 강은 문화의 수용과 교류, 전파의 길이다. 이 열린 창구를 통하여 백제는 중국 남조의 선진문화를 적극적으로 수용했고 이를 창조적으로 꽃피울 수 있었다. 또한 마한의 여러 지역문화는 강이나 바다와 연한 지역에서 고대 농경과 천혜의 경제적 풍요를 기반으로 발달하였는데, 이들이 백제문화 속에서 한데 어우러지고 응축되어 결과적으로 백제문화는 다양한 문화 성격을 지니게 되었다. 따지고 보면 백제문화가 전반적으로 다양하면서도 온화함과 섬세함이 곁들어진 것은 풍요로운 선사~고대문화가 밑바탕에 깔려 있었기 때문일 것이다.

이러한 백제문화의 특성을 민족서사시인 신동엽은 다음과 같이 표현했다.

> 百濟
> 옛부터 이곳은 모여
> 썩은 곳,
> 망하고, 대신
> 거름을 남기는 곳(『금강』제23장)

화려하고 빛나며 자랑거리가 많은 역사만이 우리의 뇌리에 자리하는 것은 결코 아니다. 오히려 사라져버린 역사, 아쉬움과 애틋함을 남긴 역사가 우리에게 많은 애정을 갖게 하는 것처럼, 패망한 백제의 역사도 아쉬움과 그리움으로 다시 살아나 기억되고 있다.

영원한 왕국 백제의 꿈, 백제의 혼은 질긴 모습으로 후대에 이어졌다. 백제문화는 망국의 한을 간직한 채 통일신라와 후대의 문화에 계속 영향을 미쳤다. 황룡사의 구층탑이나 불국사의 석가탑에 백제의 예술혼이 깃들어 있고, 일본문화 속에서도 살아 숨쉬고 있으며, 백제 멸망 직후 치열했던 부흥운동과 백제 충신들의 넋을 기리는 부여의 은산별신제에서도 백제의 혼은 되살려진다. 그런가 하면 백제의 유지에서 그 유민들을 품에 안고 후백제를 건국한 견훤, 고려시대의 후백제 부흥운동과 각 지역에서 건립된 백제계 석탑들을 통해서 백제의 혼은 이어졌다.

양반문화와 선비문화의 본고장

충청도는 '호서'라는 별칭으로 불리는데, 호서란 '호수의 서쪽'이라는 의미로, 조선조에서는 호서를 영남·호남과 더불어 '삼남'이라 하여 중시했는데, 북쪽 지방에 비해 기후가 온난하여 물산이 풍부했기 때문이다. 또한 기호지방은 서울과 왕래가 편리하여 사대부의 근거지로 각광을 받았는데, 기호라 함은 경기의 '기'와 호서의 '호'를 합한 말로 경기와 충청을 이르는 말이다.

충청도의 성리학, 즉 호서성리학은 기호학맥에 포함되어 특별히 주목되지 못하다가 17세기 중반 호서예학의 발달로 그 권위와 의미를 평가받게 된다. 호서사림을 이야기할 때 우선 안향의 문인인 권보를 주목할 필요가 있다. 그는 권근의 증조부로 백이정·우탁과 더불어 고려 말의 명유로 손꼽히며, 이곡·백문보 등을 문하에 두었다. 이중 이곡의 학통을 이어받은 인물이 그의 아들 이색인데, 권보의 사위인 이제현의 학통 또한 이색에게로 전해졌다. 이색은 이숭인, 길재, 하륜, 정도전, 권근 등의 저명한 제자를 두었다. 이와 같이 호서지역의 성리학맥은 면면히 전승되어 왔지만, 사림파의 본류에서 밀려났기 때문에 거의 알려지지 않았다.

　호서사림의 본류에서 밀려난 단초는 이색에 대한 역사적 평가에서 비롯된다. 조선시대 사림의 본류를 자처하는 영남사림은 절의를 지키지 못한 사람을 불충·불의·불인한 인물로 여겼는데, 정몽주처럼 절의로써 죽지 않은 이색을 그러한 인물로 매도·격하했다. 그러나 영남사림은 단지 '재야냐 재경이냐'에 따라 사림과 비사림을 구분하는 편향된 인식을 가지고 있었다. 이색이 정몽주처럼 절의로써 죽지 않은 것은 사실이나 그가 조선왕조 건설에 적극 참여했다는 증거도 찾기 어렵다.

　또한 이색의 문하에는 쟁쟁한 명신·명유들이 있지만 이들 중 누구를 도통의 계승자로 꼽을지에 대해서는 정설이 없다. 정도전은 스승인 이색을 배척했으니 제외되고, 성리학의 대가로 추앙받는 권근·길재·이숭인 중 길재와 이숭인은 영남학파로 인정되어, 이색의 도통을 계승할 만한 인물은 권근밖에 없었다. 그리하여 조선 초 기호의 성리학 인맥을 큰 줄기로 정리해보면 '안향 – 권보 – 이제현 – 이곡 – 이색 – 권근'으로 연결되고 있다고 볼 수 있다.

　충청도에 붙어다니는 또 다른 수식어가 바로 '양반'이다. 충청도는 불사이군의 절의정신을 실천한 인물, 국가가 혼란에 처했을 때 멸사봉공의 선비정신을 발휘하며 충절을 실천한 많은 사림, 그리고 조선조 예론의 메카로 불리듯 도덕적으로 확고한 지식인 등 양반문화를 자랑으로 여기고 있다.

　실제로 조선조 문과 급제자의 52%가 충청도 출신 인물이라는 통계가 말해주듯, 충청도는 선비들이 많이 살았던 곳이기도 했다. 그리하여 이중환은 『택리지』「팔도총론」에서 "산천이 평평하고 예쁘며, 서울이 가까운 위치여서 사대부들이 모여드는 곳"이라고 지적하고 있다. 충청도는 고려 말 조선 초 불사이군의 충절을 실천했던 이색 등의 태생지와 활동 근거지이며, 사림정치가 정착되기 이전 어려운 조건 속에서 선진 학문인 성리학의 연구에 노력했던 인물이 많은 곳인 까닭에 임진왜란 때의 의병장 조헌과 같이 자신의 목숨을 초개같이 버릴 수 있는 충절정신의 대표적 인물들을 계속 배출했다.

기호학파의 적통을 계승한 이들의 학문적 특성은 예학이었다. 조선 성리학이 점차로 학문적 이해가 깊어지면서 체계화하고 이론화함에 따라 현실적인 실천의 예는 이론의 예로 의식적인 전환을 하게 되었다. 특히 양란 후 사회질서의 혼란은 조선 예학이 성립하고 발전하는 토대가 되었다.

호서사림이 중앙 정계에 대거 진출하여 두각을 나타내기 시작한 것은 인조 이후이다. 서인이 주도한 인조반정 이후 '숭용산림(崇用山林)'의 기치 아래 산림을 등용한 일은 호서사림이 정계에서 크게 활약하게 되는 계기가 되었다. '산림(山林)'은 '산곡림하(山谷林下)에 은거한 학덕을 겸비한 학자'를 일컫는 말로, 산림의 등용은 학파·정파에 구애되지 않고 학문적 중심인물들을 중용함으로써 성리학적인 붕당정치의 상호 비판체제를 구현한다는 뜻을 담고 있었다.

인조와 효종의 산림 등용으로 김장생의 학맥에서 14명의 산림이 중앙 정계에 진출했는데, 이들은 거의 호서지역 출신이었다. 또 조선 중·후기의 예학을 주도했던 김장생, 김집, 송시열, 송준길, 이유태 같은 당대 석학들이 활동한 무대가 바로 충청도였다.

오늘날 일부 문화비평가들은 양반문화·선비문화를 권위나 입신양명, 나아가 당파세력, 봉건적 착취세력 등으로 평가절하한다. 그러나 만약 양반·선비정신이 그런 것이었다면 목숨을 내던지며, 또는 도끼를 등에 지고 자신의 주장을 끝까지 관철하는 행적은 결코 보일 수 없었을 것이다. 조선시대의 선비는 어떤 의미에서 관념적이라기보다 실천가이자 현실개혁의 이론가였다. 그들은 특권세력의 사회경제적 독점에 반기를 들고 향촌의 자율성을 추구한 양심세력이기도 했다.

다시 말하지만, 조선시대 산림들이 가졌던 선비정신은 결코 보수적 관념적이라고 평가될 성질의 것이 아니다. 그보다는 오히려 매우 개혁적 혁신적이고 강경하여 그들의 주장이 보수진영의 강한 견제를 받을 정도였다. 만약 조선시대의 충청도 선비정신에서 올바르게 본받고 배울 것이 있다면, 그것은 바로 오늘의 우리에게 부족하고 퇴색된 현실 비판과 개혁정신, 그리고 도덕성이라 할 것이다.

　충청도의 양반정신·선비정신은 시대의 변화에 따라 여러 가지 다양한 모습으로 구현되었다. 우선 실사구시의 실학적 분위기가 강했던 사실, 천주교의 전래와 확산에 내포지역이 중심지가 된 사실, 한말 척사위정의 의병운동이 강하게 일어난 사실, 동학농민운동의 기치가 크게 발현된 사실, 한말 개화운동과 항일민족운동의 중요 인물들이 배출된 사실 등은 모두 충청도의 양반·선비정신을 근간으로 하고 있다.

수록 유물과 옛지도 소장처

국립중앙박물관	송국리 돌널무덤 출토 유물 천안 청당동 출토 마형대구 천안 청당동 출토 금박 구슬 계룡산 전도(허가번호 중박 201302-627) 만전당 홍가신 영정
국립민속박물관	토진대사 산신상 복신장군
규장각	해동지도(조선 후기 충청도 지도) 해동지도(서산) 역로와 천안삼거리(규10431) 호서도
국립청주박물관	계유명아미타삼존불비상
국립공주박물관	무령왕릉 내부 모습 제1지석 앞면 제2지석 뒷면 무령왕 관장식 무령왕 귀걸이 무령왕릉 출토 둥근고리 큰칼 무령왕릉 출토 진묘수 무령왕릉 출토 의자손수대경 무령왕릉 출토 청자육이호 계유명삼존천불비상
국립부여박물관	금동대향로
손창근	세한도
남경시박물관	중국 남조 출토 신묘수
군마현립역사박물관	칸논야마고분 출토 의자손수대경